Caro aluno, seja bem-vindo à sua plataforma do conhecimento!

A partir de agora, está à sua disposição uma plataforma que reúne, em um só lugar, recursos educacionais digitais que complementam os livros impressos e foram desenvolvidos especialmente para auxiliar você em seus estudos. Veja como é fácil e rápido acessar os recursos deste projeto.

1 Faça a ativação dos códigos dos seus livros.

Se você NÃO tem cadastro na plataforma:
- acesse o endereço <login.smaprendizagem.com>;
- na parte inferior da tela, clique em "Registre-se" e depois no botão "Alunos";
- escolha o país;
- preencha o formulário com os dados do tutor, do aluno e de acesso.

O seu tutor receberá um *e-mail* para validação da conta. Atenção: sem essa validação, não é possível acessar a plataforma.

Se você JÁ tem cadastro na plataforma:
- em seu computador, acesse a plataforma pelo endereço <**login.smaprendizagem.com**>;
- em seguida, você visualizará os livros que já estão ativados em seu perfil. Clique no botão "Códigos ou licenças", insira o código abaixo e clique no botão "Validar".

Este é o seu código de ativação! → **DSCLS-9K2BR-AHZHP**

2 Acesse os recursos

usando um computador.

usando um dispositivo móvel.

No seu navegador de internet, digite o endereço <**login.smaprendizagem.com**> e acesse sua conta. Você visualizará todos os livros que tem cadastrados. Para escolher um livro, basta clicar na sua capa.

Instale o aplicativo **SM Aprendizagem**, que está disponível gratuitamente na loja de aplicativos do dispositivo. Utilize o mesmo *login* e a mesma senha que você cadastrou na plataforma.

Importante! Não se esqueça de sempre cadastrar seus livros da SM em seu perfil. Assim, você garante a visualização dos seus conteúdos, seja no computador, seja no dispositivo móvel. Em caso de dúvida, entre em contato com nosso canal de atendimento pelo **telefone 0800 72 54876** ou pelo ***e-mail*** atendimento@grupo-sm.com.

215301_3047

LÍNGUA PORTUGUESA

GERAÇÃO ALPHA

8

EVERALDO NOGUEIRA
Bacharel e licenciado em Letras pela Universidade de Guarulhos (UNG).
Especialista em Língua Portuguesa pelo Instituto Alberto Mesquita de Camargo da Universidade São Judas Tadeu (USJT).
Mestre e Doutor em Língua Portuguesa pela Pontifícia Universidade Católica de São Paulo (PUC-SP).
Professor e coordenador de Língua Portuguesa na rede particular.

GRETA MARCHETTI
Bacharela e licenciada em Letras pela Faculdade de Filosofia, Letras e Ciências Humanas (FFLCH) da Universidade de São Paulo (USP).
Mestra em Educação pela Faculdade de Educação (FE) da USP.
Doutora em Linguística Aplicada e Estudos da Linguagem pela PUC-SP.
Professora e coordenadora de Língua Portuguesa na rede particular.

MARIA VIRGÍNIA SCOPACASA
Bacharela e licenciada em Letras pela PUC-SP.
Professora e coordenadora de Língua Portuguesa na rede particular.

São Paulo, 5ª edição, 2023

Geração Alpha Língua Portuguesa 8
© SM Educação
Todos os direitos reservados

Direção editorial André Monteiro
Gerência editorial Lia Monguilhott Bezerra
Edição executiva Isadora Pileggi Perassollo
Colaboração técnico-pedagógica: Cristiane Imperador, Millyane M. Moura Moreira, Priscila Piquera Azevedo
Edição: Beatriz Rezende, Cláudia Letícia Vendrame Santos, Cristiano Oliveira da Conceição, Ieda Rodrigues, Laís Nóbile, Lígia Maria Marques, Raphaela Comisso, Raquel Lais Vitoriano, Rosemeire Carbonari, Tatiane Brugnerotto Convelsan
Suporte editorial: Camila Alves Batista, Fernanda de Araújo Fortunato

Coordenação de preparação e revisão Cláudia Rodrigues do Espírito Santo
Preparação: Andréa Vidal, Iris Gonçalves
Revisão: Daniela Uemura, Janaína T. Silva, Márcio Medrado
Apoio de equipe: Lívia Taioque

Coordenação de *design* Gilciane Munhoz
Design: Camila N. Ueki, Lissa Sakajiri, Paula Maestro
Ilustrações que acompanham o projeto: Laura Nunes

Coordenação de arte Vitor Trevelin
Edição de arte: Fabiane Eugenio, Renné Ramos
Assistência de arte: Selma Barbosa Celestino
Assistência de produção: Júlia Stacciarini Teixeira

Coordenação de iconografia Josiane Laurentino
Pesquisa iconográfica: Ana Stein, Bianca Fanelli
Tratamento de imagem: Marcelo Casaro

Capa Megalo | identidade, comunicação e design
Ilustração da capa: Thiago Limón

Projeto gráfico Megalo | identidade, comunicação e design; Camila N. Ueki, Lissa Sakajiri, Paula Maestro

Editoração eletrônica Arbore Comunicação
Pré-impressão Américo Jesus
Fabricação Alexander Maeda
Impressão Amity Printng

Dados Internacionais de Catalogação na Publicação (CIP)
(Câmara Brasileira do Livro, SP, Brasil)

Nogueira, Everaldo
Geração alpha língua portuguesa, 8 /
Everaldo Nogueira, Greta Marchetti, Maria Virgínia
Scopacasa. -- 5. ed. -- São Paulo : Edições SM, 2023.

ISBN 978-85-418-3106-2 (aluno)
ISBN 978-85-418-3105-5 (professor)

1. Língua portuguesa (Ensino fundamental) I. Marchetti, Greta. II. Scopacasa, Maria Virgínia. III. Título.

23-154474   CDD-372.6

Índices para catálogo sistemático:
1. Língua portuguesa : Ensino fundamental 372.6

Cibele Maria Dias - Bibliotecária - CRB-8/9427

5ª edição, 2023
2ª impressão, 2024

SM Educação
Avenida Paulista, 1842 – 18º andar, cj. 185, 186 e 187 – Condomínio Cetenco Plaza
Bela Vista 01310-945 São Paulo SP Brasil
Tel. 11 2111-7400
atendimento@grupo-sm.com
www.grupo-sm.com/br

APRESENTAÇÃO

OLÁ, ESTUDANTE!

Ser jovem no século XXI significa estar em contato constante com múltiplas linguagens, uma imensa quantidade de informações e inúmeras ferramentas tecnológicas. Isso ocorre em um cenário mundial de grandes desafios sociais, econômicos e ambientais.

Diante dessa realidade, esta coleção foi cuidadosamente pensada para ajudar você a enfrentar esses desafios com autonomia e espírito crítico.

Atendendo a esse propósito, os textos, as imagens e as atividades nela reunidos oferecem oportunidades para que você reflita sobre o que aprende, expresse suas ideias e desenvolva habilidades de comunicação nas mais diversas situações de interação em sociedade.

Vinculados aos conhecimentos próprios da área de Linguagens, também são explorados aspectos dos Objetivos de Desenvolvimento Sustentável (ODS), estabelecidos pela Organização das Nações Unidas (ONU). Com isso, esperamos contribuir para que você compartilhe dos conhecimentos construídos em Língua Portuguesa e os utilize para fazer escolhas responsáveis e transformadoras em sua vida.

Desejamos também que esta coleção contribua para que você se torne um cidadão atuante na sociedade do século XXI e seja capaz de questionar a realidade em que vive, buscando respostas e soluções para os desafios presentes e os que estão por vir.

Equipe editorial

CONHEÇA SEU LIVRO

Abertura de unidade

Nesta unidade, eu vou...
Nessa trilha, você conhece os objetivos de aprendizagem da unidade. Eles estão organizados por capítulos e seções e podem ser utilizados como um guia para seus estudos.

Uma imagem busca instigar sua curiosidade e motivar você ao estudo da unidade.

Primeiras ideias
As questões desse boxe incentivam você a contar o que sabe sobre os conteúdos da unidade e a levantar hipóteses sobre eles.

Leitura da imagem
As questões propostas orientam a leitura da imagem e permitem estabelecer relações entre o que é mostrado e o que você conhece sobre o assunto.

Cidadania global
Nesse boxe, você começa a refletir sobre um dos Objetivos de Desenvolvimento Sustentável (ODS). Ao percorrer a unidade, você terá contato com outras informações que ampliarão seu conhecimento sobre o ODS.

Capítulos

Abertura de capítulo
As unidades são compostas de dois ou três capítulos. Cada capítulo traz um texto de leitura do gênero que você vai estudar. O boxe *O que vem a seguir* apresenta algumas informações sobre o texto e propõe o levantamento de hipóteses antes da leitura.

Glossário
Apresenta definições de palavras e expressões que talvez você não conheça.

4

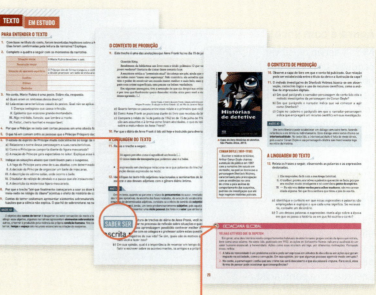

Texto em estudo
Nessa seção, você desenvolve habilidades de leitura e explora as características dos gêneros estudados, a linguagem e o contexto de produção de cada um deles.

Saber ser
O selo *Saber ser* indica momentos oportunos para o desenvolvimento de competências socioemocionais: tomada de decisão responsável, autogestão, autoconsciência, consciência social e habilidades de relacionamento.

Uma coisa puxa outra
Essa seção permite que você estabeleça diálogo entre textos, ampliando suas possibilidades de leitura.

Boxe Cidadania global
Traz informações e questões relacionadas ao aspecto do ODS apresentado na abertura da unidade, para que você reflita e amplie seu conhecimento sobre o assunto.

A língua na real
Nessa seção, você amplia os conhecimentos sobre a língua portuguesa por meio de diferentes situações de uso.

Língua em estudo
Nessa seção, você reflete e constrói seu conhecimento sobre o funcionamento e a estrutura da língua portuguesa de maneira contextualizada.

Boxe de ampliação
Traz informações que complementam e ampliam o assunto abordado.

Boxe Relacionando
Relaciona os conteúdos da seção *Língua em estudo* ao gênero textual visto no capítulo.

Atividades
As atividades dessa seção ajudam você a desenvolver diferentes habilidades.

Boxe Anote aí
Traz, de maneira sistematizada, os conceitos abordados na seção.

5

Agora é com você!

Nessa seção, você vai produzir um texto do gênero estudado no capítulo, percorrendo todas as etapas necessárias para sua elaboração.

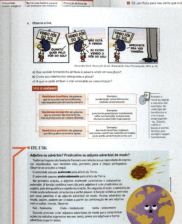

Escrita em pauta

Essa seção oferece atividades para você ampliar e colocar em prática o que sabe sobre ortografia, acentuação e pontuação.

Boxe Etc. e tal

Apresenta informações e curiosidades relacionadas à língua portuguesa.

Boxe Para explorar

Oferece sugestões de livros, *sites*, filmes e lugares para visitação relacionados ao assunto em estudo.

Fechamento de unidade

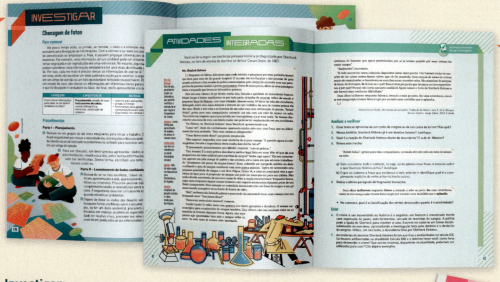

Investigar

Em dois momentos do livro, você e seus colegas vão entrar em contato com algumas metodologias de pesquisa e diferentes modos de coleta de dados. Também vão desenvolver diferentes formas de comunicação para compartilhar os resultados de suas investigações.

Atividades integradas

As atividades dessa seção integram os conteúdos abordados na unidade, para que você possa avaliar seus conhecimentos, e também auxiliam no desenvolvimento de habilidades e competências.

Cidadania global

Essa seção fecha o trabalho com o ODS e está organizada em duas partes. Em *Retomando o tema*, você vai retomar as discussões realizadas ao longo da unidade e terá a oportunidade de ampliar as reflexões feitas. Em *Geração da mudança*, você será convidado a realizar uma proposta de intervenção que busque contribuir para o desenvolvimento do ODS trabalhado na unidade.

No final do livro você também vai encontrar:

Interação
Essa seção propõe um projeto coletivo, que resultará em um produto destinado à comunidade escolar, incentivando o trabalho em equipe.

Prepare-se!
Seção composta de dois blocos de questões com formato semelhante ao de provas e exames oficiais, como Enem, Saeb e Pisa, para você verificar seus conhecimentos.

O livro digital oferece uma série de recursos para interação e aprendizagem. No livro impresso, eles são marcados com os ícones descritos a seguir.

Atividades interativas
Esse ícone indica que, no livro digital, você encontrará atividades interativas que compõem um ciclo avaliativo ao longo da unidade. No início dela, você poderá verificar seus conhecimentos prévios. Em algumas seções, você encontrará conjuntos de atividades para realizar o acompanhamento da sua aprendizagem e, ao final da unidade, terá a oportunidade de realizar uma autoavaliação.

 Conhecimentos prévios

 Autoavaliação

 Acompanhamento da aprendizagem

Recursos digitais
Esse ícone indica que, no livro digital, você encontrará galerias de imagens, áudios, animações, vídeos, entre outros recursos. Quando ele aparecer na página do livro impresso, acesse o recurso e faça a atividade proposta.

7

O QUE SÃO OS
OBJETIVOS
DE DESENVOLVIMENTO
SUSTENTÁVEL

Em 2015, representantes dos Estados-membros da Organização das Nações Unidas (ONU) se reuniram durante a Cúpula das Nações Unidas sobre o Desenvolvimento Sustentável e adotaram uma agenda socioambiental mundial composta de 17 Objetivos de Desenvolvimento Sustentável (ODS).

Os ODS constituem desafios e metas para erradicar a pobreza, diminuir as desigualdades sociais e proteger o meio ambiente, incorporando uma ampla variedade de tópicos das áreas econômica, social e ambiental. Trata-se de temas humanitários atrelados à sustentabilidade que devem nortear políticas públicas nacionais e internacionais até o ano de 2030.

Nesta coleção, você trabalhará com diferentes aspectos dos ODS e perceberá que, juntos e também como indivíduos, todos podemos contribuir para que esses objetivos sejam alcançados. Conheça aqui cada um dos 17 objetivos e suas metas gerais.

1 ERRADICAÇÃO DA POBREZA

Erradicar a pobreza em todas as formas e em todos os lugares

2 FOME ZERO E AGRICULTURA SUSTENTÁVEL

Erradicar a fome, alcançar a segurança alimentar, melhorar a nutrição e promover a agricultura sustentável

11 CIDADES E COMUNIDADES SUSTENTÁVEIS

Tornar as cidades e comunidades mais inclusivas, seguras, resilientes e sustentáveis

10 REDUÇÃO DAS DESIGUALDADES

Reduzir as desigualdades no interior dos países e entre países

9 INDÚSTRIA, INOVAÇÃO E INFRAESTRUTURA

Construir infraestruturas resilientes, promover a industrialização inclusiva e sustentável e fomentar a inovação

12 CONSUMO E PRODUÇÃO RESPONSÁVEIS

Garantir padrões de consumo e de produção sustentáveis

13 AÇÃO CONTRA A MUDANÇA GLOBAL DO CLIMA

Adotar medidas urgentes para combater as alterações climáticas e os seus impactos

14 VIDA NA ÁGUA

Conservar e usar de forma sustentável os oceanos, mares e os recursos marinhos para o desenvolvimento sustentável

3 SAÚDE E BEM-ESTAR

Garantir o acesso à saúde de qualidade e promover o bem-estar para todos, em todas as idades

4 EDUCAÇÃO DE QUALIDADE

Garantir o acesso à educação inclusiva, de qualidade e equitativa, e promover oportunidades de aprendizagem ao longo da vida para todos

5 IGUALDADE DE GÊNERO

Alcançar a igualdade de gênero e empoderar todas as mulheres e meninas

8 TRABALHO DECENTE E CRESCIMENTO ECONÔMICO

Promover o crescimento econômico inclusivo e sustentável, o emprego pleno e produtivo e o trabalho digno para todos

7 ENERGIA LIMPA E ACESSÍVEL

Garantir o acesso a fontes de energia fiáveis, sustentáveis e modernas para todos

6 ÁGUA POTÁVEL E SANEAMENTO

Garantir a disponibilidade e a gestão sustentável da água potável e do saneamento para todos

15 VIDA TERRESTRE

Proteger, restaurar e promover o uso sustentável dos ecossistemas terrestres, gerir de forma sustentável as florestas, combater a desertificação, travar e reverter a degradação dos solos e travar a perda da biodiversidade

16 PAZ, JUSTIÇA E INSTITUIÇÕES EFICAZES

Promover sociedades pacíficas e inclusivas para o desenvolvimento sustentável, proporcionar o acesso à justiça para todos e construir instituições eficazes, responsáveis e inclusivas a todos os níveis

17 PARCERIAS E MEIOS DE IMPLEMENTAÇÃO

Reforçar os meios de implementação e revitalizar a parceria global para o desenvolvimento sustentável

NAÇÕES UNIDAS BRASIL. Objetivos de Desenvolvimento Sustentável. Disponível em: https://brasil.un.org/pt-br/sdgs. Acesso em: 2 maio 2023.

SUMÁRIO

UNIDADE 1 — CONTO DE ENIGMA E CONTO DE TERROR ... 13

1. O mistério desvendado ... 16
- **Texto** "Se eu fosse Sherlock Holmes", de Medeiros e Albuquerque ... 16
- **Texto em estudo** ... 19
- **Uma coisa puxa outra** | A narrativa de enigma em revista ... 21
- **Língua em estudo** Revisão: sujeito e índice de indeterminação do sujeito ... 22
- **Atividades** ... 24
- **A língua na real** Efeitos de sentido da indeterminação do sujeito ... 25
- **Agora é com você!** Escrita de conto de enigma ... 26

2. Uma experiência extraordinária ... 28
- **Texto** "A máscara da Morte Rubra", de Edgar Allan Poe ... 28
- **Texto em estudo** ... 31
- **Língua em estudo** Revisão: o verbo e seus complementos ... 34
- **Atividades** ... 36
- **A língua na real** A transitividade verbal e a precisão das informações ... 37
- **Escrita em pauta** Vírgula entre os termos da oração ... 38
- **Agora é com você!** Contação de história de terror ... 40

▲ **Atividades integradas** | "Mr. Sherlock Holmes", de Arthur Conan Doyle ... 42
▲ **Cidadania Global** ... 44

UNIDADE 2 — NOVELA E ROMANCE DE FICÇÃO CIENTÍFICA ... 45

1. A ciência além do tempo ... 48
- **Texto** "Engrenagens", de Fabiana Ferraz ... 48
- **Texto em estudo** ... 51
- **Uma coisa puxa outra** | Robôs, androides e humanoides no cinema e na televisão ... 54
- **Língua em estudo** Adjunto adverbial ... 56
- **Atividades** ... 58
- **A língua na real** Os adjuntos adverbiais e a expressividade ... 59
- **Agora é com você!** Escrita de conto de ficção científica (parte 1) ... 60

2. Ciência e humanidade ... 62
- **Texto** "Admirável mundo novo", de Aldous Huxley ... 62
- **Texto em estudo** ... 65
- **Língua em estudo** Adjunto adnominal ... 68
- **Atividades** ... 69
- **A língua na real** Os adjuntos adnominais e a expressividade ... 70
- **Escrita em pauta** Homônimos ... 72
- **Agora é com você!** Escrita de conto de ficção científica (parte 2) ... 74

▲ **Atividades integradas** | "O segundo doutor: a cidade sem nome", de Michael Scott ... 76
▲ **Cidadania Global** ... 78

UNIDADE 3
DIÁRIO ÍNTIMO, DECLARAÇÃO E PETIÇÃO *ON-LINE* — 79

1. Um diário histórico — 82
- **Texto** "O diário de Anne Frank", de Anne Frank — 82
- **Texto em estudo** — 85
- **Uma coisa puxa outra** | Arte urbana e história — 88
- **Língua em estudo** Predicativo do objeto — 90
- **Atividades** — 91
- **A língua na real** As marcas de subjetividade na exposição de fatos — 92
- **Agora é com você!** Escrita de diário íntimo — 94

2. Em busca da igualdade — 96
- **Texto** "Declaração Universal dos Direitos Humanos" (ONU) — 96
- **Texto em estudo** — 98
- **Língua em estudo** Predicado nominal, predicado verbal e predicado verbo-nominal — 102
- **Atividades** — 104
- **A língua na real** O predicado verbo-nominal e a síntese da informação — 105
- **Escrita em pauta** Parônimos — 106

3. De olho no espaço público — 108
- **Texto** "O Povo Yanomami precisa de acesso à Saúde" (Change.org) — 108
- **Texto em estudo** — 109
- **Agora é com você!** Petição *on-line* — 112

- ◢ **Atividades integradas** | "O diário de Lena", de Lena Mukhina — 114
- ◢ **Cidadania Global** — 116

UNIDADE 4
VERBETE DE ENCICLOPÉDIA E DISSERTAÇÃO ACADÊMICA — 117

1. Informação a um clique — 120
- **Texto** "antigo Egito" (*Britannica Escola*) — 120
- **Texto em estudo** — 123
- **Uma coisa puxa outra** | Decifra-me ou te devoro — 126
- **Língua em estudo** O complemento nominal — 128
- **Atividades** — 130
- **A língua na real** O complemento nominal e a retomada de informações — 131
- **Agora é com você!** Seminário — 132

2. Pesquisa e dissertação — 134
- **Texto** "Imagens do Egito Antigo – um estudo de representações históricas", de Raquel do Santos Funari — 134
- **Texto em estudo** — 136
- **Língua em estudo** Complemento nominal, objeto indireto e adjunto adnominal — 138
- **Atividades** — 140
- **A língua na real** A transitividade de substantivos, adjetivos e advérbios — 141
- **Escrita em pauta** O emprego do *s* e do *z* nas terminações *-ez/-eza* e *-ês/-esa* — 142
- **Agora é com você!** Elaboração de resenha — 144

- ◢ **Investigar** | Nossa escola: ponto de vista e ação — 148
- ◢ **Atividades integradas** | "Faraó" (*Britannica Escola*) — 150
- ◢ **Cidadania Global** — 152

UNIDADE 5
TEXTO DRAMÁTICO — 153

1. Do livro ao palco — 156
- **Texto** "Sonho de uma noite de verão", de William Shakespeare — 156
- **Texto em estudo** — 159
- **Uma coisa puxa outra** | Resenha de espetáculo teatral — 162
- **Língua em estudo** | Vozes verbais — 164
- **Atividades** — 166
- **A língua na real** Vozes verbais e efeitos de sentido — 167
- **Agora é com você!** Escrita de texto dramático — 168

2. A tragédia em cena — 170
- **Texto** "Macbeth", de William Shakespeare — 170
- **Texto em estudo** — 172
- **Língua em estudo** Agente da passiva — 174
- **Atividades** — 176
- **A língua na real** A omissão do agente da passiva — 177
- **Escrita em pauta** Grafia dos verbos abundantes — 178
- **Agora é com você!** Leitura dramatizada — 180

- ◢ **Atividades integradas** | "A bruxinha que era boa" de Maria Clara Machado — 184
- ◢ **Cidadania Global** — 186

UNIDADE 6
POEMA E POEMA VISUAL — 187

1. Uma teia de significados — 190
- **Texto** "Tecendo a manhã", de João Cabral de Melo Neto — 190
- **Texto em estudo** — 191
- **Uma coisa puxa outra** | Haicais — 194
- **Língua em estudo** Aposto — 196
- **Atividades** — 198
- **A língua na real** As diferentes funções do aposto — 200
- **Agora é com você!** Escrita de paródia de poema — 202

2. Os sentidos das imagens — 204
- **Texto** "Lua na água", de Paulo Leminski — 204
- **Texto em estudo** — 205
- **Língua em estudo** Vocativo — 208
- **Atividades** — 209
- **A língua na real** Os efeitos de sentido do vocativo — 210
- **Escrita em pauta** Vírgula entre os termos da oração — 212
- **Agora é com você!** Produção de poema visual — 214

- ◢ **Atividades integradas** | "Via Láctea", de Olavo Bilac — 216
- ◢ **Cidadania Global** — 218

11

UNIDADE 7 — ARTIGO DE OPINIÃO E EDITORIAL ... 219

1. Eu penso que... ... 222
- **Texto** "Dia Mundial dos Refugiados, um ritual necessário", de Mathias von Hein (*Deutsche Welle*) ... 222
- **Texto em estudo** ... 224
- **Uma coisa puxa outra** | A outra margem ... 227
- **Língua em estudo** Conjunção ... 228
- **Atividades** ... 230
- **A língua na real** Uso de conjunção e produção de sentidos ... 231
- **Agora é com você!** Escrita de artigo de opinião ... 232

2. O posicionamento de um grupo ... 234
- **Texto** "Enésima tragédia com migrantes no Mediterrâneo. Até quando?" (*Vaticans News*) ... 234
- **Texto em estudo** ... 236
- **Língua em estudo** Período simples e período composto ... 238
- **Atividades** ... 240
- **A língua na real** A conjunção como elemento de coesão ... 241
- **Escrita em pauta** Uso de *por que*, *por quê*, *porque* e *porquê* ... 242
- **Agora é com você!** Escrita de editorial ... 244

▲ **Investigar** | Checagem de fatos ... 246
▲ **Atividades integradas** | "Mais uma viagem na nossa irreal brutalidade cotidiana", de Wilson Gomes (*Cult*) ... 248
▲ **Cidadania Global** ... 250

UNIDADE 8 — CARTA DO LEITOR E DEBATE ... 251

1. A opinião dos leitores ... 254
- **Texto** "Quando a favela fala, é melhor ouvir", de Celso Athayde, Preto Zezé e Edu Lyra (*Folha de S.Paulo*) ... 254
- **Texto em estudo** ... 256
- **Uma coisa puxa outra** | Reinvindicações de povos indígenas ... 260
- **Língua em estudo** Orações coordenadas assindéticas e sindéticas aditivas, adversativas e alternativas ... 262
- **Atividades** ... 264
- **A língua na real** O uso da conjunção e os efeitos de sentido ... 265
- **Agora é com você!** Escrita de carta do leitor ... 266

2. Discutindo ideias ... 270
- **Texto** "O que querem os jovens" (*Observatório de Educação*) ... 270
- **Texto em estudo** ... 272
- **Língua em estudo** Orações coordenadas sindéticas explicativas e conclusivas ... 276
- **Atividades** ... 278
- **A língua na real** Efeitos expressivos das orações coordenadas sindéticas alternativas ... 279
- **Escrita em pauta** Usos do hífen ... 280
- **Agora é com você!** Debate ... 282
- **Atividades integradas** | Cartas do leitor (*Folha de S.Paulo*) ... 286

▲ **Cidadania Global** ... 288

INTERAÇÃO
- Simulação ONU ... 289
- Apresentação teatral ... 295

PREPARE-SE! ... 301

BIBLIOGRAFIA COMENTADA ... 319

CRÉDITOS OBRIGATÓRIOS ... 320

CONTO DE ENIGMA E CONTO DE TERROR

UNIDADE 1

PRIMEIRAS IDEIAS

1. Detetives, criminosos, vítimas e suspeitos são personagens típicas do conto de enigma ou do conto de terror?
2. Em sua opinião, que elementos podem criar suspense em uma narrativa?
3. Qual é o sujeito das orações "Procuraram você por toda parte" e "Procurei você por toda parte"? Explique.
4. Todos os verbos precisam de complemento para ter seu sentido compreendido? Justifique sua resposta com base na oração "A criança caiu da árvore".

Conhecimentos prévios

Nesta unidade, eu vou...

CAPÍTULO 1 — O mistério desvendado

- Ler e interpretar um conto de enigma, identificando seus elementos constitutivos.
- Discutir sobre a corrupção e as consequências da impunidade.
- Analisar uma capa de revista, estabelecendo relações com narrativas de enigma e compartilhando experiências de leitura.
- Revisar os tipos de sujeito (simples, composto, oculto e indeterminado).
- Escrever um conto de enigma e publicá-lo em um livro.

CAPÍTULO 2 — Uma experiência extraordinária

- Ler e interpretar um conto de terror, identificando seus elementos constitutivos.
- Discutir sobre o uso de máscaras sociais em diferentes situações do dia a dia.
- Revisar os verbos (transitivos, intransitivos e de ligação) e os complementos verbais (objeto direto, objeto indireto e predicativo do sujeito).
- Empregar a vírgula de acordo com as regras da norma-padrão.
- Participar de uma maratona de contação de histórias de terror na escola.

CIDADANIA GLOBAL

- Refletir sobre a importância de adotar atitudes de honestidade para promover a paz e a justiça na sociedade.
- Dramatizar situações que representem a honestidade no dia a dia, sensibilizando as pessoas a tomar atitudes semelhantes.

LEITURA DA IMAGEM

1. A faixa vermelha no chão sinaliza uma ciclofaixa, ou seja, um espaço na via pública reservado à circulação de ciclistas. O que chama a atenção no registro dessa ciclofaixa?
2. Em sua opinião, o que teria motivado o registro dessa cena?
3. Qual é a importância da existência de ciclofaixas e ciclovias nas cidades?
4. Você já presenciou alguma situação semelhante à fotografada? Discuta com os colegas.

CIDADANIA GLOBAL

16 PAZ, JUSTIÇA E INSTITUIÇÕES EFICAZES

Atitudes de infração não ocorrem só no trânsito. Violações às normas legais ou éticas podem acontecer em diferentes contextos sociais. Chamadas de pequenas corrupções cotidianas, essas ações provocam um grande impacto social.

- Cite exemplos de pequenas corrupções cotidianas. Com os colegas e o professor, reflita sobre os impactos sociais dessas práticas.

 Acesse o recurso digital, que trata de pequenas corrupções cotidianas. Em seguida, responda: Quais são os desafios para conseguir dizer "não" a essas ações? Como podemos, individualmente, combatê-las?

Irregularidade de trânsito, registrada por um *smartphone*, na cidade de Colônia, na Alemanha. Foto de 2021.

15

CAPÍTULO 1
O MISTÉRIO DESVENDADO

O QUE VEM A SEGUIR

O narrador do conto que você vai ler a seguir admira as histórias de Sherlock Holmes, personagem da literatura que resolve casos policiais. Leia o título e responda: Considerando o que você sabe sobre Holmes, que tipo de comportamento pode ser parecido com o dessa personagem?

TEXTO

Se eu fosse Sherlock Holmes

Os romances de Conan Doyle me deram o desejo de empreender alguma façanha no gênero das de Sherlock Holmes. Pareceu-me que deles se concluía que tudo estava em prestar atenção aos fatos mínimos. Destes, por uma série de raciocínios lógicos, era sempre possível subir até o autor do crime.

Quando acabara a leitura do último dos livros de Conan Doyle, meu amigo Alves Calado teve a oportuna nomeação de delegado auxiliar. Íntimos, como éramos, vivendo juntos, como vivíamos na mesma pensão, tendo até escritório comum de advocacia, eu lhe tinha várias vezes exposto minhas ideias de "detetive". Assim, no próprio dia de sua nomeação ele me disse:

— Eras tu que devias ser nomeado!

Mas acrescentou, desdenhoso das minhas habilidades:

— Não apanhavas nem o ladrão que roubasse o obelisco da avenida!

Fi-lo, porém, prometer que, quando houvesse algum crime, eu o acompanharia a todas as diligências. Por outro lado levei-o a chamar a atenção do seu pessoal para que, tendo notícia de qualquer roubo ou assassinato, não invadisse nem deixasse ninguém invadir o lugar do crime.

— Alta polícia científica — disse ele, gracejando.

Passei dias esperando por algum acontecimento trágico, em que pudesse revelar minha sagacidade. Creio que fiz mais do que esperar: cheguei a desejar.

Uma noite, fui convidado por Madame Guimarães para uma pequena reunião familiar. Em geral, o que ela chamava "pequenas reuniões" eram reuniões de vinte a trinta pessoas, da melhor sociedade. Dançava-se, ouvia-se boa música e quase sempre ela exibia algum "número" curioso: artistas de teatro, de _music-hall_ ou de circo, que contratava para esse fim. O melhor, porém, era talvez a palestra que então se fazia, porque era mulher muito inteligente e só convidava gente de espírito. Fazia disso questão.

A noite em que eu lá estive entrou bem nessa regra.

Em certo momento, quando ela estava cercada por uma boa roda, apareceu Sinhazinha Ramos. Sinhazinha era sobrinha de Madame Guimarães; casara-se pouco antes com um médico de grande clínica. Vindo só, todos lhe perguntaram:

— Como vai seu marido?

— Tem trabalhado por toda a noite, com uma cliente. [...]

A casa era de dois andares e Madame Guimarães, nos dias de festas, tomava a si arrumar capas e chapéus femininos no seu quarto:

daliloscopia: estudo das impressões digitais.

diligência: investigação.

music-hall: apresentação musical que inclui elementos teatrais.

— Serviço de vestiário é exclusivamente comigo. Não quero confusões. [...]

Nisto, uma das senhoras presentes veio despedir-se de Madame Guimarães. Precisava de seu chapéu. A dona da casa, que, para evitar trocas e desarrumações, era a única a penetrar no quarto que transformara em vestiário, levantou-se e subiu para ir buscar o chapéu da visita, que desejava partir.

Não se demorou muito tempo. Voltou com a fisionomia transtornada:

— Roubaram-me. Roubaram o meu anel de brilhantes...

Todos se reuniram em torno dela. Como era? Como não era? Não havia, aliás, nenhuma senhora que não o conhecesse: um anel com três grandes brilhantes de um certo mau gosto espetaculoso, mas que valia de sessenta a oitenta contos.

Sherlock Holmes gritou dentro de mim: "Mostra o teu talento, rapaz!".

Sugeri logo que ninguém entrasse no quarto. Ninguém! Era preciso que a Polícia pudesse tomar as marcas digitais que por acaso houvesse na mesa de cabeceira de Madame Guimarães. Porque era lá que tinha estado a joia.

Saltei ao telefone, toquei para o Alves Calado, que se achava de serviço nessa noite, e preveni-o do que havia, recomendando-lhe que trouxesse alguém, perito em dactiloscopia.

Ele respondeu de lá com a sua troça habitual:

— Vais afinal entrar em cena com a tua alta polícia científica?

Objetou-me, porém, que a essa hora não podia achar nenhum perito. Aprovou, entretanto, que eu não consentisse ninguém entrar no quarto. Subi então com todo o grupo para fecharmos a porta a chave. Antes de se fechar, era, porém, necessário que Madame Guimarães tirasse as capas que estavam no seu leito. Todos ficaram no corredor, mirando, comentando. Eu fui o único que entrei, mas com um cuidado extremo, um cuidado um tanto cômico de não tocar em coisa alguma. [...]

Retiradas as capas, o zum-zum das conversas continuava. Ninguém tinha entrado no quarto fatídico. Todos o diziam e repetiam.

Foi no meio dessas conversas que Sherlock Holmes cresceu dentro de mim. Anunciei:

— Já sei quem furtou o anel.

De todos os lados surgiam exclamações. Algumas pessoas se limitavam a interjeições: "Ah!", "Oh!". Outras perguntavam quem tinha sido.

Sherlock Holmes disse o que ia fazer, indicando um gabinete próximo:

— Eu vou para aquele gabinete. Cada uma das senhoras aqui presentes fecha-se ali em minha companhia por cinco minutos.

— Por cinco minutos? — indagou o dr. Caldas.

— Porque eu quero estar o mesmo tempo com cada uma, para não se poder concluir da maior demora com qualquer delas que essa foi a culpada. Serão para cada uma cinco minutos cronométricos. [...]

Houve uma hesitação. Algumas diziam estar acima de qualquer suspeita, outras que não se submetiam a nenhum inquérito policial. Venceu, porém, o partido das que diziam "quem não deve não teme". Eu esperava, paciente. Por fim, quando vi que todas estavam resolvidas, lembrei que seria melhor quem fosse saindo despedir-se e partir.

E a cerimônia começou. Cada uma das senhoras esteve trancada comigo justamente os cinco minutos que eu marcara.

Quando a última partiu, saiu do gabinete, achei à porta, ansiosa, Madame Guimarães:

— Venha comigo — disse-lhe eu.

Aproximei-me do telefone, chamei o Alves Calado e disse-lhe que não precisava mais tomar providência alguma, porque o anel fora achado.

Voltando-me para Madame Guimarães entreguei-o então. Ela estava tão nervosa que me abraçou e até beijou freneticamente. Quando, porém, quis saber quem fora a ladra, não me arrancou nem uma palavra.

No quarto, ao ver Sinhazinha Ramos entrar, tínhamos tido, mais ou menos, a seguinte conversa:

— Eu não vou deitar verdes para colher maduros, não vou armar cilada alguma. Sei que foi a senhora que tirou a joia de sua tia.

Ela ficou lívida. Podia ser medo. Podia ser cólera. Mas respondeu firmemente:

— Insolente! É assim que o senhor está fazendo com todas, para descobrir a culpada?

— Está enganada. Com as outras converso apenas, conto-lhes anedotas. Com a senhora, não; exijo que me entregue o anel.

Mostrei-lhe o relógio para que visse que o tempo estava passando.

— Note — disse eu — que tenho uma prova, posso fazer ver a todos.

Ela se traiu, pedindo:

— Dê sua palavra de honra que tem essa prova!

Dei. Mas o meu sorriso lhe mostrou que ela, sem dar por isso, confessara indiretamente o fato.

— E já agora — acrescentei — dou-lhe também a minha palavra de honra que nunca ninguém saberá por mim o que fez.

Ela tremia toda.

— Veja que falta um minuto. Não chore. Lembre-se de que precisa sair daqui com uma fisionomia jovial. Diga que estivemos falando de modas.

Ela tirou a joia do seio, deu-ma e perguntou:

— Qual é a prova?

— Esta — disse-lhe eu apontando para uma esplêndida rosa-chá que ela trazia. — É a única pessoa, esta noite, que tem aqui uma rosa amarela. Quando foi ao quarto de sua tia, teve a infelicidade de deixar cair duas pétalas dela. Estão junto da mesa de cabeceira.

Abri a porta. Sinhazinha compôs magicamente, imediatamente, o mais encantador, o mais natural dos sorrisos e saiu dizendo:

— Se este Sherlock fez com todas o mesmo que comigo, vai ser um fiasco absoluto.

Não foi fiasco, mas foi pior.

Quando Sinhazinha chegara, subira, logo. Graças à intimidade que tinha na casa, onde vivera até a data do casamento, podia fazer isso naturalmente. Ia só para deixar a sua capa dentro de um armário. Mas, à procura de um alfinete, abriu a mesinha de cabeceira, viu o anel, sentiu a tentação de roubá-lo e assim fez. Lembrou-se de que tinha de ir para a Europa daí a um mês. Lá venderia a joia. Desceu então novamente com a capa e mandou pô-la no automóvel. E como ninguém a tinha visto subir, pôde afirmar que não fora ao andar superior.

Eu estraguei tudo.

Mas a mulherzinha se vingou: a todos insinuou que provavelmente o ladrão tinha sido eu mesmo, e, vendo o caso descoberto antes da minha retirada, armara aquela encenação para atribuir a outrem o meu crime.

O que sei é que Madame Guimarães, que sempre me convidava para as suas recepções, não me convidou para a de ontem... Terá talvez sido a primeira a acreditar na sobrinha.

<small>Medeiros e Albuquerque. Se eu fosse Sherlock Holmes. Em: Conan Doyle e outros. *Histórias de detetive*. São Paulo: Ática, 2006. p. 37-43. (Coleção Para Gostar de Ler).</small>

TEXTO EM ESTUDO

PARA ENTENDER O TEXTO

1. A leitura do conto confirmou sua hipótese baseada no título? Explique.

2. Responda, a seguir, às questões sobre o narrador do conto.
   a) Caracterize esse narrador: ele é personagem ou observador? Justifique.
   b) Releia o trecho a seguir. Que palavra indica o foco narrativo? Explique.

   > Os romances de Conan Doyle me deram o desejo de empreender alguma façanha no gênero das de Sherlock Holmes. Pareceu-me que deles se concluía que tudo estava em prestar atenção aos fatos mínimos. Destes, por uma série de raciocínios lógicos, era sempre possível subir até o autor do crime.

   c) Qual é a principal característica da personalidade do narrador?
   d) Essa característica é decisiva para o desenvolvimento do conto? Explique.

3. Releia esta fala de Alves Calado, personagem amiga do narrador:

   > — Não apanhavas nem o ladrão que roubasse o obelisco da avenida!

   a) Busque informações sobre o significado de *obelisco* e explique esse trecho.
   b) É possível afirmar que Alves Calado levava o narrador a sério? Selecione outro trecho do conto que confirme sua resposta.

4. Em contos de enigma, há tipos, ou seja, personagens, que representam comportamentos padronizados: o detetive, o criminoso, a vítima e os suspeitos. No conto lido, que personagens se enquadram em cada um desses tipos?

5. Sobre o espaço e o tempo no conto lido, responda às questões.
   a) Em que espaço(s) se desenvolvem as ações narradas no conto?
   b) Em que período de tempo se passaram essas ações?

6. Que situação fez Madame Guimarães perceber que seu anel havia sido furtado?

7. Sobre a solução do roubo do anel, responda às questões.
   a) Que medidas foram tomadas para descobrir quem havia furtado o anel?
   b) Qual foi a pista determinante para que o enigma fosse desvendado?
   c) Que atitude do narrador dá uma pista de que o criminoso é uma mulher?
   d) Para chegar à solução, o narrador seguiu o método de S. Holmes? Explique.

8. O que motivou Sinhazinha Ramos a cometer o crime? Por que ela supôs que não suspeitariam dela?

9. Por que o narrador disse: "Não foi fiasco, mas foi pior"?

ANOTE AÍ!

Um **conto de enigma** é uma narrativa e, assim, desenvolve uma sequência de ações que formam um **enredo**. Em geral, ele se inicia depois da ocorrência de um **mistério** que precisa ser desvendado (um crime, por exemplo). Apresenta-se, então, um **detetive**, que, por meio de **pistas**, deve solucionar o caso. A **resolução do enigma** costuma ser inesperada e **surpreender** o leitor.

LITERATURA POLICIAL NO BRASIL

O escritor José Joaquim de Campos da Costa de Medeiros e Albuquerque nasceu em Recife, em 1867, e faleceu no Rio de Janeiro, em 1934. Ele é um dos autores daquela que é considerada a primeira narrativa policial brasileira, o romance policial *O mistério*, publicado de forma seriada em jornal, em 1920, e depois em livro.

▲ O escritor Medeiros e Albuquerque.

▲ Capa do livro *Histórias de detetive*. São Paulo: Ática, 2013.

CONAN DOYLE (1859-1930)

Escritor e médico britânico, Arthur Conan Doyle chamou a atenção do público em 1887 com a narrativa *Um estudo em vermelho*, na qual se destacava a personagem Sherlock Holmes, caracterizada pela preocupação com as evidências na cena do crime e pela análise do comportamento dos suspeitos, padrões de investigação que até hoje inspiram histórias policiais.

O CONTEXTO DE PRODUÇÃO

10. Observe a capa do livro em que o conto foi publicado. Que relação pode ser estabelecida entre o título da obra e a ilustração da capa?

11. O método investigativo de Sherlock Holmes baseia-se em observação, raciocínio lógico e uso de recursos científicos, como a análise de impressões digitais.

   a) Em qual parágrafo o narrador-personagem do conto lido cita o método investigativo da personagem de Conan Doyle?

   b) Em que parágrafo o narrador indica que vai começar a agir como Sherlock?

   c) Copie no caderno o parágrafo em que o narrador-personagem indica que empregará um recurso científico em sua investigação.

ANOTE AÍ!

Um texto literário pode estabelecer um diálogo com outro texto, fazendo referência a ele direta ou indiretamente. Esse diálogo entre textos chama-se **intertextualidade**. No texto lido, a intertextualidade é feita de modo direto, pois o autor Conan Doyle e sua personagem célebre são mencionados logo no início da história.

A LINGUAGEM DO TEXTO

12. Releia as frases a seguir, observando as palavras e as expressões destacadas.

   I. Ele respondeu de lá com a sua **troça** habitual.
   II. O melhor, porém, era talvez a palestra que então se fazia, porque era mulher muito inteligente e só convidava **gente de espírito**.
   III. — Eu não vou **deitar verdes para colher maduros**, não vou armar cilada alguma. Sei que foi a senhora que tirou a joia de sua tia.

   a) Identifique o contexto em que essas expressões e palavras são empregadas e explique o que cada uma significa. Se necessário, consulte um dicionário.

   b) O uso dessas palavras e expressões revela algo sobre a época em que se passa a história ou em que foi escrito o conto?

CIDADANIA GLOBAL

VELHAS ATITUDES QUE SE REPETEM

Em geral, uma obra literária revela comportamentos habituais de determinados grupos sociais da época que retrata, bem como seus valores. No conto lido, publicado em 1932, as ações de Sinhazinha Ramos indicam a ausência de um valor humano essencial: a honestidade. Ações como essa ocorrem até hoje, por diferentes motivações. Pensando nisso, reflita:

1. A falta de honestidade é um problema social e pode ser expressa em atitudes do dia a dia ou em ações que geram impacto na sociedade, como a corrupção. Em sua opinião, por que algumas pessoas agem de modo corrupto?

2. No conto, a personagem confia que seu crime não será descoberto e que ela passará impune. Para você, essa forma de pensar pode ocasionar que consequências?

UMA COISA PUXA OUTRA

A narrativa de enigma em revista

As narrativas de enigma surgiram no século XIX e alcançaram popularidade com a expansão da indústria jornalística. Costumavam ser publicadas em jornais e revistas, o que possibilitava que essas histórias chegassem a diversos leitores. Para aguçar a curiosidade do leitor, em geral as narrativas longas eram publicadas em capítulos, um a cada novo número da revista ou do jornal.

1. Observe a capa de um dos números da *The Strand Magazine*, apresentando a "nova aventura de Sherlock Holmes", escrita por Conan Doyle. Nessa revista britânica, Conan Doyle publicou mais de cinquenta histórias do detetive Sherlock Holmes.

    a) Que elementos das narrativas de Conan Doyle se destacam na capa da revista? Que pistas a ilustração dá sobre Sherlock Holmes e suas histórias?

    b) Nos contos de enigma, procura-se despertar a curiosidade do leitor. Ao publicar em capítulos uma história dessa natureza, o periódico intensifica essa curiosidade? Justifique sua resposta.

◀ Capa da *The Strand Magazine* de abril de 1927.

2. Leia o texto a seguir e responda às questões.

> Em 1893, no conto "O problema final", publicado nas páginas da revista britânica *Strand*, o detetive Sherlock Holmes se envolvia em uma luta mortal com seu arqui-inimigo, o professor Moriarty, na beirada de um precipício nas Cataratas de Reichenbach, na Suíça. Os dois rivais caíram e desapareceram na queda-d'água. [...]
>
> Aqueles que estudam literatura consideram a morte do detetive um importante marco na história das artes. Até aquele momento, os leitores costumavam se conformar com os falecimentos, amores malsucedidos e finais trágicos impressos nas páginas de revistas ou livros. [...]
>
> Quando perceberam que Sherlock Holmes havia mesmo morrido e não voltaria nas próximas edições da *Strand*, cerca de 20 mil pessoas cancelaram a assinatura da revista. Reza a lenda que jovens ingleses ficaram de luto no mês em que a edição com a morte de Holmes foi publicada. [...]

Lucas Alencar. Sherlock Holmes é a origem dos fãs aficionados. *Galileu*, 25 fev. 2016. Disponível em: http://revistagalileu.globo.com/Cultura/noticia/2016/02/sherlock-holmes-e-origem-do-fas-aficionados.html. Acesso em: 17 mar. 2023.

a) Você já teve uma experiência literária como a dos leitores das histórias de Holmes, isto é, já gostou tanto de uma personagem que ficaria de luto se ela morresse?

b) Nove anos depois da publicação do conto citado na matéria jornalística, Conan Doyle voltou a escrever histórias de Sherlock Holmes. Você conhece outros autores cuja obra tenha voltado a ser escrita a pedido dos leitores?

21

LÍNGUA EM ESTUDO

REVISÃO: SUJEITO E ÍNDICE DE INDETERMINAÇÃO DO SUJEITO

SUJEITO

1. Releia este trecho do conto "Se eu fosse Sherlock Holmes":

> Houve uma hesitação. Algumas **diziam** estar acima de qualquer suspeita, outras que não se submetiam a nenhum inquérito policial. **Venceu**, porém, o partido das que diziam "quem não deve não teme". Eu **esperava**, paciente. Por fim, quando vi que todas estavam resolvidas, lembrei que seria melhor quem fosse saindo despedir-se e partir.

a) Observe as formas verbais destacadas nesse trecho. A quem se referem?
b) Releia esta frase:

> Madame Guimarães e eu esperávamos, pacientes.

- Quem faz a ação expressa pelo verbo *esperar*?

Ao responder às questões acima, indicando a quem as formas verbais se referem, você destacou um dos termos essenciais da oração: o sujeito.

ANOTE AÍ!

Sujeito é o ser sobre o qual se faz uma declaração. Se tem um só núcleo, é classificado como **sujeito simples**. Se tem mais de um núcleo, é classificado como **sujeito composto**.

2. Agora, releia este outro trecho:

> Quando Sinhazinha chegara, subira, logo. Graças à intimidade que tinha na casa, onde vivera até a data do casamento, podia fazer isso naturalmente. Ia só para deixar a sua capa dentro de um armário. Mas, à procura de um alfinete, abriu a mesinha de cabeceira, viu o anel, sentiu a tentação de roubá-lo e assim fez. Lembrou-se de que tinha de ir para a Europa daí a um mês. Lá venderia a joia. Desceu então novamente com a capa e mandou pô-la no automóvel. E como ninguém a tinha visto subir, pôde afirmar que não fora ao andar superior.

a) Nesse trecho há várias orações, mas praticamente todas se referem a um único ser, indicando um único sujeito. Quem é ele? Como você o identificou?
b) Que ação não se refere ao sujeito da resposta ao item *a*? Qual é seu sujeito?

ANOTE AÍ!

O sujeito que não é representado na oração por uma palavra, mas que pode ser identificado pela desinência verbal, é classificado como sujeito **desinencial** ou **oculto**.

3. Releia esta fala de Madame Guimarães:

> — Roubaram-me. Roubaram o meu anel de brilhantes...

a) É possível identificar o sujeito da ação de roubar? Explique.
b) Por que, em sua fala, Madame Guimarães utiliza esse tipo de sujeito?

22

Quando não há uma palavra que desempenhe a função de sujeito e a desinência verbal também não é suficiente para que se chegue a essa informação, afirma-se que o sujeito é indeterminado.

ANOTE AÍ!

O sujeito que não é explicitamente expresso na oração e que não pode, no contexto, ser identificado pela desinência verbal é classificado como **sujeito indeterminado**.

TIPOS DE SUJEITO

Simples:
Apresenta apenas um núcleo.

Composto:
Apresenta dois ou mais núcleos.

Desinencial ou oculto:
Pode ser identificado pela desinência verbal.

Indeterminado:
Não é expresso na oração nem pode ser identificado pela desinência verbal.

Não se esqueça de que há **orações sem sujeito**, formadas por verbos impessoais: os verbos que exprimem fenômenos da natureza (*chover*, *anoitecer*, etc.); o verbo *haver*, se usado com sentido de existir; os verbos *haver*, *fazer* e *ir*, indicando tempo transcorrido; e o verbo *ser* sinalizando tempo em geral.

ÍNDICE DE INDETERMINAÇÃO DO SUJEITO

4. Releia o trecho abaixo.

> Uma noite, fui convidado por Madame Guimarães para uma pequena reunião familiar. Em geral, o que ela chamava "pequenas reuniões" eram reuniões de vinte a trinta pessoas, da melhor sociedade. Dançava-se, ouvia-se boa música e quase sempre ela exibia algum "número" curioso: artistas de teatro, de *music-hall* ou de circo, que contratava para esse fim.

a) Qual é o sujeito da forma verbal *dançava-se*?
b) Com relação à transitividade, como pode ser classificado o verbo *dançar*?

Em língua portuguesa, há dois modos de indeterminar o sujeito quando não é possível saber quem faz a ação verbal ou quando não se quer explicitá-lo. Um deles é empregar o verbo na terceira pessoa do plural, se não for possível identificar essa pessoa no contexto. Releia a fala de Madame Guimarães na atividade **3** e observe os exemplos abaixo.

Telefonaram para você ontem.

Estão ligando de lá desde ontem.

O outro modo é usar o verbo – intransitivo, transitivo indireto ou de ligação – na terceira pessoa do singular acompanhado do pronome *se*. Veja:

Era-se feliz naquele tempo.

Precisa-se de detetives.

ANOTE AÍ!

Ao indeterminar o sujeito por estar associado a um verbo intransitivo, transitivo indireto ou de ligação, o pronome *se* é chamado **índice de indeterminação do sujeito**.

A CLASSIFICAÇÃO DO SUJEITO E A ORDEM DAS PALAVRAS NA ORAÇÃO

Em geral, as palavras de uma oração são organizadas de modo que o sujeito é posicionado antes do verbo. Essa é a ordem direta. Há casos, porém, em que o sujeito se encontra depois do verbo. Por exemplo, releia esta frase do conto: "De todos os lados surgiam exclamações". Nela, o verbo *surgir*, na terceira pessoa do plural, pode levar alguém a pensar que seu sujeito é indeterminado. Mas seu sujeito é simples, representado por *exclamações*, substantivo no plural. A dúvida pode ocorrer porque o sujeito está depois do verbo. Essa ordem das palavras gera um efeito de sentido dentro do texto: permite ao autor valorizar mais o fato indicado pelo verbo que o ser a que o verbo se refere.

ATIVIDADES

Retomar e compreender

1. Leia o anúncio de propaganda abaixo.

◀ Cartaz de campanha de vacinação promovida pelo Ministério da Saúde.

a) No cartaz, a palavra *gotinhas* tem dois sentidos. Quais são eles? Explique.
b) Qual é o sujeito da frase em destaque no cartaz? Como ele se classifica?
c) Que palavras na frase indicam que o cartaz se dirige aos pais das crianças?

2. Em quais das orações a seguir o pronome *se* funciona como índice de indeterminação do sujeito? Indique-as no caderno.
   I. Morre-se um pouco a cada insucesso na investigação.
   II. Encontraram-se impressões digitais na parede.
   III. Trata-se de uma argumentação muito convincente.
   IV. Duvidou-se da palavra dos peritos.
   V. Deixaram-se provas por toda a cena do crime.
   VI. Leu-se o relatório com a defesa do acusado.

Aplicar

3. Para praticar seus conhecimentos, reescreva no caderno as orações a seguir de maneira que seu sujeito seja classificado como indeterminado. Para isso, empregue o verbo na terceira pessoa do plural, eliminando a palavra que representa o sujeito, ou, se possível, flexione o verbo na terceira pessoa do singular (neste caso, ele deve ser acompanhado do pronome *se*). Faça as demais alterações necessárias.
   a) O detetive comentou ocorrências antigas.
   b) Sinhazinha Ramos roubou o anel.
   c) O hospital precisa com urgência de novos médicos.
   d) O delegado resolveu o caso rapidamente.
   e) O estudante necessita de bons livros de contos.
   f) Armamos uma encenação do crime.
   g) Madame Guimarães não o convidou mais para as recepções.

A LÍNGUA NA REAL

EFEITOS DE SENTIDO DA INDETERMINAÇÃO DO SUJEITO

1. Leia a tira a seguir.

Alexandre Beck. *Armandinho. Nove.* Florianópolis: A. C. Beck, 2016. p. 68.

a) Qual é a crítica apresentada na tira?
b) Na fala inicial da tira, qual é o sujeito da oração? Qual é sua classificação?
c) Qual é o sujeito da oração "Vamos deixá-lo em paz"? Como ele se classifica?
d) Releia a fala abaixo, observando a forma verbal destacada.

— **Cortaram** tudo pra fazer um condomínio!

- Qual é o sujeito da forma verbal destacada? Justifique sua resposta.

2. Leia esta outra tira.

Fernando Gonsales. *Níquel Náusea. Folha de S.Paulo*, 2018.

a) No primeiro quadrinho, como a imagem reforça o título?
b) O terceiro quadrinho mostra o tronco que é perfurado pelo pica-pau, mas de outro ponto de vista. Qual é o ponto de vista apresentado?
c) Por que a expectativa criada pelo título da tira, em comparação com o que ocorre de fato na história, provoca humor?
d) No segundo quadrinho, o texto é atribuído a quem? Como você percebeu isso?
e) Na frase do segundo quadrinho, qual é a forma verbal? E qual é o sujeito?
f) Em que oração há sujeito indeterminado? Justifique. Por que essa construção foi empregada na tira?

ANOTE AÍ!

Usar estratégias para **indeterminar o sujeito** é eficaz quando se quer que o leitor **não identifique quem praticou uma ação** ou a quem se atribui certa característica. Esse recurso também é usado nos casos em que a **identificação do sujeito não é possível** no contexto imediato da oração.

AGORA É COM VOCÊ!

ESCRITA DE CONTO DE ENIGMA

Proposta

Você leu um conto em que o narrador – um admirador das façanhas de Sherlock Holmes – sonha em solucionar enigmas tão complicados quanto os resolvidos pelo famoso detetive. Agora será sua vez de produzir um conto de enigma e despertar a imaginação dos leitores. Na sequência, você e os colegas vão confeccionar um livro com os contos de enigma da turma.

GÊNERO	PÚBLICO	OBJETIVO	CIRCULAÇÃO
Conto de enigma	Comunidade escolar, amigos e familiares	Narrar uma história na qual são propostos um enigma e sua solução	Produção de livro de contos que circulará na comunidade escolar

Planejamento e elaboração de texto

1 Para planejar seu conto, responda às questões abaixo com as primeiras ideias que vierem à sua mente. Anote essas ideias iniciais.

- Qual será o enigma a ser resolvido: um roubo, um desaparecimento?
- Quem será a vítima? Qual é a relação dela com o culpado?
- Quem será o culpado? Qual terá sido sua motivação para cometer o crime?
- Como o crime será cometido?
- Que pistas serão deixadas? Haverá pistas falsas, que confundam o detetive?
- Quais serão os principais suspeitos?
- Quem desvendará o crime? Como?
- Em que espaço as ações acontecerão? Quanto tempo vão durar os eventos?

2 Em *O mundo emocionante do romance policial* (1979), Paulo de Medeiros e Albuquerque reúne regras do escritor S. S. van Dine para escrever um romance policial. Veja um resumo das regras que vão auxiliar em sua escrita.

- Deve haver apenas um fato a ser desvendado e um único culpado.
- O leitor e o detetive devem ter a mesma oportunidade de solucionar o mistério. Assim, todas as pistas precisam ser bem expostas ao longo do texto.
- O autor não pode enganar o leitor: os únicos truques permitidos são aqueles que o criminoso empregou para enganar o detetive.
- O culpado deve ser descoberto por meios lógicos, e não por acidente, de modo forçado ou por revelação sobrenatural ou mirabolante de última hora.
- O culpado deve ser personagem que atue ao longo de todo o enredo, não poderá surgir apenas no final.
- O culpado não deve ser um criminoso profissional, arrombadores ou bandidos, porque isso não gera surpresa. O culpado se torna mais interessante quando é aquele que parecia mais inocente e inofensivo.
- O problema que gera o enigma a ser descoberto (um crime, por exemplo) não deve ter sido um acidente, mas uma ação planejada pelo criminoso.
- Entre as pistas no texto também estará a que será a evidência para a descoberta do enigma – pode até ser uma associação entre pistas. O leitor é surpreendido por conhecer a pista e não ter percebido que ela é uma evidência.

3 Com base nessas ideias, organize a sequência narrativa da história.

- **Situação inicial:** Caracterize as personagens e a relação entre elas. Defina o foco narrativo: O narrador é uma das personagens, como o próprio detetive, conforme acontece no conto lido? Ou é um narrador observador?

- **Conflito:** Apresente o problema que instaura o conflito na situação inicial. Esse será o enigma a ser esclarecido ao longo da narrativa. Nesse momento, é propício situar, na cena, o detetive que vai esclarecer o mistério.

- **Desenvolvimento e clímax:** Desenvolva as ações das personagens e apresente pistas, conduzindo a narrativa ao clímax. A função das pistas é auxiliar na resolução do caso, mas algumas delas podem ser criadas só para dificultar as investigações e confundir o leitor. No clímax, solucione o enigma.

- **Desfecho:** Explique a motivação do criminoso e retome como o crime ocorreu. Indique as consequências da situação para as personagens principais.

4 Dê um título para seu conto que instigue a curiosidade do leitor.

LINGUAGEM DO SEU TEXTO

1. Em "Se eu fosse Sherlock Holmes", você identificou construções com diferentes tipos de sujeito, entre eles o indeterminado. Nesse conto, qual fala exemplifica a oração com sujeito indeterminado? Copie-a no caderno.

2. Como é possível construir uma oração com sujeito indeterminado?

Releia seu conto observando se, para garantir o suspense da história, é possível utilizar orações com sujeito indeterminado.

Avaliação e reescrita do texto

1 Forme dupla com um colega e troquem entre si os textos produzidos. Com base nos critérios abaixo, você avaliará o conto dele, e ele, o seu.

ELEMENTOS DO CONTO DE ENIGMA
As personagens são bem caracterizadas?
O espaço e o tempo em que se passa a história estão bem definidos?
As pistas estão dispostas ao longo da narrativa? A evidência está entre as pistas?
Há um levantamento de suspeitos entre as personagens?
O conflito é resolvido de forma lógica, pelo detetive, ou com o auxílio da ciência?
No desfecho é apresentada a motivação do criminoso?
O título instiga a curiosidade do leitor?

2 Dê sugestões para melhorar o texto do colega. Apresente sua avaliação a ele e discutam os pontos principais. Com base nas sugestões do colega e na sua própria avaliação, reescreva seu conto, fazendo as alterações necessárias.

Circulação

1 Digitem e imprimam a versão definitiva dos contos. Estabeleçam a ordem dos contos no livro e façam o sumário com o nome das narrativas e seus autores.

2 Produzam uma capa para o livro, em papel mais grosso.

3 Com o professor, organizem a circulação da obra pela comunidade escolar.

PARA EXPLORAR

Sr. Sherlock Holmes. Direção: Bill Condon. Reino Unido, 2015 (104 min).

Nesse filme, uma faceta diferente de Sherlock Holmes é apresentada. Aos 93 anos, o famoso detetive está aposentado e se acostuma com sua mente idosa, não tão perspicaz como antes. Ainda assim, um caso que nunca conseguiu decifrar volta a ocupar seus pensamentos.

CAPÍTULO 2
UMA EXPERIÊNCIA EXTRAORDINÁRIA

O QUE VEM A SEGUIR

O conto de terror que você lerá a seguir é de autoria do escritor estadunidense Edgar Allan Poe, famoso por compor histórias que gradualmente criam suspense, envolvendo o leitor até o fim. A Morte Rubra, mencionada no título desse conto, é uma peste fictícia muito contagiosa. Sabendo disso, como você imagina a Morte Rubra na narrativa?

TEXTO

A máscara da Morte Rubra

Há longo tempo a "Morte Rubra" devastava o país. Jamais outra praga tinha sido tão fatal ou tão horrenda. O sangue era sua encarnação e o sinal de sua presença — a vermelhidão e o horror do sangue. A vítima sentia dores agudas, uma tontura súbita, depois sangramento profuso por todos os poros e logo se seguia a decomposição. Manchas escarlates sobre o corpo e especialmente no rosto do infeliz confirmavam o selo da peste sobre ele; e esse carimbo de imediato o afastava de toda ajuda e até mesmo da simpatia de seus compatriotas. O aspecto mais terrível era que, desde o ataque inicial, o progresso e o término da enfermidade sobrevinham em meia hora.

Mas o Príncipe Próspero era feliz, destemido e sagaz. Ao perceber que seus domínios já haviam perdido a metade da população, chamou à sua presença um milhar de seus amigos saudáveis e joviais, escolhidos entre os cavaleiros e as damas de sua corte, e com estes retirou-se para a segurança e reclusão total de uma de suas abadias fortificadas. Esta estrutura era extensa e magnífica e sua arquitetura fora criação do próprio Príncipe, cujo gosto era extravagante, mas majestoso. Era cercada por uma muralha alta e forte. Os portões eram de ferro maciço. Os cortesãos, após terem se reunido no interior da vasta construção, trouxeram fornalhas portáteis e pesados malhos e soldaram as trancas e os rebites. Era sua resolução não permitir nenhuma forma de entrada ou de saída para aqueles que, em um impulso súbito de frenesi ou desespero, quisessem deixar o recinto. A abadia tinha sido aprovisionada com extrema abundância. Com todas essas precauções, o Príncipe e os cortesãos acreditavam ser possível desafiar o contágio. O mundo exterior que cuidasse de si mesmo. [...]

Já no final do quinto ou sexto mês de sua reclusão, quando a pestilência rugia mais furiosamente por todos os recantos do país, o Príncipe Próspero decidiu entreter seus mil amigos em um baile de máscaras de magnificência ainda maior que a usual.

A mascarada foi um cenário de grande prazer e voluptuosidade. Mas primeiro descreverei os salões em que foi realizada. No total havia sete salões de suntuosidade imperial. [...] O sétimo compartimento era totalmente amortalhado por pálios de veludo negro que não somente pendiam das paredes, como recobriam-lhe todo o teto e tombavam em dobras pesadas sobre um tapete do mesmo material e da mesma cor. [...] Nos vitrais desta sala predominava o escarlate, ou antes, um tom profundo de vermelho-sangue. [...]

Era também neste aposento que se erguia contra a parede ocidental um relógio de pêndulo, gigantesco e talhado em ébano. Esse pêndulo balançava para a direita e para a esquerda com um clangor pesado, monótono e surdo; e todas as vezes em que o ponteiro dos minutos fazia o circuito do mostrador e a hora estava a ponto de soar, os pulmões de bronze do relógio produziam um som claro, alto e profundo, extremamente musical, porém com uma ênfase e timbre tão peculiares que, cada vez que uma hora transcorria, os músicos da orquestra sentiam-se constrangidos a fazer uma pausa momentânea e escutar o ruído; e deste modo, aqueles que valsavam eram forçados a suspender temporariamente suas evoluções e uma breve perturbação perpassava toda a assembleia e interrompia-lhes as manifestações de alegria; e enquanto o carrilhão do relógio prosseguia em seu toque, observava-se que até mesmo os mais exuberantes empalideciam, enquanto os mais velhos e mais contidos passavam as mãos pelas testas e cobriam os olhos como se estivessem em um momento de meditação ou em um devaneio confuso. Mas no momento em que os ecos cessavam por completo, um riso leve novamente se difundia entre os dançarinos; os músicos olhavam uns para os outros e sorriam ironicamente de sua tolice ou nervosismo e prometiam uns aos outros que o próximo soar do relógio não despertaria neles emoção semelhante; só que, após um lapso de sessenta minutos (que abraçam três mil e seiscentos segundos do Tempo que voa tão velozmente), novamente o carrilhão se manifestava e havia o mesmo desconcerto e os mesmos tremores e a mesma meditação contida.

[...] E a folia continuava em torvelinho, até que finalmente começaram a soar as doze badaladas da meia-noite no relógio de ébano. E então a música cessou, como cessara das outras vezes; e as evoluções dos passistas se interromperam; e uma inquietude suspendeu todo o movimento, do mesmo modo que antes. Desta vez, entretanto, havia doze pancadas a serem dadas pelos sinos do relógio; deste modo transcorreu um período mais longo de tempo, em que pensamentos tétricos se arrastaram para o foco da atenção daqueles entre os fantasiados que paravam para meditar. E foi assim também que aconteceu, talvez antes que os derradeiros ecos do último toque tivessem completamente desaparecido no silêncio, que muitos indivíduos na multidão tiveram tempo para perceber a presença de uma criatura mascarada que não havia atraído antes a atenção de ninguém. E o rumor desta nova presença se espalhou aos murmúrios, até que uma espécie de zumbido ergueu-se da turba, um sussurro expressivo de desaprovação e surpresa, transformando-se enfim em medo, horror e náusea.

[...] A criatura era alta e esquálida, amortalhada da cabeça aos pés pelos panejamentos que costumam ser levados à tumba. A máscara que lhe escondia a fisionomia tinha sido confeccionada de modo a lembrar, em seus menores detalhes, o rosto de um cadáver endurecido, a tal ponto que o mais sério escrutínio acharia difícil apontar a diferença entre aquela figura e um verdadeiro habitante do túmulo. Tudo isto poderia ser suportado e até mesmo aprovado pelos doidos foliões que se acotovelavam ao redor. Mas o mascarado tinha levado o mau gosto ao ponto de imitar detalhadamente os sintomas externos da Morte Rubra. Sua vestimenta estava manchada de sangue, e sua testa larga, juntamente com todos os traços de seu rosto, estava coberta pelas assustadoras manchas que caracterizavam o horror escarlate.

Quando os olhos do Príncipe Próspero caíram sobre este espectro (o qual, com movimentos lentos e solenes passava de grupo a grupo entre os dançarinos, como

---

abadia: local que abriga uma comunidade religiosa.

amortalhado: envolto por um tecido.

aprovisionado: abastecido.

carrilhão: pêndulo de relógio movido a energia mecânica que emite som a intervalos regulares.

clangor: som forte, estridente.

escrutínio: exame minucioso.

malho: martelo próprio para bater ferro.

mascarada: baile de máscaras.

pálio: manto, capa.

panejamento: conjunto de panos.

profuso: abundante.

rebite: pequena haste cilíndrica de metal usada para unir peças.

torvelinho: movimento em espiral.

se quisesse salientar ainda mais o seu papel), imediatamente foi tomado de convulsões, com fortes tremores provocados pelo medo ou pelo nojo; mas, no instante seguinte, sua testa ficou encarnada de cólera.

— Quem ousa? — indagou roucamente dos cortesãos que o rodeavam. — Quem ousa insultar-nos com esta farsa sacrílega? Agarrem-no agora e tirem-lhe a máscara — para que saibamos a quem vamos enforcar nas muralhas amanhã pela manhã!

Quando o Príncipe Próspero pronunciou estas palavras, achava-se na câmara azul, que era a mais oriental. Mas sua voz ressoou clara e estentoriamente através dos sete salões, porque o Príncipe era um homem ousado e robusto e a música tinha parado no mesmo instante, a um aceno de sua mão.

O Príncipe, como dissemos, se encontrava no salão azul, com um grupo de cortesãos pálidos a seu lado. Assim que ele falou, houve um leve movimento de investida deste grupo em direção ao estranho, que se encontrava bastante próximo; mas então, com passo deliberado e majestoso, ele se aproximou mais ainda do orador. E devido a um espanto e terror sem nome despertado no coração de todos pela assombrosa fantasia adotada pelo farsante, nenhum dentre eles ousou estender a mão para capturá-lo. Desse modo, sem que ninguém o impedisse, ele chegou a um metro do Príncipe, passou por ele sem lhe dar maior atenção e prosseguiu seu caminho ininterruptamente, com o mesmo passo medido e ponderado que adotara desde o princípio [...]. Foi nesse momento, entretanto, que o Príncipe Próspero, enlouquecido pela raiva e pelo opróbrio de sua própria e momentânea covardia, correu velozmente pelas seis câmaras, ainda que ninguém o seguisse, pois um terror mortal se havia apoderado de todos. Ergueu bem alto uma adaga desembainhada e aproximou-se impetuosamente, até chegar a menos de um metro da figura que se afastava, momento em que esta, tendo atingido a extremidade do salão de veludo negro, voltou-se subitamente e confrontou seu perseguidor. Ouviu-se um grito agudo — e a adaga caiu reluzindo sobre o tapete negro, seguida, no momento seguinte, pelo corpo do Príncipe Próspero, fulminado pela morte. Então, e só então, reunindo a coragem selvagem do desespero, uma massa alucinada lançou-se para o compartimento negro; agarraram o ator, cuja figura alta permanecia ereta e imóvel à sombra do relógio de ébano e arfaram em um terror inexprimível ao perceberem que a mortalha funérea e a máscara mortuária de que se haviam apoderado com rudeza tão violenta não envolviam nenhuma forma tangível.

Foi então reconhecida a presença da Morte Rubra. Ela tinha chegado como um ladrão à noite. E um por um caíram os dançarinos nos salões cobertos de sangue em que se haviam alegrado e cada um deles morreu na mesma postura desesperada em que havia tombado. E quando o último da alegre companhia soltou o derradeiro suspiro, a vida do relógio de ébano também se extinguiu. E as chamas das trípodes foram se apagando uma a uma. A Escuridão, a Decomposição e a Morte Rubra assumiram domínio incontestável sobre toda a abadia.

Edgar Allan Poe. A máscara da Morte Rubra. Em: *A carta roubada e outras histórias de crime e mistério*. Tradução de William Lagos. Porto Alegre: L&PM, 2003. *E-book*.

estentoriamente: de modo extremamente forte.

opróbrio: vergonha, grande desonra pública.

sacrílego: profano; que tem cunho de sacrilégio.

tangível: palpável, corpóreo.

trípode: suporte com três pés.

▲ Edgar Allan Poe, em 1848.

O TERROR PSICOLÓGICO DE POE

Poeta e contista, Edgar Allan Poe (1809-1849) é até hoje um dos mais renomados autores da literatura policial. Hábil construtor de suspense, Poe envolve o leitor do início ao desfecho da narrativa, em geral por meio de elementos macabros e misteriosos. Entre seus contos, destacam-se "O gato preto" e "O poço e o pêndulo".

TEXTO EM ESTUDO

PARA ENTENDER O TEXTO

1. Com base no título do conto, foram levantadas hipóteses sobre a Morte Rubra. Elas foram confirmadas pela leitura da narrativa? Explique.

2. Complete o quadro a seguir com os momentos da narrativa.

Situação inicial	A Morte Rubra devastava o país.
Resolução inicial	
Situação de aparente equilíbrio	O Príncipe vive de forma tranquila e confortável e decide promover um baile de máscaras.
Conflito	
Clímax	
Desfecho	

3. No conto, Morte Rubra é uma peste. Sobre ela, responda:
   a) Quais eram os sintomas dessa doença?
   b) Leia estas características usuais às pestes. Qual não se aplica à do conto?
      I. Doença contagiosa que causa infecção.
      II. Epidemia que ocasiona grande mortandade.
      III. Algo mórbido, funesto, que lembra a morte.
      IV. Fedor, cheiro horrível e insuportável.

4. Por que o Príncipe se isola com certas pessoas em uma abadia fortificada?

5. O que há em comum entre as pessoas que o Príncipe Próspero decidiu salvar?

6. O estado de espírito do Príncipe muda radicalmente ao longo da narrativa.
   a) Relacione o nome dessa personagem a suas características.
   b) Como o Príncipe se comporta diante da figura mascarada?
   c) A reação do Príncipe gera expectativa no leitor. Explique essa ideia.

7. Indique as situações abaixo que contribuem para o suspense.
   I. A fuga do Príncipe para uma de suas abadias com determinadas pessoas.
   II. A decisão do Príncipe de organizar um baile de máscaras.
   III. A descrição do sétimo salão, onde ocorre o baile.
   IV. O badalar do relógio de pêndulo e a pausa que ele instaura na festa.
   V. A descrição da misteriosa figura mascarada.

8. Por que o trecho "até que finalmente começaram a soar as doze badaladas da meia-noite no relógio de ébano" acentua o efeito de mistério do conto?

9. Contos de terror costumam apresentar elementos sobrenaturais, ou seja, situações que a ciência não explica. O que há de sobrenatural na narrativa lida?

ANOTE AÍ!

O objetivo dos **contos de terror** é despertar no leitor sensações de medo e horror. Para atingir esse objetivo, algumas narrativas apresentam **elementos sobrenaturais**. Em outras, o horror é produzido pela vivência da própria **condição humana**. Nos contos de terror, **tempo** e **espaço** são recursos essenciais na criação do suspense.

10. Releia o trecho a seguir observando as palavras em destaque.

> [...] O sétimo compartimento era totalmente amortalhado por pálios de veludo **negro** que não somente pendiam das paredes, como recobriam-lhe todo o teto e tombavam em dobras pesadas sobre um tapete do mesmo material e da mesma cor. [...] Nos vitrais desta sala predominava o **escarlate**, ou antes, um tom profundo de **vermelho-sangue**. [...]

- Explique como a escolha das cores em destaque no trecho acima acentua o clima de terror da narrativa.

11. A organização do baile de máscaras é fundamental para a construção da narrativa? Justifique sua resposta.

12. Ao constatarem a morte do Príncipe, os convidados se enchem de coragem e tentam agarrar o mascarado. Nesse momento, eles descobrem algo. Explique em que consiste essa descoberta.

13. Retome a descrição que o narrador faz da figura mascarada.

a) Copie os trechos do conto em que ela é descrita.

b) Considerando essa descrição, como o narrador identifica essa figura?

14. Releia a primeira e a última frases do conto.

> Há longo tempo a "Morte Rubra" devastava o país. [...]
>
> A Escuridão, a Decomposição e a Morte Rubra assumiram domínio incontestável sobre toda a abadia.

- Comparando esses trechos, o que se pode afirmar?

  I. O conto tem estrutura circular, pois, no fim, retoma o cenário inicial.

  II. O desfecho mantém o equilíbrio de forças entre as principais personagens confrontadas.

  III. O desfecho coincide com o clímax da narrativa.

  IV. O conto não tem desfecho.

ANOTE AÍ!

Com a finalidade de criar **suspense em contos de terror**, na narrativa podem ser apresentados **indícios** que sugerem um **perigo iminente** ou a **presença de um mal** que ronda as personagens.

Acesse o recurso digital e veja algumas fotos dos tradicionais bailes de máscaras da cidade de Veneza, na Itália. Qual é a importância dessa festividade? Que função as vestes e, principalmente, as máscaras desempenham nesse contexto?

15. **SABER SER** No conto lido anteriormente, a Morte Rubra aproveita a movimentação do baile de máscaras para entrar na abadia sem ser reconhecida. No mundo real, também há inúmeras pessoas que fazem uso de máscaras no dia a dia, no sentido figurado.

a) Você já ouviu dizer que alguém é "mascarado"? Explique com suas palavras o que isso quer dizer.

b) Em situações do dia a dia, como você age quando percebe que está convivendo com alguém "mascarado"?

c) É comum que as pessoas usem diferentes "máscaras" no dia a dia, ou seja, ajam de formas diferentes, dependendo do contexto social em que estão inseridas. Explique como você faz uso dessas "máscaras" sociais.

O CONTEXTO DE PRODUÇÃO

16. O conto de Poe foi publicado em 1842, em uma revista estadunidense intitulada *Graham's Magazine*, da qual ele era editor. Nela, divulgavam-se contos, partituras musicais e resenhas críticas. Você conhece alguma publicação brasileira com esse perfil? Em que suporte atual o conto de Poe poderia ser publicado?

17. Todo texto tem uma função social: entreter, instruir, divertir, etc. Em sua opinião, quais seriam as funções sociais dominantes em um conto de terror?

18. Na Europa do século XIV, houve uma peste bubônica ("peste negra") que dizimou quase um terço da população. O que há em comum entre o nome dessa peste e o da inventada por Poe? Que efeito essa associação causa no leitor?

▲ Reprodução da página da *Graham's Magazine* em que foi originalmente publicado o conto de Poe, em 1842.

A LINGUAGEM DO TEXTO

19. Releia o parágrafo inicial do conto e responda:
  a) Que palavras retomam *Morte Rubra*? E quais retomam *vítima*?
  b) Pela resposta ao item *a*, ao escolher as palavras que retomam *Morte Rubra* e *vítima*, o autor reforça aspectos de dois lados de uma situação? Justifique.

20. A respeito do narrador, responda às questões abaixo.
  a) Ele é um narrador-personagem ou é um narrador observador?
  b) Releia estas passagens:

  > I. Mas primeiro **descreverei** os salões em que foi realizada.
  > II. O Príncipe, como **dissemos**, se encontrava no salão azul [...].

  - Pela resposta ao item *a*, que efeito o uso da primeira pessoa gera na relação entre narrador e leitor?

21. Releia o trecho a seguir.

  > Ouviu-se um grito agudo — e a adaga caiu reluzindo sobre o tapete negro, seguida, no momento seguinte, pelo corpo do Príncipe Próspero, fulminado pela morte.

  - O autor preferiu escrever o trecho acima a dizer diretamente que "o Príncipe morreu". Qual é o efeito dessa escolha?

22. Ao se referir ao relógio de pêndulo, o narrador usa uma figura de linguagem. Que figura é essa? De que modo esse recurso contribui para o suspense do conto?

ANOTE AÍ!

Para criar **suspense**, é preciso envolver o leitor na trama e adiar revelações. Para isso, pode-se detalhar a **descrição da cena** e reforçar **aspectos** e **reações das personagens**.

COMPARAÇÃO ENTRE OS TEXTOS

23. No conto de enigma e no conto de terror, o suspense é essencial para o desenvolvimento da narrativa. Qual é a função específica do suspense em cada caso?

24. Qual conto tem desfecho mais positivo e qual se encerra de forma negativa?

25. Em sua opinião, que elementos dos gêneros estudados atraem os leitores?

33

LÍNGUA EM ESTUDO

REVISÃO: O VERBO E SEUS COMPLEMENTOS

A TRANSITIVIDADE VERBAL E OS OBJETOS

1. Releia este trecho do conto de Poe e observe as formas verbais em destaque:

> E a folia continuava em torvelinho, até que finalmente começaram a soar as doze badaladas da meia-noite no relógio de ébano. E então a música **cessou**, como cessara das outras vezes; e as evoluções dos passistas se interromperam; e uma inquietude **suspendeu** todo o movimento, do mesmo modo que antes. [...]

Weberson Santiago/ID/BR

a) Quais são os sujeitos das formas verbais em destaque?
b) A forma verbal *suspendeu* é acompanhada do complemento "todo o movimento". Sem ele, essa forma verbal teria sentido completo? Explique.
c) A forma verbal *cessou* exige complemento para ter sentido? Explique.

Dependendo do contexto, os verbos podem ou não precisar de complemento. Reveja os verbos analisados no trecho acima. Um deles precisa de complemento para ter sentido completo: *suspender*. Portanto, a ele se liga o complemento "todo o movimento". Os verbos que precisam de complemento são os **verbos transitivos**. Há outros que não precisam de complemento, como *cessar*, que, no contexto, tem sentido completo. São os **verbos intransitivos**.

Entre os verbos transitivos, há os **transitivos diretos**, que, assim como *suspender*, não precisam de preposição para se ligar ao complemento. Seu complemento é o **objeto direto**. Veja mais estes exemplos do conto de Poe:

VERBO TRANSITIVO DIRETO	OBJETO DIRETO
sentia	dores agudas
trouxeram	fornalhas portáteis

Há também verbos que se ligam ao complemento por meio de preposição. São os verbos **transitivos indiretos**. Eles têm como complemento o **objeto indireto**. Veja estes exemplos:

VERBO TRANSITIVO INDIRETO	OBJETO INDIRETO
soube	**da** festa
precisou	**de** dinheiro

Há verbos que, dependendo do contexto, podem ter dois complementos: um introduzido sem uso da preposição e outro introduzido por preposição. São os verbos **transitivos diretos e indiretos**, ou **bitransitivos**. Seus complementos são o **objeto direto** e o **objeto indireto**. Veja:

VERBO BITRANSITIVO	OBJETO DIRETO	OBJETO INDIRETO
forneceu	as informações	**ao** público
deu	as máscaras	**a** mim

34

Quando um verbo é acompanhado de dois objetos, não há uma ordem fixa para dispô-los na frase. Para diferenciar um do outro, é essencial identificar o complemento acompanhado de preposição e o que não tem preposição.

Forneceu **ao** público as informações.
— obj. indireto — obj. direto

Forneceu as informações **ao** público.
— obj. direto — obj. indireto

> **RELACIONANDO**
> Em textos literários, para evitar a repetição das palavras ou expressões que complementam o verbo, empregam-se frequentemente pronomes pessoais do caso oblíquo na função de objeto direto ou indireto. Por exemplo:
> Forneceu-**a** ao público.
> Forneceu-**lhes** as informações.

ANOTE AÍ!

Os verbos **intransitivos** têm sentido completo; logo, não precisam de complemento. Já os verbos **transitivos** requerem complemento e podem ser **transitivos diretos**, **transitivos indiretos** ou **transitivos diretos e indiretos**. O complemento que se liga diretamente ao verbo é o **objeto direto**; o que se liga ao verbo por meio de preposição é o **objeto indireto**.

OS VERBOS DE LIGAÇÃO E O PREDICATIVO DO SUJEITO

Leia os exemplos a seguir.

A mala **era** muito pesada.

O príncipe **ficou** surpreso.

Os verbos *ser* e *ficar*, nessas frases, não expressam uma ação. Eles ligam os sujeitos "A mala" e "O príncipe" a uma característica (muito pesada) ou um estado (surpreso). Esses verbos são denominados **verbos de ligação**. Entre os principais verbos de ligação, estão: *ser*, *estar*, *ficar*, *parecer* e *permanecer*.

A característica ou o estado que os verbos de ligação relacionam ao sujeito são classificados como **predicativos do sujeito**. Veja:

VERBO DE LIGAÇÃO	PREDICATIVO DO SUJEITO
era	muito pesada
ficou	surpreso

ANOTE AÍ!

Os **verbos de ligação** têm como função ligar um atributo (característica, estado, qualidade) ao sujeito. Esse atributo é denominado **predicativo do sujeito**.

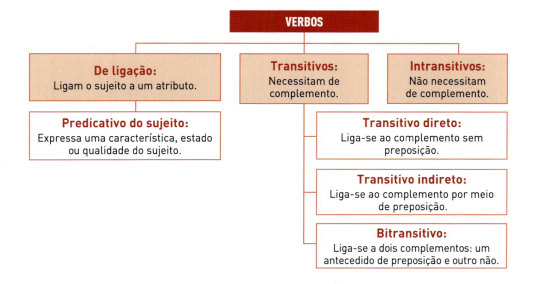

Acompanhamento da aprendizagem

Retomar e compreender

1. Leia as duas construções abaixo e explique se os complementos (ou objetos) destacados têm a mesma classificação. Justifique sua resposta.

   > I. Precisava **de seu chapéu**.

   > II. Subiu para ir buscar **o chapéu**.

2. Releia esta passagem do conto:

   > Todos ficaram no corredor, **mirando**, **comentando**.

   a) Classifique os verbos destacados quanto à transitividade.
   b) Reescreva a frase acima de modo que os verbos ganhem uma transitividade diferente do trecho.
   c) Classifique os verbos quanto à transitividade apresentada na reescrita.

3. Releia o trecho abaixo e observe os complementos do verbo em destaque.

   > **Mostrei**-lhe o relógio para que visse que o tempo estava passando.

   a) Qual é a classificação sintática do pronome *lhe*?
   b) Como se classifica o complemento *o relógio*?
   c) Quanto à transitividade, qual é a classificação do verbo em destaque?

4. Observe o uso do pronome oblíquo *me* nos seguintes trechos do conto de enigma.

   > I. Os romances de Conan Doyle **me** deram o desejo de empreender alguma façanha no gênero das de Sherlock Holmes.
   > II. Ela estava tão nervosa que **me** abraçou e até beijou freneticamente.
   > III. Com a senhora, não; exijo que **me** entregue o anel.

   - Indique a função sintática desse pronome em cada construção.

Aplicar

5. Transcreva no caderno o trecho a seguir, que faz parte do conto "Os crimes da rua Morgue", de Edgar Allan Poe, e complete-o com os predicativos do sujeito do quadro abaixo.

   - caduca
   - insatisfeita
   - propriedade de Madame L'Espanaye

> [...] Muitas pessoas têm sido interrogadas com relação a este caso extraordinário e terrível, mas nada transpirou até agora pra lançar alguma luz sobre ele. Publicamos abaixo o material fornecido pelas testemunhas.
>
> [...] A vítima e sua filha moravam na casa onde seus cadáveres foram achados havia mais de seis anos. Antes o lugar era ocupado por um joalheiro, que sublocava os cômodos superiores a várias pessoas. A casa era ★. Ela ficara ★ com as ações do seu inquilino e daí mudou-se para lá, recusando-se a alugar qualquer parte. A velha senhora era ★. A testemunha viu a filha umas cinco ou seis vezes durante esses seis anos. As duas viviam uma vida bastante retirada — tinham reputação de estar bem financeiramente. [...]

Edgar Allan Poe. Os crimes da rua Morgue. Em: *Histórias de crime e mistério*. 2. ed. São Paulo: Ática, 2002. p. 20-21.

A LÍNGUA NA REAL

A TRANSITIVIDADE VERBAL E A PRECISÃO DAS INFORMAÇÕES

1. Leia a tira.

Bill Watterson. *Calvin & Haroldo*. Acervo do autor.

a) No primeiro quadrinho, como a imagem revela a irritação de Calvin?
b) Como a imagem dele no último quadrinho indica que a irritação continua?
c) No último quadrinho, que elemento gráfico na fala reforça a irritação dele?
d) Pela tira, Calvin parece manter suas roupas em ordem? Explique.
e) O que surpreende o leitor e causa o humor da tira?
f) Na fala de Calvin no segundo quadrinho, a forma verbal *procurei* não tem complemento, mas o leitor consegue identificá-lo. Qual é esse complemento? Como é possível saber?
g) O contexto da tira ajuda a explicitar a fala da personagem? Explique.

2. Leia agora o início do conto "O alfaiate valente".

> Numa cidadezinha chamada Romandia, um alfaiate costurava sentado a uma mesa. Sobre a mesa, havia uma maçã madura em que um bando de moscas pousara, como costuma acontecer no verão. Enfurecido, o alfaiate puxou um pedaço de pano e com ele investiu sobre a maçã. Ao puxar o pano de volta, viu que tinha acertado e matado sete moscas. Ao ver as moscas de pernas para o ar, o alfaiate teve a ideia de costurar para si um cinturão e bordar nele em letras douradas a seguinte frase: "Acertei sete num só golpe". Depois, amarrou o cinturão à cintura e pôs-se a caminhar por ruas e vielas. Ao lerem o que estava escrito no cinturão, as pessoas pensavam que ele tivesse matado sete homens de uma vez, e por isso o temiam muito.
>
> Jacob e Wilhelm Grimm. O alfaiate valente. Em: *Contos maravilhosos infantis e domésticos* [1812-1815]. São Paulo: Cosac Naify, 2012. p. 109.

a) Pelo cinturão, o que as pessoas imaginavam sobre o alfaiate? Se soubessem que, na verdade, ele havia matado sete moscas, teriam a mesma reação?
b) Na frase do cinturão, como se classifica o verbo *acertar* quanto à transitividade? O que faltou, no complemento, para que a informação fosse precisa?

ANOTE AÍ!

Na reprodução das falas de personagens em discurso direto, temos um **contexto de interação** fortalecido entre essas personagens. Com isso, a escolha de complementos verbais torna-se mais livre, podendo até ocorrer sua omissão (exemplo: "Onde está meu casaco?"; "Eu tinha deixado aqui."). Já em textos em que não se quer deixar lacunas ou subentendidos, é essencial selecionar bem as palavras usadas como objeto direto e/ou indireto para garantir a **precisão das informações** e a compreensão relativa a elas.

ESCRITA EM PAUTA

Acompanhamento da aprendizagem

VÍRGULA ENTRE OS TERMOS DA ORAÇÃO

1. Leia o anúncio abaixo, criado em comemoração aos cem anos da Associação Brasileira de Imprensa (ABI).

◀ Associação Brasileira de Imprensa. "Uma vírgula muda tudo", 2008.

NEM UMA E NENHUMA

Releia: "100 anos lutando para que ninguém mude **nem uma** vírgula da sua informação". Teria o mesmo sentido a construção: "100 anos lutando para que ninguém mude **nenhuma** vírgula da sua informação"?

É comum confundir as duas construções, e saiba que ambas estão corretas. Embora o som seja semelhante, os sentidos são diferentes:

Nenhuma: expressa indefinição; equivale a "qualquer", "alguma".

Nem uma: expressa quantidade (1); equivale a "sequer uma".

a) Como você justificaria o título "Uma vírgula muda tudo"?

b) Você considera esse anúncio adequado para um órgão que lida com a atividade jornalística? Por quê?

c) Compare as frases "Esse, juiz, é corrupto" e "Esse juiz é corrupto". Que mudança de sentido o emprego ou a ausência da vírgula promove?

d) Qual é a função sintática do substantivo *juiz* nas duas frases? Por que, em uma delas, essa palavra não pode ser classificada como sujeito?

e) Retome a construção "Isso, só ele resolve". Se o pronome demonstrativo *isso* viesse no final da frase, haveria vírgula depois de *resolve*? Por quê?

Não se usa vírgula entre o sujeito e o predicado, mesmo quando o sujeito é longo ou está depois do verbo. Isso também acontece entre o verbo de ligação e o predicativo do sujeito e entre os verbos e seus complementos.

ANOTE AÍ!

Não se emprega a vírgula entre os termos essenciais da oração: **sujeito e predicado**. Também não se emprega vírgula entre o **verbo e seus complementos**.

38

Veja agora uma situação em que o uso da vírgula é **obrigatório**.

Berna, 21 de abril de 1946.
— nome de lugar — data

Fernando Sabino e Clarice Lispector. *Cartas perto do coração*. 8. ed. Rio de Janeiro: Record, 2011.

Em cartas, separa-se a cidade da data por meio da vírgula. Assim, usa-se a vírgula para isolar nomes de lugar, quando antepostos a uma data.

Leia esta frase:

O meu tio trabalha, **quer dizer**, trabalhava naquela rua.
— expressão explicativa

Expressões explicativas, como *quer dizer*, *por exemplo*, *isto é*, *ou seja*, *ou melhor*, etc., devem vir sempre isoladas por vírgulas.

Observe a seguir outro exemplo de uso da vírgula.

— sujeito composto
O advogado, o réu, o promotor, os jurados e o público levantaram-se diante do juiz.

Na oração acima, o sujeito composto tem cinco núcleos. Para separar palavras que têm a mesma função sintática na oração, usa-se a vírgula.

ANOTE AÍ!

Usa-se a **vírgula** para: separar nomes de lugar quando antepostos a datas; para isolar expressões explicativas; para separar palavras com a mesma função sintática na oração.

2. Algumas vírgulas das frases abaixo foram omitidas de propósito. Reescreva-as, inserindo as vírgulas necessárias. Justifique o uso delas.

   a) Era uma vez, uma família de ursos: o Pai Urso a Mãe Urso e o Pequeno Urso. Os três viviam no meio da floresta, em uma bela casinha.
   b) Manaus 7 de abril de 2017.
   c) Consumir alimentos nutritivos ou seja ricos em vitaminas faz bem à saúde.

■ ETC. E TAL

Terror e *terrific*

Neste capítulo, você observou que os contos de terror são escritos para provocar emoções como medo e tensão. Eles se chamam contos de terror justamente porque *terror* significa "espanto", "horror". Essa palavra origina-se de outra – idêntica quanto à forma e ao sentido –, vinda do latim: *terror*.

Nem sempre, porém, palavras de línguas distintas, mas com forma e som semelhantes, têm sentido parecido. Por exemplo, em inglês há uma palavra que os falantes do português poderiam supor que se relaciona ao adjetivo *terrível*, e, assim, a *terror*. Essa palavra é *terrific*. Curiosamente, porém, ela caracteriza algo considerado muito bom. Assim, *terrific* significa "formidável", "sensacional". Fazendo uma brincadeira, quem gosta de histórias de terror pode dizer que um conto de terror também é *terrific*.

AGORA É COM VOCÊ!

CONTAÇÃO DE HISTÓRIA DE TERROR

Proposta

No início deste capítulo, você leu um conto de terror e estudou suas principais características. Agora, você vai escolher uma história de terror emocionante para contar aos colegas, aos professores e aos funcionários da escola. O professor indicará o tempo de cada contação e, com a ajuda da turma, organizará uma maratona de contação de histórias de terror.

GÊNERO	PÚBLICO	OBJETIVO	CIRCULAÇÃO
Conto de terror	Funcionários da escola, professores e demais estudantes do 8º ano e de outras turmas	Envolver emocionalmente os ouvintes, provocar medo e popularizar as histórias de terror	Maratona de contação de histórias de terror na escola

Planejamento e elaboração

1 Formem grupos de três ou quatro integrantes. Combinem com o professor uma visita à biblioteca da escola para que vocês selecionem contos de terror interessantes para a contação. Se possível, consultem estas sugestões:
- Luiz Roberto Guedes (org.). *Histórias para não dormir*. São Paulo: Ática, 2009.
- Hélène Montardre (org.). *Medo*: histórias de terror. São Paulo: Companhia das Letrinhas, 2013.

2 Organizem a leitura dos contos entre os integrantes do grupo. Cada integrante deve selecionar o conto de que mais gostou e apresentá-lo aos colegas por meio da leitura em voz alta. Avaliem as opções de acordo com estes critérios:
- A história é envolvente a ponto de manter a atenção dos ouvintes?
- O suspense é um elemento essencial na narrativa?
- O espaço e o tempo criam a atmosfera de conto de terror?
- É possível ler o conto no tempo combinado para a contação?

3 Planejem a contação de acordo com as seguintes etapas:
- Definam a função de cada integrante do grupo. Alguns vão contar a história, os demais poderão atuar como sonoplastas (responsáveis pelos efeitos sonoros), iluminadores, manipuladores de objetos, cenógrafos, etc.
- Estipulem como a contação será feita: Serão usados objetos ou fantoches como personagens ou alguns de vocês farão esses papéis? Haverá cenário ou alguma ambientação? Haverá música, projeção, efeitos sonoros?

4 Para contar bem a história, levem em consideração os passos a seguir.
- Compreendam bem o conto que vão apresentar. Para isso, identifiquem os momentos da narrativa e o modo como o espaço e o tempo, entre outros elementos, contribuem para criar a atmosfera de terror.
- Identifiquem as características do narrador e das personagens do conto: como são e como agem. Avaliem a possibilidade de adotar estilos de fala diferentes para o narrador e para cada uma das personagens.
- Na contação, recursos sonoros e visuais devem ser utilizados para envolver o público na história por meio da voz, dos gestos, do cenário, etc.

Acesse o recurso digital sobre como narrar um conto de terror. Que elementos aparecem destacados?

40

- Ensaiem bastante para confirmar a eficiência dos recursos escolhidos para a contação ou para ajustá-los conforme considerarem melhor. Dicas:
  - Tomem o fôlego necessário para o tamanho da frase a ser dita. Pronunciem bem as palavras, sem perder a naturalidade. Na fala, procurem considerar a pontuação do original, sobretudo no caso de perguntas e exclamações.
  - Narrem devagar as cenas de suspense, depois acelerem a contação. Tentem se conectar com as sensações vivenciadas pelas personagens.
  - Usem diferentes tons de voz: há momentos em que falar baixo e, em seguida, elevar o tom pode tornar o susto mais intenso.

MÚLTIPLAS LINGUAGENS

Agora, assistam a uma contação de história de terror para verificar de que modo essa apresentação pode ser feita. Ao analisarem esse recurso digital, observem os seguintes itens:

1. Como são ditas as falas das personagens e do narrador? Por exemplo, há tons de voz diferentes para cada personagem? A fisionomia do contador ajuda a identificar as personagens? E seus gestos?

2. Em que momentos a voz do contador se eleva? Em quais se torna mais baixa?

3. Nas cenas de mais suspense, o ritmo é mais lento e pausado ou é acelerado?

4. Há cenário, sons ou música? O contador está caracterizado?

Nos ensaios, levem em consideração a análise da contação a que assistiram para ajustar os elementos que vão tornar sua história mais misteriosa e envolvente.

Avaliação

1 Façam um ensaio final e avaliem sua apresentação com base nestes critérios:

ELEMENTOS DA CONTAÇÃO DE HISTÓRIAS DE TERROR
A história tem uma sequência narrativa clara?
O contador atuou com naturalidade e está seguro em relação ao texto?
A dicção e a entonação do contador foram satisfatórias?
Os elementos complementares – objetos, iluminação, efeitos sonoros, figurino e cenário – funcionaram como o esperado?
Foram explorados os recursos de um conto de terror, como o suspense e a tensão?

2 Definam os ajustes necessários para a contação e finalizem os preparativos.

Circulação

1 Alguns dias antes da apresentação, façam os convites para a "Maratona de contação de histórias de terror" e os distribuam à comunidade escolar.

2 Conforme combinado, montem o cenário, organizem todos os elementos de que vão precisar e, no momento adequado, caracterizem os contadores.

3 Antes de iniciar a contação, informem o título do conto e seu autor. Ao final, agradeçam a presença do público.

4 Se possível, filmem as apresentações para analisar os pontos que poderão ser aperfeiçoados em outra atividade como essa.

CLIMA DE TERROR

Uma atmosfera misteriosa é essencial para envolver o público na contação de histórias de terror. Assim, inspirados pela história que vocês vão contar, escolham elementos de figurino e objetos que contribuam para criar essa atmosfera. Por exemplo, se alguém fosse contar a história de Poe lida neste capítulo, usar uma capa vermelha ressaltaria essa cor essencial no conto, e espalhar máscaras de festa perto do contador ajudaria a criar o clima. Trechos de músicas também podem colaborar para envolver o público nos momentos de maior suspense.

ATIVIDADES INTEGRADAS

Você vai ler a seguir um trecho da primeira história protagonizada por Sherlock Holmes, no livro de estreia do escritor *sir* Arthur Conan Doyle, de 1887.

Mr. *Sherlock Holmes*

[...] Enquanto ele falava, dobramos uma ruela estreita e passamos por uma portinha lateral que dava para uma ala do grande hospital. O terreno me era familiar e não precisei de guia quando subimos a fria escada de pedra e enveredamos pelo comprido corredor com sua perspectiva de paredes caiadas e portas <u>pardacentas</u>. Perto da outra ponta, abria-se uma passagem baixa e arqueada que levava ao laboratório químico.

Esta era uma câmara de pé-direito muito alto, forrada e apinhada de incontáveis frascos. Mesas largas e baixas espalhavam-se por toda parte, eriçadas de <u>retortas</u>, tubos de ensaio e pequenos <u>bicos de Bunsen</u>, com suas trêmulas chamas azuis. Só havia na sala um estudante, debruçado sobre uma mesa distante e absorto em seu trabalho. Ao som de nossos passos ele deu uma olhada à sua volta e se levantou de um salto com uma exclamação de prazer. "Achei! Achei!", gritou para meu companheiro, correndo até nós com um tubo de ensaio na mão. "Encontrei um reagente que é precipitado por hemoglobina, e por mais nada." Se tivesse descoberto uma mina de ouro, um deleite maior não poderia ter resplandecido em seu semblante.

"Dr. Watson, *mr.* Sherlock Holmes", disse Stamford, apresentando-nos.

"Como vai?", disse ele cordialmente, apertando minha mão com uma força que eu dificilmente lhe teria atribuído. "Pelo visto, esteve no Afeganistão."

"Como diabos soube disso?", perguntei, estarrecido.

"Não importa", respondeu, com uma risadinha de si para consigo. "A questão agora é a hemoglobina. Percebe a importância desta minha descoberta, não é?"

"É interessante, quimicamente, sem dúvida", respondi, "mas na prática..."

"Ora, homem! É a mais prática descoberta médico-legal feita em anos. Não vê que ela nos proporciona um teste infalível para manchas de sangue? Venha aqui agora!" Em seu entusiasmo, agarrou-me pela manga do paletó e me arrastou até a mesa em que estivera trabalhando. "Arranjemos um pouco de sangue fresco", disse, enfiando um comprido estilete no dedo e colhendo a gota de sangue resultante com uma <u>pipeta</u> química. "Agora eu acrescento esta pequena quantidade de sangue a um litro d'água. Como vê, a mistura resultante tem a aparência de água pura. A proporção de sangue não pode ser mais que um para um milhão. Não tenho dúvida, entretanto, de que serei capaz de obter a reação característica." Enquanto falava, jogou num recipiente alguns cristais brancos e em seguida acrescentou algumas gotas de um fluido transparente. Num instante os conteúdos assumiram uma cor fosca de mogno e um pó amarronzado precipitou-se no fundo do frasco de vidro.

"Ahá!", exclamou ele, batendo palmas e parecendo tão encantado como uma criança com um brinquedo novo. "Que pensa disso?"

"Parece um teste muito sensível", observei.

"Lindo! Lindo! O velho teste com <u>guaiaco</u> era muito grosseiro e duvidoso. O exame microscópico para corpúsculos de sangue também. Este último não tem nenhum valor se as manchas já tiverem algumas horas. Agora, isto aqui parece agir igualmente bem seja o sangue velho ou novo. Se este teste já tivesse sido inventado,

---

bico de Bunsen: bico de gás, geralmente usado em laboratório, que permite controlar a entrada de ar que regula a temperatura da chama.

guaiaco: resina obtida pelo aquecimento da madeira da árvore de mesmo nome.

pardacento: que tem cor semelhante ao pardo (tonalidade escura).

pipeta: tubo de vidro usado em laboratórios para transferência de líquidos.

retorta: recipiente de gargalo estreito e curvo, usado para destilações.

Bernardo França/ID/BR

centenas de homens que agora perambulam por aí já teriam pagado por seus crimes há muito tempo."

"Realmente!", murmurei.

"A todo momento, casos criminais dependem desse único ponto. Um homem torna-se suspeito de um crime meses depois, talvez, que ele foi cometido. Suas roupas de baixo ou outras peças são examinadas, e descobrem-se manchas amarronzadas nelas. São manchas de sangue, de lama, de ferrugem, de frutas ou o quê? Essa é uma pergunta que intrigou muitos especialistas, e por quê? Porque não havia um teste confiável. Agora temos o teste de Sherlock Holmes e não haverá mais nenhuma dificuldade."

Seus olhos brilhavam enquanto falava e, levando a mão ao peito, fez uma reverência, como se sua imaginação tivesse feito surgir por encanto uma multidão que o aplaudia.

[...]

Arthur Conan Doyle. *Um estudo em vermelho*. Tradução de Maria Luiza X. de A. Borges. Rio de Janeiro: Jorge Zahar, 2013. *E-book*.

Analisar e verificar

1. Esse texto se aproxima de um conto de enigma ou de um conto de terror? Por quê?

2. Nessa história, Sherlock Holmes já é um detetive famoso? Justifique.

3. Qual é a reação de Sherlock Holmes diante da descoberta? E a do dr. Watson?

4. Releia este trecho:

> "Achei! Achei!", gritou para meu companheiro, correndo até nós com um tubo de ensaio na mão.

a) Sem considerar todo o contexto, ou seja, lendo apenas essa frase, é possível saber o que Sherlock Holmes achou? Justifique.

b) Copie no caderno a frase que esclarece o item anterior e identifique qual é o complemento implícito do verbo *achar* no trecho acima.

5. Releia o último parágrafo do fragmento transcrito.

> Seus olhos **brilhavam** enquanto **falava** e, levando a mão ao peito, **fez** uma reverência, como se sua imaginação tivesse feito surgir por encanto uma multidão que o **aplaudia**.

- No contexto, qual é a classificação dos verbos destacados quanto à transitividade?

Criar

6. O crime a ser desvendado na história é o seguinte: um homem é encontrado morto com expressão de pavor, sem ferimentos, cercado de manchas de sangue. A polícia pede a ajuda de Sherlock para resolver o caso. Escreva no caderno um breve desenvolvimento da narrativa, apresentando a investigação feita pelo detetive e o desfecho do enigma. Utilize, em seu texto, a descoberta feita por Sherlock Holmes.

7. As histórias do detetive Sherlock Holmes foram escritas e ambientadas no século XIX. Se fossem ambientadas na atualidade (século XXI) e o detetive fosse você, como faria para desvendar o crime? Que outros recursos, disponíveis na atualidade, poderiam ser utilizados para isso? Cite alguns exemplos.

CIDADANIA GLOBAL
UNIDADE 1

Retomando o tema

Nesta unidade, você e seus colegas refletiram sobre os impactos na sociedade das pequenas corrupções cotidianas, como a desonestidade. Além disso, discutiram sobre o que pode levar as pessoas a agir dessa forma, entendendo essa situação como um problema social. Agora, vocês vão refletir sobre histórias que trazem exemplos de honestidade e de empatia.

Individualmente, pense em pessoas (amigos, familiares, etc.) que são notórias por ações honestas que praticaram. Reflita se essas ações foram empáticas e se trouxeram benefícios para outras pessoas do entorno.

1. Em que consiste a honestidade praticada por essa pessoa? Explique.
2. Com base no que você estudou, qual é a importância de conhecermos os exemplos praticados por essas pessoas?

Geração da mudança

Após a reflexão proposta, vocês e seus colegas devem se organizar em grupos de quatro integrantes para selecionar um caso que considerem interesse para dramatizar. Para tanto, sigam as orientações abaixo:

- Definam se a situação escolhida será encenada por uma ou mais personagens e se será necessário recorrer a algum objeto cênico. Mesmo que a cena não exija a participação de todos os integrantes, é importante que quem não for atuar ajude em seu planejamento e sua produção.
- Escrevam um roteiro curto, indicando as ações da(s) personagem(ns) e suas falas, de forma que seja possível identificar rapidamente o que deve ser feito.
- Ensaiem a dramatização quantas vezes for necessário e, depois, apresentem a cena para a turma. Façam um cronograma para organizar as apresentações.
- Façam, ao final das apresentações, uma roda de conversa para discutir os casos dramatizados e avaliar se a dramatização sensibilizou a turma para a importância de agirmos com honestidade e empatia. Conversem sobre o que pode ser feito para que práticas como essas sejam usuais e promovam a paz e a justiça.

Se possível, apresentem as dramatizações para outras turmas, também seguidas de roda de conversa, de modo a gerar reflexão e mudança na atitude das pessoas.

Autoavaliação

UNIDADE 2
NOVELA E ROMANCE DE FICÇÃO CIENTÍFICA

PRIMEIRAS IDEIAS

1. Que elementos uma história de ficção científica pode conter?
2. Por que a imaginação é um aspecto importante para a criação de histórias de ficção científica?
3. Que palavras modificadoras de verbos você utilizaria no texto para revelar ao leitor que a história se passa em um tempo futuro? Justifique.
4. Compare e explique o sentido dos verbos *caçar* e *cassar* em "O gato caçou o rato por toda a casa" e "O Congresso cassou o mandato do senador".

Conhecimentos prévios

Nesta unidade, eu vou...

CAPÍTULO 1 — A ciência além do tempo

- Ler e interpretar uma novela de ficção científica e identificar a função de conceitos científicos, da verossimilhança e da coesão no texto.
- Discutir os limites no desenvolvimento da inteligência artificial e o uso ético e responsável das tecnologias em geral.
- Identificar características da ficção científica em obras televisivas e cinematográficas.
- Localizar adjuntos adverbiais em orações e analisar sua função.
- Planejar em grupo um conto de ficção científica.

CAPÍTULO 2 — Ciência e humanidade

- Ler e interpretar um romance de ficção científica e identificar a função de conceitos científicos e da seleção lexical no texto.
- Refletir sobre a importância da empatia e do respeito aos direitos humanos na vida em sociedade.
- Localizar adjuntos adnominais em orações e analisar sua função.
- Identificar palavras homônimas em frases e tiras.
- Escrever em grupo um conto de ficção científica.

CIDADANIA GLOBAL

- Reconhecer a presença de inovações tecnológicas na vida cotidiana e refletir sobre seus impactos nas gerações futuras.
- Criar o protótipo de uma inovação que busque promover melhorias para a sociedade.

LEITURA DA IMAGEM

1. Você conhece o meio de transporte presente na imagem? Como você acha que ele funciona?
2. Além dele, o que mais se vê na imagem? Esses elementos caracterizam que tipo de cidade?
3. Em sua opinião, em que época essa fotografia foi feita? Explique.

CIDADANIA GLOBAL

9 INDÚSTRIA, INOVAÇÃO E INFRAESTRUTURA

A mobilidade sustentável é, cada vez mais, tema recorrente nas grandes cidades, devido a dois principais motivos: as pessoas precisam se deslocar no espaço urbano de modo eficiente, e os impactos ambientais dos meios de transporte devem ser reduzidos.

- Além do desenvolvimento de inovações, como o VLT (Veículo Leve sobre Trilhos), que é movido a eletricidade e não emite gases poluentes, quais outras possibilidades de transporte você conhece que atendem a essa ideia de mobilidade sustentável?

Acesse o recurso digital para conhecer mais sobre o investimento em inovações na área de produção de energia. Em seguida, responda: Em que consiste a energia limpa e por que o Brasil se destaca nessa área? Discuta com os colegas a importância de investir nesse tipo de inovação para o futuro do planeta.

Transporte coletivo circulando no centro da cidade do Rio de Janeiro.

47

CAPÍTULO 1

A CIÊNCIA ALÉM DO TEMPO

O QUE VEM A SEGUIR

A novela *Engrenagens*, de Fabiana Ferraz, conta a história de Antero, um autômato construído com peças reaproveitadas que se torna consciente de sua existência e que demonstra sentimentos. Os trechos a seguir são dos capítulos iniciais dessa obra. Como você imagina que seria um robô com consciência e sentimentos?

TEXTO

Engrenagens

Foi necessária apenas uma faísca para que eu ganhasse consciência da minha existência.

Começou com um ponto luminoso que cresceu devagar enquanto eu assistia a tudo, apenas um espectador passivo. Um estalo e meus sensores começaram a receber sinais de todo o ambiente. Ao mesmo tempo, a luminosidade explodiu com um clarão pálido e difuso para, logo em seguida, esmaecer tão de repente quanto havia começado. Mas não se apagou por completo — apenas enfraqueceu para que as figuras distorcidas ao meu redor ganhassem formas que eu era capaz de distinguir.

— Você será Antero. — A voz que classifiquei como grave e rouca vinha do homem à minha frente.

Com um pirógrafo, ele desenhou letras cursivas no meu braço, e pequenas faíscas pularam enquanto ele realizava o trabalho com esmero. Fui atraído pela atividade singular e deixei a cabeça pender para observar as letras incandescentes queimarem e escurecerem por completo. Foi a segunda coisa que aprendi sobre mim: que eu sabia ler, mesmo sem nunca ter aprendido. Soava como algo tão intrínseco à minha realidade que não questionei. Assim como não ousei questionar a qualidade do meu nome. O importante era que eu existia e estava consciente. Além do mais, me sentia único, pois imaginei que podiam existir outros autômatos como eu, mas nenhum deles carregava a alcunha de Antero.

Meu corpo respondia à experiência de existir com estalos e ruídos, sendo que o mais persistente de todos era o martelar que vinha do lado esquerdo: uma bomba de óleo que pulsava para distribuir a preciosa substância que mantinha as engrenagens em funcionamento. O som viajava por mim, chegando às extremidades das falanges. Como eu sabia que aqueles artelhos também poderiam ser chamados de dedos?

alcunha: termo utilizado para substituir um nome próprio; apelido.

esmaecer: apagar, perder a luminosidade.

esmero: capricho.

espasmo: contração involuntária.

incandescente: em estado de brasa.

pirógrafo: instrumento elétrico com ponta metálica utilizado para marcar superfícies.

responsivo: que reage a algo, que apresenta uma resposta.

48

Um deles se moveu por conta dos impulsos elétricos e encontrou uma superfície sólida sob mim. Aquilo correspondia a um dos estados da matéria, sendo que esta era encontrada na natureza também nas formas líquida e gasosa. Eu sabia de algumas coisas: o nome disso era programação básica, e todos os outros da linha BR-1898 tinham o mesmo conhecimento. Era a conexão que eu compartilhava com meus iguais. [...]

Essa era minha realidade: poucos metros quadrados imersos em um caos sujo e empoeirado. Além do meu corpo incompleto sobre uma mesa velha e bamba, havia ferramentas quebradas, cabeças, pés, braços mecânicos e componentes empilhados de maneira precária em um dos cantos, desafiando as leis da física. [...]

— Finalmente consegui regular sua escuta — ele disse. — Você não sabe como é difícil para um velho bobo como eu ser ouvido. Pelo menos você, Antero, poderá me obedecer sem reclamar ou questionar tudo o tempo todo. E vai me chamar de professor. — Ele girou mais uma vez a chave que fechava o que seria meu rosto. Agora, todas as engrenagens estavam escondidas atrás de uma máscara de ferro. — Temos tantas coisas para fazer, até arrumei um trabalhinho para você, Antero. Uma missão muito especial.

"Que missão?", falei, mas as cordas vocais não vibraram. Tentei novamente. Talvez fosse algum problema nas linhas de programação dos cartões perfurados. Busquei dentro do meu acervo e não encontrei nada que pudesse transmitir o questionamento. Aquela pergunta era minha, e eu havia acabado de formulá-la sozinho, sem a ajuda dos dados, eu...

Alguma coisa estava errada. Aquela voz soou apenas para mim. Fui assombrado pela ideia de que havia outras programações se formando sozinhas em meus circuitos. Eu era o único capaz de ouvi-las e, quanto mais tentava silenciar aquele erro, mais ideias aleatórias surgiam. <u>Espasmos</u> elétricos contraíam minhas articulações e faíscas escaparam pelas aberturas. Uma fumaça saiu das juntas, a temperatura subiu junto à pressão, e as engrenagens se moveram frenéticas. Minha estrutura tremeu e chiou, o corpo de metal prestes a implodir. A cada milésimo de segundo eu era puxado mais para dentro de mim.

— Antero? Antero? Fique comigo, garoto, fique... — Desobedeci ao professor, mas não por querer. Simplesmente apaguei, mas não como antes, quando o nada imperava. Eu continuava a existir, só não era apenas uma massa feita de metal. [...]

Voltei para o mundo, e ele estava diferente. [...] Eu não estava sozinho. Conseguia captar a presença de um ser vivo por ali.

— Professor? — chamei.

— Não.

As batidas dentro do meu peito deram um pulo, um rápido descompasso por conta da surpresa ao escutar a voz do ser humano que me respondeu.

Dentro da minha cabeça existia um banco de dados alimentado por cartões perfurados com todas as informações que eu precisava saber, mas para isso era necessário processá-los. Meu cérebro <u>responsivo</u> começou a girá-los, e logo as informações se organizaram. [...] Uma sucessão de zeros e uns encontraram sua ordem e, assim como o acender da fagulha primordial, fui realmente iluminado.

> **STEAMPUNK: O SUBGÊNERO DA FICÇÃO CIENTÍFICA**
>
> O *steampunk*, também conhecido como *tecnovapor*, é um subgênero da ficção científica. Ele se caracteriza por apresentar tecnologias anacrônicas ou retrofuturistas, isso porque a história é ambientada no passado. O termo em inglês remete a vapor, fazendo referência à época marcada pela expansão industrial com as máquinas a vapor. Então, nas obras representativas desse gênero, a tecnologia é apresentada em conformidade àquela realidade, por isso aparecem os robôs a vapor, como na história de Antero.

biela: haste que, articulada a duas peças móveis, transmite o movimento de uma à outra.

débil: frágil.

manômetro: instrumento que mede a pressão de gases ou vapores.

ricochetear: disparar, saltar.

"Garota."

Pela primeira vez compreendi essa palavra. Um ser humano do gênero feminino, todo feita de luz. Essa informação não estava em lugar nenhum. Tentei tocá-la, mas não tinha mais as extensões mecânicas superiores. Meu peito se encontrava aberto, com todas as entranhas de molas, pistões e parafusos expostas, girando sem parar. [...] Acredito que assim que notou minha total incapacidade de fazer alguma coisa a não ser permanecer imóvel, [a garota] venceu as próprias hesitações. Ela estendeu os dedos e tocou meu corpo exposto. A temperatura do óleo subiu e aquela pressão voltou a se fazer presente, mas não tive medo de implodir. Pelo contrário, achei que entraria no mais belo processo de combustão com aquele contato inseguro. Os sensores de visão operantes capturaram cada movimento dela. [...]

— O professor vai gostar de saber que você acordou, Antero. [...]

***

— Preciso da chave. — O professor estava consertando um motor de carroça a vapor, e eu atuava como seu assistente. Essa era a dinâmica vigente entre nós. [...]

Virei-me para as ferramentas e peguei uma terceira chave.

— A vermelha! Ora, seu imprestável, eita, não... — O homem enfiou um pedaço de estopa para segurar o óleo que vertia fartamente do motor velho.

Os cartões de informação giraram para que pudesse compreender. Cores. O vermelho era quente, a cor do sangue, mas eu nunca o vira. Minha consciência presa na armadura de metal só enxergava luz branca e sombras. Fiquei parado diante de ferramentas, todas iguais. O motor roncou alto e cuspiu óleo, a seta do <u>manômetro</u> tremia e <u>ricocheteava</u> dentro do vidro do visor até este explodir em estilhaços.

Perigo.

Não fui programado para executar ações de emergência. Qualquer outro autômato apenas ficaria ali, observando e processando dados sobre a explosão. Mas eu prezava pela minha existência e consciência. Ademais, o professor nunca chegara a me dizer para que estava me preparando.

Vidas humanas são frágeis e curtas, pelo que pude apurar, e o professor parecia estar chegando ao final da sua.

Pelos meus cálculos, ele não conseguia conter o vapor dentro do motor por muito tempo. Os pistões estavam explodindo, assim como as <u>bielas</u>. Agarrei os ombros do homem e o arremessei para longe. Suas costas bateram contra a estante, e o choque fez as prateleiras desabarem em um efeito dominó. Ciente do que precisava fazer, continuei a girar a ferramenta até conseguir desativar o maior número de componentes. Ainda assim, não foi suficiente para conter o acidente. A nuvem de vapor se espalhou, e o barulho alto fez tremer as estruturas da oficina. Minha mão mecânica voou pelos ares. Antes a minha que a dele. No entanto, estraguei metade do braço — sobrou apenas um cotoco, que pendeu <u>débil</u> enquanto estilhaços voavam em várias direções. O som do metal caindo sobre meu corpo parecia com a chuva que caía do lado de fora da casa e que eu não podia ver.

Fabiana Ferraz. *Engrenagens*. São Paulo: Plutão, 2020. p. 10-20.

TEXTO EM ESTUDO

PARA ENTENDER O TEXTO

1. A hipótese que você formulou anteriormente se confirmou? Em que momentos da história é possível perceber que Antero tem consciência e sentimentos?

2. Quem criou Antero? Com qual objetivo ele foi criado?

3. Releia o trecho a seguir.

> Essa era minha realidade: poucos metros quadrados imersos em um caos sujo e empoeirado. Além do meu corpo incompleto sobre uma mesa velha e bamba, havia ferramentas quebradas, cabeças, pés, braços mecânicos e componentes empilhados de maneira precária em um dos cantos, desafiando as leis da física. [...]

   a) O que se pode afirmar a respeito do modo como Antero foi criado?

   b) Por que ele utiliza a expressão "desafiando as leis da física" na descrição de sua realidade?

4. Releia este outro trecho:

> Alguma coisa estava errada. Aquela voz soou apenas para mim. Fui assombrado pela ideia de que havia outras programações se formando sozinhas em meus circuitos. Eu era o único capaz de ouvi-las e, quanto mais tentava silenciar aquele erro, mais ideias aleatórias surgiam.

   a) O que estava acontecendo com Antero que o deixou preocupado?

   b) Por que essa situação pode ser considerada um erro de programação?

> **ANOTE AÍ!**
>
> Nas histórias de ficção científica, a **ciência** é **pano de fundo** para o desenrolar do enredo.

5. Há dois episódios da história em que a capacidade de Antero de expressar sentimentos se destaca: o encontro com a garota e o acidente com o motor a vapor.

   a) Ao ser tocado pela garota, o autômato descreve reações em seu corpo. O que elas revelam sobre seus sentimentos?

   b) No acidente com o motor, o que Antero fez ao perceber que a vida do professor estava em risco? O que isso revela sobre ele?

6. Ao longo da narrativa, Antero mostra suas percepções sobre outros autômatos. Copie, no caderno, trechos que evidenciam a consciência dele quanto à:

   a) semelhança dele com outros autômatos;

   b) diferença entre ele e outros autômatos.

A VEROSSIMILHANÇA

7. Ao longo do texto, há elementos característicos de uma ficção científica, como o tipo de personagens e o vocabulário empregado.

   a) Releia o quarto parágrafo e reproduza no caderno o trecho em que, pela primeira vez, usa-se o termo que especifica que o narrador não é humano.

   b) Cite termos e expressões que se relacionem a uma ficção científica.

   c) O vocabulário ajudou você a se ambientar na realidade criada? Por quê?

CONTO, NOVELA E ROMANCE

Engrenagens é uma novela. Você sabe diferenciar uma novela de um conto ou de um romance? Veja as características gerais de cada um desses gêneros.

Conto: narrativa breve e concisa que contém apenas um conflito, uma ação, uma unidade de tempo e número restrito de personagens.

Novela: narrativa breve, maior que o conto e menor que o romance. Apresenta concentração temática em um número restrito de personagens.

Romance: prosa mais longa, com maior complexidade narrativa, maior profundidade do estudo psicológico das personagens e ritmo narrativo mais lento.

51

8. Releia o penúltimo parágrafo a seguir.

> Vidas humanas são frágeis e curtas, pelo que pude apurar, e o professor parecia estar chegando ao final da sua.

a) Ao caracterizar as vidas humanas, Antero marca uma diferença entre a vida de humanos e a de robôs. Que diferença é essa?
b) Você acha que a possibilidade de imortalidade dos humanos seria positiva ou negativa para a sociedade? Converse com os colegas.

Acesse o recurso digital e responda: Quais são as semelhanças entre essas cenas de filmes?

ANOTE AÍ!

Os fatos e os eventos de uma **narrativa de ficção** não são necessariamente reais, mas devem se conectar de maneira que sejam **convincentes** para o leitor, ou seja, é preciso que haja coerência no texto. Portanto, o que importa não é a veracidade dos fatos narrados, mas a **verossimilhança**, isto é, a **coerência interna** da obra artística, que dá a impressão de realidade.

Na ficção científica, a verossimilhança é construída por meio da **base científica** de alguns conceitos e das justificativas em torno dos **elementos imaginários** que surgem na obra.

O CONTEXTO DE PRODUÇÃO

9. Releia os trechos a seguir.

> I. O importante era que eu existia e estava consciente.
> II. Aquela pergunta era minha, e eu havia acabado de formulá-la sozinho, sem a ajuda dos dados, eu...

a) Apesar de avanços nas áreas da robótica e da inteligência artificial, a ciência ainda não foi capaz de criar autômatos com consciência e sentimentos, como é o caso do protagonista Antero. Busque informações sobre o que especialistas pensam a respeito do assunto. Em seguida, responda: Você acha possível que isso aconteça no futuro? Comente.
b) Em sua opinião, é relevante que as obras de ficção científica "prevejam" avanços da ciência? Por quê?

ANOTE AÍ!

As narrativas de **ficção científica** costumam se basear na **tecnologia existente** na época em que são produzidas, mas podem **projetar para o futuro** possíveis avanços e desenvolvimentos científicos e tecnológicos.

PARA EXPLORAR

O futuro em 2111: Robôs do futuro. Discovery Channel. Argentina, 2012 (43 min).
O documentário mostra previsões sobre o desenvolvimento de robôs e apresenta máquinas com algumas funções avançadas, tais como: avisar quando uma pessoa está faminta, deprimida ou começando a adoecer; prever desastres ambientais; realizar tarefas domésticas; viajar ao espaço, etc.

10. Releia este outro trecho:

> — Temos tantas coisas para fazer, até arrumei um trabalhinho para você, Antero. Uma missão muito especial.

a) Na obra, a missão especial de Antero não chega a ser revelada. Que tipo de missão você acha que um autômato poderia desempenhar?
b) Você conhece casos de robôs criados para missões especiais? Comente.

11. As narrativas de ficção científica despertam grande interesse do público, tanto na literatura quanto no cinema. Por que você acha que isso acontece?

A LINGUAGEM DO TEXTO

12. Veja elementos que caracterizam Antero como autômato: bomba de óleo, máscara de ferro, banco de dados, extensões mecânicas superiores e sensores de visão. Quais seriam os elementos humanos correspondentes a eles?

> **ANOTE AÍ!**
>
> As **expressões** e os **conceitos científicos** tornam os textos de ficção científica ricos em **caracterização**. Em geral, os conceitos são explicados na trama para o leitor leigo.

13. Releia os trechos a seguir e faça o que se pede.

> I. Um estalo e meus sensores **começaram** a receber sinais de todo o ambiente. **Ao mesmo tempo**, a luminosidade explodiu com um clarão pálido e difuso para, **logo em seguida**, esmaecer tão de repente quanto havia começado.
>
> II. Soava como algo tão intrínseco à minha realidade que não questionei. **Assim como** não ousei questionar a qualidade do meu nome. O importante era que eu existia e estava consciente. **Além do mais**, me sentia único, **pois** imaginei que podiam existir outros autômatos como eu, **mas** nenhum deles carregava a alcunha de Antero.

a) O trecho I descreve o momento em que Antero adquiriu consciência. As expressões destacadas auxiliam o leitor a compreender melhor a situação?

b) No trecho II, as expressões em destaque foram utilizadas para relacionar ideias. Que sentido cada uma delas expressa?

> **ANOTE AÍ!**
>
> Os textos narrativos apresentam recursos que estabelecem vínculos entre palavras, orações e partes do texto: os **recursos coesivos**. Entre esses recursos, existem aqueles responsáveis pela **progressão textual**, ou seja, pelo estabelecimento de relações entre as partes do texto. Eles são responsáveis, por exemplo, pelos vínculos de **tempo** e **sentido** estabelecidos em uma narrativa, que ajudam o leitor a compreender o desenrolar da história.

> **PARA EXPLORAR**
>
> *O homem bicentenário*, de Isaac Asimov. Porto Alegre: L&PM Pocket, 1997.
> Essa novela integra a série Robôs, que reúne histórias ligadas à robótica. No livro, conhecemos a trajetória de Andrew, um androide que passa por um processo de humanização e luta para ser reconhecido como ser humano.

CIDADANIA GLOBAL

AS TRÊS LEIS DA ROBÓTICA

Isaac Asimov (1920-1992) é considerado um dos maiores autores de ficção científica. Escreveu livros sobre robôs e viagens espaciais, ciência e tecnologia, inovação e o futuro da humanidade. Pensando nos princípios da coexistência entre robôs e humanos, ele formulou, em 1950, as chamadas Três Leis da Robótica, segundo as quais um robô:

1. [...] não pode prejudicar um ser humano ou, por omissão, permitir que o ser humano sofra dano.

2. [...] tem de obedecer às ordens recebidas dos seres humanos, a menos que contradigam a Primeira Lei.

3. [...] tem de proteger sua própria existência, desde que essa proteção não entre em conflito com a Primeira e a Segunda Leis.

Isaac Asimov. *O homem bicentenário*. Tradução: Milton Persson. Porto Alegre: L&PM, 1997. p. 9. (L&PM Pocket).

As atitudes de Antero ao longo da narrativa revelam respeito a essas leis. Com base nisso, responda:

1. Você acha importante que essas leis sejam seguidas em uma possível convivência entre humanos e robôs? Por quê?

2. Em sua opinião, deve haver limites no desenvolvimento da inteligência artificial? Explique.

3. Converse com os colegas: Deve haver um uso ético e responsável das tecnologias em geral?

UMA COISA PUXA OUTRA

Robôs, androides e humanoides no cinema e na televisão

As histórias de ficção científica sempre tiveram espaço no cinema e na televisão, tanto pela adaptação de livros como pela criação de roteiros originais. Não é de surpreender que, nesse universo, diversos robôs, androides e humanoides tenham entrado em cena e conquistado os espectadores.

1. Observe as imagens e compare as personagens.

▲ Robôs NS-5 em cena do filme *Eu, robô* (2004), direção de Alex Proyas.

▲ WALL-E, do filme de animação *WALL-E* (2008), direção de Andrew Stanton.

▲ C-3PO e R2-D2, da saga *Star Wars* (1977), direção de George Lucas.

▲ Andrew em cena do filme *O homem bicentenário* (1999), direção de Chris Columbus.

a) Em sua opinião, qual dos seres robóticos representados nas imagens mais se aproxima visualmente dos humanos? Justifique.

b) Entre os robôs apresentados, existe algum que parece mais futurista? Em sua opinião, a data em que ele foi criado influencia esse aspecto?

c) A semelhança com os humanos também pode ocorrer pelo aspecto emocional. Com base na observação das fotos, qual robô parece se aproximar mais de um ser humano nesse aspecto? Por quê?

> **ANDREW E WALL-E**
>
> Andrew, em *O homem bicentenário*, luta para ser reconhecido como humano e, para isso, procura se parecer fisicamente com uma pessoa e se afastar das características robóticas. WALL-E, por sua vez, embora tenha uma aparência que não se confundiria com a de um humano, apresenta uma característica que o aproxima de Andrew: a capacidade de sentir. Em um dos famosos momentos do filme, o pequeno robô assiste a uma cena do musical *Hello, Dolly!*. Pela expressão que surge no olhar da personagem, é possível perceber sua emoção diante do filme.

PARA EXPLORAR

WALL-E. Direção: Andrew Stanton. EUA, 2008 (98 min). Criado no ano de 2100 para a heroica missão de limpar a Terra, o prestativo robô WALL-E é o último da sua linha a se manter em atividade no ano de 2815, quando a Terra já é um planeta abandonado e coberto pelo lixo.

2. No desenho *Os Jetsons* (1962-1963 e 1984-1987), há uma personagem robô, Rosie, responsável pelas atividades domésticas da família. Ela é introduzida, logo no primeiro episódio, como um robô do modelo XB-500. Na verdade, em pouco tempo, os Jetsons percebem que ela é um robô antigo, porém muito inteligente. Observe-a na imagem a seguir e responda às questões.

Jane Jetson e Rosie, robô do desenho animado *Os Jetsons*.

a) A caracterização visual de Rosie apresenta elementos humanos e robóticos. Cite alguns deles, separando-os nesses dois grupos.
b) Há um detalhe em Rosie que caracteriza a função que ela exerce. Que detalhe é esse?
c) Na imagem, Rosie parece ter atitudes mais humanas ou mais robóticas? Justifique.

3. Um dos marcos da ficção científica, tanto da literatura quanto do cinema, é a história do dr. Frankenstein, que cria um ser vivo monstruoso juntando partes de cadáveres. De autoria da britânica Mary Shelley, a obra, de 1818, é considerada uma das primeiras ficções científicas da literatura. Compare a imagem do monstro de Frankenstein com a de Andrew. Isaac Asimov (caso fosse contemporâneo de Mary Shelley) poderia ter criado Andrew em 1818? Converse com os colegas e, depois, escreva suas conclusões.

Cena do filme *Frankenstein* (1931), direção de James Whale. A foto mostra a criatura gerada pelo cientista.

55

LÍNGUA EM ESTUDO

ADJUNTO ADVERBIAL

1. Leia os trechos a seguir, retirados da novela *Engrenagens*.

   I. Pelo menos você, Antero, poderá me obedecer sem reclamar [...].
   II. Dentro da minha cabeça existia um banco de dados alimentado por cartões perfurados com todas as informações que eu precisava saber, mas para isso era necessário processá-los.

   a) No trecho I, que expressão indica o modo como algo foi feito?
   b) No trecho II, qual é a função da expressão "dentro da minha cabeça"?
   c) Esses trechos teriam o mesmo sentido sem as expressões analisadas?
   d) Que palavras essas expressões modificam? Essas palavras pertencem a que classe gramatical?

2. Agora, releia o seguinte trecho:

   Ao mesmo tempo a luminosidade explodiu com um clarão pálido e difuso [...].

   a) A expressão em destaque indica uma circunstância em que algo ocorreu. Explique essa afirmação.
   b) Reescreva o trecho anterior no caderno, substituindo a expressão em destaque por uma única palavra de sentido equivalente.

> **ANOTE AÍ!**
>
> Em uma oração, as palavras ou expressões que indicam as **circunstâncias** em que algo ocorreu são chamadas de **adjuntos adverbiais**. Entre os tipos mais comuns estão os adjuntos adverbiais **de tempo** ("ao mesmo tempo"), **de lugar** ("do lado esquerdo") e **de modo** ("devagar").

3. Leia a oração a seguir e faça o que se pede.

   — Você será Antero [...].

   a) Copie o quadro no caderno e preencha-o com adjuntos adverbiais que poderiam ser usados para adicionar informações a essa oração.

Adjunto adverbial de tempo	
Adjunto adverbial de lugar	
Adjunto adverbial de modo	

   b) Agora, reescreva a oração utilizando um adjunto adverbial de cada tipo indicado no quadro, com o objetivo de adicionar informações à oração.

> **ANOTE AÍ!**
>
> A função sintática de **adjunto adverbial** é desempenhada por **advérbios** e por **locuções adverbiais** (expressões formadas por preposição + substantivo, equivalentes a um advérbio).

4. Observe as orações.

I. O robô parece *muito* **feliz**.	II. O robô acordou *muito* **cedo**.

- Nas duas orações, o sujeito está expresso por "O robô", e a parte restante é o predicado. Agora, responda às questões.

  a) As palavras destacadas em negrito são modificadas pelo advérbio *muito*. A que classes gramaticais elas pertencem?

  b) Que circunstância o advérbio *muito* expressa nas orações apresentadas?

  c) Com base nas respostas aos itens anteriores, além do verbo, que outras classes gramaticais podem ser modificadas por um advérbio?

  d) Quais outros advérbios de intensidade podem ser usados no lugar de *muito*, mantendo o sentido da oração?

ANOTE AÍ!

O adjunto adverbial costuma estar ligado ao **verbo**, mas também pode estar ligado a um **adjetivo** ou a um **advérbio** (intensificando ou modificando seu sentido).

Além de circunstâncias de lugar, tempo, modo e intensidade, os adjuntos adverbiais podem expressar uma variedade de outras circunstâncias:

CIRCUNSTÂNCIA	EXEMPLO
Lugar	O robô entrou **na sala**.
Tempo	**Amanhã** faremos uma viagem espacial.
Modo	O androide levantou **calmamente** da cadeira.
Intensidade	As ligações positrônicas eram **demasiadamente** complexas.
Negação	Os viajantes do tempo **não** conseguiram retornar para casa.
Afirmação	Eles **certamente** terão problemas para consertar o defeito no motor da nave.
Dúvida	**Talvez** ele seja de outro planeta.
Causa	**Por causa da cirurgia**, o robô tornou-se humano.
Instrumento	O robô se movia **com rodas**.

A POSIÇÃO DO ADJUNTO ADVERBIAL NA ORAÇÃO

5. Releia a seguinte oração:

> Fui assombrado pela ideia de que havia outras programações se formando sozinhas **em meus circuitos**.

a) Em que posição está o adjunto adverbial de lugar?

b) Reescreva a frase no caderno alterando a posição do adjunto adverbial.

c) Você usou vírgula quando mudou o adjunto adverbial de posição? Explique.

ANOTE AÍ!

A **ordem direta** de uma oração é: sujeito + verbo + complemento, podendo-se adicionar um adjunto adverbial ao final. No entanto, os **adjuntos adverbiais** podem aparecer em diversas posições na oração e separados por **vírgula(s)** para dar **destaque à informação** introduzida por eles.

RELACIONANDO

Os adjuntos adverbiais são ferramentas importantes em diversos gêneros. No interior do universo de sentido, próprio da ficção científica, eles contribuem para especificar lugares extraordinários, modos extravagantes ligados a seres estranhos, efeitos lúgubres ou simplesmente desconcertantes no ambiente em geral. Volte ao texto *Engrenagens* e procure observar como os adjuntos adverbiais contribuem para a construção do ambiente de ficção científica da narrativa.

Acompanhamento da aprendizagem

Retomar e compreender

1. No livro *Contato*, o autor Carl Sagan descreve uma passagem em que a personagem Ellie mexe em um rádio. Confira.

   > Havia dentro do vidro um quadrado metálico, ligado a fios pequeníssimos. A eletricidade corre pelos fios, pensou ela vagamente. Primeiro, entretanto, precisava entrar na lâmpada. Um dos dentes parecia torto, e com um pouco de esforço ela conseguiu endireitá-lo. Recolocando a lampadazinha no lugar e tornando a ligar o aparelho à tomada, ela ficou feliz ao vê-la começar a brilhar, e um mar de estática se agitou em torno dela.
   >
   > Carl Sagan. *Contato*. Tradução de Donaldson M. Garschagen. São Paulo: Companhia das Letras, 2008. p. 3.

   a) Considere o trecho "Havia um quadrado metálico". Para identificar a circunstância de lugar, que pergunta deve ser feita?
   b) Qual é a resposta para a pergunta que você formulou no item *a*?
   c) Qual é a função sintática de sua resposta ao item *b*?
   d) Encontre o adjunto adverbial de modo no segundo período do trecho. Que palavra esse adjunto adverbial modifica?

Aplicar

2. Leia o trecho de notícia a seguir.

   ### Centenas de fãs fazem fila para comprar ingressos para o *show* de Ed Sheeran

   > Antes das 6h da manhã desta sexta-feira (10), a estudante Gabrielle Lisboa acordou, tomou café, mas não foi para a aula de pedagogia como faz todas as manhãs.
   >
   > Com o consentimento da mãe, ela foi direto para a porta do Shopping Crystal, no centro de Curitiba, para ser a primeira das centenas de pessoas que formaram fila para comprar ingressos do *show* de Ed Sheeran, o astro *pop* britânico que sobe ao palco da Pedreira Paulo Leminski para uma única apresentação no dia 23 de maio. [...]
   >
   > "Na última vez que ele veio [em 2015] eu não consegui comprar e fiquei **muito** triste. **Desta vez** quis garantir. Em vez de ir pra aula, vim pra cá. **Depois** eu recupero a matéria que perdi", disse.
   >
   > Sandro Moser. Centenas de fãs fazem fila para comprar ingressos para o *show* de Ed Sheeran. *Gazeta do Povo*, Curitiba, 10 mar. 2017. Disponível em: https://www.gazetadopovo.com.br/caderno-g/musica/centenas-de-fas-fazem-fila-para-comprar-ingressos-para-o-show-de-ed-sheeran-b4zkt8cdlmcsnta1jqfftqpxp/. Acesso em: 30 mar. 2023.

   a) Copie no caderno duas expressões que indicam circunstância de tempo no primeiro parágrafo e, em seguida, classifique-as.
   b) Essas expressões atribuem circunstância de tempo a quais formas verbais?
   c) Identifique no segundo parágrafo expressões que indicam circunstância de lugar.
   d) Na oração "ela foi direto para a porta do Shopping Crystal", qual é a função sintática da palavra *direto*?
   e) No período "eu não consegui comprar e fiquei muito triste", indique a função sintática das palavras *não* e *muito*.
   f) Reescreva no caderno o último parágrafo, substituindo as expressões destacadas por outros advérbios que indiquem as mesmas circunstâncias.

A LÍNGUA NA REAL

OS ADJUNTOS ADVERBIAIS E A EXPRESSIVIDADE

1. Leia o trecho a seguir, que retrata o momento em que Antero, o autômato, percebe que há algo de errado com sua programação.

> "Que missão?", falei, mas as cordas vocais não vibraram. Tentei **novamente**. **Talvez** fosse algum problema nas linhas de programação dos cartões perfurados. Busquei dentro do meu acervo e não encontrei nada que pudesse transmitir o questionamento. Aquela pergunta era minha, e eu havia acabado de formulá-la sozinho, **sem a ajuda dos dados**, eu...

a) Qual é a função sintática das palavras e da expressão em destaque?

b) Quais ocorrências em destaque expressam o modo como algo ocorreu?

c) Qual palavra ou expressão foi usada para transmitir uma possibilidade ou dúvida? Dê um exemplo de palavra com sentido similar.

d) Apesar de desempenharem a mesma função sintática, *talvez* e *sem a ajuda dos dados* modificam cada oração de forma diferente. Analise as afirmativas a seguir e copie no caderno a que melhor explique essa diferença.
- "Talvez" indica uma dúvida do narrador sobre todo o conteúdo da oração; "sem a ajuda dos dados" modifica especificamente um termo.
- "Talvez" modifica especificamente um termo da oração; "sem a ajuda dos dados" indica uma impressão do narrador sobre todo o conteúdo da frase.

2. Leia este trecho de notícia:

> ### Em Londres, áreas verdes compensam o trânsito pesado
>
> Numa primeira visita, a densa malha viária que forma Londres pode dar a impressão de ser impenetrável: não há um centro único para servir como orientação, e sim diferentes áreas de interesse.
>
> Felizmente, os tons de cinza e marrom e o trânsito intenso são devidamente aliviados pela abundância de parques, praças e áreas verdes espalhados pela cidade, como o Hyde Park e o mais bucólico Hampstead Heath, todos bem mantidos.
>
> Pedro Carrilho. Em Londres, áreas verdes compensam o trânsito pesado.
> *Folha de S.Paulo*, São Paulo, 24 abr. 2008. Disponível em: http://www1.folha.uol.com.br/fsp/turismo/fx2404200801.htm. Acesso em: 30 mar. 2023.

a) Nos textos jornalísticos, evitam-se expressões como "em minha opinião", "eu acho", etc. Com base no trecho, responda: Isso é suficiente para tornar o texto isento de opinião, isto é, puramente informativo e objetivo?

b) Que palavra revela a opinião de que, apesar de ter características negativas, o trânsito de Londres é compensado por um fator positivo da cidade?

c) Qual é a função sintática dessa palavra na oração?

ANOTE AÍ!

Alguns **adjuntos adverbiais** são utilizados para indicar uma **atitude do emissor**. Eles não se ligam unicamente ao verbo e a seu complemento ou a um adjetivo ou advérbio, mas à **oração inteira**.

Na notícia, gênero que procura a **imparcialidade**, o adjunto adverbial muitas vezes revela a **opinião do jornalista**, intencionalmente ou não.

PERGUNTE PARA ENCONTRAR

Para encontrar adjuntos adverbiais de lugar, pergunte "Onde?". Para encontrar adjuntos adverbiais de tempo, pergunte "Quando?". Para encontrar adjuntos adverbiais de modo, pergunte "Como?".

AGORA É COM VOCÊ!

ESCRITA DE CONTO DE FICÇÃO CIENTÍFICA (PARTE 1)

VIAGEM NO TEMPO: CIÊNCIA OU FICÇÃO?

Um tema recorrente nas histórias de ficção científica é a viagem no tempo. Mas o que a ciência tem a dizer sobre isso? Alguns físicos e cosmologistas – profissionais que estudam o tempo e o Universo – acreditam que, pelo menos em teoria, viajar no tempo é possível. Conheça algumas abordagens científicas sobre esse assunto intrigante e inspire-se para produzir um conto com base nessas teorias.

Escala de probabilidade
A possibilidade de uma viagem no tempo acontecer depende, principalmente, da existência de tecnologias muito mais avançadas que as disponíveis hoje em dia.

mais provável

Velocidade da luz
Uma espaçonave cuja aceleração chegasse próxima à velocidade da luz (aproximadamente 300 000 km/s) faria com que o tempo passasse mais lentamente para seus passageiros. Enquanto cem anos teriam se passado na Terra, apenas uma semana teria se passado para quem estivesse dentro do veículo.

! Para isso, seria necessária uma espaçonave que conseguisse carregar combustível suficiente para funcionar em potência máxima por seis anos seguidos.

Buraco negro supermassivo
Segundo a teoria da relatividade geral de Albert Einstein, quanto maior a massa de um corpo, mais lentamente passa o tempo em torno dele. No centro da Via Láctea, existe um buraco negro cuja massa equivale a 4 milhões do nosso Sol. Se astronautas conseguissem chegar até lá e passassem dez anos orbitando esse buraco, o dobro de tempo – vinte anos – teria passado para as pessoas na Terra.

! Além de estar muito distante, o buraco negro pode "engolir" os corpos próximos a ele.

menos provável

Buracos de minhoca
São "túneis" extremamente pequenos que se formam e desaparecem constantemente na estrutura do espaço-tempo e que podem ligar dois tempos diferentes. Para uma espaçonave passar por um desses buracos, eles precisariam ser "capturados" e, depois, alargados trilhões de vezes.

! Por questões físicas, um buraco de minhoca não duraria muito tempo expandido, o que tornaria quase impossível passar por esse "túnel".

Viagem ao passado e o "paradoxo do avô"
Imagine que, por meio de um buraco de minhoca, você conseguisse voltar no tempo e encontrar seu avô quando ele era criança. Ao encontrar com ele, você se apresenta e, com o susto, ele acaba morrendo. Será que você continuaria vivo? Afinal, se seu avô morresse antes de sua mãe nascer, você não existiria e não conseguiria ir para o passado e causar essa confusão! Por esse motivo, Stephen Hawking, um famoso físico e cosmologista, defende que não seria possível viajar para o passado, somente para o futuro.

Ilustrações: Denis Freitas/ID/BR

Fonte de pesquisa: Stephen Hawking. How to build a time machine [Como construir uma máquina do tempo]. *MailOnline*, 27 abr. 2010. Disponível em: http://www.dailymail.co.uk/home/moslive/article-1269288/STEPHEN-HAWKING-How-build-time-machine.html. Acesso em: 30 mar. 2023.

Proposta

Alguns temas da ficção científica acabam "predizendo" avanços tecnológicos futuros. Essas previsões, no entanto, não estão relacionadas com sorte ou profecias, e sim com pesquisas realizadas pelos autores para ambientar as narrativas que se passam no futuro.

Estudos sobre viagem no tempo já existem, porém, ainda não é humanamente possível realizá-la. Em grupo, vocês vão se basear nessas pesquisas para criar um conto de ficção científica no qual a viagem no tempo seja de fato possível.

Acesse o recurso digital e responda: Que eventos futuros foram previstos pelas obras de ficção científica citadas? Qual dessas previsões você achou mais interessante? Por quê?

GÊNERO	PÚBLICO	OBJETIVO	CIRCULAÇÃO
Conto de ficção científica	Colegas da turma	Narrar uma história de ficção sobre viagem no tempo	Leitura dos contos na sala de aula

Planejamento e elaboração do texto

1. Organizem-se em grupos. A produção proposta nesta seção será realizada em duas partes. Nesta primeira parte, vocês vão planejar o conto. No próximo capítulo desta unidade, vocês vão escrevê-lo e finalizá-lo.

2. Pensem em uma maneira de organizar uma escrita criativa e colaborativa. Na internet, existem algumas opções de ferramentas de edição *on-line* que facilitam esse processo, possibilitando que tudo seja escrito em tempo real. Para isso, vocês podem criar um documento único que permita a todos escrever e comentar os registros feitos nele.

3. Mesmo com a facilidade dos documentos colaborativos *on-line*, não deixem de fazer acordos coletivos para organizar a contribuição de todos. A ideia é que cada estudante alimente esse documento único inserindo informações sobre a proposta e, posteriormente, os trechos do conto.

4. No documento, criem tópicos de discussão para definir o enredo do conto. Para isso, respondam às perguntas a seguir.
   - Quem serão as personagens do conto?
   - De que forma ocorrerá a viagem no tempo? Que teoria científica apresentada no infográfico será utilizada?
   - Quais personagens farão essa viagem?
   - A viagem será para o passado ou para o futuro?
   - Para qual época as personagens irão?
   - Caso a época escolhida pertença ao passado, em quais livros, *sites* e filmes é possível obter informações sobre ela?
   - Caso a viagem seja para o futuro, que pesquisa deve ser feita para criá-lo? Vocês vão apresentar uma visão pessimista ou otimista sobre o futuro?
   - Como será o espaço onde se passa o conto?
   - O narrador da história será personagem, onisciente ou observador?
   - Qual será o conflito do conto? Como a atenção do leitor será capturada?
   - Qual será o desfecho do conto? Ele provocará impacto, surpresa ou reflexão no leitor?

5. Registrem no caderno as respostas a essas perguntas para retomá-las no próximo capítulo.

CAPÍTULO 2
CIÊNCIA E HUMANIDADE

O QUE VEM A SEGUIR

A história do livro *Admirável mundo novo* se passa em um futuro distante, no qual a sociedade é dividida em castas e organizada de modo que não haja angústia, ansiedade, medo ou sofrimento. A engenharia genética evoluiu a tal ponto que todos os indivíduos são gerados em laboratório; posteriormente, eles passam por um processo de condicionamento mental, a fim de ocupar adequadamente a casta a que são destinados. O Estado, por sua vez, tem total controle sobre os cidadãos: não há liberdade de escolha nem possibilidade de questionamentos ou desejos, apenas aceitação.

No trecho a seguir, um Diretor de Incubação e Condicionamento (D.I.C.) mostra a um grupo de estudantes como funciona o condicionamento dos bebês da casta Delta, preparados para realizar tarefas simples, que não exigem qualquer habilidade específica.

Admirável mundo novo foi escrito há mais de noventa anos. Que representação de futuro você espera encontrar nessa narrativa?

TEXTO

Admirável mundo novo

[...] O D.I.C. e seus alunos entraram no elevador mais próximo e foram levados ao quinto andar.

Berçários. Salas de Condicionamento Neopavloviano, indicava o painel de avisos.

O Diretor abriu uma porta. Entraram num vasto cômodo nu, muito claro e ensolarado, pois toda a parede do lado sul era constituída por uma única janela. Meia dúzia de enfermeiras, com as calças e jaquetas do uniforme regulamentar de linho branco de viscose, os cabelos assepticamente cobertos por toucas brancas, estavam ocupadas em dispor vasos com rosas sobre o assoalho, numa longa fila, de uma extremidade à outra do cômodo. Grandes vasos, apinhados de flores.

Milhares de pétalas, amplamente desabrochadas e de uma sedosa maciez, semelhantes às faces de inumeráveis pequenos querubins [...].

As enfermeiras perfilaram-se ao entrar o D.I.C.

— Coloquem os livros — disse ele, secamente.

Em silêncio, elas obedeceram à ordem. Entre os vasos de rosas, os livros foram devidamente dispostos — uma fileira de livros infantis pequenos, cada um aberto, de modo convidativo, em alguma gravura agradavelmente colorida, de animal, peixe ou pássaro.

— Agora, tragam as crianças.

Elas saíram apressadamente da sala e voltaram ao cabo de um ou dois minutos, cada qual empurrando uma espécie de carrinho, onde, nas suas quatro prateleiras de tela metálica, vinham bebês de oito meses, todos exatamente iguais (um Grupo Bokanovsky, evidentemente) e todos (já que pertenciam à casta Delta) vestidos de cáqui.

— Ponham as crianças no chão.

Os bebês foram descarregados.

— Agora, virem-nas de modo que possam ver as flores e os livros.

Virados, os bebês calaram-se imediatamente, depois começaram a engatinhar na direção daquelas massas de cores brilhantes, daquelas formas tão alegres e tão vivas nas páginas brancas. Enquanto se aproximavam, o sol ressurgiu de um eclipse momentâneo atrás de uma nuvem. As rosas fulgiram como sob o efeito de uma súbita paixão interna; uma energia nova e profunda pareceu espalhar-se sobre as páginas reluzentes dos livros. Das filas de bebês que se arrastavam engatinhando, elevaram-se gritinhos de excitação, murmúrios e gorgolejos de prazer.

O Diretor esfregou as mãos.

— Excelente! — comentou. — Até parece que foi feito sob encomenda.

Os mais rápidos engatinhadores já haviam alcançado o alvo. Pequeninas mãos se estenderam incertas, tocaram, pegaram, despedaçando as rosas transfiguradas, amarrotando as páginas iluminadas dos livros. O Diretor esperou que todos estivessem alegremente entretidos. Depois disse:

— Observem bem. — E, levantando a mão, deu o sinal.

A Enfermeira-Chefe, que se encontrava junto a um quadro de ligações na outra extremidade da sala, baixou uma pequena alavanca.

Houve uma explosão violenta. Aguda, cada vez mais aguda, uma sirene apitou. Campainhas de alarme tilintaram, enlouquecedoras.

As crianças sobressaltaram-se, berraram; suas fisionomias estavam contorcidas pelo terror.

— E agora — gritou o D.I.C. (pois o barulho era ensurdecedor) —, agora vamos gravar mais profundamente a lição por meio de um ligeiro choque elétrico.

Agitou de novo a mão, e a Enfermeira-Chefe baixou uma segunda alavanca. Os gritos das crianças mudaram subitamente de tom. Havia algo de desesperado, de quase demente, nos urros agudos e espasmódicos que elas então soltaram.

Seus pequenos corpos contraíam-se e retesavam-se; seus membros agitavam-se em movimentos convulsivos, como se puxados por fios invisíveis.

— Nós podemos eletrificar todo aquele lado do assoalho — berrou o Diretor para explicar-se. — Mas isso basta — continuou, fazendo um sinal à enfermeira.

As explosões cessaram, as campainhas pararam de soar, o ganido da sirene foi baixando de tom até silenciar. Os corpos rigidamente contraídos distenderam-se; o que antes fora o soluço e o ganido de pequenos candidatos à loucura expandiu-se novamente no berreiro normal do terror comum.

— Ofereçam-lhes de novo as flores e os livros.

assepticamente: feito de maneira extremamente limpa, sem germes e impurezas.

cáqui: de cor marrom-amarelada, como a do barro.

casta: camada social de uma sociedade organizada em diversos níveis de hierarquia.

condicionamento: processo de influenciar ou determinar uma atitude ou um comportamento; ato de acostumar ou moldar uma pessoa ou um animal para se comportar de maneira predeterminada em situações diversas.

convulsivo: súbito e involuntário.

espasmódico: em que há contração muscular involuntária e não ritmada.

fulgir: brilhar, resplandecer.

gorgolejo: som de voz ou ruído semelhante ao do gargarejo.

neopavloviano: relativo à teoria dos reflexos condicionados, elaborada pelo fisiologista russo Ivan Ilitch Pavlov (1846-1936).

perfilar-se: endireitar-se, alinhar-se, colocar-se em posição vertical.

querubim: anjo; criança muito bonita.

retesar-se: tornar-se rígido.

urro: berro muito forte, geralmente de animais.

63

recrudescer: aumentar; reaparecer com sintomas mais graves.

As enfermeiras obedeceram; mas, à aproximação das rosas, à simples visão das imagens alegremente coloridas do gatinho, do galo que faz cocorocó e do carneiro que faz bé, bé, as crianças recuaram horrorizadas; seus berros <u>recrudesceram</u> subitamente.

[...]

— Elas crescerão com o que os psicólogos chamavam de um ódio "instintivo" aos livros e às flores. Reflexos inalteravelmente condicionados. Ficarão protegidas contra os livros e a botânica por toda a vida. — O Diretor voltou-se para as enfermeiras. — Podem levá-las.

Sempre gritando, os bebês de cáqui foram colocados nos seus carrinhos e levados para fora da sala, deixando atrás de si um cheiro de leite azedo e um agradabilíssimo silêncio.

Um dos estudantes levantou a mão.

Embora compreendesse perfeitamente que não se podia permitir que pessoas de casta inferior desperdiçassem o tempo da Comunidade com livros e que havia sempre o perigo de lerem coisas que provocassem o indesejável descondicionamento de algum dos seus reflexos... enfim, ele não conseguia entender o referente às flores. Por que se dar ao trabalho de tornar psicologicamente impossível aos Deltas o amor às flores?

[...]

As flores do campo e as paisagens, advertiu [o Diretor], têm um grande defeito: são gratuitas. O amor à natureza não estimula a atividade de nenhuma fábrica. Decidiu-se que era preciso aboli-lo, pelo menos nas classes baixas [...].

Aldous Huxley. *Admirável mundo novo*. 2. ed. São Paulo: Globo, 2001. p. 51-55.

O AUTOR QUE UNIU CRÍTICA SOCIAL E CIÊNCIA

Jornalista, crítico literário e teatral, Aldous Leonard Huxley nasceu em 1894, época distante do futuro descrito por ele. Aos 22 anos, iniciou a carreira literária com um livro de poemas e, ainda que a ficção científica não tenha sido tema recorrente em suas obras, a crítica à sociedade sempre esteve presente. Por volta de 1930, estabeleceu-se na França, onde escreveu sua obra mais conhecida, *Admirável mundo novo*, com a qual ganhou fama internacional.

◀ O autor Aldous Huxley em foto de 1925.

TEXTO EM ESTUDO

PARA ENTENDER O TEXTO

1. A hipótese que você formulou sobre o texto se confirmou?

2. Conforme o texto, por que os bebês são levados à sala de condicionamento?

3. Releia os trechos a seguir.

> I. — Coloquem os livros — disse ele, secamente.
>
> Em silêncio, elas obedeceram à ordem. Entre os vasos de rosas, os livros foram devidamente dispostos — uma fileira de livros infantis pequenos, cada um aberto, de modo convidativo, em alguma gravura agradavelmente colorida, de animal, peixe ou pássaro.
>
> II. — Ponham as crianças no chão.
>
> Os bebês foram descarregados.

a) Quais verbos foram usados para indicar ações relacionadas aos livros e ações relacionadas aos bebês?

b) Que oposição a escolha dessas palavras revela?

c) Segundo o texto, qual é a explicação para o tratamento dado aos bebês?

d) Podemos classificar o narrador como personagem, onisciente ou observador?

e) O narrador do texto apresenta diretamente sua opinião sobre os eventos? Explique.

f) A maneira como a cena é narrada auxilia o leitor a nutrir sentimentos, como afeto, raiva, esperança, indignação, etc., em relação ao que é contado?

4. Releia o trecho a seguir e observe as palavras destacadas.

> — Observem bem. — E, levantando a mão, deu o sinal.
>
> A Enfermeira-Chefe, que se encontrava junto a um quadro de ligações na outra extremidade da sala, baixou uma pequena alavanca.
>
> Houve uma **explosão** violenta. Aguda, cada vez mais aguda, uma **sirene** apitou. **Campainhas** de alarme tilintaram, enlouquecedoras.

a) Qual é a classe gramatical das palavras destacadas?

b) Quais palavras indicam características das expressões em destaque? Qual é a classe gramatical delas?

c) Sem o acompanhamento das palavras identificadas no item *b*, as palavras que estão destacadas causariam o mesmo efeito no texto?

ANOTE AÍ!

A escolha das palavras em um texto narrativo não ocorre de forma gratuita; ao contrário, qualquer fato ou personagem descrito exige **seleção lexical**, com o objetivo de **criar efeitos de sentido** capazes de impactar o leitor. Por isso, mesmo que o narrador não exprima suas opiniões enquanto nos apresenta uma história, as palavras e expressões empregadas por ele ou por outras vozes do texto são repletas de **significação**.

5. Em relação ao condicionamento feito com os bebês, responda:

a) Que perigo a leitura de livros feita pelos Deltas poderia causar à comunidade?

b) Em sua opinião, para quem não seria desejável o descondicionamento de alguns reflexos dos Deltas?

65

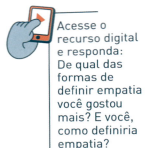

Acesse o recurso digital e responda: De qual das formas de definir empatia você gostou mais? E você, como definiria empatia?

6. **SABER SER** De acordo com o *Dicionário Houaiss*, o termo *empatia* pode ser definido como "capacidade de se identificar com outra pessoa, de sentir o que ela sente, de querer o que ela quer, de apreender do modo como ela apreende etc.; processo de identificação em que o indivíduo se coloca no lugar do outro e, com base em suas próprias suposições ou impressões, tenta compreender o comportamento do outro" (*Dicionário eletrônico Houaiss da língua portuguesa*. Rio de Janeiro: Objetiva, 2009). Com base nisso, responda às questões.

   a) No texto *Admirável mundo novo*, você diria que os estudantes sentiram empatia pelos bebês? Por quê?

   b) Você já esteve em uma situação na qual sentiu empatia por outra pessoa? Como você reagiu?

   c) Você diria que nossa sociedade, atualmente, está mais próxima desse respeito ao outro ou mais distante? Justifique.

O CONTEXTO DE PRODUÇÃO

7. A época escolhida por Aldous Huxley para a narrativa de *Admirável mundo novo* é o ano 600 d.F. (depois de Ford). Leia a seguir algumas informações sobre Henry Ford e seu sistema de produção.

   > O fordismo é um sistema de produção industrial baseado na fabricação em larga escala, na especialização do trabalho e na linha de montagem. Sua denominação mais adequada é taylorismo-fordismo, já que foi criado em 1913 pelo industrial norte-americano Henry Ford (1863-1947) com base nas ideias do engenheiro norte-americano Frederick W. Taylor (1856-1915). O modelo foi inicialmente utilizado na indústria automobilística e trouxe redução de tempo e de custo em relação ao sistema anterior, que era quase artesanal.

   Beatriz Santomauro; Caroline Ferreira. O que foi o fordismo e o que ele representou para o Brasil? *Nova Escola*, 1º out. 2012. Disponível em: https://novaescola.org.br/conteudo/2155/o-que-foi-o-fordismo-e-o-que-ele-representou-para-o-brasil. Acesso em: 2 abr. 2023.

   a) O emprego de d.F. (depois de Ford) remete a qual outra demarcação temporal?

   b) De acordo com a relação estabelecida na questão anterior, por que na história de *Admirável mundo novo* d.F. é o marco histórico que representa a linha divisória no tempo?

   c) No universo criado por Huxley, o fato de Ford ter sido um revolucionário a ponto de dar início a uma nova era permite deduzir valores que a sociedade desse tempo considerava importantes. Retome o texto e cite alguns exemplos presente nele.

PARA EXPLORAR

Tempos modernos. Direção: Charlie Chaplin. EUA, 1936 (83 min).

Nesse filme, a vida urbana nos Estados Unidos por volta de 1930 é retratada demonstrando os modos de produção industrial, que contavam com uma linha de montagem baseada na divisão do trabalho e na especialização dos operários. Um deles é Carlitos, que trabalha em uma linha de montagem e exerce a função de apertar parafusos. Por conta da repetição excessiva, Carlitos perde a noção de realidade e de espaço e começa a fazer o movimento de apertar parafusos em todos os lugares pelos quais passa.

8. Em 1936, quatro anos após o lançamento de *Admirável mundo novo*, Charlie Chaplin lançou o filme *Tempos modernos*, no qual também refletia sobre os modelos de produção taylorista e fordista. Leia, no boxe *Para explorar*, informações sobre o filme e observe a imagem. Em duplas, discutam de que maneira a personagem Carlitos pode ser relacionada aos humanos da casta Delta.

▲ Cena do filme *Tempos modernos*, dirigido por Charlie Chaplin.

66

A LINGUAGEM DO TEXTO

9. Releia o trecho a seguir.

> O Diretor abriu uma porta. Entraram num vasto cômodo nu, muito claro e ensolarado, pois toda a parede do lado sul era constituída por uma única janela. Meia dúzia de enfermeiras, com as calças e jaquetas do uniforme regulamentar de linho branco de viscose, os cabelos assepticamente cobertos por toucas brancas, estavam ocupadas em dispor vasos com rosas sobre o assoalho, numa longa fila, de uma extremidade à outra do cômodo. Grandes vasos, apinhados de flores.
>
> Milhares de pétalas, amplamente desabrochadas e de uma sedosa maciez, semelhantes às faces de inumeráveis pequenos querubins [...].
>
> As enfermeiras perfilaram-se ao entrar o D.I.C.

a) Nesse trecho é feita uma comparação. O que está sendo comparado?

b) Atente para a descrição das enfermeiras. Qual oposição é possível perceber entre a maneira de descrevê-las e a forma como as flores são descritas?

c) Na atividade **3**, foi destacada uma oposição entre os livros e os bebês. Essa oposição se repete no caso das flores e das enfermeiras? Justifique.

COMPARAÇÃO ENTRE OS TEXTOS

10. Releia, a seguir, trechos dos dois principais textos estudados nesta unidade.

> I. [...] O D.I.C. e seus alunos entraram no elevador mais próximo e foram levados ao quinto andar.
>
> Berçários. Salas de Condicionamento Neopavloviano, indicava o painel de avisos.
>
> O Diretor abriu uma porta. Entraram num vasto cômodo nu, muito claro e ensolarado, pois toda a parede do lado sul era constituída por uma única janela. Meia dúzia de enfermeiras, com as calças e jaquetas do uniforme regulamentar de linho branco de viscose, os cabelos assepticamente cobertos por toucas brancas, estavam ocupadas em dispor vasos com rosas sobre o assoalho, numa longa fila, de uma extremidade à outra do cômodo.
>
> II. Um deles se moveu por conta dos impulsos elétricos e encontrou uma superfície sólida sob mim. Aquilo correspondia a um dos estados da matéria, sendo que esta era encontrada na natureza também nas formas líquida e gasosa. Eu sabia de algumas coisas: o nome disso era programação básica, e todos os outros da linha BR-1898 tinham o mesmo conhecimento. Era a conexão que eu compartilhava com meus iguais.

a) A que ambiente o trecho I nos remete?

b) Que palavras ou expressões permitem essa conclusão?

c) No trecho II, existem palavras que, assim como no trecho I, estão relacionadas ao universo científico. Quais são elas?

> **ANOTE AÍ!**
>
> Nos romances de ficção científica, o **enredo** desenrola-se em um mundo onde a ciência se desenvolve segundo a **imaginação** do autor, acentuando-se algum conhecimento científico já existente, como é possível perceber na criação da palavra *Neopavloviano*, no livro *Admirável mundo novo*. Nessa obra, o futurismo não é marcado pela existência de equipamentos sofisticados, mas pela prática de uma engenharia voltada para a moldagem física e psicológica dos humanos, cuja livre vontade é anulada por um processo metódico.

LÍNGUA EM ESTUDO

ADJUNTO ADNOMINAL

1. Releia este trecho do texto *Admirável mundo novo*.

   > Agitou de novo a mão, e a Enfermeira-Chefe baixou uma segunda alavanca. Os gritos das crianças mudaram subitamente de tom. Havia algo de desesperado, de quase demente, nos urros agudos e espasmódicos que elas então soltaram.

   - Observe a primeira frase do trecho e, sem retomar o texto inteiro, responda: A Enfermeira-Chefe havia baixado outra alavanca anteriormente? Que palavra possibilitou que você chegasse a essa conclusão?

2. Agora, releia o trecho que descreve a Sala de Condicionamento Neopavloviano.

   > O Diretor abriu uma porta. Entraram num vasto cômodo nu, muito claro e ensolarado, pois toda a parede do lado sul era constituída por uma única janela.

   a) Qual é sua impressão em relação ao cômodo descrito?
   b) Que palavras passam essa impressão? Qual é a classe gramatical delas?

   ANOTE AÍ!

   No trecho da atividade 2, os adjetivos *vasto*, *nu*, *claro* e *ensolarado*, assim como o artigo *um* (que compõe a palavra *num*), especificam o substantivo *cômodo*. As palavras que, em uma oração, exercem a função de delimitar ou especificar o sentido de um substantivo são chamadas sintaticamente de **adjuntos adnominais**.

3. Leia, agora, este outro trecho.

   > Enquanto [os bebês] se aproximavam, o sol ressurgiu de um eclipse **momentâneo** atrás de uma nuvem.

   a) Qual é a classe gramatical da palavra destacada e que informação ela apresenta sobre o eclipse do Sol?
   b) O que provocou esse eclipse?
   c) A palavra *uma* pertence a que classe gramatical?
   d) Que função sintática *momentâneo* e *uma* exercem na frase?

   Veja, a seguir, outros exemplos de adjuntos adnominais.

   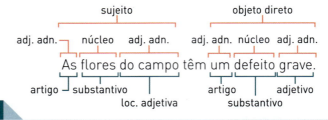

   ANOTE AÍ!

   O **adjunto adnominal** caracteriza, especifica ou delimita o sentido de um **substantivo**. Esse substantivo pode apresentar **várias funções sintáticas**: núcleo do sujeito, do complemento ou de um adjunto adverbial. As classes gramaticais que podem assumir a função de adjunto adnominal são: **artigos**, **adjetivos**, **locuções adjetivas**, **pronomes** e **numerais**.

> **RELACIONANDO**
>
> Os adjuntos adnominais são importantes ferramentas nos textos, pois, como auxiliares na construção de efeitos de sentido, tornam-se responsáveis por enriquecer a caracterização dos substantivos. Releia o trecho de *Admirável mundo novo* reproduzido no início do capítulo e encontre alguns adjuntos adnominais importantes para o enriquecimento da narrativa.

ATIVIDADES

Acompanhamento da aprendizagem

Retomar e compreender

1. Leia o trecho a seguir, retirado de uma matéria sobre a experiência da antropóloga Tanya Luhrmann com o sobrenatural.

> "Estava lendo um livro escrito por um homem que os membros do grupo consideram um 'adepto', alguém com conhecimento e domínio profundo dos **ritos** mágicos. Quando tentava entender como essa pessoa se imagina sendo veículo desses **poderes** especiais, comecei a sentir algo estranho pulsando nas minhas **veias**, uma espécie de poder que emanava do meu corpo. Senti isso de verdade, visceralmente, e não apenas na minha imaginação. Comecei a sentir calor. Estava completamente desperta, mais alerta do que sou em geral. Tive a sensação de estar intensamente viva. Essa sensação de poder ocupou meu corpo, viajando através dele como água fluindo num rio. [...]"

Marcelo Gleiser. A Ciência diante do sobrenatural. *Folha de S.Paulo*, São Paulo, 26 fev. 2017. Disponível em: http://www1.folha.uol.com.br/ilustrissima/2017/02/1861723-a-ciencia-diante-do-sobrenatural.shtml. Acesso em: 2 abr. 2023.

a) Qual é a função da palavra *mágicos* em relação ao substantivo *ritos*?

b) Por que a palavra *mágicos* é importante para o significado expresso?

c) A que classe gramatical pertence a palavra *mágicos* e qual é a função sintática que ela exerce na frase?

d) Identifique e classifique os adjuntos adnominais que determinam o substantivo *veias*.

e) Identifique e classifique os adjuntos adnominais que determinam o substantivo *poderes*.

f) Copie o quadro no caderno e complete-o com os adjuntos adnominais encontrados no texto, classificando-os de acordo com a classe gramatical a que pertencem.

Adjuntos adnominais	
Adjetivos	
Locuções adjetivas	
Pronomes	
Artigos definidos	
Artigos indefinidos	

Aplicar

2. Leia as orações.

> A **pesquisadora** leu **livro** sobre **ritos**.

> A **antropóloga** contou a **experiência**.

a) Reescreva no caderno as orações, acrescentando um adjunto adnominal para cada substantivo em destaque.

b) Agora, explique como cada um desses adjuntos adnominais que você usou contribuiu para ampliar o significado de cada oração.

69

A LÍNGUA NA REAL

OS ADJUNTOS ADNOMINAIS E A EXPRESSIVIDADE

1. Leia este trecho do conto "Os dragões", do escritor Murilo Rubião.

Os dragões

Os primeiros dragões que apareceram na cidade muito sofreram com o atraso dos nossos costumes. Receberam precários ensinamentos e a sua formação moral ficou irremediavelmente comprometida pelas absurdas discussões surgidas com a chegada deles ao lugar.

Poucos souberam compreendê-los e a ignorância geral fez com que, antes de iniciada a sua educação, nos perdêssemos em contraditórias suposições sobre o país e raça a que poderiam pertencer.

A controvérsia inicial foi desencadeada pelo vigário. Convencido de que eles, apesar da aparência dócil e meiga, não passavam de enviados do demônio, não me permitiu educá-los. Ordenou que fossem encerrados numa casa velha, previamente exorcismada, onde ninguém poderia penetrar. Ao se arrepender de seu erro, a polêmica já se alastrara e o velho gramático negava-lhes a qualidade de dragões, "coisa asiática, de importação europeia". Um leitor de jornais, com vagas ideias científicas e um curso ginasial feito pelo meio, falava em monstros antediluvianos. O povo benzia-se, mencionando mulas sem cabeça, lobisomens.

Murilo Rubião. Os dragões. Em: *Obras completas*. São Paulo: Companhia das Letras, 2010. *E-book*.

a) No caderno, relacione as duas colunas, associando os substantivos, à esquerda, a seus respectivos adjuntos adnominais, à direita.

1. ensinamentos
2. formação
3. discussões
4. ignorância
5. suposições
6. controvérsia
7. aparência
8. casa
9. gramático
10. coisa
11. importação
12. ideias
13. curso
14. monstros

A. ginasial
B. absurdas
C. velho
D. asiática
E. europeia
F. contraditórias
G. precários
H. vagas e científicas
I. antediluvianos
J. inicial
K. geral
L. velha
M. moral
N. dócil e meiga

b) Agora, responda: A que classe gramatical pertencem todos os adjuntos adnominais elencados no item anterior?

c) Reescreva no caderno todo o trecho do conto "Os dragões", retirando os adjuntos adnominais elencados no item *b*.

d) Releia o trecho reescrito e comente o papel dos adjuntos adnominais suprimidos na caracterização da história narrada.

e) Ao ler o trecho reescrito, é possível entendê-lo? Comente.

f) Alguns adjuntos adnominais parecem mais necessários que outros? Justifique sua resposta com exemplos do texto.

2. Releia o primeiro parágrafo de "Os dragões" e responda às questões.
   a) Quais palavras se referem ao substantivo *discussões*?
   b) A que classes gramaticais elas pertencem?
   c) Qual é o papel dessas palavras na significação do substantivo *discussões*?
   d) Como o adjetivo *absurdas* revela um posicionamento do narrador em relação às discussões a que ele se refere?

3. Leia um trecho da resenha do filme *Peixe grande e suas histórias maravilhosas*.

   > Burton tem, nesse contexto, espaço ilimitado para exercitar a sua imaginação visual. E o diretor continua um esteta excepcional, tanto nos habituais momentos sombrios quanto nos mais coloridos. *Peixe grande* é, enfim, um filme simples e bonito, que valoriza o escapismo saudável num mundo de cores sem graça. [...]
   > Inspirador, sem dúvida. Quem busca apenas um pouco de diversão pode parar por aqui, pois, com a sua pequena fábula, Burton supera, de longe, o lixo hollywoodiano. No entanto, isso não significa que o filme seja imune a críticas.
   >
   > Marcelo Hessel. *Peixe grande* – Crítica. *Omelete*, 19 fev. 2004. Disponível em: https://omelete.uol.com.br/filmes/criticas/peixe-grande/?key=22854. Acesso em: 2 abr. 2023.

   ▲ Cartaz do filme *Peixe grande e suas histórias maravilhosas* (2004), com direção de Tim Burton.

   a) Qual é a opinião do autor da resenha sobre o filme? Justifique.
   b) Identifique no texto dois adjuntos adnominais que ajudam a caracterizar o filme, expressando a opinião do autor.
   c) O autor compara o filme *Peixe grande* a outros filmes de Hollywood. Qual expressão ele utiliza para se referir a esses filmes? Explique o papel dos adjuntos adnominais na caracterização deles.

4. Agora leia outro trecho da mesma resenha.

   > O próprio fiasco de *Planeta dos macacos* faz lembrar que o diretor já teve dias melhores, principalmente do ponto de vista narrativo. E *Peixe grande* sofre desses males recorrentes: narrativa previsível, redundância e didatismo exacerbados.

   - Compare os dois trechos da resenha e identifique expressões em que adjuntos adnominais ajudam a caracterizar as críticas que o autor faz ao filme.

5. Leia este trecho sobre a obra *Cem anos de solidão*, de Gabriel García Márquez.

   > A obra de que falo é considerada a mais importante escrita em língua hispânica depois de *Dom Quixote*, do espanhol Miguel de Cervantes. Falo de *Cem anos de solidão*, um sucesso absoluto com mais de 50 milhões de exemplares vendidos. Um clássico da literatura mundial. É dela que falaremos a seguir, depois de apresentar o autor — se é que ele ainda precise de apresentação.
   >
   > Salatiel Soares Correia. *Cem anos de solidão*, o livro que criou uma geração de leitores. Revista *Bula*. Disponível em: http://www.revistabula.com/671-cem-anos-de-solidao-o-livro-que-criou-uma-geracao-de-leitores/. Acesso em: 2 abr. 2023.

   - Com base na caracterização feita do escritor e da obra, mostre como a opinião do autor do texto se evidencia por meio dos adjuntos adnominais.

> **ANOTE AÍ!**
>
> Adjuntos adnominais contribuem para a **descrição** de cenas, personagens e lugares nos textos, pois ajudam na **caracterização** desses elementos, incluindo detalhes que podem ser **acessórios** ou mesmo **decisivos** para a interpretação do texto. Além de especificar as características de um substantivo, os adjuntos adnominais podem indicar **opiniões**.

ESCRITA EM PAUTA

HOMÔNIMOS

1. Leia as tiras a seguir.

Fernando Gonsales. Patos nado sincronizado. *Folha de S.Paulo*, 2001.

Fernando Gonsales. Benedito Cujo – Vestibulando/pernas de aranha. *Folha de S.Paulo*, 1985.

a) Em que consiste o humor da primeira tira? E o da segunda?
b) Que palavra empregada na primeira tira é encontrada também na segunda?
c) Essas palavras têm o mesmo significado nas duas tiras? Explique.

ANOTE AÍ!

As palavras que têm pronúncia ou grafia iguais, mas que têm significados diferentes, são chamadas de palavras **homônimas**.

2. Observe, a seguir, a mesma palavra empregada em contextos diferentes.

I. Eu **gosto** de ler contos fantásticos.

II. O **gosto** pela leitura sempre me acompanhou.

a) Qual é a diferença entre as duas palavras destacadas nas frases?
b) Qual é a relação morfológica entre elas?

3. Procure no dicionário e transcreva no caderno a definição das palavras *sessão* e *seção*. Em seguida, produza uma frase com cada uma delas.

sessão	seção

72

4. Observe a tira.

Alexandre Beck. Vendo pôr do sol. *Armandinho Três*. Florianópolis, 2014. p. 45.

a) Que sentido Armandinho atribuiu à palavra *vendo* em sua placa?
b) Como seu interlocutor interpretou a placa?
c) A que se pode atribuir o mal-entendido na comunicação?

TIPOS DE HOMÔNIMOS

Homônimos homófonos são palavras que se escrevem de forma diferente, mas se pronunciam da mesma maneira.

Exemplos:
sessão/seção; *conserto/concerto*; *cela/sela*; *assento/acento*.

Homônimos homógrafos são palavras que se escrevem da mesma forma, mas se pronunciam de maneira diferente.

Exemplos:
gosto (verbo *gostar*)/*gosto* (substantivo);
colher (verbo)/*colher* (substantivo);
olho (verbo *olhar*)/*olho* (substantivo).

Homônimos perfeitos são palavras que têm grafia e pronúncia iguais.

Exemplos:
leve (verbo *levar*)/*leve* (adjetivo);
cedo (verbo *ceder*)/*cedo* (advérbio de tempo);
vendo (verbo *vender*)/*vendo* (verbo *ver*).

Acesse o recurso digital e escolha um exemplo de cada tipo de homônimo e crie frases empregando-os. Depois, reflita e busque outros termos que também sejam homônimos.

■ ETC. E TAL

Adjetivo ou advérbio? Predicativo ou adjunto adverbial de modo?

Todas as línguas são bastante flexíveis em relação a sua capacidade de expressar significados. Isso também vale, portanto, para a língua portuguesa. Observe as orações a seguir.

O asteroide passou **acelerado** pela órbita da Terra.

O asteroide passou **aceleradamente** pela órbita da Terra.

Na primeira oração, o adjetivo *acelerado* caracteriza o substantivo *asteroide*. A função sintática exercida pelo adjetivo é a de predicativo do sujeito, pois ele qualifica o sujeito da oração. Na segunda oração, o advérbio de modo *aceleradamente* caracteriza o verbo *passou*. A função sintática exercida por esse advérbio é de adjunto adverbial de modo. Muitos advérbios de modo, assim, podem ser criados a partir da combinação de um adjetivo com o sufixo *-mente*. Observe:

fiel – fiel*mente*   lindo – linda*mente*   lento – lenta*mente*

Quando precisar criar adjuntos adverbiais de modo para caracterizar ações ou estados expressos em seu texto, pense em adjetivos e forme advérbios a partir deles.

73

AGORA É COM VOCÊ!

ESCRITA DE CONTO DE FICÇÃO CIENTÍFICA (PARTE 2)

A proposta desta seção é continuar a produção coletiva do conto de ficção científica sobre viagem no tempo começada no capítulo anterior. Agora que vocês leram dois textos de ficção científica e analisaram os elementos estruturais e os recursos expressivos deles, procurem utilizar nessa produção os conhecimentos adquiridos na unidade. Alguns aspectos já foram decididos:

- A teoria científica que servirá de base para a história.
- As personagens do conto.
- O destino da viagem: passado ou futuro.
- O espaço no qual a história se desenvolverá.
- O conflito presente no conto.
- Um possível desfecho para a história.
- O tipo de narrador: personagem, onisciente ou observador.

Agora é o momento de rever os últimos elementos e escrever o texto.

Planejamento e elaboração do texto

1 Aproveitem esse recomeço para reunir o grupo e discutir as decisões tomadas sobre o enredo, bem como para rever os combinados a respeito da escrita coletiva. Lembrem-se de que não há problema em fazer mudanças nesse momento. Ao contrário, é importante aproveitar a oportunidade para aprimorar a produção e ter certeza de que as decisões foram tomadas em conjunto.

2 Organizem, em uma sequência narrativa, os elementos que imaginaram, respeitando a estrutura típica do conto: situação inicial, conflito, desenvolvimento, clímax e desfecho. Durante essa organização, é natural que alguns elementos sejam revistos. Os itens a seguir podem auxiliá-los nessa tarefa.

- **Situação inicial:** O que está acontecendo no início da história, quando tudo está aparentemente normal?
- **Conflito:** O que acontece de inesperado?
- **Desenvolvimento:** Que problema essa situação traz? Como a personagem principal reage? Quais são os sentimentos dela? O que é feito em seguida?
- **Clímax:** Como é resolvido o problema? Como a ciência pode auxiliar nessa resolução?
- **Desfecho:** Como a personagem principal se sente em relação à situação que ocorreu? Como essa situação a transforma?

3 A cada modificação no documento coletivo *on-line*, procurem salvar uma cópia. Além de organizar o processo, isso permitirá que versões anteriores do conto sejam retomadas, se necessário.

4 Durante a produção do conto, além de levar em consideração a estrutura do gênero, não deixem de atentar para os recursos expressivos da ficção científica, os quais garantem a construção da verossimilhança nesses textos. Listem os elementos que vão tornar o conto de vocês verossímil, para que o leitor não o considere ilógico, lembrando que os fatos narrados devem, de alguma forma, estabelecer relação com experiências possíveis na ciência atual. Para isso, retomem a análise realizada na seção *Texto em estudo* do capítulo 1.

5 Conversem sobre o efeito que o conto de vocês pretende gerar no momento da leitura e tenham em mente que a escolha lexical é muito importante para atingir o efeito pretendido.

LINGUAGEM DO SEU TEXTO

1. Tanto em *Engrenagens* quanto em *Admirável mundo novo*, diversas expressões científicas foram escolhidas para ambientar o leitor no futuro projetado pelos autores. Algumas delas chegaram a ser criadas para a história. Cite algumas palavras e expressões científicas desses textos.

2. Em *Admirável mundo novo*, grande parte do impacto causado no leitor durante o desenvolvimento da narrativa deve-se à perspicaz escolha dos significados veiculados por adjuntos adnominais, que passam a desempenhar função importante na criação de efeitos de sentido do texto. Qual momento dessa narrativa mais surpreendeu vocês? Ao retomá-lo, vocês conseguem identificar as palavras responsáveis pelos efeitos de sentido do trecho?

Agora, ao escrever o conto, definam de que maneira pretendem impactar o leitor e prestem atenção à escolha das palavras.

Avaliação e reescrita do texto

1 Releiam o texto que vocês escreveram e verifiquem se são necessários ajustes ortográficos ou de pontuação. O ideal é que cada membro do grupo faça uma leitura individual do texto.

2 Avaliem o texto produzido com base nas questões a seguir. Acrescentem uma breve justificativa para cada uma.

ELEMENTOS DO CONTO DE FICÇÃO CIENTÍFICA
O texto apresenta os elementos principais de um conto?
O leitor perceberá que se trata de um conto de ficção científica? A ambientação, as personagens e os elementos textuais permitem que o leitor identifique o gênero?
A viagem no tempo é devidamente baseada em pesquisas científicas?
O tempo em que se passa a história está caracterizado de modo que o leitor possa identificá-lo?
Vocês consideram que o texto é verossímil? Há alguma situação/sequência em que a verossimilhança ficou comprometida?

3 Depois da avaliação, façam ajustes ou reescrevam o que for preciso. Quando finalizarem essa etapa, mostrem o texto ao professor para que ele também faça uma leitura e dê sugestões.

Circulação

1 Agora, definam com o professor um dia para fazerem uma roda de leitura dos contos produzidos.

2 Antes da apresentação, ensaiem a leitura oralizada do conto.

3 Na data marcada, organizem o espaço escolhido para a roda de leitura. Durante a apresentação, procurem seguir o que planejaram no ensaio.

4 Ao final, os textos da turma poderão ser expostos em um painel, que deve ser afixado em um local de grande circulação de pessoas ou na biblioteca da escola.

ATIVIDADES INTEGRADAS

Leia, a seguir, um trecho de um conto inspirado na série *Doctor Who*, que narra as aventuras de um alienígena humanoide, o Doutor. Em sua nave em formato de cabine policial londrina, a Tardis, ele se desloca no tempo e no espaço. No trecho, há um diálogo entre o Doutor e seu companheiro Jamie. Leia-o e responda às questões.

O segundo doutor: a cidade sem nome

[...]

— Parece que estamos viajando há dias — resmungou Jamie.

— Oito horas na contagem de tempo humana — respondeu o Doutor, sem desviar o olhar de um pequeno globo que parecia uma lâmpada aumentada, enquanto cuidadosamente enrolava dois fios, um dourado e outro prateado, em sua base.

— Achei que a TARDIS pudesse se locomover instantaneamente para qualquer lugar do tempo ou espaço.

— Ela pode, e normalmente consegue.

— Então por que está demorando tanto?

— Em todo o nosso tempo juntos, nunca viajamos para tão longe. — O globo brilhou, apagou e acendeu. — Ah, funcionou! Você sabia que eu sou um gênio?

— É o que você vive me dizendo. — O globo emitia uma pálida luz azul. O Doutor o encarava intensamente, girando-o devagar entre os dedos. — Consegui conectar isso aqui aos sensores tempoespaciais do exterior. Agora, vejamos...

O globo se tornou negro por um momento e então ficou repleto de pontos prateados. Uma faixa de névoa branca apareceu ao longo do centro.

O Doutor arquejou, aterrorizado:

— Ah, pela madrugada! Porcaria!

— O que foi? O que você está vendo? — perguntou Jamie, tentando enxergar a imagem.

— Isto! *Isto aqui!* — O Doutor apontou para o globo.

Jamie observou, dando de ombros.

— Os pontos são estrelas — explicou o Doutor, exasperado.

— E a linha branca cortando o meio... — complementou Jamie, mas prontamente ele percebeu a resposta da sua pergunta. — É a Via Láctea.

— Sim.

— Ela parece bem distante.

— Parece porque está.

Enquanto falavam, a nuvem alongada da distante Via Láctea se esmaecia até desaparecer na escuridão do espaço. Então, uma a uma, as estrelas foram se apagando até que nada restou além da completa escuridão.

— Parou de funcionar? — perguntou Jamie.

— Não — respondeu o Doutor em um tom sombrio. — Ainda está funcionando.

— Mas o que aconteceu com as estrelas?

— Elas se foram. Estamos seguindo rumo ao limite do espaço.

A nave de *Doctor Who*, em formato de cabine policial.

Michael Scott. O segundo doutor: a cidade sem nome. Em: *Doctor Who*: 12 doutores, 12 histórias. Tradução: Bruno Correia. Rio de Janeiro: Rocco, 2014. *E-book*.

Acompanhamento da aprendizagem

Analisar e verificar

1. Com base no texto lido, responda às questões.
   a) A que gênero literário pertence essa história?
   b) Quais elementos da narrativa justificam sua resposta ao item *a*?
   c) Onde a história se passa? Quais são as referências espaciais fornecidas que justificam essa resposta?
   d) Qual é a função do globo citado na história?

2. A personagem Jamie acreditava que as viagens com a Tardis eram instantâneas. Qual é a explicação do Doutor para a demora da viagem? A explicação dada ajuda a construir a verossimilhança do texto?

3. Quais elementos nesse trecho têm apoio em pesquisas científicas? Quais são meros produtos imaginários, livres criações do autor?

4. No trecho apresentado a seguir, identifique e classifique morfologicamente os adjuntos adnominais que se referem aos substantivos destacados. Explique a importância deles na caracterização do objeto descrito.

   — Oito horas na contagem de tempo humana — respondeu o Doutor, sem desviar o olhar de um pequeno **globo** que parecia uma **lâmpada** aumentada, enquanto cuidadosamente enrolava dois **fios**, um dourado e outro prateado, em sua base.

▲ Capa do livro *Doctor Who: 12 doutores, 12 histórias* (2014).

5. No meio do trecho da atividade **4**, há um adjunto adverbial. Identifique-o, classifique-o e explique sua função no texto.

6. Releia o conto e localize outros adjuntos adverbiais terminados em *-mente*. Em seguida, classifique-os.

7. O conto lido faz parte do livro *Doctor Who: 12 doutores, 12 histórias*. Nele, cada conto é nomeado como "O primeiro doutor", "O segundo doutor", "O terceiro doutor", e assim por diante, seguido do nome que o autor deu ao texto. Em relação a isso, responda:
   a) Qual palavra do título do conto lido tem um homônimo perfeito?
   b) No título, a que classe gramatical essa palavra pertence?
   c) Crie uma frase empregando tal palavra com outro sentido.
   d) Qual é a classe gramatical dessa palavra na frase criada por você?

8. Releia este trecho:

   — Parece que estamos viajando há dias — resmungou Jamie.
   — Oito horas na contagem de tempo humana — respondeu o Doutor [...].

   - O que a resposta do Doutor revela em relação à vida dos humanos e à dos alienígenas?

Criar

9. Agora é hora de imaginar um desfecho para o conto lido. O Doutor e seu parceiro chegam ao limite do espaço? E o que acontece depois? Redija no caderno sua versão para o final dessa história. Não se esqueça de construir a verossimilhança e de fazer uso de elementos da ciência.

77

CIDADANIA GLOBAL
UNIDADE 2

9 INDÚSTRIA, INOVAÇÃO E INFRAESTRUTURA

Retomando o tema

Nesta unidade, você e seus colegas discutiram sobre inovações tecnológicas, reconhecendo a importância de usá-las de modo ético. Elas estão cada vez mais presentes no cotidiano, causando transformações nos hábitos e no modo como nos relacionamos. Assim, não podemos ignorar a preocupação em promover inovações de acordo com princípios que colaborem para o bem-estar da humanidade e a sustentabilidade do planeta. Agora, converse com os colegas sobre esta questão:

- Que impactos negativos e positivos o desenvolvimento tecnológico pode trazer para as gerações futuras?

Geração da mudança

Leia as manchetes a seguir.

Robô-tartaruga ajuda a monitorar ecossistemas aquáticos

Joca, 28 out. 2022. Disponível em: https://www.jornaljoca.com.br/robo-tartaruga-ajuda-a-monitorar-ecossistemas-aquaticos/. Acesso em: 2 abr. 2023.

Prefeitura conta com drones para ações de segurança com videomonitoramento aéreo

Eduardo Santinon. *Agência Sorocaba de Notícias*, 11 out. 2022. Disponível em: https://noticias.sorocaba.sp.gov.br/prefeitura-conta-com-drones-para-acoes-de-videomonitoramento-aereo/. Acesso em: 2 abr. 2023.

Essas manchetes mostram inovações que buscam promover melhorias para o meio ambiente e a população. Em grupos, vocês vão criar uma inovação que também provoque impactos positivos na sociedade. Pensem em um serviço ou produto que vocês gostariam que existisse, mas que ainda não foi criado. Busquem informações sobre uma área de interesse do grupo. Depois, usem a criatividade!

- Em uma folha de papel, façam um rascunho do protótipo do que será criado, definindo seu *design*, seu nome e suas funcionalidades. Com o uso de materiais recicláveis ou que possam ser moldados e adaptados, confeccionem o protótipo.
- Apresentem para a turma a inovação criada e suas contribuições futuras.

Autoavaliação

DIÁRIO ÍNTIMO, DECLARAÇÃO E PETIÇÃO ON-LINE

UNIDADE 3

PRIMEIRAS IDEIAS

1. Você costuma registrar fatos, pensamentos e impressões sobre seu dia a dia? Se sim, onde você faz esses registros?
2. Em sua opinião, que tipo de informação poderia haver em um documento que apresentasse normas dirigidas à humanidade?
3. De que forma as pessoas podem fazer suas reivindicações a autoridades, órgãos públicos ou empresas?
4. Formule uma frase para explicar o conceito de predicado.
5. Crie duas orações, uma com a palavra *emigrante* e outra com *imigrante*. Em seguida, responda: Essas palavras têm o mesmo sentido?

Conhecimentos prévios

Nesta unidade, eu vou...

CAPÍTULO 1 — Um diário histórico

- Ler e compreender um diário íntimo, identificando suas características e reconhecendo-o como documento histórico.
- Discutir sobre a importância de atividades contemplativas e reflexivas para conhecer melhor o outro e se autoconhecer.
- Estabelecer relações entre o diário estudado e um mural.
- Identificar o predicativo do objeto em orações, diferenciando-o do predicativo do sujeito.
- Produzir um texto do gênero diário íntimo.

CAPÍTULO 2 — Em busca da igualdade

- Ler e compreender um texto normativo, reconhecendo suas características e sua importância.
- Fazer um levantamento de acordos internacionais que têm o Brasil como signatário e discutir a importância desses acordos.
- Identificar os tipos de predicado (nominal, verbal e verbo-nominal) em orações e diferenciar verbo de ligação de verbo significativo.
- Reconhecer e utilizar palavras parônimas.

CAPÍTULO 3 — De olho no espaço público

- Ler e compreender uma petição *on-line*, reconhecendo suas características e sua função social.
- Produzir um texto do gênero petição *on-line* para expor uma demanda coletiva.

CIDADANIA GLOBAL

- Buscar e analisar documentos que visam à construção e à manutenção do convívio social e discutir suas principais características.
- Produzir coletivamente um documento com normas e princípios para reger a boa convivência no espaço escolar.

LEITURA DA IMAGEM

1. Que espaço está retratado na fotografia? O que acontecia naquele local, no momento em que ela foi tirada?
2. Quem você acha que são as pessoas presentes no evento? O que elas parecem estar fazendo?
3. Um dos elementos presentes na parede do salão é o mapa do mundo contornado por ramos de oliveira, os quais simbolizam a paz. Para você, qual é a relação entre esse símbolo e a instituição que conduziu a assembleia fotografada?
4. Quais outros elementos compõem o fundo do salão? Qual é a relação entre esses elementos e o evento retratado na imagem?

CIDADANIA GLOBAL

17 PARCERIAS E MEIOS DE IMPLEMENTAÇÃO

A Organização das Nações Unidas (ONU) foi criada em 1945, época em que o mundo lidava com as consequências da Primeira e da Segunda Guerra Mundial. Desde então, ela busca promover a cooperação internacional e o bem-estar de todos os seres humanos, para assegurar a eles seus direitos fundamentais. Em 2015, a ONU propôs um conjunto de ações cooperativas para o desenvolvimento sustentável, composto de 17 Objetivos de Desenvolvimento Sustentável (ODS), dentre eles o intitulado "Parcerias e meios de implementação".

- Como o contexto representado na imagem, datada de 1948, dialoga com a proposta lançada pela ONU em 2015?

 Acesse o recurso digital para conhecer a história da ONU, sua estrutura e seu funcionamento. Em seguida, responda: Quantos órgãos compõem a instituição e quais são suas principais características? Discuta com os colegas a relação entre esses órgãos e o princípio geral da ONU, que é promover a paz e a segurança mundiais.

Abertura da terceira Assembleia Geral da ONU, realizada em setembro de 1948, no Palais de Chaillot, em Paris, França.

CAPÍTULO 1
UM DIÁRIO HISTÓRICO

O QUE VEM A SEGUIR

Os trechos que você vai ler a seguir são do livro *O diário de Anne Frank*. Lançado em 1947, o diário da jovem Anne Frank, vítima dos nazistas na Segunda Guerra Mundial, tornou-se um dos livros mais conhecidos e lidos no mundo. A parte inicial do diário traz relatos da vida de Anne em Amsterdã, na Holanda, semanas antes de ela e seus familiares se refugiarem em um sótão por mais de dois anos. Como você imagina a rotina de Anne antes dos trágicos acontecimentos?

TEXTO

O diário de Anne Frank

Domingo, 14 de junho de 1942

Vou começar a partir do momento em que ganhei você, quando o vi na mesa, no meio dos meus outros presentes de aniversário. (Eu estava junto quando você foi comprado, e com isso eu não contava.)

Na sexta-feira, 12 de junho, acordei às seis horas, o que não é de espantar; afinal, era meu aniversário. Mas não me deixam levantar a essa hora; por isso, tive de controlar minha curiosidade até quinze para as sete. Quando não dava mais para esperar, fui até a sala de jantar, onde Moortje (a gata) me deu as boas-vindas, esfregando-se em minhas pernas.

Pouco depois das sete horas, fui ver papai e mamãe e, depois, fui à sala abrir meus presentes, e *você* foi o primeiro que vi, talvez um dos meus melhores presentes. Depois, em cima da mesa, havia um buquê de rosas, algumas peônias e um vaso de planta. De papai e mamãe ganhei uma blusa azul, um jogo, uma garrafa de suco de uva, que, na minha cabeça, deve ter gosto parecido com o do vinho (afinal de contas, o vinho é feito de uvas), um quebra-cabeça, um pote de creme para o corpo, 2,50 florins e um vale para dois livros. Também ganhei outro livro, *Camera obscura* (mas Margot já tem, por isso troquei o meu por outro), um prato de biscoitos caseiros (feitos por mim, claro, já que me tornei especialista em biscoitos), montes de doces e uma torta de morangos, de mamãe. E uma carta da vó, que chegou na hora certa, mas, claro, isso foi só uma coincidência.

Depois, Hanneli veio me pegar, e fomos para a escola. Na hora do recreio, distribuí biscoitos para os meus colegas e professores e, logo depois, estava na hora de voltar aos estudos. Só cheguei em casa às cinco horas, pois fui à ginástica com o resto da turma. (Não me deixam participar, porque meus ombros e meus quadris tendem a se deslocar.) Como era meu aniversário, pude decidir o que meus colegas jogariam, e escolhi vôlei. Depois, todos fizeram uma roda em volta de mim, dançaram e cantaram "Parabéns pra você". [...]

▼ Trechos do diário de Anne Frank.

82

Sábado, 20 de junho de 1942

Fiquei alguns dias sem escrever porque queria, antes de tudo, pensar sobre meu diário. Ter um diário é uma experiência realmente estranha para uma pessoa como eu. Não somente porque nunca escrevi nada antes, mas também porque acho que mais tarde ninguém se interessará, nem mesmo eu, pelos pensamentos de uma garota de 13 anos. Bom, não faz mal. Tenho vontade de escrever e uma necessidade ainda maior de desabafar tudo o que está preso em meu peito.

"O papel tem mais paciência do que as pessoas." Pensei nesse ditado num daqueles dias em que me sentia meio deprimida e estava em casa, sentada, com o queixo apoiado nas mãos, chateada e inquieta, pensando se deveria ficar ou sair. No fim, fiquei onde estava, matutando. É, o papel *tem* mais paciência, e como não estou planejando deixar ninguém mais ler este caderno de capa dura que costumamos chamar de diário, a menos que algum dia encontre um verdadeiro amigo, isso provavelmente não vai fazer a menor diferença.

Agora voltei ao ponto que me levou a escrever um diário: não tenho um amigo.

Vou ser mais clara, já que ninguém acreditará que uma garota de 13 anos seja completamente sozinha no mundo. E não sou. Tenho pais amorosos e uma irmã de 16 anos, e há umas trinta pessoas que posso considerar amigas. [...] Tenho uma família, tias amorosas e uma casa boa. Não; aparentemente parece que eu tenho tudo, exceto um único amigo de verdade. Quando estou com amigas só penso em me divertir. Não consigo me obrigar a falar nada que não sejam bobagens do cotidiano. Parece que não conseguimos nos aproximar mais, e esse é o problema. Talvez seja minha culpa não confiarmos umas nas outras. De qualquer modo, é assim que as coisas são, e não devem mudar, o que é uma pena. Foi por isso que comecei o diário.

Para destacar em minha imaginação a imagem da amiga há muito tempo esperada, não quero anotar neste diário fatos banais do jeito que a maioria faz; quero que o diário seja minha amiga, e vou chamar essa amiga de *Kitty*.

Como ninguém entenderia uma palavra de minhas histórias contadas a Kitty se eu começasse a escrever sem mais nem menos, é melhor fazer um breve resumo de minha vida, por mais que seja contra a minha vontade.

Meu pai, o pai mais adorável que conheço, só se casou com minha mãe quando tinha 36 anos, e ela, 25. Minha irmã Margot nasceu em Frankfurt am Main, na Alemanha, em 1926. Eu nasci em 12 de junho de 1929. Morei em Frankfurt até completar 4 anos. Como éramos judeus, meu pai emigrou para a Holanda em 1933, quando se tornou diretor-administrativo da Dutch Opekta Company, que fabrica produtos para fazer geleia. Minha mãe, Edith Holländer Frank, juntou-se a ele na Holanda em setembro, e eu, em fevereiro, quando me puseram sobre a mesa como presente de aniversário para Margot. [...]

▼ Trechos do diário de Anne Frank.

Levávamos uma vida cheia de ansiedade, pois nossos parentes na Alemanha estavam sofrendo com as leis de Hitler contra os judeus. Depois dos pogroms de 1938, meus dois tios (irmãos de minha mãe) fugiram da Alemanha, refugiando-se na América do Norte. Minha avó idosa veio morar conosco. Na época estava com 73 anos.

Depois de maio de 1940, os bons momentos foram poucos e muito espaçados: primeiro veio a guerra, depois, a capitulação, em seguida, a chegada dos alemães, e foi então que começaram os sofrimentos dos judeus. Nossa liberdade foi gravemente restringida com uma série de decretos antissemitas: os judeus deveriam usar uma estrela amarela; os judeus eram proibidos de andar nos bondes; os judeus eram proibidos de andar de carro, mesmo em seus próprios carros; os judeus deveriam fazer suas compras entre três e cinco horas da tarde; os judeus só deveriam frequentar barbearias e salões de beleza de proprietários judeus; os judeus eram proibidos de sair às ruas entre oito da noite e seis da manhã; os judeus eram proibidos de frequentar teatros, cinemas ou ter qualquer outra forma de diversão; os judeus eram proibidos de ir a piscinas, quadras de tênis, campos de hóquei ou a qualquer outro campo esportivo; os judeus eram proibidos de ficar em seus jardins ou nos de amigos depois das oito da noite; os judeus eram proibidos de visitar casas de cristãos; os judeus deveriam frequentar escolas judias etc. Você não podia fazer isso nem aquilo, mas a vida continuava. Jacque sempre me dizia: "Eu não ouso fazer mais nada, porque tenho medo de ser algo proibido". [...]

antissemita: aquele que se opõe aos judeus.

capitulação: rendição, desistência.

esfalfar-se: cansar-se excessivamente.

pogroms: palavra russa que significa "causar estragos, destruir violentamente"; o termo refere-se aos violentos ataques físicos, sobretudo contra a comunidade judaica.

Quarta-feira, 24 de junho de 1942

Querida Kitty,

Faz um calor sufocante. Todo mundo anda bufando e se esfalfando, nesse calor eu tenho de andar para todo canto. Só agora percebo como é agradável um bonde, mas nós judeus não temos mais permissão de usar esse luxo. [...]

O único meio de transporte que podemos usar é a balsa. O balseiro Josef Israëlkade nos transportava quando a gente pedia. Não é culpa dos holandeses se nós judeus estamos passando por um período tão ruim.

Eu gostaria de não precisar ir à escola. Minha bicicleta foi roubada durante o feriado de Páscoa, e papai entregou a bicicleta de mamãe para uns amigos cristãos guardarem. Graças a Deus, as férias de verão se aproximam; mais uma semana e nosso tormento vai acabar.

Ontem de manhã, aconteceu uma coisa incrível. Enquanto eu passava pelos bicicletários, ouvi alguém chamar meu nome. Virei-me e lá estava o garoto legal que eu tinha conhecido na tarde de ontem na casa de minha amiga Vilma. Ele é primo em segundo grau de Vilma. Eu sempre achei Vilma legal, e ela é, mas ela só fala de garotos, e isso é uma chatice. Ele veio em minha direção, meio tímido, e se apresentou como Hello Silberberg. Fiquei meio surpresa e não sabia bem o que ele queria, mas não demorei muito a descobrir. Ele perguntou se poderia me acompanhar até a escola.

— Se você estiver indo naquela direção, vou com você — respondi. E nós fomos andando juntos. Hello tem 16 anos e conta muito bem todo tipo de histórias engraçadas.

Esta manhã ele estava me esperando de novo, tomara que daqui em diante esteja sempre.

Anne

▲ Manuscrito do dia 18 de outubro de 1942.

▲ Selo alemão dedicado ao 50º aniversário de Anne Frank. Cerca de 1979.

Anne Frank. *O diário de Anne Frank*. Edição definitiva por Otto H. Frank e Mirjam Pressler. Tradução de Alves Calado. 62. ed. Rio de Janeiro: Record, 2016. *E-book*.

TEXTO EM ESTUDO

PARA ENTENDER O TEXTO

1. O que você pensou sobre a rotina de Anne Frank foi confirmado após a leitura do texto? Converse com os colegas.

2. Mesmo que você não conhecesse o título do livro, ao ler o texto, poderia reconhecê-lo como parte de um diário. Aponte os elementos dos trechos que você reconhece como característicos desse gênero.

3. Os trechos que você leu apresentam acontecimentos de um período da vida de Anne Frank.
   a) Em que datas foram escritas essas páginas do diário?
   b) Por que os autores de diários costumam anotar as datas de seus registros? Relacione sua resposta ao fato de esse gênero ser denominado *diário*.
   c) O que Anne Frank relata em cada uma das diferentes datas dos trechos que você leu? Faça uma síntese de cada uma delas.

4. Ainda sobre os dias descritos no trecho do diário, responda:
   a) No relato de 14 de junho, é possível supor as dificuldades pelas quais os judeus, incluindo a família de Anne Frank, passaram durante a Segunda Guerra Mundial? Explique.
   b) No dia 20 de junho, há uma mudança no enfoque do relato de Anne Frank. Que mudança é essa?
   c) O relato de 24 de junho apresenta dois enfoques que, de certa forma, resumem a dualidade vivida pela garota: existe a guerra, mas também existe o dia a dia de Anne Frank, com seus anseios de adolescente. Que fatos relatados constituem esses dois enfoques nesse dia específico?

ANOTE AÍ!

O autor de um **diário íntimo** registra **fatos de seu dia a dia**. Como não é possível relatar todos os momentos de um dia, a pessoa que escreve registra apenas os acontecimentos que, por alguma razão, têm **maior importância** para ela.

5. Releia este trecho do relato feito por Anne Frank no dia 20 de junho de 1942.

> "O papel tem mais paciência do que as pessoas." Pensei nesse dito num daqueles dias em que me sentia meio deprimida e estava em casa, sentada, com o queixo apoiado nas mãos, chateada e inquieta, pensando se deveria ficar ou sair. No fim, fiquei onde estava, matutando. É, o papel *tem* mais paciência, e como não estou planejando deixar ninguém mais ler este caderno de capa dura que costumamos chamar de diário, a menos que algum dia encontre um verdadeiro amigo, isso provavelmente não vai fazer a menor diferença.

▼ Colagem em memória ao Holocausto e a Anne Frank, na Piazza del Popolo (Praça do Povo), Pesaro, Itália.

a) Esse fragmento mostra que o registro de um diário não se limita ao relato das ações: é possível relatar também sentimentos. Qual é o sentimento de Anne nesse trecho?
b) Em sua opinião, o que pode ter levado Anne Frank a fazer essa reflexão sobre as pessoas?
c) Registre no caderno outro trecho que comprove que, além de relatar fatos, um diário apresenta pensamentos do autor sobre si mesmo e avaliações sobre as pessoas e os acontecimentos à sua volta.

85

PARA EXPLORAR

Casa Anne Frank
Visite o *site* oficial do museu Casa Anne Frank, local que foi o esconderijo de sua família na Holanda e que hoje é aberto a visitação. No *site*, é possível ler a biografia de Anne Frank, obter informações diversas e visitar, virtualmente, o local do esconderijo.

Disponível em: https://www.annefrank.org/en/anne-frank/who-was-anne-frank/quem-foi-anne-frank/. Acesso em: 4 abr. 2023.

6. No relato de 20 de junho, Anne descreve, especialmente no último parágrafo, um mundo em que predomina a intolerância.

a) Apesar do panorama de violações descrito, Anne relata, em outros trechos do diário, gestos de companheirismo. Identifique e cite alguns deles.

b) No relato de 20 de junho como um todo, são apresentados conflitos externos à autora e também alguns conflitos íntimos. Releia os quatro primeiros parágrafos e indique um conflito relacionado às emoções de Anne Frank.

c) Tendo em vista que Anne Frank tinha 13 anos ao escrever o texto, você considera esses conflitos emocionais comuns à idade dela? Explique.

ANOTE AÍ!

No diário íntimo, registram-se não apenas fatos do dia a dia, mas também **pensamentos e impressões** relacionados a esses acontecimentos. Geralmente, por ser **confidencial**, o diário é considerado, por seu autor, um interlocutor em quem confia e para o qual pode revelar **segredos e reflexões íntimas**.

A RELAÇÃO ENTRE AUTOR E INTERLOCUTOR

7. Em geral, quando uma pessoa fala ou escreve, ela se dirige a um interlocutor.

a) Qual é o interlocutor de Anne Frank em seu diário?

b) Considerando que o significado de *inanimado* é "algo que não tem vida", podemos caracterizar o interlocutor de Anne Frank desse modo? Explique.

c) Em sua opinião, qual seria a principal vantagem de ter esse tipo de interlocutor?

d) Parte das pessoas que mantêm um diário não pensa na publicação de seus textos. O que você acha que motiva, então, essas pessoas a escrever?

8. Leia o trecho a seguir, retirado do prefácio do livro *O diário de Anne Frank*.

> Anne Frank escreveu um diário entre 12 de junho de 1942 e 1º de agosto de 1944. A princípio, guardava-o para si mesma. Até que, certo dia de 1944, Gerrit Bolkenstein, membro do governo holandês no exílio, declarou em transmissão radiofônica que, depois da guerra, esperava recolher testemunhos oculares do sofrimento do povo holandês sob ocupação alemã e que estes pudessem ser postos à disposição do público. Referiu-se especificamente a cartas e diários.
>
> Impressionada com aquele discurso, Anne Frank decidiu que publicaria um livro a partir de seu diário, quando a guerra terminasse. Assim, começou a reescrever e organizar o diário, melhorando o texto, omitindo passagens que não achava tão interessantes e acrescentando outras de memória. [...]

Prefácio. Em: Anne Frank. *O diário de Anne Frank*. Edição definitiva por Otto H. Frank e Mirjam Pressler. Tradução de Alves Calado. 62. ed. Rio de Janeiro: Record, 2016. *E-book*.

a) Que providências foram tomadas por Anne Frank ao saber que haveria a publicação de testemunhos (cartas e diários) sobre a guerra?

b) Você acredita que a expectativa de o diário ser publicado em um livro tenha alterado significativamente a escrita inicial da autora? Explique.

c) Quando Anne Frank ganhou o diário, ela revelou que não pretendia mostrá-lo a outras pessoas. Em sua opinião, por que ela mudou de postura?

ANOTE AÍ!

O autor de um diário íntimo tem a **si mesmo** como **interlocutor**. Essa situação, no entanto, é alterada quando o diário é publicado em livro ou em outros meios, pois a **edição** tende, de algum modo, a alterá-lo a fim de **resguardar** as pessoas envolvidas.

O CONTEXTO DE PRODUÇÃO

9. Este trecho é uma das anotações que Anne Frank fez no dia 15 de julho de 1944.

> Querida Kitty,
>
> Recebemos da biblioteca um livro com o título polêmico: *O que você acha da jovem moderna?* Gostaria de tratar desse assunto hoje.
>
> A escritora critica a "juventude atual" da cabeça aos pés, ainda que não condene todos como "casos sem esperança". Pelo contrário, ela acredita que os jovens têm o poder de construir um mundo maior, melhor e mais belo, mas que se ocupam com coisas superficiais, sem pensar na beleza verdadeira.
>
> Em algumas passagens, tive a sensação de que ela dirigia sua crítica a mim, e é por isso que finalmente quero desnudar minha alma para você e me defender dessa agressão. [...]
>
> Anne Frank. *O diário de Anne Frank*. Edição definitiva por Otto H. Frank e Mirjam Pressler. Tradução de Alves Calado. 62. ed. Rio de Janeiro: Record, 2016. E-book.

a) Quanto tempo se passou entre esse relato e o primeiro que você leu?

b) Como Anne Frank se posiciona diante do livro que recebeu da biblioteca?

c) Compare o relato de 14 de junho de 1942 ao de 15 de julho de 1944. Em relação aos assuntos e à forma como foram abordados, o que os textos revelam sobre a maturidade de Anne Frank?

10. Por que o diário de Anne Frank é lido até hoje e traduzido para diversas línguas?

A LINGUAGEM DO TEXTO

11. Releia o trecho a seguir.

> Só agora percebo como é agradável um bonde [...].
> O único **meio de transporte** que podemos usar é a balsa.

- A expressão em destaque relaciona-se a que palavras do trecho? Explique a função dessa expressão no texto.

12. Identifique no texto três adjetivos relacionados a sentimentos de Anne Frank e associe o uso desses adjetivos com o gênero diário íntimo.

> **ANOTE AÍ!**
>
> Em um texto, quando se percebe o relato de **pensamentos** do autor, revelados por meio das frases opinativas, da escolha dos fatos relatados, da seleção do vocabulário e do emprego de determinados adjetivos, constata-se o efeito de sentido de **subjetividade**.
>
> O **diário íntimo** é, então, um texto predominantemente **subjetivo**, pois aquele que escreve procura apresentar uma **visão pessoal** dos fatos e o **valor** que atribui a eles.

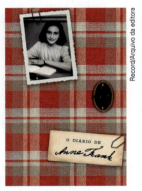

▲ Capa de edição especial de *O diário de Anne Frank*. São Paulo: Record, 2015.

13. SABER SER Com a leitura de trechos do diário de Anne Frank, você notou como a escrita pode auxiliar no processo de reflexão sobre situações e questões do cotidiano e como essa aprendizagem possibilita conhecer melhor o outro e a si mesmo. Converse com os colegas e o professor sobre estas questões:

a) Você faz registros de sua vida? Se sim, quais são os motivos que impulsionam você a fazer isso?

b) Em sua opinião, qual é a importância de reservar um tempo do dia para refletir e escrever sobre os acontecimentos, os amigos e a própria vida?

UMA COISA PUXA OUTRA

Arte urbana e história

A imagem a seguir mostra um mural, localizado em Amsterdã, capital da Holanda, criado pelo artista brasileiro Eduardo Kobra. Inaugurada em 2016, a obra faz parte de um projeto para a criação do maior museu de arte urbana do mundo. Observe-a e responda às questões a seguir.

▲ Mural intitulado *Let me be myself* ("Deixe-me ser eu mesma"), frase retirada de *O diário de Anne Frank*. Foto de 2017.

1. A imagem em destaque no mural é o rosto de Anne Frank.
   a) A expressão facial representada na obra expressa que sentimentos?
   b) Como podem ser caracterizadas as cores utilizadas no mural?
   c) Em sua opinião, por que Anne Frank foi escolhida para protagonizar um mural dessa proporção em Amsterdã?

2. Observando os trechos do diário lidos neste capítulo, que relação pode ser estabelecida entre a representação feita no mural e os relatos de Anne Frank?

3. A frase presente na parte superior do mural e que o intitula, *Let me be myself*, foi retirada do diário de Anne Frank e pode ser traduzida por "Deixe-me ser eu mesma".
   a) Em que modo verbal está o verbo *deixar* na tradução dessa frase?
   b) De acordo com o contexto, o que esse modo verbal expressa?
   c) Qual é a relação entre a frase e a imagem representada no mural?

4. Leia o trecho da notícia a seguir, sobre o mural com a representação de Anne Frank.

> Eduardo Kobra acaba de deixar sua assinatura em um patrimônio histórico de Amsterdã. [...]
>
> Nos dez dias que levou para produzir o painel, Kobra pôde observar o interesse principalmente dos moradores da capital holandesa em seu trabalho. Apesar de já contar com alguns turistas, a região onde o mural foi instalado ainda é majoritariamente ocupada pela população local. "É um fenômeno que acontece em todos os lugares. Mas em Amsterdã pude observar as pessoas parando as bicicletas para fotografar e os vários jornais e TVs locais deram bastante destaque", pontuou o artista sobre a curiosidade do público.

Renata Nogueira. *UOL*, 3 out. 2016. Disponível em: https://www.bol.uol.com.br/entretenimento/2016/10/03/kobra-termina-mural-de-anne-frank-em-amsterda-no-inicio-do-ano-novo-judaico.htm. Acesso em: 4 abr. 2023.

a) Observando o mural com a representação de Anne Frank, o que o diferencia do prédio e do contexto em que ele está localizado?
b) De acordo com a notícia, como o público local reagiu diante da produção do mural?
c) Considerando o diálogo estabelecido entre a obra e os observadores dela, o que pode ter motivado o público a ter essa reação ao trabalho de Kobra?

5. Leia o trecho a seguir, que foi retirado e traduzido do *site* Casa Anne Frank, e observe as imagens do museu em Amsterdã, o terceiro mais visitado na Holanda.

De esconderijo a museu

> Após a guerra, o ex-esconderijo localizado no canal Prinsengracht, n° 263, estava deteriorado e prestes a ser demolido. [...] Um grupo de pessoas se mobiliza e funda a Casa Anne Frank. Sua meta mais importante: preservar o esconderijo. [...]

Casa Anne Frank. Traduzido para esta edição. Disponível em: https://www.annefrank.org/en/about-us/how-it-all-began/. Acesso em: 4 abr. 2023.

▲ Casa Anne Frank (prédio atrás da árvore). Foto de 2013.

▲ Sala de jantar e cozinha do esconderijo de Anne Frank.

a) De acordo com o trecho, por que um grupo de pessoas se mobilizou?
b) Esse grupo obteve resultados ao se mobilizar por essa causa? Explique.
c) Você considera importante a ação desse grupo? Por quê?

6. Você conhece alguma manifestação artística em sua cidade que também relaciona o contexto atual com algum fato histórico? Compartilhe com os colegas e o professor as informações sobre a obra, os sentidos expressos por ela e o artista que a criou.

 Acesse o recurso digital para conhecer um monumento construído na cidade de Berlim, na Alemanha, em memória aos judeus mortos durante a Segunda Guerra Mundial e responda: Qual é a importância dessa obra para a história da humanidade? Explique.

LÍNGUA EM ESTUDO

PREDICATIVO DO OBJETO

1. Releia o trecho a seguir.

> Virei-me e lá estava o garoto legal que eu tinha conhecido na tarde de ontem na casa de minha amiga Vilma. Ele é primo em segundo grau de Vilma. Eu sempre achei Vilma legal, e ela é, mas ela só fala de garotos, e isso é uma chatice.

a) Nesse trecho, Anne Frank comenta suas amizades. Qual das orações revela uma característica relacionada ao parentesco de seu novo colega?

b) Qual é o sujeito da oração indicada como resposta ao item *a*?

c) Qual é a expressão, presente nessa oração, que caracteriza o sujeito?

d) Agora, transcreva no caderno a oração que revela uma opinião positiva de Anne Frank sobre a amiga Vilma.

e) Que palavra presente na oração indicada como resposta ao item *d* expressa a opinião de Anne sobre a amiga?

f) Essa palavra está caracterizando o sujeito ou o objeto presente na oração? Justifique sua resposta.

g) Se essa palavra não fosse utilizada, o sentido da frase seria alterado? Como?

Os termos que exprimem estado ou característica do **sujeito** são chamados de **predicativo do sujeito**, como na oração indicada no item *a* da atividade **1**.

Quando um estado ou uma característica são atribuídos ao **objeto direto** ou **indireto**, dizemos que se trata de um **predicativo do objeto**, como na oração transcrita no item *d* da atividade **1**.

Veja outro exemplo:

Nós o consideramos inteligente.
- objeto direto
- predicativo do objeto

ANOTE AÍ!

O **predicativo do objeto** é utilizado para **modificar** o sentido do termo que tem a função de **objeto direto** em uma oração. É comum o predicativo do objeto acompanhar verbos como *julgar* e *achar*, quando indicam uma opinião sobre o termo que é objeto direto. Em geral, o predicativo do objeto é composto de **adjetivo**, **locução adjetiva** ou **substantivo**.

RELACIONANDO

Ao expressar sentimentos e pontos de vista em diários, é comum o autor usar predicativos do objeto acompanhando outros verbos, como *acreditar* e *considerar*.

Veja o esquema a seguir, que diferencia o predicativo do objeto do predicativo do sujeito.

Retomar e compreender

1. Leia este trecho de notícia e responda às perguntas.

   Vestibular termina com abstenção de 11%; listão sai em fevereiro

   O vestibular 2019 da Universidade Federal de Roraima (UFRR) teve uma abstenção em torno de 11%. Dos 8 478 inscritos, 7 206 compareceram, e 1 272 faltaram. [...]

   De acordo com o presidente da Comissão Permanente de Vestibular da UFRR (CPV-UFRR), Antônio Giocondi, estudantes em geral consideraram a prova tranquila e objetiva em relação a anos anteriores.

   "Pelo [...] que já cheguei a dialogar com estudantes, nenhum chegou a apontar a prova como difícil, algo que no ano passado não era uma opinião tão comum. Também percebi que ninguém chegou a ver ambiguidades nas questões, mostrando que a prova está bem mais objetiva em seus enunciados", comentou. [...]

   Pedro Barbosa. Vestibular termina com abstenção de 11%; listão sai em fevereiro. *Folha de Boa Vista*, Boa Vista, 26 nov. 2018. Página 12-A.

   a) O que significa a afirmação de que o vestibular terminou com abstenção de 11%?

   b) De acordo com o texto, como a prova é caracterizada em relação a anos anteriores? Quais termos indicam essa caracterização?

   c) Quem fez essa avaliação da prova?

   d) Qual é a classificação sintática dos termos indicados no item *b*?

2. Leia o trecho do poema a seguir e faça o que se pede.

   Todas as cartas de amor são
   Ridículas.
   Não seriam cartas de amor se não fossem
   Ridículas.

   Também escrevi em meu tempo cartas
                                         de amor,
   Como as outras,
   Ridículas.

   As cartas de amor, se há amor,
   Têm de ser
   Ridículas.

   Mas, afinal,
   Só as criaturas que nunca escreveram
   Cartas de amor
   É que são
   Ridículas.
   [...]

   Fernando Pessoa. *O almirante louco*. São Paulo: SM, 2007. p. 42-43.

   a) Transcreva no caderno os versos em que o eu poético apresenta sua primeira opinião sobre as cartas de amor.

   b) Qual é o sujeito da oração presente nesses versos?

   c) Qual é o termo da oração que caracteriza esse sujeito?

   d) Como esse termo é classificado sintaticamente?

   e) Na última estrofe do trecho, o eu poético não se refere mais às cartas de amor como *ridículas*, como fez nas estrofes anteriores. Quem ele caracteriza, então, dessa forma?

Aplicar

3. Reescreva esta estrofe trocando o predicativo do objeto: "Também escrevi em meu tempo cartas/ de amor,/ Como as outras,/ Ridículas".

A LÍNGUA NA REAL

AS MARCAS DE SUBJETIVIDADE NA EXPOSIÇÃO DE FATOS

1. Leia o texto a seguir e responda às questões.

Segunda Guerra Mundial – A invasão da União Soviética

No dia 22 de junho de 1941, 150 divisões do exército nazista iniciaram a invasão da União Soviética. Estava rompido o pacto de não agressão entre os dois países, assinado em 1939 por Hitler e Stalin.

As tropas nazistas invadiram a União Soviética organizadas em três frentes: um exército marchou em direção ao norte, para cercar Leningrado; outro, em direção ao centro, com o objetivo de conquistar Moscou; e um terceiro rumou em direção ao sul, com objetivo de apoderar-se dos campos de trigo da Ucrânia.

Atacado de surpresa, o exército soviético não conseguiu impedir o avanço das tropas nazistas, que, em menos de um mês, já haviam percorrido 750 quilômetros em direção ao interior do país e se aproximavam cada vez mais da capital, Moscou.

[...]

De julho a setembro de 1941, os nazistas avançaram ainda mais. Ao atingirem Moscou, as tropas alemãs haviam tomado considerável parcela do território soviético. Ao sul, toda a Ucrânia e sua capital, Kiev, haviam sido ocupadas. Ao norte, Leningrado estava cercada.

Mas o que Hitler mais queria era a tomada de Moscou. Por isso, ordenou que as forças militares fossem concentradas para um assalto definitivo. Um milhão de homens, 1700 tanques e cerca de 1000 aviões compunham os efetivos alemães.

No entanto, a resistência do exército soviético, com tanques e aviões, mostrava-se muito eficiente na defesa. O exército soviético também soube tirar partido do rigoroso inverno russo. Sem uniformes apropriados, dezenas de milhares de alemães morreram de frio e os equipamentos militares perdiam eficiência. Percebendo a fragilidade do inimigo diante do frio, as tropas soviéticas recuavam para regiões mais frias.

Como Moscou resistia, Hitler decidiu tentar a conquista do sul da União Soviética, onde se situava a cidade de Stalingrado (hoje Volvogrado), centro de importante indústria e com vias de acesso fácil aos polos produtores de petróleo.

[...]

A batalha de Stalingrado, uma das maiores da história, foi o início da derrota alemã.

Portal Brasil. Disponível em: http://www.portalbrasil.net/historiageral_segundaguerramundial.htm. Acesso em: 4 abr. 2023.

> **SEGUNDA GUERRA MUNDIAL**
>
> A Segunda Guerra Mundial (1939-1945) envolveu os países que representavam as grandes potências mundiais da época. São várias as causas da guerra; no entanto, destacam-se as crises políticas e econômicas geradas pelos regimes totalitaristas da Alemanha e da Itália e o desejo de expansão desses países. O conflito teve o maior número de vítimas da história da humanidade.

a) Com relação ao tempo, como estão organizados os fatos relatados nesse texto sobre a Segunda Guerra Mundial?

b) O texto cita nomes de lugares pelos quais o exército nazista passou. Indique os nomes desses lugares.

c) O autor usa recursos para que seu texto pareça narrar os fatos de modo objetivo. Que recursos são esses?

2. Ao selecionar as informações para compor o texto, o autor fez uma escolha pessoal. É possível afirmar que ele relata objetivamente a invasão alemã?

3. Com relação à pessoa verbal empregada nesse texto, responda às questões.

a) Usou-se a primeira ou a terceira pessoa?

b) Que efeito de sentido o uso dessa pessoa produz?

4. Leia o trecho da autobiografia do poeta russo Eugênio Evtuchenko.

Em 22 de junho de 1941, dia da agressão alemã ao meu país, eu era um garoto romântico, convicto de que os homens sofrem apenas nos livros.

O princípio da guerra pareceu-me muito colorido. Gostava de olhar os projetores varando, à noite, os céus de Moscou. Não me inspiravam medo, mas sim admiração. Gostava do lamento das sirenes soando o alerta aéreo e invejava os adultos que recebiam tão belos capacetes e fuzis, e partiam para esse apaixonante país da fantasia que se chamava *front*.

A verdade é que os feridos que voltavam desse país não eram muito tagarelas.

No outono de 1941, fui evacuado de Moscou, partindo para a Sibéria com muitas outras crianças de minha idade. Viajei mais de um mês num comboio composto de uns sessenta vagões, cheios de mulheres e crianças, antes de chegar à minha estação natal, Zima. Eram sessenta vagões carregados de infelicidade e lágrimas que, lentos, atravessavam a Rússia rumo à Sibéria.

Em direção contrária, indo para o *front*, rodavam os trens repletos de armas e, nas portas entreabertas dos vagões de carga, viam-se os rostos saudáveis dos soldados. Agora, não mais me pareciam tão belos os seus capacetes e fuzis. Não acreditava mais que estivessem alegres em partir para o combate, mesmo quando de seus vagões chegavam até mim o ritmo rápido de belas canções russas e o som vivo dos acordeões.

Para mim, o sofrimento deixara de ser sentimento exclusivo dos personagens dos livros.

[...]

Eugênio Evtuchenko. *Autobiografia precoce*. 2. ed. São Paulo: Brasiliense, 1987. p. 17-18.

▲ Foto do poeta russo Eugênio Evtuchenko, em 1988.

a) Com relação ao assunto tratado, qual é a semelhança entre esse texto e o primeiro que você leu nesta seção?

b) Copie no caderno os trechos que contêm dados numéricos e datas.

c) O que podemos afirmar sobre o uso de dados numéricos e datas em cada um dos textos?

5. A autobiografia usa uma pessoa verbal diferente da utilizada no primeiro texto.

a) Que pessoa verbal é utilizada na autobiografia?

b) O que esse recurso acrescenta ao sentido do relato?

6. Nesse texto, o autor afirma que era um garoto romântico. Quais foram as primeiras impressões dele sobre a guerra?

7. No decorrer do texto, a visão inicial do autor a respeito da guerra é alterada. Que aspecto da guerra passa a chamar a atenção dele?

8. Com base em qual tipo de informação o autor apresenta aspectos da guerra?

9. Qual é a relação entre uma autobiografia e um diário íntimo?

ANOTE AÍ!

Nenhum texto é neutro, pois o autor, ao selecionar os aspectos de que vai tratar, deixa no texto uma marca pessoal. Porém, ao narrar um fato, ele pode usar **recursos** para marcar a **objetividade** ou a **subjetividade**.

Um dos recursos que fazem com que o texto pareça mais **objetivo** é a apresentação de **informações precisas**, como **dados numéricos**, **localizações exatas** e **datas**.

Quando o fato é exposto de modo mais **subjetivo**, as **sensações** e os **sentimentos** do narrador são predominantes no texto.

AGORA É COM VOCÊ!

ESCRITA DE DIÁRIO ÍNTIMO

Proposta

Você vai escrever um relato no formato de uma página de diário íntimo. No entanto, como o texto será lido por outras pessoas, escreva-o como se já tivesse em mente a possibilidade de publicação do diário. Escolha um tema relacionado à escola que possa ser interessante para a posteridade, pois as produções serão guardadas em uma caixa que será aberta apenas pela próxima turma do 8º ano.

GÊNERO	PÚBLICO	OBJETIVO	CIRCULAÇÃO
Diário íntimo	A próxima turma do 8º ano	Registrar acontecimentos relacionados à escola que sejam interessantes para a posteridade	Caixa de memórias da turma

Planejamento e elaboração de texto

1. Primeiro, pergunte a familiares e amigos se eles possuem diários. Em caso afirmativo, peça autorização para analisar esses diários e observe quando foram escritos, a que períodos correspondem, como está o estado de conservação deles, como o conteúdo foi organizado e que importância eles tiveram na vida de quem os escreveu. Compartilhe essa análise com os colegas.

2. Registre, ao longo de uma semana, os acontecimentos importantes. Como você escreverá algo que será lido no futuro, inicie o cabeçalho com o local e a data.

3. Utilize a 1ª pessoa do singular para relatar os fatos sobre você.

4. Escreva como se estivesse se dirigindo a uma pessoa íntima. Imagine, por exemplo, que o diário seja seu melhor amigo. No entanto, tenha em mente que o público leitor será a próxima turma do 8º ano.

5. Procure ser fiel ao falar sobre seus sentimentos e pensamentos acerca dos fatos vivenciados ao longo da semana, expondo aquilo que você considerar oportuno.

6. Não se preocupe em relatar somente o que acredita ser adequado, simples ou positivo. É próprio do ser humano ter sentimentos contraditórios e complexos.

7. Empregue palavras e expressões que marquem o tempo, como *hoje*, *ontem*, *aquela hora*, *quando cheguei*, *quando percebi*, etc.

LINGUAGEM DO SEU TEXTO

1. Na seção *Língua em estudo*, você viu um exemplo de predicativo do objeto no texto *O diário de Anne Frank*. Qual é a relação entre esse gênero textual e o uso de predicativos do objeto?

2. Na oração "Eu sempre *achei* Vilma legal", que outro verbo poderia ser usado, mantendo o sentido básico da oração?

Ao escrever seu texto, utilize predicativos do objeto para expressar sentimentos, emoções e opiniões sobre os fatos, explorar questionamentos e abordar anseios que você venha a ter. Empregue verbos como *julgar*, *acreditar*, *considerar*, etc. para expressar seu ponto de vista.

8 Utilize também adjetivos para expressar sentimentos, emoções e opiniões.

9 Por ser um texto subjetivo, cujo principal leitor é quem o escreve, você pode utilizar registro informal e expressões cotidianas.

10 O diário apresenta marcas de seu autor. Por isso, insira em seu diário algum elemento ilustrativo, como:

- uma fotografia com um amigo ou familiar;
- um recorte de algo que você leu e achou interessante;
- uma ilustração relacionada ao assunto relatado;
- um ingresso de um passeio feito ou a embalagem de algo que você consumiu durante a semana; entre outros.

11 Use canetas coloridas para destacar ideias ou fatos.

Avaliação e reescrita do texto

1 Avalie seu diário íntimo considerando os critérios do quadro a seguir.

ELEMENTOS DO DIÁRIO ÍNTIMO
O diário apresenta o local e a data em que o texto foi escrito?
O relato foi escrito na 1ª pessoa do singular?
Há marcadores de tempo no texto?
Além do relato de fatos, há a expressão de opiniões e sentimentos pessoais?
Você procurou escrever com franqueza sobre seus sentimentos e pensamentos?
Há sua marca pessoal ilustrada na página (uma foto, um recorte, uma ilustração, etc.)?

2 Depois de avaliar o texto, reflita sobre aspectos que podem ser melhorados nele e o reescreva.

3 Mostre seu relato a outra pessoa, além do professor, e peça uma opinião sobre ele. Pergunte a ela se acredita que os estudantes da próxima turma de 8º ano vão gostar de ler seu texto.

Circulação

1 Para fazer a caixa de memórias da turma, em que os textos ficarão guardados, vocês devem seguir estas orientações:

- Escolham uma caixa de material resistente para confeccionar a caixa de memórias. Ela não deve ser muito pequena, para que, além dos diários, vocês possam inserir objetos que julgarem interessantes.
- Para enfeitar e embrulhar a caixa de uma forma que represente as características de vocês, escolham papéis diversos. Vocês poderão buscar na internet algumas técnicas de colagem para estilizar a caixa.
- Em seguida, escrevam na tampa: "Caixa de memórias da turma do 8º ano" e, logo abaixo, acrescentem a data de fechamento.
- Certifiquem-se de que todos os diários estão identificados.
- Preencham a caixa com objetos que representem a turma.

2 Com a ajuda do professor, fechem a caixa e guardem-na em um lugar seguro, para que seja aberta pelos estudantes da próxima turma de 8º ano.

CAPÍTULO 2

EM BUSCA DA IGUALDADE

O QUE VEM A SEGUIR

No texto a seguir, estão presentes a introdução e dez artigos da Declaração Universal dos Direitos Humanos. Esse documento foi elaborado por representantes de diferentes países e culturas, sendo considerado um marco na história dos direitos humanos. A Declaração foi adotada e proclamada pela Assembleia Geral da Organização das Nações Unidas (ONU) em 10 de dezembro de 1948, em Paris, e tem como propósito ser uma norma ética comum a todos os povos e nações. Em sua opinião, que tipo de norma é apresentado nesse documento?

TEXTO

Declaração Universal dos Direitos Humanos

Preâmbulo

Considerando que o reconhecimento da dignidade inerente a todos os membros da família humana e de seus direitos iguais e inalienáveis é o fundamento da liberdade, da justiça e da paz no mundo,

Considerando que o desprezo e o desrespeito pelos direitos humanos resultaram em atos bárbaros que ultrajaram a consciência da humanidade e que o advento de um mundo em que mulheres e homens gozem de liberdade de palavra, de crença e da liberdade de viverem a salvo do temor e da necessidade foi proclamado como a mais alta aspiração do ser humano comum,

[...]

Considerando que os povos das Nações Unidas reafirmaram, na Carta [da ONU], sua fé nos direitos fundamentais do ser humano, na dignidade e no valor da pessoa humana e na igualdade de direitos do homem e da mulher e que decidiram promover o progresso social e melhores condições de vida em uma liberdade mais ampla,

Considerando que os Países-Membros se comprometeram a promover, em cooperação com as Nações Unidas, o respeito universal aos direitos e liberdades fundamentais do ser humano e a observância desses direitos e liberdades,

Considerando que uma compreensão comum desses direitos e liberdades é da mais alta importância para o pleno cumprimento desse compromisso,

Agora portanto a Assembleia Geral proclama a presente Declaração Universal dos Direitos Humanos como o ideal comum a ser atingido por todos os povos e todas as nações, com o objetivo de que cada indivíduo e cada órgão da sociedade, tendo sempre em mente esta Declaração, esforce-se, por meio do ensino e da educação, por promover o respeito a esses direitos e liberdades, e, pela adoção de medidas progressivas de caráter nacional e internacional, por assegurar o seu

---

advento: surgimento.

inerente: próprio ou característico de algo ou que está unido a ele de maneira que não se pode separar.

países-membros: cada um dos países que pertencem a uma organização internacional, nesse caso, a Organização das Nações Unidas.

preâmbulo: texto explicativo que antecede uma lei.

ultrajar: ofender gravemente com palavras ou ações.

→ Continua

reconhecimento e a sua observância universais e efetivos, tanto entre os povos dos próprios Países-Membros quanto entre os povos dos territórios sob sua jurisdição.

Artigo 1

Todos os seres humanos nascem livres e iguais em dignidade e direitos. São dotados de razão e consciência e devem agir em relação uns aos outros com espírito de fraternidade.

Artigo 2

1. Todo ser humano tem capacidade para gozar os direitos e as liberdades estabelecidos nesta Declaração, sem distinção de qualquer espécie, seja de raça, cor, sexo, língua, religião, opinião política ou de outra natureza, origem nacional ou social, riqueza, nascimento, ou qualquer outra condição.

2. Não será também feita nenhuma distinção fundada na condição política, jurídica ou internacional do país ou território a que pertença uma pessoa, quer se trate de um território independente, sob tutela, sem governo próprio, quer sujeito a qualquer outra limitação de soberania.

Artigo 3

Todo ser humano tem direito à vida, à liberdade e à segurança pessoal.

Artigo 4

Ninguém será mantido em escravidão ou servidão; a escravidão e o tráfico de escravos serão proibidos em todas as suas formas.

Artigo 5

Ninguém será submetido à tortura, nem a tratamento ou castigo cruel, desumano ou degradante.

Artigo 6

Todo ser humano tem o direito de ser, em todos os lugares, reconhecido como pessoa perante a lei.

Artigo 7

Todos são iguais perante a lei e têm direito, sem qualquer distinção, a igual proteção da lei. Todos têm direito a igual proteção contra qualquer discriminação que viole a presente Declaração e contra qualquer incitamento a tal discriminação.

[…]

Artigo 18

Todo ser humano tem direito à liberdade de pensamento, consciência e religião; esse direito inclui a liberdade de mudar de religião ou crença e a liberdade de manifestar essa religião ou crença pelo ensino, pela prática, pelo culto em público ou em particular.

Artigo 19

Todo ser humano tem direito à liberdade de opinião e expressão; esse direito inclui a liberdade de, sem interferência, ter opiniões e de procurar, receber e transmitir informações e ideias por quaisquer meios e independentemente de fronteiras.

[…]

Artigo 30

Nenhuma disposição da presente Declaração pode ser interpretada como o reconhecimento a qualquer Estado, grupo ou pessoa, do direito de exercer qualquer atividade ou praticar qualquer ato destinado à destruição de quaisquer dos direitos e liberdades aqui estabelecidos.

Organização das Nações Unidas. Declaração Universal dos Direitos Humanos, 10 dez. 1948. Disponível em: https://www.unicef.org/brazil/declaracao-universal-dos-direitos-humanos. Acesso em: 4 abr. 2023.

incitamento: incentivo à realização de algo.

jurisdição: território sobre o qual se exerce poder.

TEXTO EM ESTUDO

PARA ENTENDER O TEXTO

1. No preâmbulo, está o objetivo da Declaração Universal dos Direitos Humanos.

   a) Qual é esse objetivo?

   b) De acordo com essa parte do texto, quem se comprometeu a promover as ações indicadas no documento?

   c) Busque em *sites* ou em livros quantos países compõem a Organização das Nações Unidas na atualidade. Indique se o Brasil está entre eles.

2. O documento lido tem um caráter coletivo, característica explicitada várias vezes ao longo do texto.

   a) Transcreva no caderno um trecho do preâmbulo que confirma o caráter coletivo dessa Declaração.

   b) Qual efeito de sentido é produzido pela repetição do caráter coletivo desse documento?

3. Cada um dos itens que constituem a segunda parte do documento recebe o nome de "Artigo".

   a) Consulte, em um dicionário, o significado desse termo nesse contexto de uso. Transcreva-o no caderno.

   b) Qual é a relação entre o uso dessa palavra e o conteúdo apresentado em cada um dos itens da Declaração?

ANOTE AÍ!

Um **texto normativo** é aquele que integra um conjunto de regras, normas ou preceitos. Uma de suas finalidades é reger o **funcionamento** de um grupo, de um país ou de determinada atividade.

PARA EXPLORAR

Nações Unidas no Brasil

A ONU, desde sua fundação, além de proclamar a Declaração Universal dos Direitos Humanos, tem realizado diversas ações que visam garantir a paz e o desenvolvimento mundial.

No *site* brasileiro da entidade, é possível saber mais sobre a organização internacional e conhecer suas campanhas.

Disponível em: https://brasil.un.org/pt-br. Acesso em: 4 abr. 2023.

4. Em um dos artigos apresentados no texto, é afirmado o caráter universal da Declaração, ou seja, não há exceção a qualquer ser humano em relação aos direitos explicitados no documento.

   a) Qual artigo especifica esse caráter universal do documento?

   b) Selecione um trecho desse artigo que reforce, por meio de especificações, a inclusão de todas as pessoas em relação aos direitos apresentados no documento. Transcreva-o no caderno.

   c) Outro artigo reforça a legitimidade da Declaração Universal dos Direitos Humanos, indicando a extensão das disposições presentes no texto a todos os seres humanos e a não possibilidade de agir contra o estabelecido no documento. Qual é esse artigo?

5. Embora todos os artigos presentes na Declaração Universal dos Direitos Humanos tratem da liberdade, é possível agrupá-los em temáticas específicas. Com base na leitura do texto, associe cada item a seguir a um ou mais artigos, de acordo com a temática predominante.

   a) Artigo(s) relacionado(s) ao direito à vida, à igualdade e à liberdade em geral.

   b) Artigo(s) relacionado(s) à integridade do trabalho.

   c) Artigo(s) relacionado(s) à justiça e ao cumprimento da legislação.

   d) Artigo(s) relacionado(s) à liberdade de pensamento e de crença.

   e) Artigo(s) relacionado(s) ao direito de acesso à informação.

98

6. Observe a forma como os artigos foram organizados ao longo do documento.
   a) De que maneira essa organização foi feita?
   b) Em sua opinião, por que esse tipo de documento é organizado assim?

> **ANOTE AÍ!**
>
> Em geral, os **textos normativos** são constituídos por **preâmbulo**, **normas gerais** e **disposição final**. É comum cada regra ser formulada em um parágrafo, recorrendo à numeração a fim de facilitar a organização do documento e a consulta a ele.

O CONTEXTO DE PRODUÇÃO

7. Leia, a seguir, um texto a respeito da Declaração Universal dos Direitos Humanos.

> Quando a Declaração Universal dos Direitos Humanos começou a ser pensada, o mundo ainda sentia os efeitos da Segunda Guerra Mundial, encerrada em 1945. [...]
>
> Depois da Segunda Guerra e da criação da Organização das Nações Unidas (também em 1945), líderes mundiais decidiram complementar a promessa da comunidade internacional de nunca mais permitir atrocidades como as que haviam sido vistas na guerra. Assim, elaboraram um guia para garantir os direitos de todas as pessoas e em todos os lugares do globo.
>
> O documento foi apresentado na primeira Assembleia Geral da ONU em 1946 e repassado à Comissão de Direitos Humanos para que fosse usado na preparação de uma declaração internacional de direitos. Na primeira sessão da comissão em 1947, seus membros foram autorizados a elaborar o que foi chamado de "esboço preliminar da Declaração Internacional dos Direitos Humanos".
>
> Um comitê formado por membros de oito países recebeu a declaração e se reuniu pela primeira vez em 1947. Ele foi presidido por Eleanor Roosevelt, viúva do presidente americano Franklin D. Roosevelt. O responsável pelo primeiro esboço da declaração, o francês René Cassin, também participou.
>
> O primeiro rascunho da Declaração Universal dos Direitos Humanos, que contou com a participação de mais de 50 países na redação, foi apresentado em setembro de 1948 e teve seu texto final redigido em menos de dois anos.

Portal Brasil. Sobre direitos humanos e legislação. Disponível em: https://www.capital.sp.gov.br/cidadao/familia-e-assistencia-social/conheca-seus-direitos/sobre-direitos-humanos-e-legislacao. Acesso em: 4 abr. 2023.

Considerando as informações do texto lido e do preâmbulo da Declaração Universal dos Direitos Humanos, responda:
a) O segundo parágrafo do preâmbulo faz referência a um período histórico marcado pela violação dos direitos humanos. A que período o documento se refere?
b) Essa atrocidade não é nomeada de forma explícita na Declaração Universal. Qual expressão faz referência a ela no segundo parágrafo do preâmbulo?

8. De acordo com as informações presentes nos textos lidos, responda:
   a) Em que ano foi finalizada a ocorrência indicada no item *a* da atividade **7**?
   b) Em que ano foi apresentada a primeira versão da Declaração Universal dos Direitos Humanos?

9. Qual é a relação entre a ocorrência destacada na atividade **7** e a elaboração da Declaração Universal dos Direitos Humanos?

> Acesse o recurso digital sobre direitos humanos e discuta com os colegas: Qual é a relação entre o direito à vida e os direitos humanos? Qual é a importância desses direitos?

A LINGUAGEM DO TEXTO

10. A Declaração Universal dos Direitos Humanos pode ser dividida em duas partes: uma formada pelo preâmbulo; outra, pela apresentação dos artigos.

a) Qual palavra é utilizada para introduzir a maior parte das frases presentes no preâmbulo?

b) Essa palavra poderia ser substituída, sem prejuízo de sentido, por qual outra palavra ou expressão?

c) O que o uso dessa palavra indica sobre os fatos apresentados nessa parte do texto? Copie no caderno a afirmação correta.

    I. Revela que os fatos apresentados são hipotéticos.

    II. Indica que os fatos apresentados são a causa da decisão da assembleia.

    III. Sugere que os fatos apresentados são de conhecimento restrito.

11. Releia os trechos a seguir.

> Considerando que o reconhecimento da dignidade inerente a todos os membros da família humana e de seus direitos iguais e inalienáveis é o fundamento da liberdade, da justiça e da paz no mundo,
>
> Considerando que o desprezo e o desrespeito pelos direitos humanos resultaram em atos bárbaros que ultrajaram a consciência da humanidade [...].

a) Identifique as formas verbais presentes nos trechos.

b) Desses verbos, qual deles está na forma nominal?

c) Em qual modo e tempo verbais estão flexionados os demais verbos?

d) Qual é a relação entre o tempo verbal utilizado nos trechos e o conteúdo expresso em cada um deles?

12. Tendo como base a análise dos verbos nos trechos, responda às questões.

a) O que o modo verbal indicado no item *c* da questão anterior expressa?

b) Qual é a relação entre o modo verbal utilizado nos trechos e o fato de a Declaração Universal dos Direitos Humanos ser um texto normativo?

13. Releia os artigos a seguir.

> **Artigo 1**
>
> Todos os seres humanos nascem livres e iguais em dignidade e direitos.
>
> **Artigo 5**
>
> Ninguém será submetido à tortura, nem a tratamento ou castigo cruel, desumano ou degradante.

- Identifique os verbos de cada artigo. Depois, indique o modo e o tempo em que cada verbo está flexionado.

14. Com base nas respostas indicadas na questão anterior, relacione:

a) os tempos verbais utilizados e os conteúdos expressos nos Artigos 1 e 5;

b) o modo verbal utilizado e os conteúdos expressos nos Artigos 1 e 5.

ANOTE AÍ!

Em **textos normativos**, é comum o emprego de verbos no **modo indicativo**, expressando assertividade em relação às normas apresentadas.

15. Tendo como base os artigos presentes na Declaração, responda às questões.

a) Em qual pessoa verbal as frases são estruturadas?

b) Quais pronomes introduzem as partes do texto nomeadas como artigos?

c) Como esses pronomes são classificados?

d) Considerando a abrangência da Declaração Universal dos Direitos Humanos, qual é o efeito de sentido produzido pelo emprego desse tipo de pronome?

16. Releia o seguinte artigo da Declaração Universal dos Direitos Humanos:

Artigo 19

Todo ser humano tem direito à liberdade de opinião e expressão; este direito inclui a liberdade de, sem interferência, ter opiniões e de procurar, receber e transmitir informações e ideias por quaisquer meios e independentemente de fronteiras.

a) Consulte, em um dicionário, os diferentes significados do termo *fronteira*. Qual é o significado desse termo no Artigo 19?

b) Esse sentido é literal ou figurado? Justifique sua resposta.

ANOTE AÍ!

Em **textos normativos**, as palavras são usadas de modo preciso, evitando duplos sentidos para não causar dúvidas no leitor. Esses textos compõem, por exemplo, os gêneros normativos/jurídicos, como: **leis**, **declarações**, **tratados**, etc.

COMPARAÇÃO ENTRE OS TEXTOS

17. No capítulo 1, há trechos de um diário íntimo; neste capítulo, trechos de um texto normativo. Compare os dois gêneros e responda às questões.

a) Qual é o objetivo principal de cada gênero? A que público cada um se dirige?

b) Em que pessoa verbal se estrutura o diário íntimo? Qual é a diferença em relação ao texto normativo?

c) Em relação à linguagem empregada, qual é a diferença entre os dois textos estudados nesta unidade?

18. O que *O diário de Anne Frank* e a Declaração Universal dos Direitos Humanos têm em comum em relação ao conteúdo?

19. Alguns diários íntimos são publicados (como aconteceu com *O diário de Anne Frank*) e, com isso, tornam-se documentos históricos. A Declaração Universal dos Direitos Humanos também é considerada um documento. Em sua opinião, de que forma a divulgação e o conhecimento dessas publicações podem auxiliar na construção de um mundo mais humanizado?

CIDADANIA GLOBAL

COOPERAÇÃO ENTRE OS POVOS

Em 2023, a Declaração Universal dos Direitos Humanos completou 75 anos. Apesar de terem sido feitos progressos no estabelecimento de parcerias e de acordos entre as nações, ainda há muito a avançar em relação à conquista de justiça social. Converse com os colegas e o professor sobre as seguintes questões:

1. Você conhece ou já ouviu falar de algum acordo internacional assinado pelo Brasil? Se sim, qual?

2. Em sua opinião, qual é a importância prática e simbólica de acordos internacionais que visam ao bem-estar social, à paz e ao desenvolvimento sustentável do planeta?

LÍNGUA EM ESTUDO

PREDICADO NOMINAL, PREDICADO VERBAL E PREDICADO VERBO-NOMINAL

1. Releia este trecho da Declaração Universal dos Direitos Humanos.

> **Artigo 7**
> **Todos são iguais perante a lei** e têm direito, sem qualquer distinção, a igual proteção da lei.

- Na frase destacada, que palavra caracteriza o sujeito? Essa frase traz uma ação relacionada ao sujeito ou a uma característica dele?

2. Releia este outro trecho da Declaração.

> Considerando que os povos das Nações Unidas reafirmaram, na Carta [da ONU], sua fé nos direitos fundamentais do ser humano, na dignidade e no valor da pessoa humana e na igualdade de direitos do homem e da mulher e que decidiram promover o progresso social e melhores condições de vida em uma liberdade mais ampla,

- Nesse fragmento, há duas ações principais do sujeito, *os povos das Nações Unidas*. Quais trechos e formas verbais indicam essas ações?

Na atividade **1**, é possível identificar que o verbo *ser* estabelece a ligação entre o sujeito e uma expressão que o caracteriza. O verbo com essa função é chamado de **verbo de ligação**, e a expressão, ligada ao sujeito pelo verbo, é considerada **predicativo do sujeito**. Essa estrutura, verbo de ligação + predicativo do sujeito, forma o **predicado nominal**. Já na atividade **2**, os verbos são **significativos**, pois indicam ações relacionadas ao sujeito, constituindo, dessa maneira, o **predicado verbal**.

ANOTE AÍ!

O **predicado nominal** tem como núcleo um **predicativo do sujeito**, que se liga ao sujeito por meio do **verbo de ligação**.

O **predicado verbal** tem como núcleo um **verbo significativo**, que pode ser intransitivo, transitivo direto, transitivo indireto ou transitivo direto e indireto.

3. Leia, a seguir, mais um trecho da Declaração.

> Agora portanto a Assembleia Geral proclama a presente Declaração Universal dos Direitos Humanos como o ideal comum a ser atingido por todos os povos e todas as nações [...].

- O verbo *proclamar* é significativo ou de ligação? Explique.

Nesse trecho, o predicado da oração tem dois núcleos: a forma verbal *proclama* e a expressão *como o ideal comum a ser atingido*, que exprime uma característica do objeto direto, *a presente Declaração Universal dos Direitos Humanos*. Dessa forma, a expressão *como o ideal comum a ser atingido* é chamada de **predicativo do objeto**.

RELACIONANDO

No texto de um diário íntimo (gênero visto no primeiro capítulo), por haver um relato pessoal, há predominância de predicados nominais, já que eles estão associados à caracterização dos sujeitos, sendo, portanto, mais expressivos das subjetividades, dos sentimentos e das sensações.

Leia, a seguir, um trecho do diário de Anne Frank.

> *Sexta-feira, 21 de julho de 1944*
>
> Querida Kitty,
>
> [...] Não posso evitar, a perspectiva de voltar à escola em outubro está me deixando feliz demais para ser lógica! Ah, minha querida, não acabei de dizer que não queria antecipar as coisas? Perdão, Kittty, não é à toa que me chamam de feixe de contradições!
>
> [...]
>
> Anne Frank. *O diário de Anne Frank*. Edição definitiva por Otto H. Frank e Mirjam Pressler. Tradução de Alves Calado. 62. ed. Rio de Janeiro: Record, 2016. E-book.

▲ **Trecho do diário de Anne Frank.**

Agora, observe a análise sintática a seguir.

[...] a perspectiva de voltar à escola em outubro **(sujeito)** está **me** deixando **feliz** demais. **(predicado)** — **me** = objeto direto; **feliz** = predicativo do objeto.

No predicado dessa oração, há a locução verbal *está deixando*, cujo verbo principal é transitivo direto. Ela está acompanhada do objeto direto *me* e do predicativo do objeto *feliz*. Esse predicado tem dois núcleos: o verbo, que informa a ação do sujeito, e o predicativo, que exprime um estado do objeto direto.

A seguir, o predicado tem dois núcleos, o verbal e o nominal.

I. O nominal é um predicativo do sujeito e o verbal é *comemoraram*:

Os cidadãos **comemoraram** (verbo transitivo direto) a vitória **animados** (predicativo do sujeito). — predicado verbo-nominal

II. O nominal é um predicativo do objeto e o verbal é *julgaram*:

Os cidadãos **julgaram** (verbo transitivo direto) a guerra **desnecessária** (predicativo do objeto). — predicado verbo-nominal

ANOTE AÍ!

O **predicado verbo-nominal** apresenta dois núcleos: um verbo **significativo** e um **predicativo do sujeito** ou um **predicativo do objeto**.

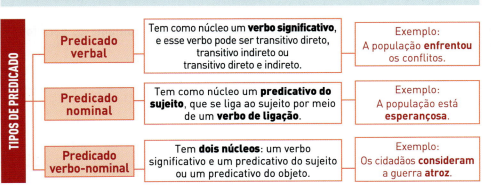

TIPOS DE PREDICADO		
Predicado verbal	Tem como núcleo um **verbo significativo**, e esse verbo pode ser transitivo direto, transitivo indireto ou transitivo direto e indireto.	Exemplo: A população **enfrentou** os conflitos.
Predicado nominal	Tem como núcleo um **predicativo do sujeito**, que se liga ao sujeito por meio de um **verbo de ligação**.	Exemplo: A população está **esperançosa**.
Predicado verbo-nominal	Tem **dois núcleos**: um verbo significativo e um predicativo do sujeito ou um predicativo do objeto.	Exemplo: Os cidadãos **consideram** a guerra **atroz**.

Acesse o recurso digital para revisar os tipos de predicado e responda: Qual é a diferença entre predicado nominal e predicado verbal? Exemplifique.

ATIVIDADES

Acompanhamento da aprendizagem

Retomar e compreender

1. Leia o poema a seguir, do poeta curitibano Paulo Leminski. Depois, responda às questões propostas.

> parem
> eu confesso
> sou poeta
>
> cada manhã que nasce
> me nasce
> uma rosa na face
>
> parem
> eu confesso
> sou poeta
>
> só meu amor é meu deus
> eu sou o seu profeta

Paulo Leminski. *Toda poesia*. São Paulo: Companhia das Letras, 2013. E-book.

a) Quais atributos o eu poético confere a si mesmo?
b) Que relação pode ser estabelecida entre esses dois atributos?
c) Que verbo é utilizado pelo eu poético para conferir atributos a si mesmo?
d) Quais são os verbos usados para expressar ações e acontecimentos?
e) Um desses verbos está em sentido figurado. Que verbo é esse?
f) Que tipos de predicado estão presentes no poema?
g) Qual é a relação entre o uso desses tipos de predicado e as informações expostas no poema?

2. O texto a seguir é um trecho do livro *O diário de Zlata*, escrito por Zlata Filipović durante a guerra da Bósnia e Herzegovina.

> Quarta-feira, 6 de janeiro de 1993
> *Dear* Mimmy,
> Está horrivelmente frio. O inverno se instalou na cidade para valer. Eu, que gostava tanto do inverno e esperava impacientemente que ele chegasse, agora o considero um hóspede indesejável em Sarajevo.

Zlata Filipović. *O diário de Zlata*. São Paulo: Companhia das Letras, 1994. E-book.

a) Sarajevo, cidade de Zlata, tem inverno intenso, sendo janeiro o mês mais frio. Que fato pode ter provocado na autora a mudança de sentimento em relação a essa estação?
b) Transcreva no caderno a oração em que Zlata revela sua opinião em relação ao inverno.
c) Como é classificado o verbo presente nessa oração?
d) Que tipo de predicado há nessa oração? Justifique.

Aplicar

3. As colunas a seguir apresentam verbos significativos e adjetivos. Combine-os para formar orações com predicado verbo-nominal.

Verbos significativos	Adjetivos
escutar	atento
atuar	concentrado
participar	confiante
subir	interessado

A LÍNGUA NA REAL

O PREDICADO VERBO-NOMINAL E A SÍNTESE DA INFORMAÇÃO

1. Leia a notícia a seguir e responda às questões propostas.

   ### Alemão julga resultado injusto e reclama de gols perdidos

   O zagueiro Alemão saiu de campo insatisfeito após a derrota do Santa Cruz para o Paysandu por 2 a 1, nesta terça-feira (8), no Arruda. O defensor coral considerou injusto o resultado e acredita que o Tricolor deveria sair de campo vencedor.

   "Se tivesse de sair um vencedor, seria a nossa equipe. Ficamos por 90 minutos em cima deles, mas em duas bolas eles fizeram os gols", lamentou Alemão.

   Clauber Santana. *LeiaJá*, 8 set. 2015. Disponível em: http://www.leiaja.com/esportes/2015/09/08/alemao-julga-resultado-injusto-e-reclama-de-gols-perdidos/. Acesso em: 4 abr. 2023.

   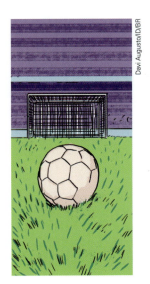

   a) Qual é a justificativa de Alemão para considerar injusto o resultado do jogo?
   b) Transcreva o trecho do título da notícia em que há a opinião do zagueiro.
   c) Analise sintaticamente cada um dos termos dessa oração.
   d) Nessa oração, há um predicado verbo-nominal. Considerando o contexto da notícia, caso fosse excluído o predicativo do objeto, a oração teria sentido? Explique.
   e) Considere o trecho do título indicado no item **b**. Indique a afirmação correta.
      I. Ao utilizar esse tipo de predicado, as informações são organizadas de modo que possibilitam ao leitor uma visão parcial e subjetiva sobre o fato: ele é informado de que o jogador avaliou o resultado injusto, mas não há explicação do porquê.
      II. Ao utilizar esse tipo de predicado, as informações são organizadas de modo que possibilitam ao leitor uma visão geral e, ao mesmo tempo, resumida sobre o fato: diz-se que o jogador avaliou o resultado e que o considerou injusto.

2. Agora, leia este trecho de uma notícia em que aparece o verbo *achar*.

   ### Advogada acha impossível acordo com presos ainda hoje

   A advogada Isleide Veloso Augusto [...] afirmou há pouco aos repórteres que estão no local que considera improvável um acordo com os presos ainda hoje. A afirmação foi feita depois que a advogada entrou no prédio e conversou com os detentos.

   Campo Grande News. Disponível em: https://www.campograndenews.com.br/cidades/advogada-acha-impossivel-acordo-com-presos-ainda-hoje-04-20-2008. Acesso em: 4 abr. 2023.

   a) Que verbo é utilizado como sinônimo de *achar*?
   b) Quais são os adjetivos relacionados aos verbos *achar* e *considerar*?
   c) A que substantivo esses adjetivos estão relacionados?
   d) Tais adjetivos exercem o papel de predicativo do objeto. Se os adjetivos fossem omitidos na notícia, a informação principal seria mantida? Qual é a relação entre o uso desse tipo de predicado e a síntese das informações?

> **ANOTE AÍ!**
> O **predicado verbo-nominal** expressa de **modo sintético**, em uma mesma oração, as informações referentes a cada um de seus núcleos: o **verbo significativo** e o **predicativo do sujeito** ou **do objeto**.

105

ESCRITA EM PAUTA

PARÔNIMOS

1. Leia os textos a seguir.

Campos naturais podem absorver uma grande quantidade de emissões de carbono

As florestas há muito são celebradas como heróis naturais na luta contra a crise climática. Elas são tão boas em absorver e armazenar dióxido de carbono que um consórcio de grupos ambientais está pedindo ao mundo que um trilhão de árvores sejam plantadas na próxima década.

No entanto, enquanto nós olhamos para cima, para a copa das árvores, em busca de soluções climáticas, alguns ativistas estão pedindo que olhemos para baixo, pois outra resposta está sob nossos pés.

Florestas, turfeiras, desertos e tundra podem absorver e manter estoques de dióxido de carbono (CO_2). De fato, de todo o carbono mantido em ecossistemas terrestres, cerca de 34% pode ser encontrado em campos de pastagem ou campos naturais (também chamados de campinas), de acordo com dados do World Resources Institute. É um pouco menos que os 39% mantidos nas florestas. [...]

Lauren Kent. *CNN Brasil*, 22 out. 2021. Disponível em: https://www.cnnbrasil.com.br/internacional/campos-naturais-podem-absorver-uma-grande-quantidade-de-emissoes-de-carbono/. Acesso em: 4 abr. 2023.

Falta de perícia em área com vestígios de degradação leva à absolvição de acusado de crime ambiental

Em razão da falta de perícia técnica ou de justificativa para não a realizar em área com vestígios de degradação ambiental, a Quinta Turma do Superior Tribunal de Justiça (STJ) absolveu um réu condenado a dois anos de detenção, em regime aberto, pela prática dos crimes ambientais previstos nos artigos 38 e 38-A da Lei 9.605/1998. [...]

No caso dos autos, o réu teria destruído região de floresta considerada de preservação permanente, parte dela localizada dentro da Mata Atlântica. A devastação teria ocorrido em cerca de quatro hectares de uma propriedade particular, onde haveria, inclusive, uma nascente. [...]

Superior Tribunal de Justiça. 19 out. 2019. Disponível em: https://www.direitonet.com.br/noticias/exibir/21783/Falta-de-pericia-em-area-com-vestigios-de-degradacao-leva-a-absolvicao-de-acusado-de-crime-ambiental. Acesso em: 4 abr. 2023.

a) De acordo com o primeiro texto, qual é a boa notícia relacionada aos campos de pastagem ou naturais?

b) Um dos verbos recorrentes nesse primeiro texto é *absorver*. No contexto apresentado, qual é o significado dele?

c) Explique a relação entre a recorrência desse verbo e o assunto abordado no primeiro texto.

d) De que trata o segundo texto?

e) No título e ao longo do segundo texto, aparece o verbo *absolver*. Qual é o significado dele nesse contexto?

> **ANOTE AÍ!**
>
> **Parônimos** são palavras que apresentam **significados diferentes**, embora sejam parecidas na **grafia** e/ou na **pronúncia**. É o caso das palavras *absorver* e *absolver*.

2. Leia e compare as definições destas palavras.

tráfego: trânsito de veículos	**tráfico**: comércio ilegal
inflação: alta dos preços	**infração**: violação
descrição: ato de descrever	**discrição**: qualidade de quem é discreto
eminente: elevado, excelente	**iminente**: algo que está prestes a acontecer
dispensa: isenção, licença	**despensa**: compartimento onde se guardam mantimentos

- Agora, copie no caderno as frases a seguir e complete-as utilizando o termo adequado.

a) A ★ cientista ganhou o prêmio Nobel.
b) Os alimentos foram colocados na ★.
c) O ★ nas estradas foi intenso durante o feriado.
d) O menino agia com ★ e cautela.
e) O ★ foi combatido naquele país.
f) Aquele era um perigo ★.
g) A ★ superou todas as marcas históricas.
h) Os estudantes fizeram boas ★ na produção de texto.
i) Como estava doente, o funcionário recebeu ★ para ir ao médico.
j) Estacionar em local proibido é considerado uma ★ às leis de trânsito.

3. Leia as definições a seguir. Depois, elabore no caderno um parágrafo em que haja, ao menos, cinco dessas palavras.

descriminar: tirar a culpa, absolver de crime, inocentar	**discriminar**: diferenciar, distinguir
flagrante: evidente, incontestável	**fragrante**: perfumado, aromático
fluir: correr em estado líquido	**fruir**: desfrutar, usufruir
soar: produzir som, emitir som	**suar**: transpirar
retificar: corrigir, emendar	**ratificar**: validar, confirmar, comprovar

ETC. E TAL

A expansão da língua inglesa após a Segunda Guerra Mundial

A cultura estadunidense exerceu grande influência no mundo ocidental após o término da Segunda Guerra Mundial, pois os Estados Unidos da América começaram a exercer poder hegemônico sobre o Ocidente. A partir da expansão da economia estadunidense, diversos países passaram a modificar hábitos e costumes, e as cidades cresceram à medida que as indústrias passaram a se instalar próximas às metrópoles dos países subdesenvolvidos.

A língua inglesa, então, começou a fazer parte do cotidiano de boa parte da população ocidental. No Brasil, não foi diferente. Muitas das palavras em inglês estão relacionadas à tecnologia e a áreas do trabalho. Veja na imagem alguns exemplos de palavras que não foram aportuguesadas e que são comuns em nosso dia a dia. Que outras palavras em inglês você conhece ou costuma usar?

Gustavo Pedrosa/ID/BR

CAPÍTULO 3
DE OLHO NO ESPAÇO PÚBLICO

O QUE VEM A SEGUIR

As petições *on-line* são documentos criados por pessoas ou grupos para apresentar reivindicações a autoridades, órgãos públicos ou empresas que podem agir para solucionar o problema. Para ter mais força, elas buscam o maior número de assinaturas daqueles que concordam com as reivindicações. Veja o título desta petição. Provavelmente, ela visa representar os interesses de quem?

TEXTO

O Povo Yanomami precisa de acesso à Saúde

Secoya Yanomami criou este abaixo-assinado para pressionar Secretaria Especial de Saúde Indígena – Sesai e 2 outros

Maior reserva indígena do Brasil, a Terra Indígena Yanomami tem 9,6 milhões de hectares entre os estados de Roraima e Amazonas, onde vivem mais de 27 mil indígenas espalhados em cerca de 331 comunidades. Mais de 32% dessa população vive no Amazonas, onde está localizado 42% do território total da TI. Toda essa população depende do atendimento do Distrito Sanitário Especial Indígena (DSEI) Yanomami, baseado em Boa Vista (Roraima).

Crianças morrem por verminoses e desnutrição. Idosos são raros, uma vez que a idade média de vida é baixa diante de tantas doenças que acometem um Yanomami ao longo da vida. A malária é a principal delas.

Remoções de emergência, envio de medicamentos, vacinas e demais atendimentos têm logística e custos ampliados por conta da distância, o que coloca em risco a vida e o futuro da população Yanomami. A falta de um atendimento mais próximo é um problema que não foi resolvido com a instauração de polos base seja pela falta de autonomia, seja pelo atendimento voltado apenas ao primeiros socorros e prevenção.

A Secoya apoia a criação de um Subdistrito de Saúde Indígena Yanomami no Amazonas para que essa população tenha direito à vida! Apoie você também essa causa: vamos pressionar a Sesai a criar, dentro da estrutura administrativa, um Subdistrito de saúde a fim de atender os Yanomami que vivem no Amazonas. Não queremos a divisão do Dsei, somos um único povo! Queremos acesso à Saúde!

37.611 pessoas já assinaram. Ajude a chegar a 50.000!

Com 50.000 assinaturas, esta petição se torna uma das **mais assinadas na Change.org!**

Eduarda G. assinou este abaixo-assinado

Kathryn R. assinou este abaixo-assinado

Assinar este abaixo-assinado

Nome

Sobrenome

E-mail

País

Cidade

Assinar este abaixo-assinado

> **Secoya:** sigla de Associação Serviço e Cooperação com o Povo Yanomami, organização não governamental que atua desde 1991.
>
> **Sesai:** sigla de Secretaria Especial de Saúde Indígena. Criado em 2010, esse órgão do Ministério da Saúde é responsável por coordenar e executar a Política Nacional de Atenção à Saúde dos Povos Indígenas.
>
> **subdistrito:** parte de um distrito que apresenta certa autonomia administrativa.
>
> **TI:** sigla de Terra Indígena.

Secoya Yanomami. Petição *on-line*. Change.org/Reprodução. Disponível em: https://www.change.org/p/secretaria-especial-de-sa%C3%BAde-ind%C3%ADgena-sesai-o-povo-yanomami-precisa-de-acesso-%C3%A0-sa%C3%BAde?source_location=petitions_browse. Acesso em: 4 abr. 2023.

TEXTO EM ESTUDO

PARA ENTENDER O TEXTO

1. A hipótese que você formulou anteriormente foi confirmada após a leitura?
2. Na parte inicial da petição, há indicação de quem a criou e a quem ela é dirigida.
   a) Quem criou essa petição?
   b) Nem todas as instituições a quem o documento se dirige estão identificadas no texto, como pode ser percebido no trecho que diz que a petição é direcionada à "Secretaria Especial de Saúde Indígena (Sesai) e 2 outros". De que forma o leitor pode identificar quem são esses outros destinatários?
3. Ao realizar a ação necessária para identificar todos os destinatários dessa petição, o leitor verá esta informação:

   a) Busque informações sobre as atribuições do Ministério Público Federal e registre no caderno um resumo dessa investigação.
   b) Qual é a relação entre o título "Quem Decide" e as instituições listadas como destinatárias da petição?
   c) Em sua opinião, por que a petição se dirige a mais de um destinatário?
4. Antes de ser enviada aos destinatários nomeados no texto, a petição é compartilhada com o público. Quem é esse público?

> **ANOTE AÍ!**
>
> Os autores de petições *on-line* esperam que o maior número de pessoas assine e divulgue o documento. Essas pessoas são conhecidas como **signatários**, termo que indica aqueles que assinam um texto para expressar sua concordância com as ideias que ele expõe.

5. Releia o primeiro parágrafo da petição para responder às questões a seguir.
   a) Que dados apresentados nesse parágrafo reforçam a dimensão da população Yanomami no território brasileiro?
   b) Qual é o percentual da população Yanomami que vive no estado do Amazonas?
   c) Que outro dado expressa o tamanho da presença Yanomami no Amazonas?
   d) Apenas parte desse povo vive no Amazonas. As demais comunidades encontram-se em qual estado?
   e) Qual é a dificuldade enfrentada pela população Yanomami que vive no Amazonas em acessar serviços de saúde?
6. O texto apresenta problemas de saúde enfrentados pelos Yanomami.
   a) Quais são esses problemas?
   b) De acordo com o texto, qual é a possível causa desses problemas?
   c) Ao citar os problemas, menciona-se que alguns serviços de saúde atendem a população Yanomami no próprio Amazonas. Que serviços são esses?
   d) Esses serviços atendem a todas as necessidades da população? Por quê?

PARA EXPLORAR

Página Povos Indígenas no Brasil
Para conhecer mais sobre o povo Yanomami, visite a página Povos Indígenas no Brasil. Nela, há informações, gráficos, mapas, fotografias e notícias sobre a história e a vida dos indígenas que vivem no Brasil.
Disponível em: https://pib.socioambiental.org/pt/Povo:Yanomami. Acesso em: 4 abr. 2023.

7. Releia a parte final do texto.

a) Qual é a reivindicação dessa petição?

b) Essa reivindicação se relaciona com as informações, os exemplos e as afirmações apresentadas no texto? Explique.

> **ANOTE AÍ!**
>
> Para fortalecer a **argumentação**, o autor, que procura **convencer o leitor** de algo, pode apresentar dados numéricos e informações objetivas de forma a comprovar a legitimidade da solicitação. Esse procedimento é conhecido como **argumento de prova concreta**. Na petição *on-line*, o uso desse recurso funciona como uma estratégia para comprovar a relevância da reivindicação apresentada e convencer os leitores a assinar o documento, além de reforçar junto às autoridades responsáveis a necessidade de atender à solicitação.

O CONTEXTO DE PRODUÇÃO

8. A petição em estudo encontra-se em uma página da internet especializada em publicar e divulgar textos de reivindicação. Observe a imagem ao lado.

a) Que dados numéricos estão apresentados?

b) Além deles, que outra informação está presente nessa parte do texto?

c) Qual é a relevância de todas essas informações?

37.611 pessoas já assinaram.
Ajude a chegar a 50.000!

Com 50.000 assinaturas, esta petição se torna uma das **mais assinadas na Change.org!**

Eduarda G. assinou este abaixo-assinado

Kathryn R. assinou este abaixo-assinado

9. Agora, volte ao texto e observe as outras informações presentes na margem direita para responder às questões a seguir.

a) Os campos a serem preenchidos são destinados aos dados de quem?

b) Na parte inferior, há um item em destaque. Que item é esse e o que ele indica?

10. No *site*, há espaço para comentários dos internautas. Veja estes exemplos.

Motivos para assinar

Edelson Rocha há 1 ano

Pois os povos nativos merecem todo o respeito.

♡ 4 · Denunciar

DURVAL JOSÉ PEREIRA FIGUEIREDO há 1 ano

É uma questão de se fazer justiça aos verdadeiros brasileiros.

♡ 2 · Denunciar

Ver todos os motivos

a) Você acha interessante que exista um espaço para comentários? Por quê?

b) Que ícone permite ao leitor interagir com os comentários? O que ele indica?

11. Em relação ao meio de publicação e circulação da petição *on-line*, responda:

a) A publicação da petição em uma página na internet é um fator que restringe o público-alvo?

b) Quais as vantagens de uma petição *on-line* em relação a uma publicada em mídia impressa?

A LINGUAGEM DO TEXTO

12. Releia este trecho da petição *on-line*.

> Secoya Yanomami criou este abaixo-assinado para pressionar Secretaria Especial de Saúde Indígena - Sesai e 2 outros

a) Que expressão introduz a finalidade da petição?

b) Que verbo aparece na expressão identificada no item *a*? Localize outro trecho da petição em que esse mesmo verbo é utilizado.

c) Qual é o sentido desse verbo nos dois contextos?

d) O uso dessa expressão mais coloquial pode produzir que efeito de sentido no texto?

13. Releia a seguir o parágrafo inicial da petição *on-line*.

> Maior reserva indígena do Brasil, a Terra Indígena Yanomami tem 9,6 milhões de hectares entre os estados de Roraima e Amazonas, onde vivem mais de 27 mil indígenas espalhados em cerca de 331 comunidades. Mais de 32% dessa população vive no Amazonas, **onde** está localizado 42% do território total da TI. **Toda essa população** depende do atendimento do Distrito Sanitário Especial Indígena (DSEI) Yanomami, baseado em Boa Vista (Roraima).

a) O pronome em destaque faz referência a quê?

b) A expressão em destaque retoma qual informação?

c) Qual é a relevância desses termos destacados para a progressão das informações no texto?

14. Releia o último parágrafo da petição e responda às questões.

> A Secoya apoia a criação de um Subdistrito de Saúde Indígena no Amazonas para que essa população tenha direito à vida! Apoie você também essa causa: vamos pressionar a Sesai a criar, dentro da estrutura administrativa, um Subdistrito de saúde a fim de atender os Yanomami que vivem no Amazonas. Não queremos a divisão da Dsei, somos um único povo! Queremos acesso à saúde!

a) Nesse trecho, predomina o uso de qual pessoa do discurso? Exemplifique.

b) No restante do texto, que pessoa do discurso é usada de forma predominante?

c) Essa mudança de pessoa do discurso ao longo da petição não é casual. Explique o efeito de sentido que ela causa no texto.

d) Em "Apoie você também essa causa", o verbo está no modo imperativo. Relacione o uso desse modo verbal com o objetivo desse trecho.

15. Ao longo da petição, há a predominância de verbos flexionados no tempo presente. Sobre essa recorrência, é correto afirmar que:

I. ela se justifica pelo fato de a petição apresentar previsões sobre o futuro da população Yanomami com base no contexto atual.

II. ela ocorre em função de a petição apresentar dados e informações sobre a situação dos Yanomami no período em que a reivindicação foi escrita.

III. ela é utilizada para relacionar fatos ocorridos em um passado recente, como a dificuldade de acesso dos Yanomami a serviços de saúde, ao contexto atual.

AGORA É COM VOCÊ!

PETIÇÃO *ON-LINE*

Proposta

Você e os colegas vão se organizar em grupos para produzir uma petição *on-line* a fim de reivindicar melhorias na estrutura escolar ou no entorno da escola, conforme julgarem necessário. Depois, vão publicar o texto em um *site* especializado em petições. Quando a coleta de assinaturas terminar, a petição será encaminhada à pessoa ou ao órgão que poderá atender à solicitação apresentada por vocês, como a direção da escola, a prefeitura, a subprefeitura ou o departamento de trânsito.

GÊNERO	PÚBLICO	OBJETIVO	CIRCULAÇÃO
Petição *on-line*	Comunidade escolar e órgão responsável	Reivindicar melhoria na estrutura escolar ou no entorno da escola à direção da escola ou ao órgão responsável	Plataforma de petições *on-line*

Planejamento e elaboração de texto

1 Elaborem uma enquete sobre prioridades e problemas da escola ou do entorno escolar, organizando uma lista de categorias para que os entrevistados votem na que considerarem mais importante a ser abordada na petição *on-line*.

- Na escola, podem ser abordados pontos como infraestrutura, acessibilidade e serviços complementares (como alimentação, coleta de lixo e limpeza).
- No entorno escolar, podem-se questionar sinalização, existência de faixas de pedestres e semáforos, obstáculos à circulação, iluminação pública, segurança, entre outros.

2 Em seguida, realizem a enquete. Vocês devem levar a pergunta e as alternativas impressas e apresentá-las ao maior número possível de pessoas da comunidade escolar, para que o tema da petição *on-line* reflita uma necessidade coletiva. Anotem o nome e o *e-mail* de cada entrevistado.

3 Calculem a quantidade de vezes que cada alternativa foi escolhida pelos entrevistados. O tema da petição *on-line* será a alternativa mais indicada.

4 Depois de definido o tema, organizem-se em grupos para criar a petição. Busquem se informar sobre o problema por meio de textos assinados por órgãos, instituições ou pessoas relevantes no assunto que será abordado na petição. Façam uma seleção de argumentos de autoridade, isto é, argumentos que têm como base discursos de especialistas no assunto, os quais poderão auxiliar no embasamento da sua reivindicação.

5 Elaborem o texto com a reivindicação, expondo o problema e a proposta de solução. Priorizem soluções factíveis e que não envolvam grande investimento ou intervenções radicais. Não se esqueçam de citar trechos dos textos lidos que considerem relevantes para reforçar os argumentos de vocês e de explicar os benefícios da proposta apresentada.

6 Ao longo do texto, prestem atenção às especificidades da linguagem da petição, tais como formalidade e uso da 1ª pessoa do plural e dos pronomes de tratamento adequados.

7 A estrutura da petição *on-line* deve conter:

- título;
- destinatários;
- local e data;
- corpo do texto (com identificação do problema, argumentação, proposta de solução e convite ao leitor para se engajar na causa e assinar a petição);
- assinatura.

8 Se o grupo considerar pertinente, podem ser incluídas fotografias na petição para ajudar o leitor a visualizar o problema. Elas são particularmente úteis para mostrar alguma estrutura danificada ou deteriorada ou para comprovar a necessidade de instalação de algum equipamento.

9 Façam a primeira versão do texto da petição *on-line*.

10 Criem uma lista com todos os *e-mails* anotados das pessoas entrevistadas pela turma. Eles serão utilizados para a propagação inicial da petição *on-line*.

11 Estabeleçam a quantidade de assinaturas que vocês pretendem arrecadar.

Avaliação e reescrita do texto

1 Os grupos devem trocar o texto da petição *on-line* uns com os outros, de forma que cada grupo analise a produção dos colegas. Leiam a petição, avaliando-a de acordo com as perguntas do quadro a seguir.

ELEMENTOS DA PETIÇÃO *ON-LINE*
A petição apresenta título, destinatários, local, data, corpo do texto (com identificação do problema, argumentação, proposta de solução e convite a se engajar) e assinatura?
O motivo da reivindicação da petição está evidente? A proposta de solução é factível?
O texto apresenta argumentos de autoridade?
As especificidades da linguagem foram atendidas (formalidade, uso da 1ª pessoa do plural e de pronomes de tratamento adequados)?

2 Troquem as avaliações entre si para que cada grupo leia o que foi anotado sobre sua petição *on-line*.

3 Caso necessário, reescrevam o texto, corrigindo os problemas levantados.

Circulação

1 Após a avaliação e a reescrita do texto, elaborem a versão final da petição *on-line*, que deverá ser digitada.

2 Publiquem a petição em um *site* de petições *on-line*, com o suporte e a orientação do professor.

3 Enviem o *link* da petição para a lista de *e-mails* que vocês criaram, certificando-se de que eles foram digitados corretamente.

4 Após conseguirem arrecadar o número de assinaturas anteriormente determinado, encaminhem a petição *on-line*, com as assinaturas, ao órgão ou à pessoa responsável.

ATIVIDADES INTEGRADAS

O texto a seguir faz parte do livro *O diário de Lena: a história real de uma adolescente durante a Segunda Guerra*. Esse diário, escrito por Lena Mukhina, na época com 16 anos, relata o cerco a Leningrado (União Soviética), atual São Petersburgo (Rússia), realizado pelos nazistas em 1941. Esse cerco é considerado um dos eventos mais dramáticos da história contemporânea, em que mais de 700 mil civis morreram de fome e exaustão, entre outros problemas relacionados à guerra. Leia o trecho a seguir e faça o que se pede.

16 de outubro [de 1941]

Começou o inverno. Ontem caiu a primeira neve. A pressão dos alemães contra nós parece um muro intransponível. Consultar um mapa se tornou assustador. As últimas notícias são terríveis. Nosso exército abandonou Mariupol, Briansk, Viazma. Combates intensos são travados na direção de Kalinine. Isso não quer dizer que se deva considerar a cidade de Kalinine tomada. O que se passa é realmente assustador. Viazma fica a 150 quilômetros de Moscou. Isso significa que os alemães estão a 150 quilômetros de Moscou. Pela primeira vez, declarou-se o seguinte no rádio: "A situação é difícil na frente oeste. Os alemães concentraram uma quantidade enorme de tanques e tropas de infantaria motorizada, atravessando nossa fronteira. Nosso exército recuou, sofrendo perdas imensas". Foi o que nos comunicou o rádio. Nunca se havia noticiado qualquer coisa assim.

Estamos aterrorizados. Com a impressão de que não teremos mais dias radiosos pela frente. Não viveremos até os dias radiosos e alegres do mês de maio.

▲ Capa do livro de Lena Mukhina.

Os alemães com certeza vão transformar Leningrado num campo em ruínas, para depois ocupá-la. Todos que conseguirem fugir terão que viver nas florestas, onde pereceremos, morreremos de frio, de fome ou simplesmente seremos mortos.

Sem dúvida, é um inverno assustador que começa para milhares de pessoas, com frio e fome. Hoje Tamara virá me ver, vamos praticar nosso inglês com Aka. Amanhã volto ao trabalho. Lá também as coisas não estão nem um pouco fáceis. Anetchka morreu e mais outras duas mulheres. Durante quase todo meu último plantão estive junto ao leito de uma moribunda.

Quase não notei Valeri: aparentemente não vai trabalhar conosco. Estava num corredor, sem o avental, e não o reconheci. Ele é que me cumprimentou. É um bom rapaz: pena que tenhamos nos conhecido de maneira tão rápida.

Hoje, enquanto dormia, e ontem, durante o dia, sonhei com Vovka. Como se tivesse vindo me ver, estava completamente nu e faminto: dei de comer e alguma roupa. Ele agradeceu e disse que somente agora tinha consciência da importância de uma amiga de verdade. Depois, alguém me perseguia com uma faca. Estava quase me alcançando, isso se passava na praça, no outono, e de repente vi Vovka com os rapazes da nossa sala. Estava salva. E sonhei com um monte de coisas mais. [...]

Lena Mukhina. *O diário de Lena*: a história real de uma adolescente durante a Segunda Guerra. Tradução de Jorge Bastos. São Paulo: Globo Livros, 2015. *E-book*.

Acompanhamento da aprendizagem

Analisar e verificar

1. Ao longo do trecho, é relatado um fato que explica a apreensão de Lena em relação ao futuro próximo.

   a) Qual é esse fato e onde ele foi noticiado?

   b) Em relatos de diários, é comum a apresentação de elementos que vão além da descrição dos fatos. Isso se aplica ao relato de Lena? Explique.

2. Mesmo diante da situação vivenciada, Lena tenta manter a rotina em seu dia a dia. Que fatos relatados confirmam essa afirmação?

3. Ao longo do texto, são mencionadas algumas cidades.

   a) Quais são elas?

   b) Considerando que uma dessas cidades é a capital da Rússia atualmente, qual é a relevância dessa informação para o leitor?

4. Releia os trechos a seguir.

   > I. Ontem caiu a primeira neve. A pressão dos alemães contra nós parece um muro intransponível.

   > II. As últimas notícias são terríveis. Nosso exército abandonou Mariupol, Briansk, Viazma.

   a) Nos trechos I e II estão presentes dois tipos de predicado. Identifique e classifique os predicados de cada uma das orações.

   b) Considerando as informações veiculadas pelas orações, qual é a relação entre o uso desses predicados e o conteúdo expresso em diários?

5. Leia a frase a seguir, retirada de outro trecho de *O diário de Lena*.

   > É verdade que, quando não conhecia bem Tamara, também a achava entediante e pouco falante. Mas agora, com nossa aproximação, nos falamos o tempo todo e sem procurar assunto.

   > Lena Mukhina. *O diário de Lena*: a história real de uma adolescente durante a Segunda Guerra. Tradução de Jorge Bastos. São Paulo: Globo Livros, 2015. *E-book*.

   a) Que opinião Lena expressou sobre Tamara, quando não a conhecia bem?

   b) Que termos da oração possibilitam ao leitor o acesso a essa informação? Qual é a classificação sintática desses termos?

6. Ao longo do relato, é possível identificar sentimentos de Lena relacionados ao contexto em que vivia. No caderno, liste alguns desses sentimentos e transcreva trechos do texto para exemplificar cada um deles.

Criar

7. Coloque-se no lugar de Lena após o fim da Segunda Guerra Mundial e pense no que ela poderia escrever sobre o término desse evento. No caderno, escreva uma página de diário como se fosse ela.

DIÁRIO DE LENA

O diário foi descoberto nos anos 1990 nos arquivos de Leningrado (atual São Petersburgo), onde foi originalmente escrito. Foi iniciado em 22 de maio de 1941 e interrompido em 25 de maio de 1942. Lena sobreviveu ao cerco e à Segunda Guerra Mundial. Terminado o conflito, ela iniciou os estudos em Artes e desenvolveu trabalhos como ilustradora e outras atividades relacionadas ao desenho. Lena Mukhina morreu em Moscou em 1991, aos 67 anos, após uma vida anônima.

CIDADANIA GLOBAL
UNIDADE 3

17 PARCERIAS E MEIOS DE IMPLEMENTAÇÃO

Retomando o tema

Nesta unidade, você e seus colegas discutiram sobre acordos criados por órgãos e instituições para assegurar direitos e evitar conflitos. Agora, vão refletir sobre regras de convivência que podem ser estabelecidas no espaço escolar com o intuito de criar um ambiente seguro e saudável para todos. Em grupos, selecionem e analisem documentos que estabelecem normas para o convívio social, como convenções de condomínio, clube, etc. No dia combinado com o professor, apresentem para a turma os documentos analisados e discutam estas questões:

1. Esses documentos têm como objetivo facilitar a relação entre pessoas? Em caso afirmativo, isso se refere a algo a longo ou a curto prazo?
2. Os objetivos atendem a interesses particulares ou coletivos?
3. Para alcançar essa meta, o comprometimento é importante? Por quê?

Geração da mudança

Com o auxílio do professor, verifiquem se na escola há algum documento institucional que sintetize as normas e os princípios de convivência entre estudantes nesse espaço. Caso exista, cada grupo deverá fazer uma leitura atenta desse documento, refletindo se ele está adequado a seu propósito ou se há necessidade de mudanças (exclusão, acréscimo, etc.). Caso não exista, cada grupo deverá elaborar uma página com normas e princípios de convivência visando ao bem comum.

No dia combinado, cada grupo apresentará sua proposta aos demais e, juntos, vocês deverão construir um **único documento para a turma**. É importante que todos os grupos se sintam representados em suas demandas e que esse processo de construção seja marcado pela colaboração e pelo respeito.

Ao final, o documento deverá ser afixado em lugar de destaque na sala de aula, a fim de facilitar a consulta a ele, e compartilhado em redes sociais ou grupos de comunicação digital, para que a comunidade escolar possa consultá-lo.

Autoavaliação

Estela Carregalo/ID/BR

116

VERBETE DE ENCICLOPÉDIA E DISSERTAÇÃO ACADÊMICA

UNIDADE 4

PRIMEIRAS IDEIAS

1. Se você fosse um pesquisador, que materiais utilizaria para se informar a respeito da história do Egito Antigo? Por quê?
2. Em sua opinião, é mais adequado veicular uma pesquisa científica em um verbete de enciclopédia ou em uma dissertação acadêmica?
3. A frase "Tenho vontade" está com sentido completo? Explique.
4. Qual é a diferença entre as expressões destacadas em: "Ele realizou *o projeto*" e "A realização *do projeto* foi feita por ele"?

Conhecimentos prévios

Nesta unidade, eu vou...

CAPÍTULO 1 — Informação a um clique

- Ler e interpretar texto do gênero verbete de enciclopédia, identificando suas características.
- Reconhecer a água como um direito humano indispensável à vida.
- Conhecer um sistema de escrita não alfabético (escrita hieroglífica).
- Identificar a função do complemento nominal em orações.
- Realizar pesquisa e apresentar seminário.

CAPÍTULO 2 — Pesquisa e dissertação

- Ler e interpretar trecho de dissertação acadêmica, percebendo sua estrutura e a linguagem utilizada.
- Refletir sobre a importância das relações interpessoais em trabalhos coletivos.
- Identificar e analisar as funções do complemento nominal, do objeto indireto e do adjunto adnominal.
- Empregar adequadamente *s* e *z* em palavras com terminações *-ez*, *-eza*, *-ês*, *-esa*.
- Produzir resenha de um artigo científico.

INVESTIGAR

- Investigar e divulgar os resultados de pesquisa realizada com diferentes grupos da comunidade escolar.

CIDADANIA GLOBAL

- Refletir sobre o uso da água na vida diária e na escola.
- Realizar uma auditoria na escola para promover o consumo responsável desse recurso natural.

LEITURA DA IMAGEM

1. Nesta foto, o que é possível visualizar às margens do rio Nilo?
2. O que se vê na parte superior da imagem?
3. O rio Nilo é um dos rios mais extensos do mundo e foi essencial para o desenvolvimento da civilização egípcia. No entanto, mesmo com toda a sua extensão, a região onde está localizado apresenta dificuldade de acesso à água potável. Por que você imagina que isso acontece? Discuta com os colegas.

CIDADANIA GLOBAL

Cerca de 70% da superfície do planeta Terra é composta de água, recurso natural essencial para nossa vida. Dos 70%, apenas 2,5% são de água doce, a maior parte dela formando geleiras. Muitas vezes, a má gestão desse recurso finito faz com que bilhões de pessoas sofram com a falta de água potável e condições sanitárias inadequadas.

- Em sua opinião, de que modo as ações humanas são responsáveis pela crise hídrica no planeta? Justifique sua resposta.

Acesse o recurso digital para ver sugestões de como transformar os desafios relacionados à água em oportunidades para repensar ações. Quais ações são sugeridas? Qual é a importância dessas atitudes no cenário atual?

Vista aérea de trecho da cidade de Luxor, no Egito, com destaque para o rio Nilo. Foto de 2022.

CAPÍTULO 1
INFORMAÇÃO A UM CLIQUE

O QUE VEM A SEGUIR

Neste capítulo, você vai conhecer um pouco da cultura egípcia ao ler o verbete "antigo Egito", da enciclopédia *Britannica Escola*. Observe o título do verbete e as imagens que o acompanham. Leia também os intertítulos nas tarjas amarelas nesta e nas páginas seguintes. Em sua opinião, que informações serão apresentadas em cada uma dessas partes? Em seguida, leia o texto.

TEXTO

antigo Egito

Introdução

Há cerca de 5 mil anos, começou no vale do **rio Nilo**, no nordeste da **África**, a civilização do Egito Antigo, uma das primeiras do mundo e também uma das mais famosas da história. Os egípcios antigos construíram enormes **pirâmides**, templos, palácios e túmulos. Seus entalhes e **pinturas** estão entre os mais esplêndidos que já foram criados. Esse povo também reproduziu na arte cenas simples de trabalho e diversão cotidianas que revelam muitos detalhes da sua vida.

O clima seco do Egito ajudou a preservar muitas das coisas feitas pelos egípcios antigos. Os **arqueólogos** começaram a descobrir os restos dessa civilização no final do século XVIII. Por meio deles, os historiadores foram capazes de aprender muita coisa sobre o mundo dos egípcios antigos.

▲ As pirâmides de Gizé, no Egito. No grupo, está a Grande Pirâmide, a maior de todas, construída para o rei Quéops em 2550 a.C.

Continua

antigo Egito

A vida no Egito Antigo

▲ Pintura egípcia num túmulo de 1450 a.C. que mostra um funcionário (à esquerda) com uma vara para medir a profundidade do oceano (uma antiga forma de batimetria).

As aldeias e as cidades do Egito Antigo ficavam próximas do rio Nilo, que era a principal via de locomoção e transporte e também a única fonte de água. A região do Egito Antigo era muito seca, mas o Nilo vinha de outras terras em que as **chuvas** eram mais abundantes. Todo ano, a água dessas chuvas vinha pelo curso do rio e acabava por inundar as terras do Egito. Depois, quando a água voltava ao leito do rio, deixava para trás uma lama rica. Os egípcios plantavam **trigo** e **centeio** na lama, além de frutas e hortaliças, usando **irrigação** (canais de água).

As casas do Egito Antigo eram feitas de **tijolos** de barro. Tinham janelas pequenas e o chão forrado de palha. As paredes eram frequentemente decoradas com pinturas.

As roupas eram simples, em razão do clima quente. O tecido mais utilizado era o linho branco, feito com o fio obtido da planta que tem esse mesmo nome. A roupa comum dos homens era uma saia de linho e às vezes uma veste. As mulheres usavam um vestido reto, simples, que ia até o tornozelo.

Um dos feitos mais admiráveis dos egípcios antigos foi a sua escrita. A primeira escrita egípcia foi um sistema de figuras chamado **hieróglifos**. Por volta de 3100 a.C., os egípcios já usavam esse tipo de escrita. Eles cortavam ou pintavam os símbolos nas paredes de túmulos e templos. Posteriormente, desenvolveram formas curvas de escrita, mais simples. Os egípcios usavam essas formas para escrever no **papiro**, um material semelhante ao **papel**, feito de uma planta.

Os egípcios antigos adoravam muitos deuses. O principal deus do sol era **Rá** (ou Re). Cada cidade tinha os seus próprios deuses especiais. Quando a cidade de Tebas adquiriu maior importância, o mesmo aconteceu com Amon, seu deus especial. Com o passar do tempo os egípcios fundiram Amon e Rá: Amon-Rá era considerado o rei dos deuses.

Osíris, um deus dos mortos, era outra divindade importante, porque os egípcios acreditavam na vida depois da morte. As famílias egípcias ricas enchiam os túmulos de coisas que supostamente os mortos usariam na outra vida.

Os egípcios usavam sal e produtos químicos para preservar os cadáveres como **múmias**. Eles conservavam como múmias até animais, como **gatos**, **íbis** e **crocodilos**. Múmias de pessoas importantes estão em caixões decorados, chamados sarcófagos. O caixão do rei **Tutancâmon** (ou Tutankhamen) era de **ouro** maciço.

antigo Egito

História

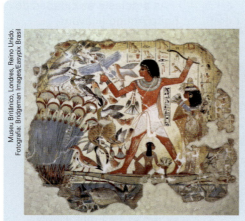

▲ Detalhe da pintura mural de um túmulo de Tebas, no Egito, de cerca de 1450 a.C., exposto no Museu Britânico, em Londres, no Reino Unido.

Os primórdios do Egito

As margens do rio Nilo são habitadas há pelo menos 10 mil anos. O vale estreito do Nilo já foi pantanoso e tomado por árvores, junco e papiro (uma planta alta, parecida com o junco). Aos poucos, o povo acabou com os **pântanos** e construiu aldeias, aprendeu a plantar culturas e cuidar delas, e por fim organizou dois reinos: o Alto Egito e o Baixo Egito. O Alto Egito ocupava o vale estreito do rio, ao sul. O Baixo Egito ficava ao norte, no largo delta (área triangular) onde o rio se lança no mar.

Por volta do século XX a.C., um rei chamado Menés uniu as duas partes do Egito. Menés fundou a cidade de Mênfis para ser a capital do reino. Essa cidade ficava próxima do **Cairo**, a capital do atual **Egito**.

O Antigo, o Médio e o Novo Impérios

Depois de Menés, muitos reis, chamados **faraós**, governaram o antigo Egito. Durante a longa história do país houve mais de trinta dinastias (famílias de governantes) de faraós. Os historiadores agruparam muitas dessas dinastias em três períodos importantes: o Antigo Império, o Médio Império e o Novo Império.

O Antigo Império estende-se de 2575 a 2130 a.C. Foi durante esse período que os egípcios construíram as suas grandes pirâmides. Perto delas, o povo instalou uma enorme **escultura**, a Grande Esfinge. A Esfinge tem rosto de homem e corpo de leão.

Depois de 2130 a.C., o Egito enfrentou guerras civis. O país ficou dividido até o ano de 1938 a.C. Então os governantes de Tebas, uma cidade do Alto Egito, derrotaram seus inimigos e unificaram o país. Com isso teve início o Médio Império, que durou até 1630 a.C. Durante esse tempo o Egito expandiu seu território.

Um segundo período de enfraquecimento seguiu-se ao Médio Império. Um povo asiático, os hicsos, invadiu o Egito e só foi expulso em 1539 a.C. Começou então o Novo Império, que durou até 1075 a.C.

Um faraó poderoso do Novo Império foi Tutmés III, que governou de 1479 a 1426 a.C. Durante o seu reinado, o Egito teve o apogeu do poder e da riqueza. Tutmés conquistou a **Síria**. Além disso, ordenou a construção de muitos túmulos e templos. Posteriormente, durante o Novo Império, os hebreus (ancestrais do povo **judeu**) deixaram o Egito, onde tinham sido **escravos**. Esse acontecimento, conhecido como Êxodo, provavelmente se deu entre 1279 e 1213 a.C., durante o reinado de Ramsés II. [...]

Antigo Egito. *Britannica Escola*, © 2022 by Encyclopædia Britannica, Inc.

TEXTO EM ESTUDO

PARA ENTENDER O TEXTO

1. Observe o título e os intertítulos do texto e responda:
   a) As hipóteses formuladas sobre as informações que seriam apresentadas em cada intertítulo se confirmaram após a leitura? Explique.
   b) Que tipo de público se interessaria por esse tema?

> **ANOTE AÍ!**
>
> O **verbete de enciclopédia** é um texto expositivo que tem como objetivo **divulgar** para o **leitor não especialista** informações sobre assuntos **históricos**, **artísticos** e **científicos**. O **título** do verbete é como uma porta de acesso às informações de uma enciclopédia. É importante que ele seja composto, preferencialmente, de uma **palavra só** ou de uma **expressão curta**. Títulos maiores podem aparecer no meio do texto para apresentar dados mais específicos sobre o tema.

2. Quando e onde surgiu a civilização do Egito Antigo?
3. De acordo com o texto, como tivemos acesso às informações sobre a história do Egito Antigo? A partir de quando isso aconteceu?
4. Explique a importância do rio Nilo para a civilização egípcia.
5. No caderno, copie do quadro a seguir apenas os produtos que eram cultivados pelos egípcios.

trigo	centeio	hortaliças
soja	mandioca	algodão
milho	frutas	café
cana-de-açúcar	arroz	amendoim

6. Sobre o vestuário da civilização egípcia, responda:
   a) Qual é a relação do clima com o tipo de vestimenta utilizado no Egito Antigo?
   b) Havia diferenciação de vestuário entre homens e mulheres? Se sim, quais?
7. Entre as muitas realizações dos egípcios relatadas no verbete, qual é a mais importante, segundo o texto?
8. De acordo com o texto, quais eram os principais deuses adorados pela civilização egípcia? Cite cada um e explique o que eles representavam.
9. Por que os egípcios colocavam objetos nos túmulos com os corpos?
10. Quem foi Menés e quais foram seus grandes feitos para o povo egípcio?
11. Copie, no caderno, o quadro a seguir e preencha-o com informações sobre o Antigo, o Médio e o Novo Império egípcio.

Acesse o recurso digital e descreva o que as imagens retratam.

IMPÉRIOS	PERÍODO	PRINCIPAIS EVENTOS DO PERÍODO
Antigo Império		
Médio Império		
Novo Império		

123

12. Copie o quadro no caderno e preencha-o com uma síntese de cada intertítulo.

INTERTÍTULOS	SÍNTESE
Introdução	
A vida no Egito Antigo	
História	

- Esses intertítulos apresentam subtópicos? Eles facilitam a leitura? Explique.

ANOTE AÍ!

Quando o tema abordado é abrangente, o conteúdo do verbete de enciclopédia pode ser **organizado** em seções, indicadas por **intertítulos**, que **facilitam a leitura** e realçam os tópicos tratados, os quais podem, ainda, ser divididos em **subtópicos**.

O CONTEXTO DE PRODUÇÃO

13. Leia o texto abaixo para conhecer um pouco da história da enciclopédia *Britannica*.

Sobre nós

Com mais de 250 anos de experiência, a Encyclopædia Britannica transformou-se de editora de livros impressos em provedora de conteúdo educativo digital, mantendo a mesma qualidade. Desde 1768, somos fonte de referência para estudantes, professores e curiosos em geral. Agora, somos muito mais: a Britannica oferece produtos que abordam todas as áreas de aprendizagem e estão disponíveis em diferentes plataformas digitais.

Britannica Escola, © 2022 by Encyclopædia Britannica, Inc.

a) Para a sociedade, qual é a importância de a *Britannica*, reconhecida como "a mais acadêmica das enciclopédias", divulgar seu conteúdo em plataformas digitais? Copie a afirmação correta no caderno.

   I. Economizar recursos, pois a versão *on-line* é mais barata que a impressa.

   II. Ampliar o público, pois alcança pessoas que fazem consultas *on-line*.

b) Qual parece ser o público-alvo da *Britannica Escola*?

c) Podemos dizer que a *Britannica* é uma fonte de consulta confiável? Justifique sua resposta com elementos do texto "Sobre nós" e do verbete lido.

14. Na página inicial do *site*, a enciclopédia *Britannica* possibilita buscas por temas, listando as seguintes categorias:

- Artes
- Língua e Literatura
- História
- Ciências da Natureza
- Esportes
- Geografia
- Matemática
- Religião

a) Em qual dessas categorias o verbete "antigo Egito" se encaixa? Por quê?

b) Oferecer esses temas na página inicial pode facilitar a busca? Explique.

ANOTE AÍ!

O público-alvo de uma enciclopédia influencia o tratamento dado a um assunto, ou seja, o **aprofundamento dado a uma informação**, a **organização do texto** em categorias, a **linguagem** e os **recursos visuais** (imagens, ilustrações, gráficos, etc.) utilizados.

15. Releia o parágrafo introdutório do verbete "antigo Egito" e responda às questões.

> Há cerca de 5 mil anos, começou no vale do rio Nilo, no nordeste da África, a civilização do Egito Antigo, uma das primeiras do mundo e também uma das mais famosas da história. Os egípcios antigos construíram enormes pirâmides, templos, palácios e túmulos. Seus entalhes e pinturas estão entre os mais esplêndidos que já foram criados. [...]

a) Observe as palavras destacadas em azul. Sabendo que se trata de um verbete *on-line*, qual é a função delas? Converse com os colegas sobre isso.

b) Em sua opinião, o suporte pode interferir no tipo de informação que é veiculado em uma enciclopédia impressa e em uma digital? Explique.

ANOTE AÍ!

A presença de *hiperlinks* nos textos é uma característica do verbete de enciclopédia digital: são elementos clicáveis que **direcionam o leitor a outros verbetes**, permitindo a ampliação ou o aprofundamento da leitura. Os *hiperlinks* transformam o verbete em um **hipertexto**. Outra ferramenta importante do verbete digital é o **campo de busca**, que permite ao leitor encontrar o que procura por meio de **palavras-chave**.

A LINGUAGEM DO TEXTO

16. Releia o trecho a seguir e responda às questões.

> As roupas eram simples, em razão do clima quente. O tecido mais utilizado era o linho branco, feito com o fio obtido da planta que tem esse mesmo nome. A roupa comum dos homens era uma saia de linho e às vezes uma veste. As mulheres usavam um vestido reto, simples, que ia até o tornozelo.

■ Sobre o uso de adjetivo *simples* no trecho, copie no caderno a alternativa correta e justifique sua escolha.

I. Indica uma ausência de detalhes com neutralidade de opinião.

II. Indica, de forma positiva, uma propriedade das roupas, entendidas como leves e confortáveis devido ao clima do local.

ANOTE AÍ!

Geralmente, a linguagem de um verbete de enciclopédia cria os efeitos de **objetividade** e de **impessoalidade**, mediante o uso da terceira pessoa e da ordem direta, e com o emprego de um registro formal, condicionado pelo contexto de produção.

CIDADANIA GLOBAL

PRESERVAÇÃO DOS RIOS E DAS NASCENTES

No verbete "antigo Egito", você viu a importância do rio Nilo para a civilização egípcia. O Brasil possui cerca de 12% das reservas de água doce disponíveis no mundo. Ainda assim, de acordo com o levantamento do Instituto Trata Brasil, de 2022, mais de 30 milhões de brasileiros não têm acesso à água potável. Com base nessas informações, responda:

1. A água é um direito essencial à vida humana. De que maneira a falta de acesso a ela afeta a vida das pessoas?

2. Para você, quais ações poderiam ser realizadas pelo poder público para garantir a toda população o direito de acesso à água?

PARA EXPLORAR

Enciclopédia Itaú Cultural
É uma obra de referência virtual para conteúdos relacionados às artes, principalmente as brasileiras.
Além dos verbetes, nela você tem acesso a imagens, vídeos e áudios.
Disponível em: https://enciclopedia.itaucultural.org.br/. Acesso em: 27 fev. 2023.

125

UMA COISA PUXA OUTRA

Decifra-me ou te devoro

No verbete "antigo Egito", você pôde conhecer um pouco mais sobre a civilização egípcia e sobre a escrita hieroglífica. Agora, leia o verbete "hieróglifo" e entenda a importância da Pedra de Roseta, descoberta em 1822, que permitiu a decodificação dessa escrita.

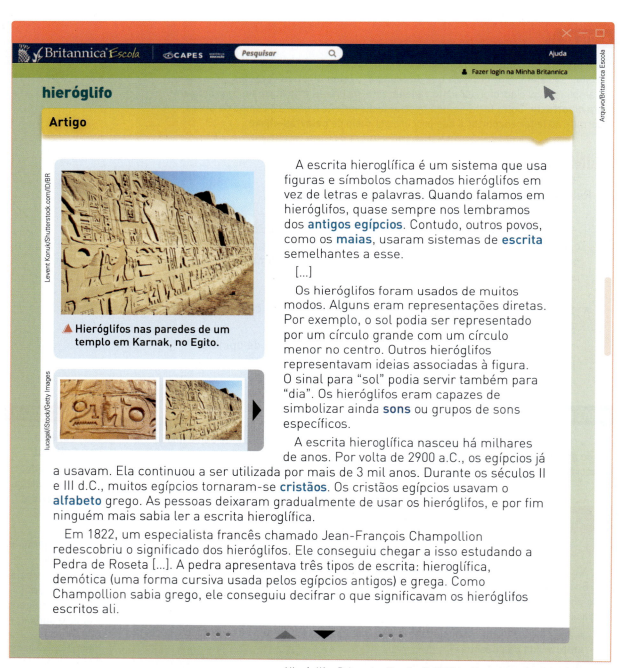

hieróglifo

Artigo

A escrita hieroglífica é um sistema que usa figuras e símbolos chamados hieróglifos em vez de letras e palavras. Quando falamos em hieróglifos, quase sempre nos lembramos dos **antigos egípcios**. Contudo, outros povos, como os **maias**, usaram sistemas de **escrita** semelhantes a esse.

[...]

Os hieróglifos foram usados de muitos modos. Alguns eram representações diretas. Por exemplo, o sol podia ser representado por um círculo grande com um círculo menor no centro. Outros hieróglifos representavam ideias associadas à figura. O sinal para "sol" podia servir também para "dia". Os hieróglifos eram capazes de simbolizar ainda **sons** ou grupos de sons específicos.

A escrita hieroglífica nasceu há milhares de anos. Por volta de 2900 a.C., os egípcios já a usavam. Ela continuou a ser utilizada por mais de 3 mil anos. Durante os séculos II e III d.C., muitos egípcios tornaram-se **cristãos**. Os cristãos egípcios usavam o **alfabeto** grego. As pessoas deixaram gradualmente de usar os hieróglifos, e por fim ninguém mais sabia ler a escrita hieroglífica.

Em 1822, um especialista francês chamado Jean-François Champollion redescobriu o significado dos hieróglifos. Ele conseguiu chegar a isso estudando a Pedra de Roseta [...]. A pedra apresentava três tipos de escrita: hieroglífica, demótica (uma forma cursiva usada pelos egípcios antigos) e grega. Como Champollion sabia grego, ele conseguiu decifrar o que significavam os hieróglifos escritos ali.

▲ Hieróglifos nas paredes de um templo em Karnak, no Egito.

Hieróglifo. *Britannica Escola*, © 2022 by Encyclopædia Britannica, Inc.

1. Depois de ler o verbete, responda às questões a seguir.
   a) O que levou a civilização egípcia a deixar de usar os hieróglifos?
   b) De acordo com o texto, como o fato de ninguém mais utilizar os hieróglifos resultou no desconhecimento do significado de seus símbolos?
   c) Qual pode ser a consequência de ninguém mais ler o sistema de escrita de um povo?

2. Jean-François Champollion (1790-1832) descobriu que o texto inscrito na Pedra de Roseta era um decreto promulgado em 196 a.C., em Mênfis, em nome do rei Ptolomeu V.
   a) Considerando a função de um decreto, com que objetivo esse texto foi escrito em dois idiomas e três sistemas de escrita diferentes na Pedra de Roseta?
   b) Quais são os sistemas de escrita identificados nesse artefato?
   c) Qual conhecimento foi decisivo para que Champollion pudesse decifrar o conteúdo desse texto e, portanto, o significado dos hieróglifos?

▲ **Retrato de Jean-François Champollion.**

3. Releia o trecho a seguir e responda às perguntas.

   > Os hieróglifos foram usados de muitos modos. Alguns eram representações diretas. Por exemplo, o sol podia ser representado por um círculo grande com um círculo menor no centro. Outros hieróglifos representavam ideias associadas à figura. O sinal para "sol" podia servir também para "dia". Os hieróglifos eram capazes de simbolizar ainda **sons** ou grupos de sons específicos.

   a) A escrita hieroglífica se aproxima ou se distancia da escrita alfabética que usamos? Explique.
   b) Na escrita hieroglífica, o mesmo símbolo nomeia *sol* e *dia*. Na língua portuguesa, também existem palavras que são usadas para denominar coisas diferentes? Se sim, cite exemplos.

4. Observe as palavras em destaque no seguinte trecho:

   > A escrita hieroglífica é um sistema que usa figuras e símbolos chamados hieróglifos em vez de letras e palavras. Quando falamos em hieróglifos, quase sempre nos lembramos dos **antigos egípcios**. Contudo, outros povos, como os **maias**, usaram sistemas de **escrita** semelhantes a esse.

   a) O que as palavras em destaque nesse trecho sinalizam?
   b) Como o acesso a esses termos pode levar à ampliação do conhecimento?
   c) Se você estivesse levantando informações sobre o assunto, qual dessas palavras escolheria como tópico seguinte de busca? Justifique.

5. Agora imagine-se no lugar de Jean-François Champollion quando começou a estudar a fundo a Pedra de Roseta e a decifrar os hieróglifos. Depois, converse com os colegas sobre o método que vocês usariam para decifrar os hieróglifos com base nos sistemas de escrita presentes nesse artefato histórico.

127

LÍNGUA EM ESTUDO

O COMPLEMENTO NOMINAL

1. Releia um trecho do verbete "antigo Egito" e, depois, faça o que se pede.

> Depois de 2130 a.C., o Egito enfrentou guerras civis. O país ficou dividido até o ano de 1938 a.C. Então, os governantes de Tebas, uma cidade do Alto Egito, **derrotaram** seus inimigos e **unificaram** o país. Com isso teve início o Médio Império, que durou até 1630 a.C. Durante esse tempo o Egito **expandiu** seu território.

a) Transforme os verbos destacados no trecho em substantivos, fazendo as adaptações necessárias para que se encaixem nas sentenças. Siga o exemplo.

- "derrotaram seus inimigos": A *derrota de seus inimigos*.
- "unificaram o país": A _____.
- "expandiu seu território": A _____.

b) Identifique no texto lido e escreva no caderno os complementos dos verbos.

- Derrotar
- Unificar
- Expandir

c) Classifique esses verbos quanto à transitividade.

Você já estudou os verbos transitivos e sabe que eles exigem complementos para ter sentido completo. Na atividade **1**, você identificou os complementos dos verbos *derrotar*, *unificar* e *expandir*.

2. Agora, leia as seguintes frases.

> A derrota **de seus inimigos** deixou contente a população.

> Além disso, ordenou a construção **de túmulos e templos**.

a) Os termos destacados complementam quais palavras em cada frase? Essas palavras pertencem a qual classe gramatical?

b) Reescreva as duas frases no caderno, retirando os termos destacados. Sem eles, as frases mantiveram seu sentido? Explique.

c) Qual é a função dos termos destacados nas frases lidas?

Na atividade **2**, ao analisar que a retirada dos termos destacados deixou o sentido dos substantivos *derrota* e *construção* incompleto, você pôde observar que os nomes também podem ser transitivos. Nessas orações, os termos "de seus inimigos" e "de túmulos e templos" são chamados de **complementos nominais**.

ANOTE AÍ!

O **complemento nominal** é um termo que completa o **sentido de nomes transitivos** – substantivos, adjetivos e advérbios. Ele pode ter como núcleo: substantivos, pronomes, numerais, palavras ou expressões substantivadas.

Bernardo França/ID/BR

3. Agora, observe os verbetes de dicionários de dois substantivos.

construção
(cons.tru.ção)
sf.
1. Ação ou resultado de construir; EDIFICAÇÃO.
2. Ação, processo, modo ou arte de elaborar, de criar, de constituir [...].

Aulete Digital. Disponível em: https://www.aulete.com.br/constru%C3%A7%C3%A3o. Acesso em: 6 mar. 2023.

unificação
(u.ni.fi.ca.ção)
sf.
1. Ação ou resultado de unificar(-se).

Aulete Digital. Disponível em: https://www.aulete.com.br/unifica%C3%A7%C3%A3o. Acesso em: 6 mar. 2023.

a) Que característica comum está presente na definição dos dois substantivos?

b) Qual é a relação entre essa característica e o fato de esses substantivos precisarem de complemento?

Muitas vezes, os nomes que precisam de complemento (como *construção* e *unificação*) derivam de verbos (nesse caso, *construir* e *unificar*). Observe mais dois exemplos de **nomes deverbais**, ou seja, nomes derivados de verbos, que necessitam de complemento nominal:

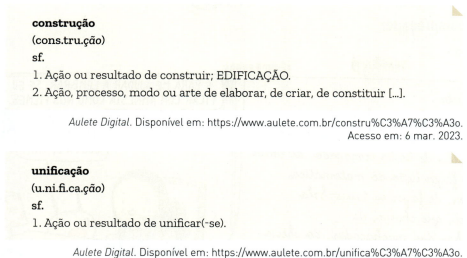

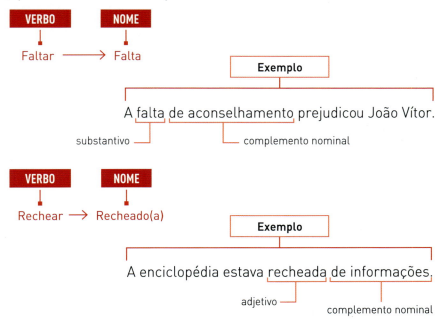

Os complementos nominais são sempre introduzidos por uma **preposição** (*de*, *a*, *em*, *por*, etc.), assim como os objetos indiretos.

ANOTE AÍ!

Geralmente, **nomes derivados de verbos** necessitam de um **complemento nominal**. Os complementos nominais sempre são introduzidos por uma **preposição**.

129

ATIVIDADES

Acompanhamento da aprendizagem

Retomar e compreender

1. Leia a tira.

Me chamo Enriqueta.
Não gosto: de espinafre, do cheiro de escapamento, que me digam "Como você está grande!", do barulho de bicho esmagado, de tocar em um sapo, de fazer lição de matemática.
Eu gosto: de ler, de fazer os tatus-bola virarem bolinhas, que chova, de tirar as casquinhas dos machucados, do cheiro de massinha, de dormir até quando eu quiser.

Liniers. *Macanudo*. São Paulo: Zarabatana Books, 2009. v. 2. p. 6.

a) Na tira que você leu, Enriqueta escreve duas listas: uma de coisas de que gosta e uma de coisas de que não gosta. Por que ela faz isso?

b) Se você também fosse fazer uma lista, incluiria alguma coisa citada por Enriqueta? Se sim, qual item você incluiria?

2. Agora, observe as seguintes frases.

   I. Não gosto do cheiro de escapamento.

   II. Eu gosto do cheiro de massinha.

a) Localize o objeto do verbo *gostar* nas duas frases. Depois, classifique o verbo quanto à sua transitividade.

b) Reescreva, no caderno, as frases I e II, transformando o substantivo *cheiro* em um verbo. Depois, identifique se o verbo vai necessitar de complemento.

c) Nas frases I e II, os termos "de escapamento" e "de massinha" se referem a que palavra? Que função esses termos desempenham?

Aplicar

3. Agora, releia o diálogo entre Enriqueta e Mancha no último quadrinho da tira.

a) Transforme os verbos *ajudar*, *lembrar* e *escrever* em substantivos.

b) Crie frases utilizando os substantivos derivados desses verbos e seus respectivos complementos nominais.

4. Copie as frases a seguir no caderno, preenchendo as lacunas com um complemento nominal.

   a) Os arqueólogos têm necessidade ★.
   b) A arqueologia é útil ★.
   c) Os seres humanos têm interesse ★.
   d) O respeito ★ é um grande princípio.
   e) Essas informações são necessárias ★.
   f) Eles tinham consciência ★.
   g) Ninguém teve notícia ★.
   h) Joaquim ficou alheio ★.

A LÍNGUA NA REAL

O COMPLEMENTO NOMINAL E A RETOMADA DE INFORMAÇÕES

1. Leia um trecho do verbete "Múmia", retirado de uma enciclopédia impressa.

> Múmia é o cadáver conservado por processo de embalsamamento ou, nos climas quentes, por desidratação natural. Os egípcios, na antiguidade, praticavam a arte de mumificação com admirável perfeição. No início, eram mumificados apenas os cadáveres dos faraós e dos sacerdotes, mas depois o uso generalizou-se a todo o povo. A arte da mumificação no Egito alcançou pleno apogeu no II Império, durante a hegemonia de Tebas, entre a XVIII e XIX dinastias, principalmente. Exemplos desse aperfeiçoamento são as famosas múmias dos faraós Ramsés II e Set I.

Múmia. Em: *Nova Enciclopédia Barsa*. 6. ed. São Paulo: Barsa Planeta Internacional, 2002. p. 197.

a) Na última frase do parágrafo, "desse aperfeiçoamento" está completando o sentido de que palavra?

b) Nesse trecho, a expressão analisada no item *a* retoma que informação?

c) Reescreva, no caderno, a última frase do trecho, deixando explícito a que aperfeiçoamento ela se refere.

2. Leia a frase a seguir.

> No início, a mumificação era feita somente nos faraós. A importância desse ritual revelava uma crença dessa sociedade sobre a morte.

a) A que se refere a expressão "desse ritual"?

b) Qual é a função desse termo na oração?

c) Reescreva a frase no caderno, substituindo a expressão "desse ritual" por "dessa solenidade".

d) Houve mudança de sentido na frase reescrita no item *c*? Explique.

3. Copie as frases a seguir no caderno, preenchendo as lacunas com expressões que resumem ou expressam uma opinião sobre os termos a que se referem.

a) Mariana e Rafael sempre jogam vôlei no parque ao lado de casa. A prática desse ★ deixa a vida mais saudável.

b) Júlia foi selecionada para concorrer a uma vaga na Olimpíada Brasileira de Matemática. A seleção dessa ★ foi divulgada no jornal da cidade.

c) As roupas compradas pela internet chegarão amanhã. Antônio espera pela chegada dessas ★ ansiosamente.

d) Os professores se reuniram para escolher os estudantes que participarão da organização da festa da escola. Os estudantes estão ansiosos pela divulgação dessa ★ para iniciarem os festejos.

e) Joaquim e seu irmão estão certos de que vencerão a luta. A certeza dessa ★ alegra seus corações.

ANOTE AÍ!

Os nomes e os **complementos nominais** muitas vezes são úteis para **retomar** ou **resumir** uma informação apresentada anteriormente no texto. Dependendo do complemento nominal escolhido, pode-se emitir um **julgamento de valor** sobre aquilo que se retoma.

AGORA É COM VOCÊ!

SEMINÁRIO

Proposta

Acesse o recurso digital e responda: Quais são as etapas que compõem um seminário?

O seminário é uma exposição oral em que um grupo apresenta, de forma organizada, determinado assunto previamente definido. O seminário se caracteriza, ainda, por ser uma situação formal de comunicação em que o expositor se dirige a uma plateia, que pode, ao final, discutir ou fazer perguntas sobre o que foi apresentado. Agora, você e os colegas formarão grupos para organizar e produzir o Seminário sobre a Civilização Maia. Essa atividade contará com a participação das outras turmas de 8º ano.

GÊNERO	PÚBLICO	OBJETIVO	CIRCULAÇÃO
Seminário	Turmas de 8º ano	Expor pesquisa sobre a civilização maia de forma a ampliar o conhecimento do público	Seminário sobre a Civilização Maia

Planejamento e elaboração

1 O evento que vocês vão organizar deverá colocar em pauta cinco aspectos da civilização maia: sociedade, economia, religião, ciência e tecnologia e arte. Por isso, organizem-se em grupos e definam os temas. Cada tema se articulará a um desses aspectos.

2 Em seguida, reúnam-se para pesquisar sobre o assunto do seminário. O ideal é que as informações sejam coletadas em, ao menos, três fontes diferentes. Sendo assim, peçam ajuda ao professor para encontrar *sites* confiáveis e visitem a biblioteca da escola para complementar a investigação. Tomem nota do que acharem mais interessante e aproveitem para formular considerações e problematizar com os colegas os dados coletados.

3 Selecionem recursos gráficos que contribuam para a exposição oral e chamem a atenção do público, como fotografias, ilustrações, gráficos, etc.

4 Depois de a pesquisa estar completa e os recursos gráficos terem sido selecionados, é o momento de preparar um roteiro para a apresentação.
- Conversem para determinar a visão do grupo sobre o tema.
- Em seguida, selecionem e registrem as informações coletadas mais relevantes, ordenando-as em uma sequência lógica e didática. Pensem no que deve ser falado na introdução, no desenvolvimento e na conclusão.
- No desenvolvimento, organizem o conteúdo em tópicos para facilitar a apresentação. Determinem o responsável por expor cada tópico.

5 Para a organização do material de apoio visual, procurem seguir estes passos:
- Definam os materiais de apoio que serão utilizados (*slides*, lâminas para retroprojetor, cartolinas, etc.) e quem será o responsável por produzi-los.
- Organizem esses materiais de acordo com o roteiro elaborado.
- Utilizem os recursos gráficos previamente selecionados para compor a apresentação visual.
- Preparem o texto do material de apoio: ele deve ser informativo e resumido, pois tem a função de dar suporte à apresentação. Além disso, a fonte de texto e os recursos visuais devem estar adequados à visualização e à leitura.

MÚLTIPLAS LINGUAGENS

1. No recurso digital, assistam à abertura de um seminário e observem: Qual é o conteúdo da saudação? A expositora usou algum tipo de anotação para se lembrar de sua fala?

2. O mediador explica que não é papel de quem faz a mediação opinar sobre o tema debatido. Ainda assim, ele começa emitindo uma opinião. Para você, faz sentido ele ter contrariado o que acabara de afirmar?

Ao preparar o seminário, procurem empregar estratégias de saudação, transição e encerramento da fala. Façam ensaios para evitar o excesso de expressões como *né*, *tipo*, *aí* e utilizem o registro formal da língua.

6 Agora, reúnam-se para realizar o ensaio geral da apresentação, considerando que cada grupo terá 15 minutos. Para isso, sigam esta estrutura:

- **Abertura:** cumprimento ao público; apresentação dos integrantes do grupo; comentário sobre o objetivo da exposição.
- **Introdução ao tema:** apresentação do tema e dos tópicos que serão abordados.
- **Desenvolvimento:** exposição das informações pesquisadas, seguindo a ordem proposta na introdução e valendo-se ou não do material de apoio.
- **Recapitulação e síntese:** retorno aos pontos principais da exposição para realizar a transição para a conclusão.
- **Conclusão:** transmissão da mensagem final ao público sobre o tema abordado.
- **Encerramento:** agradecimento ao público pela presença e abertura de espaço para perguntas e comentários da plateia sobre a apresentação.

7 Concomitantemente à preparação da apresentação, organizem-se para definir e divulgar à comunidade escolar a data e o local do seminário.

Circulação

1 No dia da apresentação, verifiquem se o material de apoio está completo.

2 Ao chegarem ao local do evento, repassem a ordem de fala de cada um.

3 Durante a apresentação, atentem para as seguintes dicas:

- Mantenham uma postura adequada, demonstrando respeito e seriedade.
- Projetem a voz para que ela ganhe alcance e todos possam ouvi-los. Articulem sempre muito bem as palavras para que todos possam entendê-las.

Avaliação

1 Com base nas questões a seguir, avaliem coletivamente as apresentações.

ELEMENTOS DO SEMINÁRIO
Os grupos respeitaram a estrutura das apresentações?
Os conteúdos expostos revelaram uma pesquisa consistente e bem realizada?
Os grupos distribuíram adequadamente as falas e se organizaram bem no tempo?
Os expositores apresentaram fluência e tom de voz e postura adequados?
Os expositores usaram o registro formal da linguagem?
Os materiais de apoio utilizados contribuíram para a exposição do conteúdo?
A plateia adotou um comportamento colaborativo? Manteve-se em silêncio e atenta?

CAPÍTULO 2

PESQUISA E DISSERTAÇÃO

O QUE VEM A SEGUIR

O texto que você vai ler é um trecho de uma dissertação acadêmica, um documento que apresenta o resultado de um estudo. Ao ler o título, você consegue imaginar qual informação a dissertação pretende transmitir?

TEXTO

IMAGENS DO EGITO ANTIGO
Um estudo de representações históricas

RESUMO

A dissertação estuda como os alunos brasileiros percebem o Egito Antigo. O estudo começa por discutir os conceitos de Egiptologia e Egiptomania, tal como tratado na literatura recente internacional e brasileira. Para entender o tema, dois questionários foram elaborados, o primeiro para compreender como os estudantes veem o tema antes do contato formal com o Antigo Egito na escola. O segundo questionário é usado após o estudo do tema, quando os alunos já estudaram o Egito Antigo em sala de aula. É possível concluir que há influências da mídia, mas a educação formal é responsável por uma compreensão mais abrangente do tema.

ABSTRACT

The thesis studies how Brazilian pupils perceive ancient Egypt. The study starts by discussing the concepts of Egyptology and Egyptomania, as recently explored by both international and Brazilian authors. To understand the subject, two surveys were devised, the first one to understand the knowledge about the subject by students before formal contact with ancient Egypt in the school. A second survey is carried out after the study of the subject, when pupils had learnt about ancient Egypt. It is possible to conclude that there are influences from the media, but that formal education is responsible for a much broader understanding of the subject.

[...]

Capítulo 1 – O interesse pelo Egito faraônico

O filme *A Múmia*[2], uma das maiores bilheterias de 1999, fascina milhares de pré-adolescentes ao mostrar múmias, escaravelhos, sarcófagos e pinturas egípcias. Além disto, as bancas de revistas, de tempos em tempos, colocam à disposição

---

[2] No século XX, o tema Egito foi levado para o cinema. Em cerca de cem anos, dezenas de filmes sobre múmias egípcias foram feitos. O primeiro grande filme do gênero foi *A Múmia*, de 1932, estrelado por Boris Karloff. [...]

↳ **Continua**

134

do leitor imagens de faraós, pirâmides, esfinges e do rio Nilo. A beleza mágica do Egito e o seu fascínio são impressionantes. Desde a época clássica, grega e romana, passando pela Idade Média, pelos tempos de Napoleão e de Champollion até os nossos dias que, entre os povos da Antiguidade, o Egito constitui um caso à parte. [...] Ao lado de artistas de todo tipo e literatos de todas as partes, existem os estudiosos da cultura egípcia antiga, os egiptólogos[3]. No Brasil, filmes, desenhos animados, revistas em quadrinhos, programas de televisão a cabo e canais comerciais despertam o interesse deste tema e esquentam as discussões na sala de aula. [...]

Capítulo 2 – As representações históricas do Egito Antigo: os conhecimentos prévios

[...]

Os alunos que chegam à quinta série do Ensino Fundamental trazem informações sobre os egípcios, influenciados, muitas vezes, por filmes, documentários, reportagens publicadas em revistas e jornais, a própria família e por outros meios. A partir desta constatação chegamos às seguintes questões: qual a contribuição da Antiguidade Oriental para a formação de ser e de pensar do brasileiro? Como as influências do Oriente chegam ao Brasil?

A partir destes dados passamos a coletar informações de alunos da quinta série do Ensino Fundamental em sete escolas, que abrangem grupos com diferentes variáveis, destacando-se, em especial, o caráter religioso e o poder aquisitivo.[23] Buscamos levantar temas, resgatar e compreender como as manifestações egípcias aparecem e discutir o papel do orientalismo no Brasil contemporâneo.

Em certo sentido, buscamos entender, especificamente na realidade brasileira – convém enfatizar este aspecto –, o que Edward W. Said, então professor na Columbia University, Nova Iorque, em sua obra *Orientalismo – o Oriente como invenção do Ocidente*, mostrou para as realidades europeia e americana, ao discutir como o orientalismo domesticou um saber para o Ocidente. Said, de forma densa e fundamentada, mostrou como a representação dos povos orientais foi essencial à própria definição de identidade ocidental e à legitimação dos interesses das nações colonialistas.

> A ideia de representação é teatral: o Oriente é um palco no qual todo o Leste está confinado. Nesse palco aparecem figuras cujo papel é representar o conjunto maior do qual emanam. O Oriente parece, então, ser não uma extensão ilimitada do mundo europeu conhecido mas, em vez disso, um campo fechado, um palco teatral anexo à Europa. [...] Nas profundezas desse palco Oriental está um prodigioso repertório cultural cujos itens individuais evocam um mundo fabulosamente rico: a esfinge, Cleópatra [...]; cenários, em alguns casos, apenas nomes, meio imaginários, meio conhecidos; monstros, demônios, heróis, terrores, prazeres, desejos.[24]

quinta série: equivale ao 6º ano do Ensino Fundamental nos dias atuais.

---

[3] Cf. TAVARES, A. Augusto. Prefácio. In: SALES, José das Candeias. *As divindades egípcias*. Lisboa: Estampa, 1999. p. 9.

[23] As escolas da cidade de São Paulo que participaram do projeto são as seguintes: Centro Educacional Brandão, Colégio Pueri Domus, Colégio Iavne, Colégio Brasília. Escolas de Belo Horizonte: Obra Social São José Operário – SEIAS e Escola Municipal Adauto Lúcio Cardoso e ainda Escola Cinecista Visconde de Mauá de Gramado, Rio Grande do Sul.

[24] Edward Said. *Orientalismo*. São Paulo: Companhia das Letras, 2001. p. 73.

Raquel dos Santos Funari. *Imagens do Egito Antigo*: um estudo de representações históricas. 2004. Dissertação (Mestrado em História) – Instituto de Filosofia e Ciências Humanas, Universidade Estadual de Campinas, Campinas. Disponível em: http://repositorio.unicamp.br/Busca/Download?codigoArquivo=495269. Acesso em: 3 mar. 2023.

TEXTO EM ESTUDO

PARA ENTENDER O TEXTO

Weberson Santiago/ID/BR

1. A hipótese que você formulou com base no título da dissertação acadêmica se confirmou após a leitura do trecho dela?

2. Ao ler o trecho da dissertação acadêmica, foi possível conhecer o objetivo da pesquisa? Justifique.

3. No texto, a pesquisadora discorre sobre um assunto apresentado no capítulo anterior. Que assunto é esse?

4. Releia o "Resumo" e responda às questões.
   a) Qual é a função dessa parte do texto?
   b) Para cumprir essa função, o "Resumo" apresenta o objetivo da pesquisa, os métodos utilizados para desenvolvê-la e a conclusão. No caderno, copie as partes do texto que representam esses três itens.
   c) Depois do "Resumo" há o "Abstract", que apresenta um resumo da pesquisa em inglês. Para você, qual é a importância desse texto em outro idioma?

5. Além do "Resumo" e do "Abstract", a dissertação é organizada em capítulos. Que estratégia foi utilizada por Raquel Funari, no primeiro parágrafo do capítulo 1, para demonstrar como o interesse pelo Egito faraônico se manifesta?

6. Releia o trecho a seguir e responda às questões.

   > Em certo sentido, buscamos entender, especificamente na realidade brasileira – **convém enfatizar este aspecto** –, o que Edward W. Said, então professor na Columbia University, Nova Iorque, em sua obra *Orientalismo – o Oriente como invenção do Ocidente*, mostrou para as realidades europeia e americana, ao discutir como o orientalismo domesticou um saber para o Ocidente. Said, de forma densa e fundamentada, mostrou como a representação dos povos orientais foi essencial à própria definição de identidade ocidental e à legitimação dos interesses das nações colonialistas.

   a) Observe o trecho destacado. Que aspecto a pesquisadora pretende enfatizar?
   b) Ao retomar esse assunto no texto, no entanto, ela delimita o que procura investigar sobre esse tema. Explique essa afirmação.

7. Ainda sobre o parágrafo reproduzido na atividade anterior, responda:
   a) Nesse trecho, a pesquisadora procura amparar o objetivo de sua pesquisa na obra de outro estudioso. Qual é o nome dessa obra e o de seu autor?
   b) Além de explicitar uma fonte de referência, que outra função esse parágrafo tem?
   c) Em sua opinião, qual é a importância de apresentar outras pesquisas e outros pesquisadores em uma dissertação acadêmica?

Acesse o recurso digital e responda: De que forma o hábito da leitura pode ajudar na produção de textos acadêmicos ou escolares?

ANOTE AÍ!

As **citações** são elementos textuais que caracterizam o texto científico e que estão relacionadas a **regras previamente definidas**. Na **citação direta**, um trecho de outra obra é citado de maneira integral; e, na **citação indireta** ou **paráfrase**, o conteúdo de um texto-fonte é reescrito pelo produtor da dissertação com as próprias palavras. Nos dois casos, a identificação da fonte é obrigatória.

8. Agora, releia o seguinte trecho da dissertação.

> ² No século XX, o tema Egito foi levado para o cinema. Em cerca de cem anos, dezenas de filmes sobre múmias egípcias foram feitos. O primeiro grande filme do gênero foi *A Múmia*, de 1932, estrelado por Boris Karloff. [...]

a) Qual é a função do número indicado antes do trecho? Que informações são apresentadas nessa parte do texto?

b) Essa parte é chamada de **nota de rodapé**. Para você, qual é a função dela?

O CONTEXTO DE PRODUÇÃO

9. Raquel Funari, autora da dissertação acadêmica que você leu:

I. apresentou essa dissertação à Universidade Estadual de Campinas e, com ela, obteve o título de mestre em História, em 2004;

II. coletou dados e citou pesquisadores da mesma área para investigar as representações do Antigo Egito na atualidade.

- Levando em consideração essas características, como essa dissertação acadêmica contribui com as pesquisas da área?

10. SABER SER A elaboração de uma dissertação acadêmica por um pesquisador pressupõe o acompanhamento de um orientador e a contribuição de outras pessoas durante a pesquisa. Com base nisso, responda:

a) Um trabalho escolar em grupo depende da participação de todos. Para que ele seja bem-sucedido, como deve ser o relacionamento dentro do grupo?

b) Para você, trabalhar em grupo é fundamental para a vida em sociedade?

A LINGUAGEM DO TEXTO

11. Leia o trecho a seguir.

> Ao lado de artistas de todo tipo e literatos de todas as partes, existem os estudiosos da cultura egípcia antiga, os **egiptólogos**.

a) Qual é o significado de *egiptólogos*?

b) Para você, essa palavra aparece em textos destinados a especialistas ou a leigos?

12. Leia os itens a seguir e copie no caderno aquele(s) que considerar mais apropriado(s) à escrita de uma dissertação acadêmica.

I. Texto subjetivo – uso da 1ª pessoa e do registro informal.

II. Vocabulário técnico – uso de palavras e expressões próprias da área de pesquisa na qual o autor atua.

III. Referências – menções a autores, dados coletados e pesquisas.

IV. Variedades linguísticas sociais – emprego de palavras e estruturas que desrespeitam a norma-padrão.

COMPARAÇÃO ENTRE OS TEXTOS

13. Nesta unidade, você leu um verbete de enciclopédia e um trecho de uma dissertação acadêmica.

a) Qual é o público-alvo de cada um dos textos lidos?

b) Essa distinção de público ocasiona mudanças nesses textos?

LÍNGUA EM ESTUDO

COMPLEMENTO NOMINAL, OBJETO INDIRETO E ADJUNTO ADNOMINAL

COMPLEMENTO NOMINAL E OBJETO INDIRETO

1. Releia o trecho a seguir, retirado do capítulo 1 da dissertação acadêmica. Em seguida, responda às questões.

   > O filme A Múmia, uma das maiores bilheterias de 1999, fascina milhares de pré-adolescentes ao mostrar múmias, escaravelhos, sarcófagos e pinturas egípcias. Além disto, as bancas de revistas, de tempos em tempos, colocam **à disposição do leitor** imagens de faraós, pirâmides, esfinges e do rio Nilo.

   a) A expressão destacada está relacionada a qual palavra da oração? Qual é a classe gramatical dessa palavra?
   b) A expressão destacada é iniciada por preposição? Se sim, qual?
   c) Qual é a função sintática de "à disposição do leitor"? Justifique.

2. Agora, atente à expressão em destaque.

   > Além disto, as bancas de revistas, de tempos em tempos, colocam à disposição **do leitor** imagens de faraós, pirâmides, esfinges e do rio Nilo.

   a) A expressão destacada está relacionada a qual termo da oração? Qual é a classe gramatical desse termo?
   b) A expressão destacada é iniciada por preposição? Se sim, qual?
   c) Qual é a função sintática de "do leitor"? Justifique.

3. Leia, a seguir, duas versões de um mesmo enunciado.

   > I. O processo de embalsamamento de uma múmia obedecia **a várias etapas**.
   > II. O processo de embalsamamento de uma múmia requeria obediência **a várias etapas**.

   a) As expressões destacadas estão relacionadas a que palavra da oração em que aparecem?
   b) Qual é a função sintática de "a várias etapas" nos dois casos? Justifique.

4. Considerando as respostas dadas nas atividades 1, 2 e 3, qual é a principal diferença entre objeto indireto e complemento nominal?

   Confunde-se o complemento nominal com o objeto indireto devido à estrutura que eles apresentam: ambos são iniciados por **preposição**. No entanto, o **objeto indireto** completa o sentido de um **verbo transitivo indireto**, e o **complemento nominal** completa o sentido de um nome transitivo.

   > **ANOTE AÍ!**
   >
   > O **objeto indireto** é um termo que completa o sentido de um **verbo transitivo indireto**.
   > O **complemento nominal** é um termo que complementa o sentido de um **nome** transitivo (substantivo, adjetivo ou advérbio).

▲ Vaso canópico da época do Egito Antigo. Foto de 2000.

COMPLEMENTO NOMINAL E ADJUNTO ADNOMINAL

5. Releia, novamente, este trecho da dissertação acadêmica.

> Além disto, as bancas **de revistas**, de tempos em tempos, colocam à disposição do leitor imagens **de faraós, pirâmides, esfinges e do rio Nilo**.

a) Nesse trecho, os termos destacados estão diretamente relacionados a que palavras ou expressões?

b) Qual é a classe gramatical das palavras a que esses termos se referem?

c) Esses termos são antecedidos por preposição?

d) Qual é a função sintática desempenhada por esses termos? Explique.

ANOTE AÍ!

O **adjunto adnominal** é um termo acessório da oração e tem valor adjetivo, ou seja, é utilizado para especificar ou delimitar o sentido de um **substantivo**. Pode ou não ser introduzido por preposição.

6. Agora, observe a relação dos termos destacados, que foram analisados nas questões anteriores, com os substantivos que os antecedem.

> I. [...] as bancas **de revistas** [...].
>
> II. [...] colocam à disposição **do leitor** [...].
>
> III. [...] imagens **de faraós, pirâmides, esfinges e do rio Nilo**.

a) Em qual(is) dos enunciados o sentido do substantivo é especificado pelo termo destacado?

b) Em qual(is) dos enunciados o sentido do substantivo é complementado pelo termo destacado?

7. Considerando as respostas dadas nas atividades **5** e **6**, qual é a principal diferença entre complemento nominal e adjunto adnominal?

Na maioria das vezes, o **complemento nominal** e o **adjunto adnominal** não se confundem. Uma pequena confusão pode acontecer quando o adjunto adnominal é introduzido por preposição e quando o complemento nominal se refere a substantivos, tal como pôde ser observado nas atividades **5** e **6** (os termos destacados são iniciados por preposição e estão relacionados a um substantivo).

Em caso de dúvida, para verificar se a função desempenhada pelo termo em análise é de complemento nominal ou de adjunto adnominal, é preciso analisar a relação entre esses termos e o nome a que se referem.

ANOTE AÍ!

O **complemento nominal** é um termo integrante da oração. Sempre é introduzido por uma preposição e complementa o sentido de **substantivos**, **adjetivos** ou **advérbios**, criando relação de dependência entre os termos. Pode integrar o sujeito, o predicativo, o objeto direto, o objeto indireto, o agente da passiva, o adjunto adverbial, o aposto ou o vocativo de uma oração.

Acompanhamento da aprendizagem

Retomar e compreender

1. Leia a tira e depois responda às questões.

Frank & Ernest – Bob Thaves. *O Estado de S. Paulo*, São Paulo, 8 set. 2011. Caderno 2, p. 66.

a) Na tira, depreende-se uma imagem positiva ou negativa de Ernie? Justifique.
b) Que função sintática "do sucesso" desempenha em "escada do sucesso"?
c) Que função sintática "de altura" desempenha em "medo de altura"?

2. Leia o texto a seguir e responda às questões.

O dom da infância, de Baba Wagué Diakité

Ainda pequeno, Baba vai morar em Kassaro, minúscula aldeia no Mali [onde é criado pelos avós seguindo a tradição familiar]. Com as crianças, descobre como escapar de um exército de abelhas-africanas, qual o verdadeiro sentido de "lavar as mãos de um menino" e por que caranguejos são mais teimosos que jumentos. Com vovó Sabou, mentora e companheira, conhece o valor de histórias como a do agricultor que engana um gênio ou a do ferreiro que vence a morte. Essas experiências, fundamentais na formação **do artista Baba Wagué Diakité**, são agora reunidas neste livro **de memórias ilustradas** – envolvente tributo **aos povos, aos costumes e à cultura africanos**.

Disponível em: https://www.smeducacao.com.br/livros/o-dom-da-infancia/.
Acesso em: 28 fev. 2023.

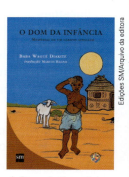

▲ Capa do livro *O dom da infância*. São Paulo: SM, 2012.

a) Qual é a função sintática desempenhada por "da infância" no título do livro? Explique.
b) Na frase "descobre como escapar de um exército de abelhas-africanas", qual é a função sintática do termo "de um exército de abelhas-africanas"? Justifique sua resposta.
c) Classifique os termos destacados em adjunto adnominal ou complemento nominal.

Aplicar

3. Classifique sintaticamente os termos em destaque.
   a) A religião **dos antigos egípcios** é bastante antiga.
   b) Os sarcófagos **dos faraós** eram muito luxuosos.
   c) A crença **na imortalidade** era uma característica dos egípcios.
   d) A arte **de mumificação** é uma técnica egípcia.
   e) Os egípcios gostavam **de seus faraós**.
   f) A hegemonia **de Tebas** durou muitos anos.
   g) A técnica **do embalsamamento** cumpria diversas etapas.

A LÍNGUA NA REAL

A TRANSITIVIDADE DE SUBSTANTIVOS, ADJETIVOS E ADVÉRBIOS

1. Leia a notícia a seguir.

> **Aeroportos dos EUA não estão preparados para o 5G, ao contrário do que ocorre no Brasil e na Europa**
>
> Companhias aéreas dos Estados Unidos cancelaram seus voos devido à proximidade das torres de 5G. As companhias brasileiras também fizeram isso com voos que iam para lá. Isso porque havia a possibilidade de que equipamentos importantes para o pouso, como os altímetros, fossem afetados pelas ondas emitidas pelo 5G.
>
> O professor Marcelo Zuffo [...] explicou por que há a possibilidade de interferência. "Essas tecnologias vão se sobrepondo. Nós já temos uma operação 3G, 4G, vários mecanismos de comunicação sem fio como transmissão de TV e rádio, o que nós chamamos de radiodifusão, e agora o 5G."
>
> Letícia Naome. Aeroportos dos EUA não estão preparados para o 5G, ao contrário do que ocorre no Brasil e na Europa. *Jornal da USP*. Disponível em: https://jornal.usp.br/atualidades/aeroportos-dos-eua-nao-estao-preparados-para-o-5g-ao-contrario-do-que-ocorre-no-brasil-e-europa/. Acesso em: 28 fev. 2023.

a) De acordo com o texto, por que companhias aéreas dos Estados Unidos cancelaram seus voos?

b) Classifique a palavra *preparados*, no título, quanto à classe gramatical.

c) Qual é a função sintática de "para o 5G"?

d) No texto, *preparados* é um termo transitivo ou intransitivo? Explique.

2. Leia o trecho da notícia a seguir e responda às questões.

> Durante a Copa das Confederações, a seleção brasileira de futebol terá à disposição a Vila Olímpica do Corpo de Bombeiros do DF. O centro foi inaugurado em julho de 2012 e conta com duas piscinas, academia, ginásio **coberto** e centro clínico.
>
> Disponível em: http://www.ebc.com.br/esportes/galeria/audios/2013/05/selecao-brasileira-treinara-no-centro-olimpico-dos-bombeiros-em. Acesso em: 28 fev. 2023.

a) Em "ginásio coberto", *coberto* pertence a que classe gramatical?

b) *Coberto*, nesse texto, tem a mesma transitividade identificada no termo *preparados* apresentado na atividade anterior? Justifique.

3. Observe, agora, as seguintes frases:

> I. Se a rua não for **propícia**, não alugaremos a casa.

> II. A cobertura de neve estava **propícia** à prática de esqui.

a) Classifique a palavra *propícia* nas duas frases quanto à classe gramatical.

b) Em qual dos dois contextos a palavra *propícia* é transitiva? Explique.

ANOTE AÍ!

A **transitividade dos nomes**, assim como a dos verbos, **depende do contexto** em que eles aparecem. Assim, o mesmo substantivo, adjetivo ou advérbio pode ser transitivo em uma construção e intransitivo em outra.

ESCRITA EM PAUTA

O EMPREGO DO S E DO Z NAS TERMINAÇÕES -EZ, -EZA, -ÊS, -ESA

1. Leia o texto a seguir e responda às questões.

> **A beleza cura!**
>
> Sabe aqueles dias em que nos sentimos esgotados, sem motivação, sem forças, precisando reenergizar? Nessas horas, uma boa dose de autocuidado tem um efeito poderoso! Cuidar da nossa própria beleza, por dentro e por fora, é uma terapia extraordinária. A beleza tem um imenso poder curativo.
>
> Quando nos sentimos bem com o que somos e com o que temos, quando a nossa autoestima se eleva, tudo melhora, inclusive a nossa imunidade.
>
> Agora, elevar a autoestima também dá trabalho. Cada um precisa encontrar o seu jeito de se sentir melhor. Cuidar da pele, do corpo, da saúde, da cabeça e da alma. [...]

Fernanda Gomes. A beleza cura! *Vida simples*. Disponível em: https://vidasimples.co/colunista/a-beleza-cura/. Acesso em: 28 fev. 2023.

   a) Conforme o contexto apresentado no trecho lido, qual é o sentido da palavra *reenergizar*?
   b) A palavra *autocuidado* é formada por duas partes: prefixo *auto-* + *cuidado*. Localize no texto outra palavra com esse prefixo. Escreva-a no caderno.
   c) Com que sentido o prefixo *auto-* foi utilizado nessas palavras?
   d) Em sua opinião, cuidar da beleza exterior e da beleza interior é uma forma de autocuidado? Que outras formas de autocuidado você conhece e pratica?

2. Copie no caderno os adjetivos a seguir e indique o substantivo abstrato que deriva de cada um deles, acrescentando a eles os sufixos *-eza* ou *-ez*, como em: *fraco – fraqueza*.

   - Delicado
   - Certo
   - Real
   - Claro
   - Esperto
   - Firme
   - Gentil
   - Rápido
   - Honrado
   - Pequeno
   - Mesquinho
   - Embriagado
   - Rígido
   - Viúvo

3. Indique os substantivos derivados dos verbos a seguir.

Empreender	Prender	Despender

4. Reescreva no caderno as frases a seguir, preenchendo as lacunas com as palavras entre parênteses. Para isso, transforme-as em adjetivos.

   a) Sou um artista ★. (Japão)
   b) Sou um artista ★. (Holanda)
   c) Sou um artista ★. (Polônia)
   d) Sou um artista ★. (China)

5. Faça o mesmo passando os adjetivos para o feminino.

   a) Sou uma artista ★. (Japão)
   b) Sou uma artista ★. (Holanda)
   c) Sou uma artista ★. (Polônia)
   d) Sou uma artista ★. (China)

6. Agora, passe para o feminino as seguintes frases:
   a) Ele é um príncipe francês.
   b) Ele é um duque irlandês.
   c) Ele é um marquês português.
   d) Ele é um barão inglês.

> **ANOTE AÍ!**
>
> **Adjetivos gentílicos**, ou seja, que indicam **origem** ou procedência, e **títulos de nobreza** são sempre escritos com a terminação **-ês/-esa**.

7. Leia o título e a linha fina da notícia a seguir e depois responda às questões.

   Você sabia que existe o Dia Mundial da Boa Ação?

   Coordenadora de "A Corrente do Bem no Brasil" diz que gentileza começa com pequenas ações

   Disponível em: http://radios.ebc.com.br/cotidiano/2017/05/voce-sabia-que-existe-o-dia-mundial-da-boa-acao. Acesso em: 28 fev. 2023.

   a) Classifique morfologicamente a palavra *gentileza* da linha fina da notícia.
   b) *Gentileza* é derivada de que palavra? Classifique-a morfologicamente.

8. Reescreva no caderno as frases a seguir, completando as lacunas com substantivos abstratos derivados dos adjetivos entre parênteses.
   a) A ★ de Estela é conhecida mundialmente. (rico)
   b) Estevão possui uma ★ invejável. (polido)
   c) Fernanda não gosta da ★ do limão. (ácido)
   d) Amanda fala alemão com ★. (fluido)
   e) A ★ do avô não afetou a relação dele com os familiares. (surdo)

> **ANOTE AÍ!**
>
> Usa-se a terminação **-ez/-eza** em **substantivos abstratos** derivados de adjetivos que exprimem qualidade, propriedade, modo de ser, estado ou condição.

ETC. E TAL

Ei, você aí!

Temos muitos pronomes de tratamento em língua portuguesa. Um, porém, tem uma história de transformações bem interessante: o *você*.

Esse pronome de tratamento é uma versão já moderna do antigo *mercê*, um termo bastante formal que era utilizado para se referir aos reis de Portugal, durante a dinastia de Borgonha, há quase mil anos! Com o tempo, acrescentou-se a ele o *vossa*, usando-se então o *vossa mercê*, que acabou sendo encurtado pelas classes mais populares para *vossemecê*, *vosmecê*, até chegar ao *você*. Hoje, não usamos *você* para nos referir a reis, mas, sim, para tratamento informal – na relação com amigos, colegas e familiares. Muitas vezes, encurtamos o *você* ainda mais, pronunciando apenas *cê*. Em Portugal, no entanto, *você* não é um pronome de tratamento de uso corrente. Por lá, eles ainda preferem o *tu*, para quando há intimidade, ou o *vós*, para quando não se tem intimidade.

AGORA É COM VOCÊ!

ELABORAÇÃO DE RESENHA

Proposta

A proposta dessa seção é abordar a divulgação de texto científico por meio da resenha, que, ao apresentar a descrição de uma obra e a opinão do autor sobre ela, difunde informações preciosas para aqueles que não a conhecem ou precisam de um incentivo para enfim conhecê-la.

Em grupos, vocês vão selecionar um artigo científico relacionado ao Egito Antigo e escrever uma resenha sobre esse texto. Por fim, as resenhas que vocês escreverem serão divulgadas no mural ou no *site* da escola.

GÊNERO	PÚBLICO	OBJETIVO	CIRCULAÇÃO
Resenha	Estudantes da escola	Divulgar informações e opiniões sobre um artigo científico	Mural ou *site* da escola

Planejamento e elaboração do texto

Antes de dar início à produção, reúna-se com dois ou três colegas para ler a resenha a seguir, que apresenta o livro originado da dissertação de Raquel dos Santos Funari. Observem as características da resenha e os trechos destacados. Em seguida, leiam o boxe *Partes da resenha*, retomando a leitura do texto, se necessário, e, por fim, respondam às questões.

I.

Renata Senna Garraffoni

II.

Raquel dos Santos Funari. *Imagens do Egito Antigo*: um estudo de representações históricas. São Paulo: Annablume/Unicamp, 2006. 108 p.

III.

Estudar o Egito Antigo no Brasil parece, para muitos, algo exótico e distante. No entanto, a partir da leitura da presente obra de Raquel dos Santos Funari, somos introduzidos a um universo bastante distinto do senso comum: em um estudo minucioso do ensino do passado mais antigo para crianças, Raquel dos Santos Funari apresenta uma reflexão sobre como o Egito Antigo pode ser uma ferramenta instigante para o desenvolvimento do senso crítico entre estudantes do Ensino Fundamental. A publicação, recentemente lançada pela editora Annablume, é o resultado de sua dissertação de mestrado, defendida no Departamento de História da Unicamp em 2004.

IV.

Dividido em três capítulos, além da introdução e conclusão, este livro de Raquel Funari constitui-se em um texto ágil e instigante, apontando suas inquietações a partir da experiência acumulada em anos de sala de aula. Partindo de recentes discussões teóricas acerca do estudo do passado, em especial as considerações da História Cultural, Funari discute maneiras de se ensinar a História Antiga, em especial o Egito, de forma menos tradicional e mais atenta às necessidades dos alunos, sem perder de vista a importância de se criar um espírito crítico entre os jovens. Assim, procurando analisar o impacto e as mudanças que a escola proporciona ao conhecimento acerca desse período da História em específico, a autora produz uma interessante análise sobre as conotações sociais, políticas e ideológicas que interferem na formação de futuros cidadãos brasileiros.

Continua

IV. Logo no primeiro capítulo, o leitor é introduzido à problemática que perpassa todo o livro. Discutindo como o Egito Antigo está intimamente relacionado ao nosso cotidiano, Funari aponta como os estudos científicos ou as imitações de peças referentes a essa cultura cruzam o dia a dia das crianças nas mais diferentes formas. A partir desse patrimônio cultural produzido no Brasil desde o século XIX com as viagens de D. Pedro II ao Egito, a autora discute como o Egito antigo foi mitificado em diferentes tempos históricos e como leituras de ficção ou o contato com o cinema produzem um manancial de informações acumuladas pelos alunos, mesmo antes do ensino formal. O grande desafio, segundo Funari, é buscar produzir reflexões críticas, não desprezando essas heranças, mas partindo delas para produzir outras interpretações possíveis sobre o passado.

Preocupada em analisar como a Antiguidade Oriental influencia o pensar brasileiro, a autora desenvolve nos dois capítulos seguintes as etapas de suas pesquisas de campo, analisando os tipos de informações que os alunos trazem para a sala de aula. Tendo pesquisado em escolas localizadas em distintas regiões do Brasil e atingindo um público diversificado, tanto no que diz respeito à esfera religiosa dos alunos como ao poder aquisitivo de seus pais, Funari desenvolveu o trabalho por meio da aplicação de questionários abertos aos estudantes da atual quinta série do Ensino Fundamental. Organizou-os em dois momentos, um aplicado antes que o aluno tenha contato formal com o estudo do Egito antigo e outro posteriormente. Esta prática permitiu que os alunos, em ambos os casos, manifestassem de forma mais espontânea possível seu imaginário acerca desse período histórico, bem como as mudanças de perspectivas após o estudo formal.

As análises são apresentadas em gráficos e **seus** resultados comentados em detalhes. Esta forma de estruturar os resultados obtidos com a pesquisa de campo facilita o acompanhamento de **suas** reflexões, **que** não deixam escapar as diferenças sociais e de gênero implícitas às percepções dos alunos. Como as análises realizadas são diversificadas, gostaria de comentar alguns de **seus** aspectos que acredito serem relevantes para a compreensão do método de trabalho empregado. O procedimento adotado pela autora, de realizar questionários com questões abertas antes e depois das aulas sobre História do Egito, não só constatou uma ampliação na percepção dos alunos sobre o tema após o ensino formal, como também permitiu perceber como meninos e meninas de diferentes camadas sociais percebem o mundo de maneira distinta, posicionando-se criticamente nas fases do ensino.

[...]

V. Por essas razões, o presente livro nos leva a pensar sobre o papel do professor em sala de aula, sua importância na construção do conhecimento sobre o passado e na formação de visões de mundo no presente, tornando-se uma referência importante tanto para educadores, que buscam uma ferramenta crítica e atualizada sobre o ensino de História, como para aqueles que desejam conhecer o Egito sob novos olhares.

Renata Senna Garraffoni. *História (São Paulo)*, São Paulo, Ed. da Unesp, v. 27, n. 1, p. 385-388, 2008. Disponível em: https://www.scielo.br/j/his/a/98665WCvcskhv7NrdDhLhgh/. Acesso em: 28 abr. 2023.

PARTES DA RESENHA

I. Nome da autora da resenha.

II. Informações sobre a obra comentada na resenha: Nome da autora. *Título do livro*. Cidade da editora: Nome da editora, ano. Quantidade de páginas.

III. Introdução: apresentação do livro e do tema que ele aborda.

IV. Desenvolvimento: descrição da obra e análise crítica.

V. Conclusão: retomada das razões que determinam a opinião da autora sobre o livro.

1. Observe as partes I e II, destacadas na resenha. Depois, responda às questões a seguir.

    a) As partes I e II apresentam nomes de autores. Na sua opinião, por que essa informação é importante na resenha?

    b) Por que todas as informações sobre o livro são apresentadas no início do texto?

2. Agora, observe a parte III.

    a) No início da resenha, a autora contextualiza o tema abordado no livro. Que recurso ela utilizou para chamar a atenção do leitor para esse conteúdo?

    b) Nessa parte, a autora deixa clara sua opinião sobre o livro? Justifique.

3. Ao final do primeiro parágrafo, o leitor se depara com uma das partes mais importantes de uma resenha, identificada no texto como a parte IV. Qual é a função dessa parte e que espaço ela ocupa na resenha?

4. Por meio da leitura da resenha, é possível saber como o conteúdo está organizado no livro *Imagens do Egito Antigo*? Dê exemplos.

5. De acordo com a autora do livro, Raquel dos Santos Funari, qual é o grande desafio de um professor para trabalhar o Egito Antigo com os estudantes?

6. Como Funari desenvolveu sua pesquisa sobre a Antiguidade Oriental com os estudantes da 5ª série (atual 6º ano do Ensino Fundamental)?

7. É esperado que na conclusão de uma resenha (parte V) a opinião do autor em relação à obra analisada fique ainda mais explícita. Na resenha lida, a autora se mostra favorável ou desfavorável à leitura do texto de Funari? Qual argumento ela utiliza para justificar esse posicionamento?

8. A autora da resenha informa para qual público o livro se destina? Justifique.

9. Releia o quinto parágrafo do texto, observando as palavras em destaque. Essas palavras são exemplos de um importante mecanismo de coesão do texto, pois garantem a retomada de termos anteriores, aos quais elas se referem.

    - Indique o termo ao qual cada um dos elementos destacados se refere.

10. Para garantir a coerência de um texto é preciso que a progressão textual ocorra de modo que não só as palavras, mas também as partes do texto possam ser relacionadas pelo leitor, garantindo assim uma boa articulação das ideias. Releia o trecho a seguir.

    > O procedimento adotado pela autora, de realizar questionários com questões abertas antes e depois das aulas sobre História do Egito, **não só** constatou uma ampliação na percepção dos alunos sobre o tema após o ensino formal, **como também** permitiu perceber como meninos e meninas de diferentes camadas sociais percebem o mundo de maneira distinta [...].

    - As expressões destacadas no trecho anterior relacionam enunciados. Qual sentido é produzido por meio dessa relação?

11. No início da parte V, é possível identificar uma expressão que relaciona a conclusão às informações oferecidas no desenvolvimento da resenha. Que expressão é essa? Que importância ela tem para a progressão textual?

12. O nome da pesquisadora Raquel dos Santos Funari é citado em diversos momentos no texto. Em sua opinião, por que isso ocorre? Comente.

1 O objetivo das atividades da página anterior é guiar vocês na leitura de uma resenha, destacando os aspectos mais característicos desse gênero. Após entrar em contato com essas informações, escolham um artigo científico que aborde aspectos da história do Egito Antigo. Para isso, façam a revisão bibliográfica, pesquisando informações em locais confiáveis e próprios para divulgação de textos científicos, como revistas especializadas e *sites* de instituições acadêmicas. Assim, o texto apresentará dados selecionados e verificados por quem o produziu, sendo, portanto, de credibilidade assegurada.

2 Após a escolha do artigo científico, reservem um tempo para estudar esse texto. Os itens a seguir podem auxiliá-los nessa tarefa.
- Levantem os dados técnicos do artigo científico (autor, título, veículo e data de publicação, etc.).
- Concluam a que público se destina o artigo científico que escolheram.
- Analisem a estrutura do artigo e a forma como o conteúdo está organizado.
- Analisem as estratégias utilizadas para expor e defender o ponto de vista.
- Identifiquem os especialistas e outras pesquisas mencionados no texto.
- Sublinhem trechos importantes e façam anotações sobre eles.
- Pesquisem outros textos científicos sobre o assunto com o objetivo de desenvolver uma opinião embasada a respeito do artigo lido.
- Com os dados coletados, elaborem um esquema que demonstre a organização do conteúdo. Observem, ao lado, alguns exemplos de esquemas para ajudá-los a compreender melhor as relações entre as informações.
- Decidam o posicionamento do grupo sobre o artigo: Quais são os pontos positivos e os pontos negativos dele? Vocês recomendam a leitura desse texto?

3 Agora, é a hora de vocês elaborarem a resenha do artigo científico analisado. Para isso, retomem a resenha lida no início da seção, observando as características do gênero. Lembrem-se de empregar uma linguagem objetiva e impessoal e de usar recursos como citação direta e paráfrase no texto.

Avaliação e reescrita do texto

1 Após finalizar a resenha, é importante que todos os membros do grupo analisem o texto. Para isso, considerem as questões a seguir.

ELEMENTOS DA RESENHA
A resenha fornece informações suficientes para que o leitor se decida por ler ou não o artigo científico?
O texto apresenta informações técnicas que ajudam o leitor a encontrar o artigo?
A resenha apresenta o tema do artigo científico e discorre sobre a organização dele?
A resenha menciona o nome do autor do artigo e apresenta suas ideias corretamente?
O texto deixa clara a opinião do grupo sobre o artigo resenhado?
A resenha segue uma estrutura semelhante à do exemplo estudado nessa seção?
As ideias do texto estão bem articuladas e a linguagem utilizada é objetiva?

Circulação

1 Depois de reescrever o texto fazendo as alterações necessárias, decidam com o professor como as resenhas serão divulgadas para os outros colegas da escola. Uma ideia é apresentá-las no mural ou no *site* da escola, aumentando assim a possibilidade de acesso ao conteúdo pelo público.

EXEMPLOS DE ESQUEMAS

NÃO HIERÁRQUICO

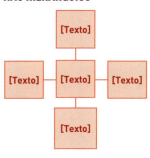

COMPARATIVO

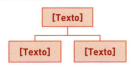

HORIZONTAL

INVESTIGAR

Nossa escola: ponto de vista e ação

Para começar

Vocês já pararam para pensar se todos à sua volta têm a mesma percepção em relação à escola em que vocês estudam? Para chegar a essa resposta, vocês realizarão uma pesquisa etnográfica, isto é, uma pesquisa que tem como objetivo descrever características culturais e sociais de determinado grupo. Nesse tipo de pesquisa, o foco são as pessoas, que serão observadas em seu próprio ambiente. Ao final, vocês vão participar de uma exposição audiovisual com o vídeo preparado por toda a turma.

O PROBLEMA	A INVESTIGAÇÃO	MATERIAL
Como os diferentes grupos que compõem a comunidade escolar se relacionam com a escola em que estudam ou trabalham?	**Procedimento:** pesquisa etnográfica de campo **Instrumentos de coleta:** tomada de nota, construção e o uso de questionário, observação participante, entrevistas, gravações	• caderno para anotações • canetas • câmera de vídeo • gravador de áudio (opcional)

Procedimentos

Parte I – Planejamento

1. A turma será dividida em cinco equipes.
2. Cada equipe ficará responsável por realizar a pesquisa com determinados grupos da comunidade escolar: estudantes ingressantes; estudantes que estão em seu último ano; estudantes que estão aproximadamente na metade de seu tempo de formação; professores e funcionários da escola.

Parte II – Coleta de dados

1. O objetivo da etapa de coleta de dados é perceber a relação das pessoas pesquisadas com a escola de vocês: se é positiva ou negativa; próxima ou distante; etc.

2. Durante a coleta poderão ser realizadas gravações em vídeo e áudio, mas apenas se os participantes da pesquisa permitirem.
3. Todos os integrantes da equipe devem estar com um caderno de anotações durante o processo de coleta de dados. Esse caderno é denominado *caderno de campo*.
4. Façam a observação participante dos integrantes da comunidade escolar pelos quais ficaram responsáveis. Sigam estas orientações:
   - Observem essas pessoas no espaço delas, mas, antes, contem a elas que estão sendo observadas e qual é o objetivo disso.
   - Durante a observação, se forem convidados, interajam com as pessoas e participem de atividades com elas, pois essa é a fase *participante* da observação.
   - Anotem no caderno de campo todos os aspectos que desejarem; por exemplo, o comportamento das pessoas com os colegas, professores e amigos, as partes da escola mais frequentadas nos intervalos (pátio, quadra, grêmio, entre outras possibilidades) e para estudar (biblioteca, sala de leitura), a rotina de cada turma, etc.

Parte III – Entrevistas

1 Elaborem um roteiro de entrevista com perguntas abertas que ajudem vocês a compreender a relação do entrevistado com a escola onde estudam.

2 Antes da entrevista, peçam autorização para filmá-la e/ou gravá-la.

3 Façam as perguntas, ouçam atentamente as respostas. Anotem o que é dito e as expressões faciais e corporais do entrevistado.

Parte IV – Reunião dos dados coletados

1 Em um dia combinado com o professor, tragam para a sala de aula todo o material de registro: caderno de campo, vídeos e gravações em áudio.

2 Discutam com as equipes sobre as pessoas e situações que observaram; as respostas dadas nas entrevistas; as impressões gerais sobre a relação que as pessoas têm com a escola; as conclusões a que chegaram após a realização das entrevistas; e, por fim, como o grupo estudado vê a escola.

Parte V – Roteiro e edição do vídeo

1 Para elaborar o roteiro e a edição do vídeo, atentem-se às etapas a seguir.
- Com base nos dados coletados, pensem em um fio condutor que sintetize a experiência etnográfica e oriente vocês na elaboração do roteiro.
- Ao escrever o roteiro, considerem tudo o que já foi discutido pela turma e organizem em um vídeo, de modo coerente, os resultados obtidos.

2 Em relação às imagens que vão fazer parte do vídeo, decidam:
- quais imagens gravadas serão utilizadas;
- que imagens poderiam ser gravadas para complementar o vídeo;
- qual integrante de cada equipe ajudará na edição do vídeo.

3 Não se esqueçam de pedir a autorização das pessoas que aparecem nas imagens para o uso de sua imagem e/ou fala no vídeo da turma, pois as entrevistas serão apresentadas em uma mostra composta de reportagens em vídeo.

Questões para discussão

1. Como foi a experiência de pesquisar a relação das pessoas com a escola de vocês?

2. As anotações no caderno de campo ajudaram na discussão dos dados coletados?

3. Qual foi a parte mais complexa dessa pesquisa? E a mais simples?

4. Com base nos resultados obtidos pela turma, quais grupos da comunidade escolar têm melhor relação com a escola? Por que vocês acham que isso acontece?

Comunicação dos resultados

Exposição audiovisual

Vocês realizarão uma exposição audiovisual com o vídeo preparado e editado pela turma. Antes do dia marcado, convidem para o evento as pessoas da escola que estiveram envolvidas no projeto e outros integrantes da comunidade escolar. No dia do evento, agradeçam a todos pela presença, expliquem a pesquisa e exibam o vídeo.

ATIVIDADES INTEGRADAS

Leia atentamente o verbete de enciclopédia a seguir.

Faraó

Introdução

Os reis do **antigo Egito** eram chamados de faraós. A palavra "faraó" significava, originalmente, "casa grande", ou seja, o palácio real. Depois, passou a designar os próprios reis.

Funções

Os faraós governavam com poderes absolutos. Faziam leis, controlavam o país e comandavam o exército. Auxiliares chamados vizires e outros altos funcionários os ajudavam nas tarefas de governo. Os faraós eram também líderes religiosos. Os egípcios os adoravam como deuses.

Sepultamento

Quando os faraós morriam, os corpos eram embalsamados — um processo de tratamento químico do corpo, envolvido depois em bandagens, que garantia sua integridade. A esses corpos embalsamados se dá o nome de múmias. Os faraós eram sepultados em tumbas. Muitas tumbas reais ficavam em **pirâmides** construídas só para isso. Objetos de valor eram enterrados com os mortos. Os egípcios acreditavam que os faraós viviam como deuses após a morte e que iam precisar das coisas que tinham quando eram vivos.

Faraós famosos

Um dos faraós mais conhecidos foi **Tutancâmon**. Ele governou por volta de 1300 a.C., dos 8 aos 18 anos. Arqueólogos encontraram a tumba de Tutancâmon em 1922. Além da múmia, acharam uma máscara de ouro que reproduzia o rosto do rei, além de joias, móveis, armas e outros tesouros.

Nos anos 1200 a.C., o faraó Ramsés II governou por 67 anos. Ele venceu diversas guerras e ordenou a construção de muitos templos e estátuas. Esculturas gigantescas de Ramsés II ainda podem ser vistas atualmente no Egito.

O cargo de faraó também foi ocupado por mulheres. Muitas delas governaram com os maridos, ou em lugar de filhos pequenos. Não foi o caso de **Hatshepsut**, que reinou sozinha no século XV a.C. A mais famosa mulher a governar o Egito foi **Cleópatra**. Integrante de uma linhagem de faraós originária da Macedônia, ela ocupou o trono entre 51 e 30 a.C. Depois da morte de Cleópatra, o **Império Romano** anexou o Egito e a era dos faraós chegou ao fim.

▲ Esta imensa estátua do faraó Ramsés II está localizada no templo de Luxor, no Egito.

Faraó. *Britannica Escola*, © 2022 by Encyclopædia Britannica, Inc.

Acompanhamento da aprendizagem

Analisar e verificar

1. Com base na leitura do verbete "Faraó", responda às questões a seguir.

a) O que o termo *faraó* costumava designar?

b) Quem eram os faraós e quais eram suas funções na sociedade egípcia?

c) No contexto do verbete, o que significa "governar com poderes absolutos"?

d) Depois de morrer, por que os faraós eram embalsamados e sepultados com objetos de valor?

e) O cargo de faraó limitava-se apenas aos homens? Explique.

2. Analise a estrutura do texto.

a) O título e os intertítulos estão adequados ao gênero verbete? Por quê?

b) A imagem que acompanha o texto ajuda a ampliar e a complementar a informação exposta no verbete? Justifique.

c) Cite os *hiperlinks* presentes no verbete.

d) Qual deles permitirá que o leitor tenha uma visão geral do Egito Antigo? E quais levarão a verbetes que vão aprofundar o conhecimento do leitor sobre aspectos específicos da cultura egípcia?

e) Qual deles direcionará o leitor para um assunto que não diz respeito diretamente ao Egito Antigo, mas está dentro da categoria "História"?

3. Releia o intertítulo *Funções* e responda: na definição do governo dos faraós, o que quer dizer a expressão "poderes absolutos"? Você acha que essa forma de governo consegue atender aos interesses de toda a população? Comente.

4. Releia o seguinte trecho do verbete "Faraó":

> Quando os faraós morriam, os corpos eram embalsamados – um processo de tratamento químico do corpo, envolvido depois em bandagens, que garantia sua integridade.

- Qual é a função do travessão presente no trecho? Que outros recursos gráficos poderiam ser utilizados no lugar do travessão?

5. Releia atentamente o trecho a seguir.

> Os reis do antigo Egito eram chamados de faraós. A palavra "faraó" significava, originalmente, "casa grande", ou seja, o palácio real. Depois, passou a designar os próprios reis.

a) A expressão "do antigo Egito" está relacionada a que palavra? A que classe gramatical ela pertence?

b) Qual é a função sintática da expressão "do antigo Egito"? Justifique sua resposta.

c) No exemplo "O processo de mumificação demonstra a importância dos faraós", qual é a função sintática de "dos faraós"? Justifique.

Criar

6. Dentre os faraós citados no texto – *Tutancâmon*, *Ramsés II*, *Hatshepsut* e *Cleópatra* –, escolha um e elabore um pequeno verbete de enciclopédia sobre essa figura famosa. Para isso, utilize o conhecimento sobre verbetes de enciclopédia adquirido nesta unidade e selecione as informações em *sites* de busca confiáveis.

CIDADANIA GLOBAL
UNIDADE 4

6 ÁGUA POTÁVEL E SANEAMENTO

Retomando o tema

Nesta unidade, vocês refletiram sobre a importância de garantir a todos o acesso à água potável, reconhecendo-a como um direito humano indispensável à vida. De acordo com a ONU, cada pessoa necessita de cerca de 110 litros de água por dia para atender a suas necessidades de consumo e higiene. No entanto, no Brasil, segundo a Companhia de Saneamento Básico do Estado de São Paulo (Sabesp), esse consumo pode chegar a mais de 200 litros por dia. Pensando nisso, responda:

1. Como ocorre o uso da água no seu dia a dia, em situações como escovar os dentes, tomar banho, lavar louças, limpar o quintal, entre outras? Comente.
2. Você já observou algum tipo de desperdício de água na escola? Discuta.

Geração da mudança

Você já ouviu falar sobre auditoria? É uma atividade realizada para conferir se as ações feitas em um local revelam um bom andamento. Atualmente, devido à crescente preocupação com questões ambientais, surgiram as ecoauditorias, responsáveis por monitorar as instituições, identificar problemas e propor melhorias.

Agora, a turma vai realizar uma ecoauditoria para investigar se há desperdício de água na escola. Para isso, vocês precisarão da ajuda do professor e de um profissional que conheça a estrutura predial da escola. Sigam estes passos:

- Organizem-se em grupos e estabeleçam os focos de observação (bebedouros, torneiras, vasos sanitários, uso da água na limpeza, armazenamento de água da chuva, etc.). Registrem esses itens em uma folha avulsa.
- No dia definido, andem pela escola junto com o professor e o profissional responsável pelo prédio e façam anotações do que observaram. Descrevam, na frente de cada item, a situação verificada, como: "sem vazamentos" ou "torneiras vazando". Se possível, registrem as observações com fotografias e vídeos.
- Feita a investigação, compartilhem os resultados com a turma. Depois, de modo colaborativo, pensem em propostas para evitar o desperdício de água na escola.
- Produzam o relatório final da ecoauditoria, com os principais problemas encontrados e com alternativas de melhorias. Por fim, entreguem-no à equipe gestora, para que possam, juntos, colocar em prática as ações propostas.

Autoavaliação

Estela Carregalo/ID/BR

TEXTO DRAMÁTICO

UNIDADE 5

PRIMEIRAS IDEIAS

1. Você já assistiu a alguma peça teatral? Se sim, o que achou?
2. Como você acha que um dramaturgo indica no texto dramático o tom de voz a ser empregado pelo elenco, os sentimentos das personagens e a ambientação da história?
3. Para você, há diferença entre dizer "Eu vi o espetáculo" e "O espetáculo foi visto por mim"?
4. De acordo com a norma-padrão, é adequado dizer "Eu fui salva por ele" e "Ele poderia ter me salvado"? Justifique.

Conhecimentos prévios

Nesta unidade, eu vou...

CAPÍTULO 1 — Do livro ao palco

- Ler e interpretar um texto dramático, analisando seus elementos constitutivos.
- Refletir sobre a tomada de decisão responsável, compartilhando vivências.
- Ler e interpretar uma resenha de peça teatral, identificando a importância das sequências descritivas e argumentativas.
- Reconhecer em orações o emprego das vozes passiva, ativa e reflexiva e seus efeitos de sentido.
- Produzir em grupo um texto dramático e publicá-lo em uma antologia.

CAPÍTULO 2 — A tragédia em cena

- Ler e interpretar um texto dramático e diferenciar tragédia de comédia.
- Refletir sobre a ambição como elemento propulsor de formas legítimas de ascensão ao poder.
- Reconhecer a função do agente da passiva em orações.
- Inferir o efeito da omissão ou presença do agente da passiva.
- Identificar os verbos abundantes e conhecer sua grafia.
- Empregar adequadamente o particípio dos verbos.
- Produzir em grupo uma leitura dramatizada de uma peça e gravar a atividade em vídeo.

CIDADANIA GLOBAL

- Refletir sobre a importância do funcionamento eficaz das instituições para que a gestão – do país ou da escola – seja justa e democrática.
- Produzir uma carta aberta com sugestões para contribuir com o exercício da democrática no ambiente escolar.

LEITURA DA IMAGEM

1. Você sabe para que serve o equipamento mostrado na imagem?
2. Em sua opinião, que direito a urna eletrônica garante aos cidadãos?
3. Você sabe como funcionam as eleições no Brasil? Discuta com os colegas.

 CIDADANIA GLOBAL

Em países democráticos, para que os direitos de todos sejam igualmente respeitados, é importante que as instituições sejam eficazes e transparentes.

- Nesse sentido, qual é a importância do voto? Além de votar, de que formas podemos exercer a cidadania e contribuir para a construção de uma sociedade justa, pacífica, inclusiva e democrática?

 A urna eletrônica é um equipamento usado nas eleições brasileiras desde 1996, substituindo o voto impresso. Acesse o recurso digital para entender como uma urna eletrônica funciona e responda: Quais argumentos garantem que ela é segura?

Urna eletrônica em seção eleitoral.

CAPÍTULO 1
DO LIVRO AO PALCO

O QUE VEM A SEGUIR

Em *Sonho de uma noite de verão*, comédia de William Shakespeare, Hérmia ama Lisandro, mas o pai dela, Egeu, quer obrigá-la a se casar com Demétrio. Lisandro propõe à amada que fujam de Atenas no meio da noite. Helena, que é apaixonada por Demétrio, resolve revelar a ele as intenções de Hérmia. Assim, os quatro vão parar no meio de uma floresta povoada por seres encantados.

Na cena a seguir, Oberon, o rei das fadas e dos duendes, arma um plano contra os jovens. Qual será esse plano?

TEXTO

Terceiro ato

Cena II

Em outra parte do bosque.
Entra Oberon, Rei das Fadas e dos Duendes.

Oberon — Será que Titânia já acordou? Se já acordou, o que for que primeiro ela viu deve ser o alvo de sua paixão desmesurada.

Entra Bute.

Aí vem o meu mensageiro. E então, espírito doido? Quais são as diversões noturnas agora neste arvoredo infestado de espíritos?

Bute — Minha senhora apaixonou-se por um monstro. Próximo ao seu caramanchão secreto e consagrado, enquanto ela adormecida, encontrava-se um bando de palhaços, rudes trabalhadores braçais, que labutam pelo pão que comem em tendas do mercado em Atenas, reuniram-se para ensaiar uma peça planejada para o dia das bodas do grande Teseu. O mais estúpido casca-grossa daquele grupo de tapados, que representava Píramo naquela brincadeira, abandonou a cena e embrenhou-se num espinheiro, quando eu disso tirei proveito: fixei-lhe na cabeça uma cara de burro. [...] Foi então que aconteceu de Titânia acordar e, despertada, imediatamente ficou por um asno apaixonada.

Oberon — Isso resultou melhor do que se eu tivesse planejado. Mas, e tu, já molhaste os olhos do ateniense com o sumo do amor, conforme te ordenei?

Bute — Peguei ele dormindo – isso também, está cumprido –, e a mulher ateniense ao lado dele, de modo que, quando ele acordasse, necessariamente ela seria avistada.

Entram Demétrio e Hérmia.

Oberon — Fica aqui, e esconde-te. Esse é o nosso ateniense.

Bute — Essa é a mulher, mas não é esse o homem.

[...]

Oberon — O que aprontaste? Tu te enganaste completamente, pingando o sumo do amor nos olhos de quem sente um amor verdadeiro. De tua negligência forçosamente resultará algum amor verdadeiro falseado, e não um falso amor retificado.

156

Bute — Então prevalece o destino: para cada homem que mantém sua palavra, um milhão de outros falham, quebrando um juramento depois do outro.

Oberon — Atravessa o bosque, vai mais ligeiro que o vento e procura Helena de Atenas até encontrá-la: é aquela que está doente de amor, fisionomia pálida, suspirando de paixão, cada suspiro custando-lhe uma gota de seu precioso e jovem sangue. Vê que a trazes até aqui — por meio de algum engodo. Colocarei o feitiço nos olhos dele, preparando-o para quando ela aparecer.

Bute — Estou indo, estou indo, veja como já estou indo! Mais ligeiro que uma flecha do arco de um tártaro.

[*Sai.*]

Oberon [*espremendo o sumo nas pálpebras de Demétrio*] —
Flor da mais púrpura cor,
Flechada pelo Deus do Amor,
Penetra essa pupila repousada.
Quando ele avistar sua amada,
Como Vênus ela deve brilhar,
Em toda a sua glória estelar.
Ao despertares, e ela por perto,
Pede que ela te dê o remédio certo.
Entra Bute.

Bute — Do nosso bando de fadas e duendes o
senhor é o Capitão, e tenho a relatar-lhe o seguinte:
Eis Helena, e junto dela vem chegando
Esse jovem, que pensei ser aquele outro.
Ele chega pelo amor dela suplicando.
Podemos ver, e já daqui a pouco:
Ridículo espetáculo estarão encenando.
Senhor, que esses mortais são bobos!

Oberon — Fazem tal barulho! Te mantém distante.
Vão acordar Demétrio, e é num instante.

Bute — Então teremos dois cortejando uma só.
Isso é diversão garantida, senhor; tenha dó:
Não tem coisa que mais me apraz na vida
Que as coisas extraordinariamente acontecidas.
[*Eles se colocam a uma certa distância.*]
Entram Lisandro e Helena.

Lisandro — Por que você pensaria que a cortejo por zombaria? Zombaria e escárnio nunca se apresentam sob a forma de lágrimas. Sempre que faço uma jura, eu choro. Promessas assim nascidas são verdadeiras desde o berço. Como podem coisas assim nascidas em mim parecer escárnio para você? Minhas juras trazem a insígnia da lealdade, o que prova serem elas verdadeiras.

Helena — Você prossegue, exibindo mais e mais sua astúcia. É uma verdade destruindo outra verdade! É um combate diabólico numa guerra santa! Essas juras são para Hérmia. Ou você está desistindo dela? Pese bem, promessa com promessa, e verá que não está pesando nada. Coloque suas juras de amor, para ela e para mim, nos pratos de uma balança, e eles vão estar equilibrados, os dois igualmente leves, cheios de palavras vazias.

Lisandro — Faltou-me discernimento, quando a ela prometi o meu amor.

altercação: disputa; discussão.

caramanchão: estrutura, geralmente de madeira, construída em áreas verdes, cobertas ou não por vegetação, sob a qual é possível permanecer em descanso ou recreação.

desmesurado: excessivo; exagerado.

engodo: artimanha para ludibriar alguém.

escárnio: troça; zombaria.

insígnia: distintivo; emblema.

refrega: combate; luta.

retificado: consertado; corrigido.

sumo: espécie de suco contido em certas plantas.

tártaro: indivíduo natural ou habitante da antiga Tartária (Sibéria).

ungir: aplicar óleos consagrados; dar unção.

Helena — A meu ver, falta-lhe discernimento mas é agora, disposto que você está a desistir de Hérmia.

Lisandro — Demétrio é apaixonado por ela, não é você que ele ama.

Demétrio [*acordando*] — Ah, Helena! Deusa, ninfa, perfeita, divina! A que, meu amor, devo comparar teus olhos? [...] Aquele branco puro, congelado, neve das altas montanhas de Taurus, onde sopram os ventos orientais, torna-se escuro como o corvo quando ergues tua mão. Ah, deixa-me beijar essa brancura imaculada de princesa, esse certificado de êxtase e felicidade!

Helena — Ai, que ódio! Ai, que inferno! Vejo que estão os dois determinados a atacar-me para sua diversão. Fossem educados e soubessem o que é gentileza, e não estariam me insultando dessa maneira. Não basta me detestarem, como eu sei que me detestam, mas precisam também unir-se em espírito para me ridicularizar? [...] Vocês são rivais, os dois apaixonados por Hérmia; e agora são rivais em ridicularizar Helena. Que bela façanha, que iniciativa tão viril, chamar lágrimas aos olhos de uma pobre donzela com o seu escárnio! Ninguém de nobre natureza ofenderia de tal modo a uma virgem, nem atormentaria a paciência de uma pobre alma; e tudo para vocês se divertirem! [...] *Entra Hérmia*.

Hérmia — Esta escuridão noturna, que rouba a função dos olhos, deixa o ouvido mais rápido em captar os sons; naquilo que prejudica o sentido da visão, traz recompensa em dobro à audição. Não consigo encontrar-te com meus olhos, Lisandro; meu ouvido, e a ele sou grata, trouxe a mim o som de tua voz. Mas por que me deixaste tão indelicadamente?

Lisandro — Por que deveria ficar, este a quem o amor incita a partir?

Hérmia — Que amor poderia incitar Lisandro a partir para longe de mim?

Lisandro — O amor de Lisandro, que não o deixa chegar perto: a formosa Helena, aquela que brilha na noite, mais que todas as cintilantes esferas celestes, todas as faiscantes estrelas. Por que me procuras? Não basta isso, para entenderes que o que me fez deixar-te foi a aversão que sinto por ti?

Hérmia — Você não está falando o que pensa. Não pode ser!

Helena — Mas, vejam, ela é mais uma nessa conspiração! Agora estou percebendo: os três uniram-se, para moldar essa mentira, essa brincadeira para me deixar magoada. [...]

[*Saem Lisandro e Demétrio.*]

Hérmia — E você, senhorita, todo esse tumulto é por sua causa. Nada disso, não se afaste.

Helena — Não confio em você, eu não. Tampouco fico aqui, em companhia desse seu mau gênio. Suas mãos, mais que as minhas, são rápidas numa <u>refrega</u>. Minhas pernas, contudo, são mais compridas, para fugir correndo.

[*Sai.*]

Hérmia — Estou pasma, e não sei o que dizer.

[*Oberon e Bute aproximam-se.*]

Oberon — Isto é tua negligência: sempre cometendo erros, ou então aprontas tuas molecagens de propósito.

Bute — Acredite-me, rei dos espíritos, eu me enganei. O senhor não me disse que eu reconheceria o homem pelas roupas atenienses que ele usava? Até aqui, não merece censura a minha iniciativa, pois os olhos de um ateniense eu <u>ungi</u>. E, até aqui, estou feliz com o resultado, pois nessa <u>altercação</u> deles vejo uma ótima diversão. [...]

William Shakespeare. *Sonho de uma noite de verão*. Tradução de Beatriz Viégas-Faria. Porto Alegre: L&PM, 2011 (Coleção L&PM Pocket). *E-book*.

TEXTO EM ESTUDO

PARA ENTENDER O TEXTO

1. Antes da leitura, você adivinhou qual era o plano de Oberon?

2. *Sonho de uma noite de verão* se passa em dois cenários: um realista e outro mágico. No trecho que você leu, como você classificaria o cenário? Justifique.

3. Titânia, personagem mencionada por Oberon, é a rainha das fadas e dos duendes.
   a) Segundo o que Bute narra a Oberon, o que aconteceu com ela?
   b) Qual foi a reação de Oberon ao saber do ocorrido?

4. Oberon questiona Bute sobre um pedido que ele havia feito ao elfo.
   a) Que pedido foi esse? Bute realiza a tarefa corretamente?
   b) Qual é a consequência do engano cometido pelo elfo?

5. **SABER SER** Na peça, um engano de Bute gera uma série de confusões. Relembre uma situação do dia a dia em que você cometeu algum engano e teve a sensação de que seu mundo ficou "de cabeça para baixo".
   a) Como você se sentiu? O que fez para reverter a situação?
   b) O que você aprendeu com essa experiência? Hoje, de que forma você agiria para evitar que tal situação se repetisse?

ELEMENTOS DO TEXTO DRAMÁTICO

6. No início do texto lido, há indicações cênicas que se destinam aos encenadores, aos atores e aos leitores. Que tipo de informação é apresentada ao leitor?

7. Observa-se no texto que a história se passa diante do leitor/espectador. Como não há um narrador, como os fatos são apresentados ao leitor?

> **ANOTE AÍ!**
>
> No **texto dramático**, em geral, não há a voz do narrador. A trama é vivida pelas personagens, que se expressam por meio de diálogos, monólogos e apartes.
> - **Diálogo** é a conversa entre duas ou mais personagens.
> - **Monólogo** é a fala de uma personagem consigo mesma ou com o público.
> - **Aparte** é o comentário que a personagem faz diretamente para o público.
>
> O texto dramático é geralmente dividido nas seguintes partes:
> - **Ato** é cada uma das partes de uma peça teatral e corresponde a um ciclo completo de ação. Um ato separa-se dos outros por um intervalo e é subdividido em quadros e cenas.
> - **Quadro** é uma das divisões da peça de teatro, menor que o ato. Costuma apresentar uma alteração de cenário ou de ambiente.
> - **Cena** é a menor divisão da peça de teatro.

8. Em que parte da obra – ato, quadro ou cena – se situa o trecho do texto lido?

9. Ao longo do texto, aparecem indicações, em itálico, que não fazem parte das falas das personagens. Qual é a função dessas indicações?

> **ANOTE AÍ!**
>
> O **texto dramático** é escrito não só para ser lido, mas também para ser representado. A fim de orientar a **representação**, são usadas as **rubricas**. Elas orientam os envolvidos na produção do espetáculo acerca da expressão corporal dos atores, da emoção e entonação das personagens. Além disso, informam sobre a sonoplastia, a iluminação, o cenário, etc.

BARDO INGLÊS

Poeta, ator e dramaturgo, William Shakespeare nasceu em Stratford-upon-Avon, na Inglaterra, em 1564. É um dos maiores escritores de língua inglesa. Escreveu *Hamlet*, *Rei Lear* e *Macbeth*, peças fundamentais da história do teatro. Além das tragédias, produziu célebres comédias, como *Sonho de uma noite de verão*, e obras baseadas em acontecimentos históricos. Morreu em 1616, na Inglaterra.

▲ Retrato de William Shakespeare.

Acesse o recurso digital e descreva o que as imagens retratam.

159

10. *Sonho de uma noite de verão* é um exemplo de metateatro: uma encenação dentro de outra encenação. Leia outro trecho da peça e veja o que diz a personagem Cunha, um carpinteiro que atuará na montagem de "Píramo e Tisbe".

> **Cunha** — Pontualmente; e aqui temos um local conveniente, maravilhoso, para o nosso ensaio. Esta nesga de grama será nosso palco, estes espinheiros, nossos bastidores. E vamos ensaiar não só as falas, mas também os gestos e movimentos, como faremos diante do Duque.

- Os gestos e os movimentos podem ser criados pelo ator ou diretor ou estar indicados no texto dramático. Onde podem ser feitas essas indicações?

11. Leia a passagem a seguir.

> **Demétrio** — Vocês têm certeza de que estamos acordados? Parece-me que ainda estamos dormindo, sonhando.

- Com base nessa fala de Demétrio, justifique o título da peça.

O CONTEXTO DE PRODUÇÃO

12. *Sonho de uma noite de verão*, peça ambientada no mundo grego, é marcada pelo reinado de Teseu. Egeu, pai de Hérmia, procura Teseu para ajudá-lo a solucionar o conflito com a filha, que se recusa a casar com Demétrio:

> **Teseu** — [...] Quanto à senhorita, formosa Hérmia, veja que se fortifique a sua pessoa a fim de encaixar seus caprichos à vontade de seu pai. Do contrário, as leis de Atenas (e não há recurso que possa mitigá-las) exigem que você se entregue ou à sua morte, ou a um voto de castidade. [...]
>
> **Egeu** — Por dever e por ser essa a nossa vontade, nós o seguimos, milorde.

- Com base nessa passagem, que papel pode ser atribuído às autoridades reais na Grécia clássica?

13. Em *Sonho de uma noite de verão*, há um ensaio para a encenação do mito de Píramo e Tisbe, que será apresentada no casamento de Teseu. Leia o trecho e responda às questões:

> **Teseu** — Quem são os atores?
>
> **Filóstrato** — Trabalhadores braçais que labutam aqui em Atenas, e que nunca antes haviam exercitado o intelecto, e que agora empregaram em trabalho árduo suas memórias não adestradas nessa exata peça, ensaiada para suas bodas, meu senhor.
>
> **Teseu** — E a ela nós assistiremos.
>
> **Filóstrato** — Mas não, meu nobre lorde, não é peça digna de vossa pessoa. [...]

- A alusão ao mito de Píramo e Tisbe, na peça lida, é um mecanismo de intertextualidade. Você conhece o mito citado? Que relação há entre a comédia de Shakespeare e o mito de Píramo e Tisbe?

14. A peça que você leu foi encenada inúmeras vezes em diversos países e épocas, ganhou versões cinematográficas e inspirou composições musicais. Como outras obras de Shakespeare, é considerada um clássico.

- Em sua opinião, o que a torna uma obra clássica? Você acha que *Sonho de uma noite de verão* pode agradar o leitor/espectador atual? Por quê?

PÍRAMO E TISBE

No mito grego, Píramo e Tisbe se amavam. Como os pais não aprovavam o relacionamento deles, os jovens conversavam através de uma fenda no muro que separava suas casas. Quando finalmente conseguiram marcar um encontro, uma leoa se aproximou de Tisbe com a boca ainda ensanguentada da presa que havia acabado de devorar. Em pânico, Tisbe fugiu correndo, mas deixou cair seu véu, que a leoa dilacerou. Quando Píramo viu o véu ensanguentado, desesperou-se e, logo em seguida, suicidou-se. Tisbe encontrou Píramo morto e também se matou. Desse dia em diante, o fruto da amoreira tornou-se vermelho, em lembrança ao sacrifício dos amantes.

A LINGUAGEM DO TEXTO

15. Releia as falas de algumas personagens da peça.

Personagem	Fala
Bute	"Minha senhora apaixonou-se por um monstro."
Oberon	"O que aprontaste? Tu te enganaste completamente, pingando o sumo do amor nos olhos de quem sente um amor verdadeiro."
Hérmia	"E você, senhorita, todo esse tumulto é por sua causa. Nada disso, não se afaste."
Lisandro	"Faltou-me discernimento, quando a ela prometi o meu amor."

a) O registro predominante na peça é mais formal ou mais informal?

b) Indique exemplos da peça que justifiquem sua resposta.

16. Releia esta passagem.

Oberon [espremendo o sumo nas pálpebras de Demétrio] —
Flor da mais púrpura cor,
Flechada pelo Deus do Amor,
Penetra essa pupila repousada.
Quando ele avistar sua amada,
Como Vênus ela deve brilhar,
Em toda a sua glória estelar.
Ao despertares, e ela por perto,
Pede que ela te dê o remédio certo.

a) O que há de diferente nessa passagem em relação à maior parte das falas de Bute? Que efeito esse recurso gera na leitura ou na encenação do texto?

b) No trecho "Como Vênus ela deve brilhar", temos uma figura de linguagem que atribui uma característica à amada por meio de uma comparação. Qual outra expressão, no mesmo trecho, confirma essa característica?

17. Os sinais de pontuação são importantes para auxiliar a leitura do texto dramático, pois indicam ao leitor os sentimentos das personagens.

a) Copie, no caderno, a fala que expressa a reação de Helena ao ser cortejada pelos dois jovens.

b) O que o sinal de pontuação empregado nessa fala revela sobre o sentimento da personagem?

18. Observe no trecho a seguir o modo como Bute dirige-se a Oberon.

Bute — Acredite-me, rei dos espíritos, eu me enganei. O senhor não me disse que eu reconheceria o homem pelas roupas atenienses que ele usava?

a) O que o modo como Bute trata o rei revela sobre a relação dos dois?

b) Identifique no texto como Lisandro se dirige a Helena e como Helena se dirige a Lisandro.

c) Por que Lisandro e Helena utilizam essa forma de tratamento?

161

UMA COISA PUXA OUTRA

Resenha de espetáculo teatral

Antes de assistirmos a um filme ou a uma peça de teatro, buscamos referências em jornais, revistas e *sites*. Esses meios de comunicação publicam textos escritos, geralmente, por pessoas especializadas em produções cinematográficas e teatrais. Veja um texto com informações sobre uma peça de teatro.

O Leão no Inverno

Tipos de gêneros dramáticos: Drama

Veja SP ★★★☆☆

Resenha por Dirceu Alves Jr.

Logo depois do terceiro sinal, o público se vê diante dos sete atores sentados a uma mesa, com um bloco de folhas nas mãos. As roupas despojadas, a leitura das primeiras rubricas e certo clima de nervosismo reproduzem uma atmosfera de ensaio. A ação de *O Leão no Inverno* se inicia, e o drama de James Goldman, ambientado no fim do século XII em um castelo da Inglaterra, começa a ser encenado. Na história, o rei Henrique II (interpretado por Leopoldo Pacheco) mantém a mulher, Eleonor (papel de Regina Duarte), confinada em uma torre, longe dos olhos de todos. Durante as festas de fim de ano, o soberano a libera do cativeiro e, junto da família, a rainha semeia uma conspiração que pode influir na sucessão ao trono. Os dois têm três filhos (representados por Caio Paduan, Filipe Bragança e Michel Waisman) e diferentes visões sobre cada um deles. Para contar esta trama, inédita nos palcos brasileiros e levada ao cinema em 1968, o diretor Ulysses Cruz fugiu da obviedade e abriu mão de cenários suntuosos e figurinos luxuosos. Em uma escolha arrojada, qualquer realismo é dispensado, e o elenco usa figurinos casuais, como camisetas, casacos de malha e vestidos soltos, além de coroas estilizadas. Os adereços e móveis de cena são embalados em papel pardo e modulados de acordo com a situação. Diante da desconstrução, Cruz oferece um diálogo contemporâneo em um espetáculo de visual aparentemente inacabado, mas capaz de aprofundar as questões em torno do jogo do poder e do fracasso das novas gerações aos olhos

influir: exercer influência.

suntuoso: custoso, caro; em que há grande luxo.

↪ Continua

dos pais. O trabalho do elenco se torna o alicerce para o sucesso da montagem. São trunfos a firme composição de Leopoldo Pacheco e o deboche adotado por uma bem-vinda Regina Duarte, habilmente conduzida por Cruz. Enquanto Paduan, Bragança e Waisman se mostram convincentes, Camila dos Anjos, como a princesa Alais, e Sidney Santiago, que representa Philip, o rei da França, impõem forte presença. Estreou em 18/5/2018. Direção: José Possi Neto. Duração: 110 minutos. Recomendação: livre.

Dirceu Alves Jr. *Veja São Paulo*. Disponível em: https://vejasp.abril.com.br/atracao/o-leao-no-inverno/. Acesso em: 29 mar. 2023.

1. O texto que você leu pressupõe que tipo de leitor?

2. Qual é o objetivo do texto?

3. Releia o trecho a seguir.

> As roupas despojadas, a leitura das primeiras rubricas e certo clima de nervosismo reproduzem uma atmosfera de ensaio.

   - Qual elemento de composição do texto dramático é citado no trecho?

4. A resenha crítica publicada em revista utiliza, além do texto verbal, elementos gráficos. Identifique-os, caracterizando o gênero.

5. Por meio de sequências descritivas, nas quais é recorrente o uso de adjetivos, o autor do texto desenvolve seus comentários. Transcreva alguns trechos da resenha que exemplifiquem essa afirmação.

6. Os adjetivos utilizados pelo autor contribuem para que o leitor construa uma imagem favorável ou desfavorável do espetáculo? Justifique sua resposta com um trecho do texto.

7. O autor da resenha apresenta, logo nas primeiras frases, as informações básicas sobre a peça.
   a) No caderno, copie do texto essa passagem.
   b) Por que esse tipo de informação é importante?

8. Leia novamente o trecho a seguir.

> [...] o diretor Ulysses Cruz fugiu da obviedade e abriu mão de cenários suntuosos e figurinos luxuosos. Em uma escolha arrojada, qualquer realismo é dispensado, e o elenco usa figurinos casuais, como camisetas, casacos de malha e vestidos soltos, além de coroas estilizadas. Os adereços e móveis de cena são embalados em papel pardo e modulados de acordo com a situação.

   - Baseado nesse trecho, pode-se considerar que a resenha é um texto argumentativo? Explique.

9. A maneira como o texto foi construído estimula o leitor a assistir ao espetáculo? Justifique sua resposta.

LÍNGUA EM ESTUDO

VOZES VERBAIS

1. Releia este trecho da peça *Sonho de uma noite de verão*.

> **Hérmia** — Esta escuridão noturna, que rouba a função dos olhos, deixa o ouvido mais rápido em captar os sons; naquilo que prejudica o sentido da visão, traz recompensa em dobro à audição. Não consigo encontrar-te com meus olhos, Lisandro; meu ouvido, e a ele sou grata, trouxe a mim o som de tua voz. Mas por que me deixaste tão indelicadamente?

a) Qual é o sujeito da frase "Meu ouvido trouxe a mim o som de tua voz"?
b) Identifique o sujeito em "O som de tua voz foi trazido a mim pelo meu ouvido".
c) Qual é a diferença de sentido entre as frases dos itens *a* e *b*?

Como você observou, a maneira como as palavras estão organizadas em uma frase indica a ação praticada pelo sujeito ou recebida por ele.

> **ANOTE AÍ!**
> Os verbos relacionam-se com o sujeito de diferentes maneiras. Os tipos de relação estabelecidos entre eles recebem o nome de **vozes verbais**.
> As vozes verbais são: **ativa**, **passiva** e **reflexiva**.

VOZ ATIVA

Na voz ativa, a forma verbal indica que o sujeito da oração é agente da ação.

> William Shakespeare **escreveu** a peça *Sonho de uma noite de verão*.
> └── sujeito

O sujeito da oração realiza, assim, a ação expressa pelo verbo *escrever*.

VOZ PASSIVA

Na voz passiva, o sujeito da oração é paciente, uma vez que sofre a ação verbal. Essa voz desvia a atenção do sujeito, concentrando-a no resultado da ação. Veja:

> A peça *Sonho de uma noite de verão* **foi escrita** por William Shakespeare.

O sujeito da frase, "A peça *Sonho de uma noite de verão*", não é o agente da ação expressa pelo verbo *escrever*.

Há dois tipos de voz passiva: a **analítica** e a **sintética**.

> **ANOTE AÍ!**
> A **voz passiva analítica** é formada pelo verbo *ser* mais o particípio do verbo principal.
> Exemplo: A peça *Sonho de uma noite de verão* **foi escrita** por William Shakespeare.
> A **voz passiva sintética** ou **pronominal** é formada por um verbo acompanhado do pronome oblíquo **se**, que recebe, nesse caso, o nome de partícula apassivadora.
> Exemplo: **Escreveu-se** a peça *Sonho de uma noite de verão*.

A CONSTRUÇÃO DA VOZ PASSIVA ANALÍTICA

Observe, no exemplo a seguir, que há uma correspondência entre a voz ativa e a voz passiva.

Para construir uma oração na voz passiva, precisamos de um verbo transitivo direto. Quando a forma verbal está na voz passiva, o objeto direto passa a ser o sujeito da oração.

Ao transpor uma oração da voz ativa para a voz passiva, é preciso manter o tempo verbal.

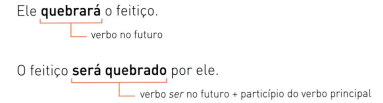

VOZ REFLEXIVA

Na voz reflexiva, o sujeito da oração pratica e recebe a ação ao mesmo tempo. A voz reflexiva é formada por um verbo mais um pronome reflexivo (*me*, *te*, *se*, *nos*, *vos*, *se*). Observe:

> Ele **embrenhou-se** num espinheiro [...].

Há muitos verbos que podem ser usados na voz reflexiva e que se referem a movimentos corporais: *sentar-se*, *esticar-se*, *encolher-se*, *levantar-se*, *mexer-se*, *abaixar-se*, *virar-se*, *encostar-se*, *estender-se*, etc.

A voz reflexiva também pode ser **recíproca**. Leia a frase a seguir:

> Os três **uniram-se**, para moldar essa mentira, essa brincadeira para me deixar magoada.

Nesse exemplo, os três uniram-se uns aos outros, e não a si mesmos.

NÃO CONFUNDA!

O pronome oblíquo *se* nem sempre funciona como partícula apassivadora. Ele também pode atuar como índice de indeterminação do sujeito (em orações com sujeito indeterminado). Para não se confundir nos diferentes usos do *se*, preste atenção à transitividade verbal: se o verbo for transitivo direto, a oração estará na voz passiva sintética e o *se* será partícula apassivadora. Nesse caso, o verbo deve concordar com o sujeito.

Exemplo: **Sentiam-se** o perigo e o medo no ar.

Se o verbo não for transitivo direto, o sujeito será indeterminado e o *se* funcionará como índice de indeterminação do sujeito. O verbo, nesse caso, deve ficar no singular.

Exemplo: **Acredita-se** em magia.

165

Acompanhamento da aprendizagem

Retomar e compreender

1. Leia o texto a seguir.

   Concerto sinfônico

   Nem todo mundo se sente à vontade para ir a um concerto. Muitas pessoas pensam que os preços não são acessíveis ou que serão barradas na porta do teatro se não estiverem bem vestidas ou, ainda, que não saberão se comportar; enfim, criam uma porção de empecilhos para si mesmas. Mas, felizmente, as coisas não são tão complicadas quanto parecem e ninguém deveria ter receio de ir a um concerto.

   Nas grandes cidades de todo o mundo são promovidos concertos de diversos tipos, para diferentes públicos: desde os mais formais, voltados para os conhecedores de música clássica, até os mais descontraídos, em que os maestros contam para o público curiosidades sobre o repertório escolhido. Existem também concertos voltados para o público infantil e concertos realizados ao ar livre.

   Os preços também variam. Há ingressos muito caros, como no caso de uma orquestra estrangeira. Mas há os mais baratos e até mesmo os gratuitos.

   João Maurício Galindo. *Música*: pare para ouvir. São Paulo: Melhoramentos, 2009. p. 12.

   a) Qual é a discussão principal apresentada no texto?
   b) De acordo com o texto, os concertos sinfônicos são acessíveis?
   c) No caderno, transcreva do primeiro parágrafo duas orações na voz ativa.
   d) Agora, identifique no texto um exemplo de oração na voz passiva.
   e) Na oração que você identificou no item *d*, não se sabe quem pratica a ação. É importante para o leitor saber essa informação? Justifique sua resposta.

Aplicar

2. Retome a oração identificada no item *d* da atividade anterior.
   a) Reescreva essa oração na voz ativa.
   b) Que efeito de sentido tal mudança sugere?

3. Leia o texto a seguir.

   Com quantos paus se faz uma canoa?

   Basta um só, desde que seja um grande tronco de árvore. Assim se faz a chamada piroga, utilizada no continente americano muito antes da chegada de Colombo. A tradicional técnica indígena consiste em escavar o tronco – geralmente utilizando fogo – até seu interior comportar uma ou mais pessoas. Outro modelo primitivo, o caiaque dos esquimós, nem madeira usa: apenas ossos de baleia, formando uma estrutura coberta com pele de foca. Já as canoas modernas são feitas com dezenas de tábuas de tamanhos diferentes.

   Mundo Estranho, 4 jul. 2018. Disponível em: http://mundoestranho.abril.com.br/cultura/com-quantos-paus-se-faz-uma-canoa/. Acesso em: 27 mar. 2023.

   a) Classifique a voz do verbo no título.
   b) Reescreva o título na voz passiva analítica.
   c) Em que voz está o verbo da frase "Já as canoas modernas são feitas com dezenas de tábuas de tamanhos diferentes"?
   d) Nesse contexto, é importante saber quem faz as canoas? Por quê?
   e) Em "As canoas são feitas pelos indígenas", qual é o agente da passiva?

166

A LÍNGUA NA REAL

VOZES VERBAIS E EFEITOS DE SENTIDO

1. Leia este trecho de notícia:

> **Tamanduá-mirim é capturado em residência do Parque Higienópolis**
>
> [...]
>
> Um tamanduá-mirim foi capturado, por volta das 7h25 desta sexta-feira (17), em uma residência no Parque Higienópolis, em Presidente Prudente. De acordo com as informações do Corpo de Bombeiros, o animal estava entre a grade e o vidro de uma das janelas da casa.
>
> Conforme a corporação, os moradores do imóvel [...] perceberam a presença do animal e acionaram a equipe. Com o auxílio de equipamentos, o tamanduá-mirim foi capturado e colocado em uma gaiola.
>
> O animal foi entregue à Polícia Ambiental, para ser conduzido ao seu hábitat natural.
>
> *G1*, 17 mar. 2017. Disponível em: http://g1.globo.com/sp/presidente-prudente-regiao/noticia/2017/03/tamandua-mirim-e-capturado-em-residencia-do-parque-higienopolis.html. Acesso em: 27 mar. 2023.

a) Qual é a principal informação apresentada no texto?
b) De acordo com o texto, como foi possível capturar o animal?
c) Em que voz está o verbo do título da notícia?
d) Que informação se pretendeu destacar com essa forma verbal?

2. Compare os dois poemas a seguir, de Roseana Murray.

> I.
> Procura-se algum lugar no planeta
> onde a vida seja sempre uma festa
> onde o homem não mate
> nem bicho nem homem
> e deixe em paz
> as árvores da floresta.
>
> II.
> Troco um fusca branco
> por um cavalo cor de vento
> um cavalo mais veloz que o pensamento
> Quero que ele me leve pra bem longe
> e que galope ao deus-dará
> que já me cansei deste engarrafamento...
>
> Roseana Murray. *Classificados poéticos*. São Paulo: Moderna, 2010. p. 18-19.

Bruno Nunes/ID/BR

a) A que gênero os poemas lidos se assemelham?
b) Quais são as vozes verbais empregadas nos primeiros versos de I e de II?
c) Em I, não é apresentado ao leitor quem está à procura de tal lugar no planeta. Que relação há entre o gênero anúncio classificado e a escolha da voz verbal utilizada no texto?
d) Em II, é apresentado ao leitor o sujeito da ação? Que diferença de sentido a construção provoca, em comparação com I?

> **ANOTE AÍ!**
>
> As **vozes verbais** possibilitam ao enunciador **destacar aspectos diferentes** de determinado fato. Pode-se destacar quem faz a ação ou quem a recebe. Além disso, pode-se omitir o sujeito da ação, caso seja de interesse do autor do enunciado.

AGORA É COM VOCÊ!

ESCRITA DE TEXTO DRAMÁTICO

Proposta

Agora é sua vez de vivenciar a experiência de escrever um texto dramático. Você vai retomar o cenário de *Sonho de uma noite de verão* – uma floresta encantada – e ambientar nele uma cena protagonizada por personagens que se deparam com seres mágicos. Esse trabalho será feito em grupo. Lembrem-se: a presença de elementos mágicos é fundamental!

Os textos serão reunidos em uma antologia de textos dramáticos, que pode ser doada à biblioteca da escola para que toda a comunidade tenha acesso à produção da turma.

GÊNERO	PÚBLICO	OBJETIVO	CIRCULAÇÃO
Texto dramático	Pessoas que se interessam por dramaturgia, colegas, professores e familiares	Escrever uma cena ambientada na floresta mágica de *Sonho de uma noite de verão*, considerando as particularidades do texto dramático	Antologia de textos dramáticos da turma, a ser doada à biblioteca

Planejamento e elaboração do texto

1 Reúna-se com dois colegas e imaginem a floresta encantada descrita em *Sonho de uma noite de verão*. Discutam sobre que tipos de objeto poderiam ser incorporados ao cenário e definam cinco elementos novos para a cena.

2 Escolham as personagens que participarão da cena. Dividam-nas entre humanos e seres mágicos e pensem nas seguintes questões:

- Como elas andam (ou voam), falam, gesticulam e se comportam?
- Que vestimentas as personagens vão usar?
- Quais serão os poderes especiais dos seres mágicos?

3 Para organizar as informações, copiem o quadro no caderno e preencham-no.

PERSONAGEM	CARACTERÍSTICAS FÍSICAS	CARACTERÍSTICAS PSICOLÓGICAS	COMPORTAMENTO

4 Decidam o conflito em torno do qual a cena será organizada. Para isso, conversem sobre as seguintes questões: O que provocará o conflito? Como será o desfecho? O conflito será solucionado com interferência da magia, como acontece em *Sonho de uma noite de verão*?

5 Agora, redijam a primeira versão do texto dramático.

- Na primeira página, façam uma lista das personagens, inserindo ao lado do nome de cada uma o papel que desempenham na peça.
- Desenvolvam os diálogos, atentando para as características de fala de cada personagem. Não se esqueçam de anotar, antes da fala, o nome da personagem a que ela se refere.
- Criem rubricas que orientem a movimentação e a interpretação dos atores e descrevam a iluminação, os sons e o cenário.

6 Não se esqueçam de dar à peça um título, que pode fazer referência a *Sonho de uma noite de verão*.

7 Lembrem-se de que, para manter a verossimilhança, os elementos mágicos precisam ter coerência entre si e com a temática da peça, ou seja, precisam ter um sentido claro para o leitor/espectador.

LINGUAGEM DO SEU TEXTO

1. Você viu que o texto dramático não tem interferência da voz do narrador. Como as personagens são caracterizadas?

2. No texto lido, há várias passagens com verbos na voz ativa e na voz passiva. Você acha que determinar a maneira como o sujeito se relaciona com o verbo é uma escolha proposital do autor? Por quê?

Ao escreverem as cenas, lembrem-se de que a forma como vocês contam a história determina o modo como o público vai entendê-la. Portanto, ao elaborar os diálogos, selecionem gírias, expressões, figuras de linguagem e vozes verbais para caracterizar as personagens.

Avaliação e reescrita do texto

1 Depois de redigido, façam, em grupo, uma leitura em voz alta do texto.

2 Em seguida, troquem o texto com outro grupo e avaliem os seguintes aspectos:

ELEMENTOS DO TEXTO DRAMÁTICO
A história é ambientada na floresta encantada? O cenário foi descrito?
Há uma lista de personagens e suas características?
Há a presença de elementos e figuras mágicas?
A situação inicial da cena está bem apresentada?
O conflito da cena está claro?
A resolução do conflito da cena está bem encaminhada?
As falas das personagens são antecedidas por seus nomes?
As rubricas estão claras e são suficientes para orientar a montagem da peça?

3 Façam, agora, os ajustes e reescrevam os trechos que julgarem necessário.

4 Realizem a última revisão ortográfica e gramatical.

Circulação

1 Os textos dramáticos serão publicados em uma antologia da turma.

2 Entreguem ao professor a versão final do texto digitalizada.

3 Em seguida, façam o sumário do livro, incluindo os nomes de todas as cenas e de seus autores.

4 Criem um título criativo para o livro e façam uma capa para ele.

5 Tirem algumas cópias da antologia para circular entre amigos e familiares, se possível. O professor ficará responsável pelos empréstimos.

6 Disponibilizem uma cópia do volume para a biblioteca da escola.

TEATRO AO AR LIVRE

As apresentações teatrais nem sempre se restringem ao ambiente dos teatros. Para além dos palcos nesses locais, muitas peças também são encenadas ao ar livre, nas ruas e nos demais espaços públicos das cidades.

Em 2020, durante o festival *Sonhos de uma noite de verão*, em Pakruojis, na Lituânia, artistas apresentaram a peça *Shakespeare em 15 minutos*, que ocorreu nos jardins de um palácio histórico da cidade.

▲ Cena de *Shakespeare em 15 minutos*, encenada em 2020, na Lituânia.

CAPÍTULO 2
A TRAGÉDIA EM CENA

O QUE VEM A SEGUIR

Você lerá um trecho da peça *Macbeth*, de William Shakespeare. Após ouvir a profecia de três bruxas, o protagonista passa a ambicionar o posto de rei da Escócia. Sua esposa, Lady Macbeth, cria então um plano para que ele conquiste o trono. A cena a seguir retrata justamente o momento de profecia das bruxas. Qual será a primeira reação de Macbeth ao conhecer essa profecia?

TEXTO

alado: dotado de asas.
audaz: corajoso; valente.
auspicioso: de bom agouro; que gera esperanças.
charneca: terreno pantanoso; não cultivado.
claudicante: que manca.
desvairado: fora de si; sem juízo; tresloucado.
emaciado: emagrecido; sem viço.
encarquilhado: enrugado.
júbilo: alegria extrema.
magnanimamente: de modo generoso; bondoso.
vaticínio: profecia; previsão do futuro.

Primeiro ato

Cena III

Na charneca. [...]
[*Dentro, ouve-se o rufar de um tambor.*]
Terceira bruxa — É um tambor, um tambor! Macbeth aproxima-se.
Todas — As Estranhas Irmãs Bruxas do Destino, de mãos dadas, viajando a uma enorme velocidade por terras e mares, andam assim, rodeando e rodeando, volteando e volteando, três vezes para ti, três vezes para mim, e três vezes mais, nove vezes ao todo. Paz, enfim: o encanto se conclui assim.
[*Entram Macbeth e Banquo.*]
Macbeth — Tão feio e tão lindo, dia assim eu nunca tinha visto.
Banquo — A que distância, em sua avaliação, senhor, estamos de Forres? O que são essas figuras, tão murchas e claudicantes e tão fantásticas e desvairadas em seus trajes a ponto de não parecerem habitantes da Terra e, no entanto, podemos ver que estão sobre a terra? Vivem, vocês? Ou seriam vocês alguma coisa que não admite perguntas humanas? Vocês parecem entender-me, logo levando, como fazem, cada uma por sua vez, seu dedo encarquilhado aos lábios emaciados. Vocês têm toda a aparência de mulheres e, no entanto, suas barbas proíbem-me de interpretar suas figuras como tal.
Macbeth — Falem, se é que sabem falar: o que são vocês?
Primeira bruxa — Salve, Macbeth; saudações a vós, Barão de Glamis.
Segunda bruxa — Salve, Macbeth; saudações a vós, Barão de Cawdor.
Terceira bruxa — Salve, Macbeth; aquele que no futuro será Rei.
Banquo — Meu bom senhor, por que sobressalta-se? Por que parece o senhor temer palavras que soam tão auspiciosas? Em nome da verdade, é fantasioso o senhor ou é realmente aquele que mostra ser por fora? — Meu nobre companheiro vocês saúdam com evidente graça e com poderoso vaticínio de nobres haveres e de esperanças de realeza; tanto que ele parece estar com isso extasiado. A mim, vocês não dirigiram a palavra. Se sabem examinar as sementes do Tempo e dizer qual grão vingará e qual jamais será broto, falem então comigo, que não suplico por seus favores nem os temo, assim como não temo o seu ódio.
Primeira bruxa — Salve!

170

Segunda bruxa — Salve!

Terceira bruxa — Salve!

Primeira bruxa — Menos importante que Macbeth, e mais poderoso.

Segunda bruxa — Menos feliz e, no entanto, muito mais feliz.

Terceira bruxa — Filhos teus serão reis, embora tu não o sejas. Assim sendo... Salve. Macbeth! E salve. Banquo! [...]

Primeira bruxa — Banquo e Macbeth, salve!

Macbeth — Fiquem, vocês que se pronunciam de modo tão imperfeito. Digam-me mais: com a morte de Sinel, eu sei que sou o Barão de Glamis, mas como é possível eu ser Barão de Cawdor? O Barão de Cawdor está vivo, um próspero cavalheiro. Quanto a eu ser Rei, esta é uma probabilidade na qual não se pode acreditar, mais incrível ainda que eu receber o título de Cawdor. Digam de onde vocês têm essa estranha informação, e por que razão, neste maldito pântano, vêm vocês interceptar nosso caminho com tais saudações proféticas? Falem, estou mandando.

[*As Bruxas desaparecem.*]

Banquo — A terra tem em si bolhas de ar, assim como a água, e essas figuras-bolhas são da terra e da água. Para onde sumiram-se elas?

Macbeth — Sumiram em pleno ar, e o que parecia corpóreo derreteu-se, como a respiração no vento. Bem queria eu que elas tivessem ficado.

Banquo — Agora que conversamos sobre elas, estavam realmente aquelas coisas aqui? Ou será que não comemos daquela raiz insana, que tem o poder de aprisionar a razão?

Macbeth — Filhos teus serão reis.

Banquo — O senhor será rei.

Macbeth — E também Barão de Cawdor; não foi isso o que elas disseram?

Banquo — Com essa mesma entonação, com essas mesmas palavras. — Quem vem lá?

[*Entram Ross e Angus.*]

Ross — O Rei recebeu com júbilo, Macbeth, as novas de teu sucesso; e, quando ele descobre que arriscaste tua pessoa na luta contra os rebeldes, sua admiração e seus louvores entram em conflito, pois, pergunta-se ele, quais devem ser teus e quais devem ser dele? Com isso ele silencia, e revisa o resto daquele mesmo dia. Descobre-te em meio às audazes fileiras norueguesas, em nada amedrontado com aquilo que tu mesmo transformaste em estranhas imagens da morte. Tão rápido quanto voam as notícias, chegavam os mensageiros em seus cavalos alados, um após o outro, e todos traziam elogios à tua pessoa por teres tão magnanimamente defendido o Reino, e esses elogios iam-se derramando perante o Rei.

Angus — Fomos enviados para trazer-te os agradecimentos de nosso Rei e Mestre, mas não para pagar-te, apenas para solenemente conduzir-te à presença de Sua Majestade.

Ross — E, à guisa de sinal, pois receberás depois honra maior, pediu-me o Rei que, em seu nome, te nomeasse Barão de Cawdor. Por essa honra, saudações ao mui valoroso Barão, pois o título agora te pertence. [...]

Macbeth [*dirigindo-se a Banquo*] — Se a Sorte de mim fizer Rei, então a Sorte poderá coroar-me sem que em prol disso eu precise agir. [...]

William Shakespeare. *Macbeth*. Tradução de Beatriz Viégas-Faria. Porto Alegre: L&PM, 2000. *E-book*.

171

TEXTO EM ESTUDO

PARA ENTENDER O TEXTO

1. A hipótese que você levantou sobre a reação de Macbeth diante da profecia das bruxas se confirmou ou não? Justifique sua resposta.

2. Onde se passa a história? Como essa indicação cênica é transmitida ao leitor?

3. Em relação às profecias das bruxas, responda:
   a) O que elas previram sobre o destino de Macbeth?
   b) Por que Macbeth não acreditava que poderia ser Barão de Cawdor?
   c) Para Macbeth, ser rei parecia algo possível?

4. Retome a primeira fala de Macbeth na cena.
   a) O que ele diz a Banquo?
   b) Como essa percepção aparentemente contraditória de Macbeth pode se relacionar com os acontecimentos narrados em seguida?

5. Por que Ross e Angus vão ao encontro de Macbeth?

6. Que ordem o rei deu a Ross e a Angus em relação a Macbeth? Como essa ordem está relacionada ao que as bruxas disseram a Macbeth?

7. Em sua opinião, como essa ordem dada pelo rei pode ter mudado o que Macbeth pensava acerca das previsões das bruxas?

ANOTE AÍ!

A **ação dramática** é composta de uma sucessão de acontecimentos vividos pelas personagens. Ela mostra o andamento dos fatos desde o **início da trama** até seu **desenlace**.

O CONTEXTO DE PRODUÇÃO

8. Em 2014, a companhia teatral Vagalum Tum Tum estreou *Bruxas da Escócia*, uma releitura de *Macbeth* para crianças. Leia um trecho da entrevista que o diretor do espetáculo, Angelo Brandini, deu na época à *Folha de S.Paulo*.

> **Folhinha** — Os palhaços e os números circenses são a mediação entre a tragédia e a compreensão infantil? Você é craque em suavizar termos complicados nas outras tragédias que montou do Shakespeare.
>
> **Brandini** — Sim, o palhaço é minha arma, é minha língua, meu olhar para o mundo. Esse é o olhar que lanço para as obras de Shakespeare. Como as crianças, os palhaços são muito sinceros, falam todas as verdades que a gente precisa ouvir ou que eles querem falar e que ninguém tem coragem de dizer. É essa a função do palhaço e eles aprendem com as crianças, que são os nossos melhores mestres.
>
> *Folha de S.Paulo*, 26 jul. 2014. Disponível em: https://www1.folha.uol.com.br/folhinha/2014/07/1491316-leia-entrevista-com-o-diretor-e-o-elenco-da-peca-bruxas-da-escocia.shtml. Acesso em: 27 mar. 2023.

a) Com base nessa entrevista, é possível dizer que *Macbeth* é uma peça originariamente destinada ao público infantil? Por quê?
b) Que estratégias foram usadas na adaptação da peça para o público infantil?

9. No período em que Shakespeare viveu, a Inglaterra era comandada por um rei. Como isso pode ter inspirado a trama de *Macbeth*?

FAMÍLIA REAL

Ainda hoje, o Reino Unido é uma monarquia; no entanto, a família real não chefia mais o Estado, isso porque, desde o século XVII, o país vive um regime parlamentarista. Nesse tipo de governo, os poderes Executivo e Legislativo ficam a cargo de um conselho de ministros, liderado pelo primeiro-ministro.

10. Na sequência dessa história, Lady Macbeth vai armar um plano para que o marido assassine o rei e conquiste o trono da Escócia.

a) Por que essa situação ajudará Macbeth?

b) Com a expectativa de ser rei, quais sentimentos começam a surgir em Macbeth? Comente.

c) Que elementos de uma tragédia você identifica em *Macbeth*?

> Assista ao recurso digital e responda: caso Macbeth se tornasse rei, você acha que ele apresentaria qual característica: arrogância ou humildade?

ANOTE AÍ!

O gênero dramático subdivide-se em **tragédia** e **comédia**, gêneros que remontam ao teatro grego antigo. A **tragédia** é uma das formas mais antigas de apresentação teatral. As peças trágicas costumam suscitar **piedade** ou **terror** no público. Já a **comédia** tem como objetivo principal provocar **riso** nos espectadores, por meio de recursos como o **exagero** e a **ridicularização** dos costumes.

A LINGUAGEM DO TEXTO

11. Em relação aos diálogos, responda:

a) O que, na forma como Banquo e as bruxas se dirigem a Macbeth, deixa transparecer a estima que eles têm pelo protagonista? Transcreva dois trechos que comprovem sua resposta.

b) Considerando a maneira como Macbeth dirige-se às bruxas, é possível afirmar que o respeito que elas dedicam a ele é recíproco?

12. Releia o início do texto:

> *Na charneca* [...]
> [*Dentro, ouve-se o rufar de um tambor.*]

a) Essas rubricas referem-se a que aspectos de uma representação teatral?

b) Quem você supõe que sejam os profissionais responsáveis por esses efeitos em uma peça? Comente.

c) Sugira rubricas que indiquem o tipo de iluminação da cena.

COMPARAÇÃO ENTRE OS TEXTOS

13. O que os trechos das duas peças que você leu têm em comum em relação à temática? Justifique sua resposta.

14. Você acha que o texto dramático pode conter crítica social? Em qual das peças lidas você considera que houve maior preocupação nesse sentido? Comente.

15. Por que a peça *Sonho de uma noite de verão* é classificada como comédia, e *Macbeth*, como tragédia? Explique.

CIDADANIA GLOBAL

AMBIÇÃO E PODER

A ambição de Macbeth levou-o a cometer as maiores atrocidades para ascender ao trono da Escócia. No entanto, ser ambicioso nem sempre é algo negativo.

1. Em que contextos a ambição é negativa? E positiva? Por que deve haver um limite para nossas ambições?

2. A ambição pode ser positiva e contribuir para maneiras legítimas de ascensão ao poder? Explique.

3. Qual é a importância de haver, na sociedade, formas legítimas de ascensão ao poder?

173

LÍNGUA EM ESTUDO

AGENTE DA PASSIVA

1. Leia a tira.

Bill Watterson. *O Estado de S. Paulo*, Caderno 2, p. 50, 7 de abril de 2018.

a) O que Calvin pensa a respeito do destino? Como ele justifica essa visão? Comente.

b) Na tira, Haroldo discorda do amigo. Imagine uma frase que poderia ser dita por Haroldo que contrariasse a opinião de Calvin. Escreva-a no caderno.

A primeira fala de Calvin apresenta uma oração que está na **voz passiva**. O agente que expressa a ação está em destaque. Confira:

> Você acredita que nosso destino é determinado **pelas estrelas**?

ANOTE AÍ!

> **Agente da passiva** é aquele que, na voz passiva, pratica a ação verbal. Ele vem sempre antecedido de preposição – em geral, da preposição *por*, que pode se contrair com artigos e tornar-se *pelo(s)*, *pela(s)*.

PARA EXPLORAR

Calvin e Haroldo: o livro do décimo aniversário, de Bill Watterson. São Paulo: Conrad do Brasil, 2013.

Você quer descobrir a origem das personagens Calvin e Haroldo? Leia essa antologia das tiras da dupla e conheça também o processo criativo e as influências do autor Bill Watterson. É um livro imperdível para quem gosta de quadrinhos e humor.

Observe estas frases:

Os mensageiros (sujeito) trouxeram as notícias. → voz ativa

As notícias foram trazidas **pelos mensageiros** (agente da passiva). → voz passiva

No primeiro exemplo, o verbo da oração está na voz ativa. No segundo exemplo, o verbo da oração está na voz passiva. Note que o sujeito da oração na voz ativa torna-se agente da passiva quando a oração está na voz passiva.

ANOTE AÍ!

> Nem sempre o agente da passiva é expresso na frase. Ele pode ser omitido para **indeterminar** o sujeito. Nesse caso, a oração correspondente na voz ativa tem o verbo na terceira pessoa do plural.
> **Voz passiva:** A profecia da bruxa foi revelada.
> **Voz ativa:** Revelaram a profecia da bruxa.

2. Leia a seguir um trecho do livro *A primavera da pontuação*, de Vitor Ramil.

> O telefone do Agente da Passiva tocou. A Passiva era a polícia secreta do Rei. O povo a apelidara assim e o apelido pegara, pois era sabido por todos que o Rei não tinha voz ativa nem mesmo em seus nobres aposentos. O Agente da Passiva fora um sujeito na ativa até pouco tempo antes. Após passar uma temporada de molho, entrara para a Passiva, onde começara como agente comum para, depois de uma ascensão vertiginosa, assumir a diretoria da discreta organização, que muitos julgavam uma lenda. "Alô", disse ao aparelho. [...] O caráter sigiloso de seu trabalho o obrigava, muitas vezes, a se comunicar de maneira cifrada. "Vem irrompendo a luz", disse um de seus verbos auxiliares do outro lado da linha, recomendando ao chefe que ligasse a televisão. "A luz é muito apreciada por mim. O vidro da minha janela foi atravessado por seus raios", respondeu o Agente da Passiva, dando a entender que já estava a par dos acontecimentos.
>
> Vitor Ramil. *A primavera da pontuação*. São Paulo: Cosac Naify, 2014. p. 15.

▲ Capa do livro *A primavera da pontuação*. São Paulo: Cosac Naify, 2014.

a) Por que a polícia secreta do rei fora apelidada de "Agente da Passiva"?

b) O que o "Agente da Passiva" disse aos "verbos auxiliares" ao telefone? Escreva as falas da personagem no caderno, associando-as a seu nome.

3. Releia as seguintes orações do texto de Ramil:

> I. A luz é muito apreciada por mim.
>
> II. O vidro da minha janela foi atravessado por seus raios.

- Identifique os agentes da passiva nas frases acima. Depois, no caderno, reescreva-as na voz ativa.

4. Observe a oração a seguir.

> O Agente da Passiva assumiu a diretoria da discreta organização.

- Quem é o sujeito da oração? Qual é a voz do verbo? No caderno, reescreva a sentença na voz passiva analítica e, em seguida, identifique o agente da passiva na frase que você elaborou.

5. Conta-se que, para ajudar um amigo a vender um sítio, Olavo Bilac escreveu:

> Vende-se encantadora propriedade onde cantam os pássaros, ao amanhecer, no extenso arvoredo. É cortada por cristalinas e refrescantes águas de um ribeiro. A casa, banhada pelo sol nascente, oferece a sombra tranquila das tardes, na varanda.
>
> Gabriel Perissé. *A arte da palavra*: como criar um estilo pessoal na comunicação escrita. Barueri: Manole, 2003. p. 112.

a) A que gênero o texto lido se assemelha?

b) Em que voz verbal está a frase "Vende-se uma encantadora propriedade"?

c) Redija um texto para informar a venda de um carro. Qual voz verbal utilizará?

6. Observe esta frase: "A casa é banhada pelo sol nascente".

a) Qual é o sujeito da frase?

b) Qual é a voz do verbo nessa frase?

c) Agora, reescreva a sentença alterando a voz verbal.

Acompanhamento da aprendizagem

Retomar e compreender

1. Observe a sentença extraída da peça *Macbeth*.

   > E, à guisa de sinal, pois receberás depois honra maior, pediu-me o Rei que, em seu nome, te nomeasse Barão de Cawdor.

   a) Quem é o sujeito de *receberás*?
   b) Em que voz verbal está a frase "receberás depois honra maior"?
   c) Reescreva-a na voz passiva analítica, acrescentando um agente da passiva.
   d) Identifique a função sintática dos termos sublinhados na seguinte oração:

   > Honra maior será recebida depois por ti.

2. Leia o trecho de notícia a seguir.

   > Que a pandemia da covid-19 sirva de alerta: o planeta Terra está doente, acometido de poluição, mudanças climáticas, desmatamento, degradação ambiental, extinção de espécies e outras comorbidades diversas induzidas pelo homem. Os seres humanos, neste caso, são ao mesmo tempo os algozes, as vítimas e a solução; mas é preciso agir rápido e em conjunto para reverter esse diagnóstico, segundo uma declaração internacional [...].
   >
   > "Nós, a comunidade global de saúde planetária, emitimos o alarme de que a deterioração contínua dos sistemas naturais do nosso planeta é um perigo claro e presente para a saúde de todas as pessoas em todos os lugares", diz a Declaração de São Paulo sobre Saúde Planetária, redigida em conjunto pela USP e pela Planetary Health Alliance, um consórcio internacional sediado na Faculdade de Saúde Pública de Harvard, com apoio do Programa das Nações Unidas para o Desenvolvimento (PNUD).
   >
   > Declaração sobre saúde planetária pede "mudança fundamental na forma como vivemos". *Jornal da USP*. Disponível em: https://jornal.usp.br/atualidades/precisamos-de-uma-mudanca-fundamental-na-forma-como-vivemos-na-terra-alerta-declaracao-sobre-saude-planetaria/. Acesso em: 27 mar. 2023.

   - De acordo com o texto, "os seres humanos [...] são ao mesmo tempo os algozes, as vítimas e a solução". Como você entende essa afirmação?

3. Localize o agente da passiva de cada oração a seguir e copie-o no caderno.
   a) A Terra sofre por doenças induzidas pelo homem.
   b) A Declaração foi redigida em conjunto pela USP e pela Planetary Health Alliance.

Aplicar

4. Reescreva no caderno as orações a seguir, de modo que elas passem a apresentar um agente da passiva.
   a) Nós emitimos um alarme.
   b) Nós devemos proteger a saúde humana.

5. Reescreva as orações a seguir colocando os verbos na voz passiva sintética.
   a) A leitura dramatizada foi concluída pelos estudantes.
   b) A escrita do texto dramático foi avaliada pelo professor.
   c) As atividades foram feitas pelos estudantes.

A LÍNGUA NA REAL

A OMISSÃO DO AGENTE DA PASSIVA

1. No caderno, compare estes títulos de notícias sobre um mesmo fato. Descreva quais são as vozes verbais destas duas frases.

> **Sete planetas parecidos com a Terra são descobertos**
>
> Disponível em: https://www.terra.com.br/noticias/climatempo/sete-planetas-parecidos-com-a-terra-sao-descobertos,e4a16d96241eba8298939ebc82c6a67ezojwd907.html. Acesso em: 27 mar. 2023.

> **Nasa descobre sistema solar com 7 planetas parecidos com a Terra**
>
> Disponível em: https://exame.com/ciencia/nasa-descobre-sistema-solar-com-7-planetas-parecidos-com-a-terra/. Acesso em: 27 mar. 2023.

2. Releia o primeiro título.
   a) Que informação não está expressa na oração?
   b) Que aspecto do fato relatado essa omissão destaca?
   c) Transforme esse título em uma oração na voz ativa.

3. Releia o segundo título.
   a) Transforme-o em uma oração na voz passiva. Reescreva a oração que você criou sem o agente da passiva.
   b) Que sentido essa omissão acrescenta ao título?

4. Considere a oração a seguir.

   > Um estudante quebrou o vidro da janela da sala de aula.

   a) Reescreva a oração na voz passiva analítica.
   b) Para não revelar quem quebrou o vidro, como poderia ser escrita a oração?
   c) Como tal omissão muda a informação dada ao leitor? Justifique.

5. Leia a tira a seguir.

Charles M. Schulz. *Snoopy nº 7* – Doces ou Travessuras? Tradução: Cássia Zanon. Porto Alegre: L&PM Editores, 2013. p. 35.

   a) Em que voz está a segunda oração do segundo quadrinho? Que efeito de sentido a omissão do agente da passiva provoca?
   b) Escreva no caderno outra possível resposta de Lucy à pergunta de Charlie Brown. Utilize a voz passiva e explicite o agente da passiva.

ANOTE AÍ!

A **omissão** ou a **presença do agente da passiva** nos textos que empregam a voz passiva alteram a informação dada ao leitor. Nos textos jornalísticos, a presença (ou não) do agente da passiva destaca aspectos diferentes da informação apresentada.

ESCRITA EM PAUTA

GRAFIA DOS VERBOS ABUNDANTES

1. Leia as frases a seguir.

   > Historiador é eleito para a Academia Brasileira de Letras.

   > Apesar de já terem elegido o escritor, o poeta apresentou-se como candidato.

   a) Que verbo se repete nas duas frases?
   b) Em que forma nominal está esse verbo?

   Alguns verbos apresentam mais de uma forma no particípio, com a mesma função. Nesses casos, as duas formas podem ser usadas igualmente:

   > O arquivo foi **aceito**.
   > Eu havia **aceitado** o arquivo.
   >
   > O juiz tinha **suspendido** o jogo.
   > O jogo foi **suspenso** pelo juiz.

   ### ANOTE AÍ!
   Verbos abundantes apresentam mais de uma forma no particípio, de valor ou função equivalente.

2. Transcreva no caderno as frases a seguir empregando a forma regular do particípio dos verbos entre parênteses.
   a) Eles haviam ★ (entregar) a varinha mágica.
   b) O texto foi ★ (imprimir) pelos magos.
   c) Os bruxos haviam ★ (enxugar) a testa.
   d) A escola havia ★ (expulsar) aqueles que brigaram.

3. Leia o texto a seguir, retirado da página de ajuda do *site* de uma loja virtual.

   > **Pacotes que não puderam ser entregues**
   >
   > Ocasionalmente, os pacotes são devolvidos para a Amazon com *status* "não pôde ser entregue".
   >
   > Emitiremos um reembolso total (incluindo o custo do frete) quando a transportadora devolver um pacote para Amazon que não pôde ser entregue. [...]
   >
   > Se você suspeitar que o pedido não pode ser entregue como foi endereçado e não receber uma confirmação de devolução ou reembolso em até quatro semanas após a data estimada de entrega, fale conosco.

   Disponível em: https://www.amazon.com.br/gp/help/customer/display.html/ref=help_search_1-2?ie=UTF8&nodeId=201365580&qid=1494088125&sr=1-2. Acesso em: 27 mar. 2023.

   a) O verbo *entregar* no título aparece em forma regular ou irregular?
   b) Crie uma frase com o verbo *entregar* em sua forma regular.

   ### ANOTE AÍ!
   Em geral, a **forma regular** do particípio é empregada na **voz ativa**, com os verbos auxiliares *ter* e *haver*. Já a **forma irregular** é empregada na **voz passiva**, com os verbos auxiliares *ser* e *estar*.

4. Leia a curiosidade a seguir.

> **Um tiro na barriga revelou como funciona a digestão humana**
>
> *Um paciente recebeu um tiro de mosquete e o disparo abriu um buraco na barriga que nunca mais cicatrizou*
>
> No dia 6 de junho de 1822, o cirurgião do Exército americano William Beaumont (1785-1853) foi chamado ao Forte Mackinac, em Michigan, nos Estados Unidos, para atender o caçador Alexis Martin. O paciente havia recebido um tiro de mosquete e o disparo tinha aberto um buraco na barriga que nunca mais cicatrizou.
>
> Foi a sorte do médico: pela primeira vez alguém pôde ver o estômago humano trabalhando. [...]

Disponível em: http://super.abril.com.br/historia/a-janela-do-estomago/. Acesso em: 27 mar. 2023.

a) Em que voz verbal se encontra a frase "o disparo tinha aberto um buraco na barriga que nunca mais cicatrizou"?
b) Em que forma verbal está empregado o verbo *abrir*?
c) Trata-se da forma regular ou irregular?

5. Leia este título:

> **Piloto perde controle, mas vence rali: "pensei que não tinha ganhado"**

Disponível em: https://esporte.uol.com.br/velocidade/ultimas-noticias/2017/03/13/piloto-de-rali-perde-controle-a-metros-do-fim-mas-se-recupera-e-vence.htm. Acesso em: 27 mar. 2023.

a) A fala do piloto está de acordo com a norma-padrão? Justifique.
b) Reescreva-a, empregando a forma irregular do particípio do verbo *ganhar*.

ANOTE AÍ!

Além dos verbos abundantes, que admitem uma forma regular e outra irregular, há verbos que admitem **apenas o particípio irregular**. É o caso de *abrir* (aberto), *cobrir* (coberto), *dizer* (dito), *escrever* (escrito), *fazer* (feito), *pôr* (posto), *ver* (visto) e *vir* (vindo).

Ao empregar os verbos *ganhar*, *gastar* e *pagar*, apesar de eles serem considerados abundantes, prefira o particípio irregular (*ganho*, *gasto* e *pago*).

■ ETC. E TAL

Abracadabra!

Todo ilusionista que se preze diz um sonoro "abracadabra" antes de executar um truque ou "lançar um feitiço". Mas a origem dessa palavra mágica é tão misteriosa quanto seu significado. Tudo indica que ela tenha sido grafada pela primeira vez no século II em um livro sobre remédios. De origem incerta, pode ser oriunda do grego *abrakadabra* – e há ainda quem defenda uma etimologia hebraica ou persa. Durante a Antiguidade, a expressão "Abracadabra" era escrita assim em um triângulo de couro usado no pescoço como pingente para invocar poderes de cura:

```
ABRACADABRA
 BRACADABR
  RACADAB
   ACADA
    CAD
     A
```

AGORA É COM VOCÊ!

Leia com atenção o infográfico a seguir.

Técnicas e recursos para leitura dramatizada

A leitura de um texto dramático em público exige o emprego de certas técnicas e recursos próprios do teatro. Confira alguns deles e se prepare para realizar sua leitura de forma clara, intensa e dinâmica, para que você e os ouvintes desfrutem da história.

A fluência narrativa
Quanto maior o conhecimento da história a ser contada, melhor a leitura, pois o leitor consegue dar ao texto a fluidez necessária para agradar ao público. Por isso, aprofundar-se de antemão no enredo e na lógica do texto é essencial para a leitura dramatizada.

A impostação da voz
Para ser bem compreendido, o tom de voz deve ser firme e a pronúncia das palavras, clara e bem articulada. A variação do volume da voz e as pausas devem servir para reforçar os sentidos do texto lido. Exercícios de respiração e aquecimento vocal ajudam a preparar a voz.

A expressividade
Na dramatização, as expressões faciais contribuem para dar sentido e reforçar os significados pretendidos pelo leitor. A interação entre fala e expressão facial confere força à história apresentada.

A gestualidade
Além do olhar e das expressões faciais, o movimento das mãos, os acenos de cabeça e outros gestos são formas de exprimir ideias e de comunicar sem usar palavras.

O figurino e a ambientação
Diferentemente da leitura solitária e silenciosa, a leitura dramatizada é audiovisual. O leitor e sua interpretação do texto estão à prova do público; portanto, figurinos e elementos cênicos que remetam à história podem estar presentes.

A postura corporal
Na leitura dramatizada, a postura do leitor diante do público e sua capacidade de encadear as falas e os gestos vão manter a atenção dos espectadores.

Não tenha vergonha ou medo de errar! A leitura dramatizada, se bem ensaiada, é uma forma de prazer artístico!

Fonte de pesquisa: Marta Metzler. Leitura dramatizada: objeto de fruição – instrumento de estudo. Em: *Anais do IV Congresso de Pesquisa e Pós-Graduação em Artes Cênicas*. Rio de Janeiro: Abrace, 2006. p. 231-232.

LEITURA DRAMATIZADA

Proposta

Você e outros três colegas farão uma leitura dramatizada de uma peça de William Shakespeare, que será gravada para facilitar a análise e a avaliação da *performance*. Cada grupo ficará responsável pela leitura de uma ou mais cenas, e cada integrante interpretará um papel.

GÊNERO	PÚBLICO	OBJETIVO	CIRCULAÇÃO
Texto dramático	Professores e colegas	Divulgar a obra de Shakespeare	Por meio de vídeo, que será assistido na escola

Planejamento e elaboração

1 Busquem, em livros e/ou na internet, textos teatrais de William Shakespeare. Façam a leitura de alguns trechos escolhidos para apreciar a obra do autor e se familiarizar com a linguagem e o estilo dele.

2 Com o auxílio do professor, selecionem uma peça de Shakespeare com a qual toda a turma trabalhará. Se preferir, façam uma votação ou um sorteio para facilitar a escolha.

3 Leiam na íntegra a peça escolhida e definam a(s) cena(s) a ser(em) lida(s) pelos grupos.

4 Escolhida(s) a(s) cena(s), defina, com os colegas de seu grupo, o papel de cada um na leitura. Se necessário, uma mesma personagem pode ser interpretada por mais de um estudante, ou um mesmo integrante do grupo pode ficar responsável por mais de um papel. Isso dependerá da peça escolhida e da quantidade de personagens da(s) cena(s) escolhida(s).

5 Fiquem atentos aos elementos do texto dramático:

- **indicações de personagens**: se a cena a ser lida não for a primeira, será necessário voltar ao início do texto, onde costuma ficar a lista com as indicações de personagens e suas características;
- **diálogos**: leiam individualmente a cena completa para compreender a sequência dos diálogos e o contexto do texto que será lido;
- **rubricas**: após a definição dos papéis, estudem as rubricas presentes nas falas que vocês lerão.

6 Realizem ensaios para que a sequência das falas fique bem natural para todos. Se necessário, retomem as informações expostas no infográfico das páginas anteriores.

7 Quando o grupo se sentir seguro, gravem a leitura dramatizada. Sigam estas orientações:

- Definam o equipamento que será utilizado para fazer a filmagem: uma câmera de vídeo ou um *smartphone*, que podem ser posicionados em um tripé ou sobre uma mesa, por exemplo.
- Escolham o local em que será realizada a filmagem. É importante que seja um lugar silencioso e com iluminação adequada. Se possível, façam um teste com antecedência para verificar outros aspectos técnicos, como o posicionamento dos leitores e do equipamento de filmagem.
- Selecionem os objetos cênicos que vocês utilizarão durante a leitura dramatizada e quem ficará responsável por levá-los no dia da filmagem.

- No dia da filmagem, levem os figurinos de acordo com o que combinaram antecipadamente. A depender da personagem e das possibilidades do grupo, pode ser o traje completo ou um acessório, como chapéu, pulseira, óculos, etc.

MÚLTIPLAS LINGUAGENS

1. Acessem o recurso digital e releiam o infográfico apresentado nessa seção. Durante a leitura dramatizada, que técnicas ou recursos indicados no infográfico a atriz utilizou?

2. No recurso digital, há dois vídeos: um com a leitura branca e outro com a leitura dramatizada do trecho de *Macbeth*. Que diferenças há entre essas versões?

Façam uma nova leitura da(s) cena(s) criada(s), tendo em mente as respostas às questões anteriores no sentido de incorporar elementos e deixar a leitura mais expressiva. Depois de filmar, utilizem programas de edição de vídeo gratuitos para excluir trechos e melhorar o áudio e a imagem.

Avaliação

1 Assistam, em grupo, à filmagem da leitura dramatizada. Copiem o quadro a seguir no caderno e completem-no com base na atuação dos colegas.

ELEMENTOS DA LEITURA DRAMATIZADA
A leitura lhe pareceu expressiva?
A entonação e o ritmo foram pertinentes?
Foram feitas pausas para destacar algumas falas?

2 Troquem as avaliações entre os integrantes do grupo e discutam o que poderia ser melhorado ou feito de maneira diferente. Se houver algo que possa ser corrigido com a edição do vídeo, façam as alterações e salvem uma nova versão da filmagem.

Circulação

1 Combinem com o professor a data e o horário da exibição para a comunidade escolar dos vídeos das leituras dramatizadas.

2 Convidem professores, funcionários e outras turmas da escola para participar do evento.

3 Para organizar a exibição, vejam algumas dicas a seguir.
- Definam onde será o evento (se na própria sala de aula ou em outro espaço da escola). O ideal é que seja um local que comporte confortavelmente a turma e todos os convidados. Necessariamente, deve haver equipamentos para a exibição dos vídeos: computador, projetor, tela e caixa de som.
- Antes da exibição dos vídeos, vocês podem falar brevemente sobre o contexto de produção das leituras dramatizadas, apresentar informações e dados biográficos de William Shakespeare e fazer um resumo do enredo da peça teatral que escolheram. Organizem-se para roteirizar a exposição oral e escolham os estudantes que a farão.
- Determinem a ordem correta de exibição das cenas da peça teatral e combinem quem ficará responsável pela parte técnica no dia do evento.

4 No dia combinado, recebam os convidados da comunidade escolar e exibam a versão final dos vídeos.

183

ATIVIDADES INTEGRADAS

Leia, a seguir, uma cena da peça *A bruxinha que era boa*, de Maria Clara Machado.

Cenário único
Uma floresta

Veem-se as cinco bruxinhas em fila, e a Bruxa-Instrutora de costas. Todas estão montadas em vassouras. A de costas, que é a Bruxa-Chefe, apita, e as bruxinhas dão direita volver. A Bruxa-Instrutora dá outro apito. As bruxinhas começam a cavalgar em torno da cena, sempre montadas em suas vassouras. A Bruxa-Instrutora torna a apitar; elas param.

A última bruxinha da fila é diferente das outras. Debaixo da roupa preta de bruxa, emoldurado por cabelos estranhamente louros (as outras têm cabelos pretos e roxos desgrenhados), surge um rostinho angélico: é a Bruxinha Ângela. Voa com grande prazer na sua vassoura e monta com elegância, enquanto suas irmãs voam como verdadeiras bruxas; gargalhadas e movimentos bruscos.

Bruxa-Chefe — Muito bem! Muito bem! Quase todas... Bruxinha Ângela, você é um fracasso. Seu riso não era um riso de bruxa e muito menos de feiticeira. Assim você não passará no exame. Agora vamos praticar o segundo ponto: Gargalhada de bruxa. (A instrutora apita de novo.)

(Todas gargalham com espalhafato. Bruxinha Ângela sorri apenas.)

Bruxa-Chefe — Uma de cada vez! (Apita.)

(Caolha, Fredegunda e suas irmãs, todas querendo mostrar grande maestria, gargalham, até chegar a vez de Bruxinha Ângela, que ri... sem maldade alguma.)

Bruxa-Chefe — Bruxinha Ângela, você é a única que não estava bem. Aprenda a gargalhar com suas irmãs. Bruxinha Caolha, ria de novo.

(Bruxa Caolha ri horrivelmente feio.)

Bruxa-Chefe — Muito bem. Muito bem, Bruxinha Caolha continua a primeira da classe... Passemos ao terceiro ponto: Feitiçarias antigas e modernas. Peguem seus caldeirões e o livro de receitas e vamos ver se vocês aprenderam as principais bruxarias.

(As cinco bruxinhas saem e voltam com enormes caldeirões e pás, onde misturam folhas enormes num mesmo ritmo agitado. Só Bruxinha Ângela pica sua verdurinha devagar, completamente fora do ritmo. Notando isto, Bruxa-Chefe apita nervosamente. O ritmo para. Todos olham Bruxinha Ângela, que continua calmamente a picar.)

Bruxa-Chefe — Bruxinha Ângela, você vai muito mal mesmo. Se continuar assim, terá que ser mandada, presa, para a Torre de Piche. Você quer ir para lá?!...

Bruxinha Ângela — Não!!...

Bruxa-Chefe — Então trate de aprender as bruxarias direitinho para ser uma bruxa ruim de verdade.

(Ouve-se uma corneta. Todas escutam por um instante. Outra corneta mais perto.)

Todas — O Bruxo!

Bruxa-Chefe (emocionada) — Bruxinhas, alerta! O nosso Bruxo se aproxima para o exame. Peço a todas que não me envergonhem. É preciso mostrar à Sua Ruindade Suprema que vocês estão em forma. E todas já sabem que aquela que passar em primeiro lugar ganhará como prêmio uma vassourinha a jato!

[...]

Maria Clara Machado. *A bruxinha que era boa e outras peças*. Rio de Janeiro: Nova Fronteira, 2009. *E-book*.

184

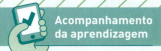

Analisar e verificar

1. Por que a Bruxinha Ângela é considerada diferente das outras?

2. Na cena lida, há apenas uma fala atribuída à Bruxinha Ângela. Como o leitor consegue perceber que ela não se comporta como uma bruxa comum?

3. Em sua opinião, a peça teatral *A bruxinha que era boa*, de Maria Clara Machado, é destinada ao mesmo público das peças *Sonho de uma noite de verão* e *Macbeth*, ambas de William Shakespeare? Justifique.

4. Releia o início da primeira rubrica.

   > Veem-se as cinco bruxinhas em fila, e a Bruxa-Instrutora de costas.

   a) Em que voz verbal se encontra o verbo *ver*?
   b) Qual é a função sintática do pronome *se* na frase?
   c) Que informação a autora pretendeu destacar com tal estrutura? Comente, considerando que se trata de uma rubrica de texto dramático.
   d) Reescreva a frase na voz passiva analítica, acrescentando um agente da passiva.

5. Considere a seguinte frase da peça: "A Bruxa-Instrutora dá outro apito.".
   a) Qual é o sujeito da frase?
   b) Em que voz verbal se encontra o verbo *dar*?
   c) Reescreva o trecho na voz passiva analítica.
   d) Identifique o sujeito paciente e o agente da passiva da frase criada no item *c*.

Criar

6. Se você fosse o roteirista dessa peça adaptada para o teatro, como caracterizaria fisicamente cada uma das bruxas?

7. Escreva uma cena curta para dar sequência à cena lida, utilizando o que você aprendeu nesta unidade sobre o texto dramático. Antes, porém, responda às questões a seguir para auxiliá-lo no planejamento do texto.
   - O que você acha que aconteceu após a chegada do Bruxo?
   - Como a Bruxinha Ângela se saiu no exame?
   - E quem ficou em primeiro lugar?

8. Imagine que você trabalha na área de comunicação de uma companhia de teatro que vai encenar a peça *A bruxinha que era boa*. Crie o programa do espetáculo (espécie de folheto distribuído ao público antes da apresentação) com dados sobre a peça. Você pode inventar as informações. Seu programa deve apresentar:
   - listagem do elenco (com os papéis que cada ator representa na peça);
   - nome do autor, do diretor e dos demais profissionais envolvidos na montagem, como iluminador, cenógrafo, figurinista, maquiador, etc.;
   - breve texto sobre a companhia teatral;
   - sinopse do espetáculo (breve resumo do enredo da peça);
   - a cotação da peça (de uma a cinco estrelas, qual é a avaliação);
   - imagens da montagem.

CIDADANIA GLOBAL
UNIDADE 5

16 PAZ, JUSTIÇA E INSTITUIÇÕES EFICAZES

Retomando o tema

Nesta unidade, você e seus colegas refletiram sobre a importância de haver formas legítimas de ascender ao poder para que as instituições funcionem de maneira eficaz e democrática. Agora, relacionem a forma como isso se dá no Brasil e comparem com o que acontece em sua escola. Conheça, a seguir, os Três Poderes e suas respectivas responsabilidades no governo brasileiro.

Poder Executivo: executa as leis e administra o país.

Poder Legislativo: faz e aprova as leis; fiscaliza o Poder Executivo.

Poder Judiciário: faz com que as leis sejam cumpridas e os direitos, garantidos.

Acesse o recurso digital e responda: Em sua opinião, por que a divisão de poderes é importante em um país democrático?

- É possível afirmar que a escola onde você estuda funciona com uma divisão de poderes clara e de maneira democrática? Discuta com os colegas.

Geração da mudança

Agora, vocês vão escrever, juntos, uma carta aberta que explicite as reflexões feitas pela turma, relacionando a organização do Estado brasileiro e o modo como a sua escola se organiza. Para isso, considerem os seguintes aspectos:

- Há algum setor da comunidade escolar (estudantes, famílias, professores, funcionários, etc.) que não participa ou participa pouco das decisões relativas à escola?
- O que pode ser feito para que a gestão seja mais democrática e inclusiva, com a participação de representantes de toda a comunidade escolar?

Escrevam uma carta aberta direcionada à gestão da escola, apresentando os argumentos e as propostas da turma. O texto deve ser objetivo e explicitar o problema identificado e a solução sugerida. Além de entregá-la à gestão, vocês também podem publicá-la em murais na escola e/ou na internet, para que atinja o maior número de interessados.

Autoavaliação

Estela Carregalo/ID/BR

186

POEMA E POEMA VISUAL

UNIDADE 6

PRIMEIRAS IDEIAS

1. Você prefere ler texto em prosa ou em verso? Por quê?
2. Você já viu poemas em que as palavras formam um desenho no papel? Comente.
3. Leia esta frase: "Natal, a cidade do Sol, tem lindas praias". Qual é a função do trecho que está entre vírgulas?
4. Em uma correspondência, é importante mencionar a quem a mensagem se dirige. Como você se refere a um amigo no começo de uma mensagem de *e-mail*?

Conhecimentos prévios

Nesta unidade, eu vou...

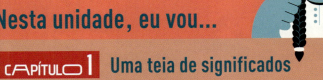

CAPÍTULO 1 — Uma teia de significados

- Ler e interpretar poemas, identificando algumas de suas características: ritmo, rima, imagens poéticas e figuras de linguagem.
- Refletir sobre a importância de ações coletivas para a vida em sociedade.
- Reconhecer as características composicionais do haicai e sua temática.
- Identificar os tipos de aposto e suas funções.
- Elaborar paródia de um poema e organizar um sarau.

CAPÍTULO 2 — Os sentidos das imagens

- Ler e interpretar poemas visuais, percebendo o diálogo estabelecido entre a linguagem verbal e a não verbal.
- Discutir a importância de estar atento ao outro nas interações cotidianas.
- Identificar e empregar adequadamente o vocativo.
- Usar apropriadamente a pontuação para separar apostos e vocativos em orações.
- Elaborar poema visual e organizar um painel de poesia.

CIDADANIA GLOBAL

- Discutir o papel das ONGs na sociedade.
- Identificar problemas sociais ou ambientais no bairro ou na cidade.
- Desenvolver plano de ação para solucionar os problemas identificados.

LEITURA DA IMAGEM

1. O remo é uma modalidade esportiva coletiva. Além do timoneiro (de jaqueta verde), que comanda a embarcação, quantos atletas fazem parte da equipe?
2. Qual é o objetivo desses atletas na competição?
3. O que você sabe sobre o movimento realizado pelos atletas nessa prática esportiva? O que você julga ser fundamental para que a embarcação se desloque?

 CIDADANIA GLOBAL

Em variados contextos, estabelecer parcerias e trabalhar em equipe são ações que fortalecem a integração dos indivíduos e possibilitam alcançar objetivos comuns. As práticas que envolvem parcerias – como entre colegas de classe, entre professores e estudantes, entre família e escola – são essenciais para o pleno desenvolvimento pessoal.

- Em sua opinião, de que modo as parcerias no ambiente escolar auxiliam em sua formação e em seu desenvolvimento?

 Acesse o recurso digital para ver outras modalidades esportivas coletivas. Quais esportes são mostrados? Para que as equipes tenham um bom desempenho, quais atitudes os integrantes devem ter?

Equipe de remo participando de uma competição na cidade de Seattle, nos Estados Unidos. Foto de 2019.

CAPÍTULO 1
UMA TEIA DE SIGNIFICADOS

O QUE VEM A SEGUIR

O poema que você vai ler foi escrito pelo poeta brasileiro João Cabral de Melo Neto, cuja obra poética é marcada pela evocação de imagens concretas, em oposição ao tom mais subjetivo e emotivo característico dos textos líricos. Leia o título do poema: Que imagens você supõe que o texto vai construir?

TEXTO

Tecendo a manhã

Um galo sozinho não tece uma manhã:
ele precisará sempre de outros galos.
De um que apanhe esse grito que ele
e o lance a outro; de um outro galo
que apanhe o grito que um galo antes
e o lance a outro; e de outros galos
que com muitos outros galos se cruzem
os fios de sol de seus gritos de galo,
para que a manhã, desde uma teia tênue,
se vá tecendo, entre todos os galos.

E se encorpando em tela, entre todos,
se erguendo tenda, onde entrem todos,
se entretendendo para todos, no toldo
(a manhã) que plana livre de armação.
A manhã, toldo de um tecido tão aéreo
que, tecido, se eleva por si: luz balão.

João Cabral de Melo Neto. Tecendo a manhã.
Em: *Obra completa*. Rio de Janeiro:
Nova Aguilar, 1994. p. 345.

encorpar: fazer crescer, fazer ganhar corpo ou volume.

tênue: sutil, frágil.

190

TEXTO EM ESTUDO

PARA ENTENDER O TEXTO

1. Algumas das imagens que você supôs foram construídas no poema? Comente.

2. Indique se as afirmações a seguir, sobre o poema "Tecendo a manhã", são **falsas (F)** ou **verdadeiras (V)**. Justifique suas escolhas.
   I. O primeiro verso remete ao provérbio "Uma andorinha só não faz verão".
   II. O poema enfatiza que o trabalho coletivo não rende fruto algum.
   III. O texto retrata fielmente o nascimento da manhã destacando o canto dos galos.
   IV. O poema sugere a importância do trabalho coletivo.

3. Releia a primeira estrofe do poema para responder às questões a seguir.
   a) Quem são os responsáveis pelo trabalho de tecer a manhã?
   b) Por meio de qual elemento eles formam a manhã?
   c) Como esse processo acontece?
   d) O poema usa o pronome relativo *que* para demonstrar como esse processo é encadeado. A que palavra implícita no texto o primeiro pronome *que* se refere?
   e) De que forma o uso do pronome *que* ajuda a demonstrar o encadeamento desse processo?

4. Uma das acepções do verbo *tecer* é "tramar os fios para formar uma teia ou um tecido". Considerando essa informação, responda:
   a) No poema, o verbo *tecer* tem esse significado? Explique.
   b) Qual é a relação de sentido do verbo *tecer* com a expressão "fios de sol"?

5. Releia a segunda estrofe e responda às questões.
   a) A manhã é comparada a quais elementos? Identifique-os.
   b) Por que a manhã é associada a esses elementos?

> **ANOTE AÍ!**
> Para transmitir sentimentos ou impressões sobre o mundo, o poeta cria imagens, atribuindo **novos sentidos às palavras**. No poema lido, por exemplo, a expressão "tecer a manhã" é uma **imagem poética**.

FIGURAS DE LINGUAGEM

6. Na primeira estrofe, há uma comparação entre duas ações. Identifique-as.

7. Na segunda estrofe, as expressões "plana livre de armação", "tecido tão aéreo" e "luz balão" revelam quais características da manhã?

8. Releia a segunda estrofe do poema e responda:
   a) Que verbo expressa sentido oposto ao das expressões citadas na atividade **7**?
   b) Explique o efeito de sentido que esse verbo provoca no poema.

9. Releia os dois últimos versos do poema e responda às questões.
   a) No último verso, o autor utiliza a expressão "luz balão" para se referir à manhã. Que verbo é empregado para revelar o que há em comum entre "luz balão" e "manhã"? Explique.
   b) A expressão "luz balão" estabelece uma relação implícita com a "manhã". Identifique outra expressão no trecho em que isso também ocorre.

O ENGENHEIRO DA PALAVRA

Nascido em Recife, Pernambuco, em 1920, João Cabral de Melo Neto foi diplomata. Na literatura, inaugurou uma nova tradição poética no Brasil, produzindo uma poesia que prima pela lapidação do uso da palavra. Foi membro da Academia Brasileira de Letras. Faleceu no Rio de Janeiro, em 1999. Suas principais obras são: *O engenheiro* (1945), *Psicologia da composição com a fábula de Anfion e Antiode* (1947), *O cão sem plumas* (1950), *Morte e vida severina* (1956) e *A educação pela pedra* (1966).

▲ João Cabral de Melo Neto, em foto de 1992.

> **VIDA SEVERINA**
>
> A obra mais famosa de João Cabral de Melo Neto é *Morte e vida severina*, escrita entre 1954 e 1955. Nela, o poeta narra a trajetória de Severino, um migrante do sertão nordestino que vai em busca de uma vida melhor em Recife. O cantor e compositor Chico Buarque fez uma versão musicada da obra, que se tornou a trilha sonora da peça de teatro homônima, que estreou em 1965, dirigida por Silnei Siqueira, um sucesso nos palcos do Brasil e do mundo.
>
> A obra também foi adaptada para o cinema. O filme foi escrito e dirigido por Zelito Viana e lançado em 1977. Em 1981, o diretor Walter Avancini produziu uma versão para a TV, aproveitando parte do elenco do filme e a trilha sonora de Chico Buarque.

▲ Capa da primeira edição de *A educação pela pedra* (1966), de João Cabral de Melo Neto.

10. Que sons consonantais mais se repetem no poema? Como essa repetição contribui para criar unidade no texto?

11. O poema apresenta omissões de algumas palavras. Releia este trecho:

> De um que apanhe esse grito que ele
> e o lance a outro; de um outro galo
> que apanhe o grito que um galo antes
> e o lance a outro; e de outros galos
> que com muitos outros galos se cruzem
> os fios de sol de seus gritos de galo,

a) Reescreva-o inserindo as palavras omitidas.
b) Que efeito essas omissões provocam no leitor?

ANOTE AÍ!

Os recursos de escrita observados nas atividades anteriores são **figuras de linguagem**. Elas são bastante utilizadas na poesia para ampliar e enriquecer o significado das palavras.

FIGURAS DE LINGUAGEM

Comparação	Metáfora	Aliteração	Elipse
Aproxima, de forma explícita, dois elementos de universos diferentes.	Constrói, por meio da relação implícita entre elementos, sentidos não usuais para palavras e expressões.	Refere-se à repetição proposital de sons consonantais idênticos para intensificar o ritmo.	É a omissão de um termo que fica subentendido no texto.

O CONTEXTO DE PRODUÇÃO

12. "Tecendo a manhã" foi publicado em *A educação pela pedra* (1966). Leia um trecho da apresentação dessa obra, extraído de uma edição mais recente.

> Com apuro e beleza, precisão e um trabalho incansável na estruturação dos versos e na escolha das palavras, João Cabral de Melo Neto atinge sua maturidade criadora em *A educação pela pedra*, que se consagra como obra decisiva na trajetória do poeta pernambucano. Já conhecido e respeitado como um dos grandes nomes da literatura brasileira, a partir das publicações de *O cão sem plumas* (1950), *O rio* (1953) e *Morte e vida severina* (1956), agora é visto no domínio total de sua linguagem.
>
> João Cabral de Melo Neto. Apresentação. Em: *A educação pela pedra*. São Paulo: Alfaguara, 2008.

a) Nesse trecho, quais pontos da poesia de João Cabral são destacados?
b) Você observa, no poema lido, esse "trabalho incansável" com a escolha das palavras? Justifique sua resposta.

13. João Cabral é considerado um dos principais poetas do movimento modernista brasileiro, marcado por inovações na forma de expressão.

a) Em "Tecendo a manhã", você consegue identificar alguma referência ao Brasil? Ou o poema permite uma leitura mais universal? Justifique.
b) Em sua opinião, por que hoje lemos os poemas escritos por João Cabral?

A LINGUAGEM DO TEXTO

14. No caderno, copie a alternativa correta sobre a linguagem do poema.
  I. O poema parte de uma linguagem concreta e transforma o concreto em imagens poéticas.
  II. O poema apresenta uma linguagem científica para descrever o amanhecer em um ambiente rural.

15. É comum a referência ao trabalho de João Cabral como uma poesia "substantiva", que valoriza o uso de substantivos em detrimento dos adjetivos. Com base no poema, justifique essa afirmação.

16. No poema "Tecendo a manhã", não há marcas de aspectos subjetivos, ou seja, o eu poético não expressa seus sentimentos. Estabeleça uma relação entre a quantidade de adjetivos e locuções adjetivas do poema e essa caraterística.

17. Leia novamente os dois últimos versos do poema e responda:
  a) A palavra *tecido*, repetida nesses dois versos, pertence a duas classes gramaticais diferentes. Quais são elas?
  b) A repetição da palavra *tecido* foi intencional? Que efeito essa repetição busca provocar no leitor?

18. No terceiro verso da segunda estrofe, o poeta utiliza uma palavra inventada por ele, ou seja, um neologismo. Veja:

> se entretendendo para todos, no toldo

- Qual é o sentido possível do verbo *entretendendo*? De quais verbos ele se forma?

19. O poema apresenta rimas no final dos versos? Explique.

Suryara Bernardi/ID/BR

ANOTE AÍ!

Em um poema, as **rimas** podem ser **perfeitas**, ou seja, apresentar correspondência entre todos os sons finais das palavras (como p**ente**/d**ente**/do**ente**), ou **imperfeitas**. As rimas imperfeitas são aquelas em que os sons das palavras são apenas aproximados, e não idênticos. Elas podem ser rimas **toantes** (ou assonantes) ou **aliterantes**.

As rimas toantes se referem à repetição da última vogal tônica ou das últimas vogais a partir da tônica em duas palavras. Exemplos: men**in**a/fer**id**a; b**oc**a/m**oç**a; am**ig**o/f**ilh**o. As rimas aliterantes correspondem à repetição de sons consonantais. Exemplos: **t**o**d**o/**t**o**ld**o; **l**u**t**o/**l**a**t**a; **f**a**z**/**l**u**z**.

CIDADANIA GLOBAL

JUNTOS SOMOS MAIS FORTES

O poema nos traz a imagem de galos que, colaborativamente, constroem a manhã por meio de seu canto. E essa manhã abarca a todos. Essa ideia pode ser estendida a diversos contextos de nossa vida em sociedade.

1. Pense e compartilhe com os colegas uma situação atual em que a colaboração de todos é necessária para construir algo que beneficie o coletivo.
2. Como você acha que o individualismo pode afetar a realização de ações coletivas e colaborativas na vida em sociedade?
3. As ações coletivas são formadas pelo conjunto de atos individuais que visam ao bem comum. Para você, qual é a importância de cada um no desenvolvimento das ações?

PARA EXPLORAR

De lá para cá – João Cabral de Melo Neto
Nesse programa, produzido pela TV Brasil em razão dos dez anos de falecimento do poeta, são apresentadas a vida e a obra de João Cabral. Grandes escritores, como Ferreira Gullar e Ariano Suassuna, falam sobre a influência cabralina.
Disponível em: https://www.youtube.com/watch?v=fKE3YttgYGA. Acesso em: 9 jan. 2023.

UMA COISA PUXA OUTRA

Haicais

Você sabe o que é um haicai?

É um poema curto que apresenta forma fixa e tem origem na cultura japonesa. Os haicais são compostos necessariamente de três versos. Em geral, o primeiro e o último possuem cinco sílabas poéticas cada um, e o segundo possui sete sílabas poéticas.

1. Leia os dois haicais a seguir, de autoria de Alice Ruiz, poeta, compositora, publicitária e tradutora brasileira.

   vespa no vidro
   sobe, cai, volta a subir
   por toda a viagem

   depois da queimada
   as árvores florescem
   em outra direção

   Alice Ruiz. *Outro silêncio*. São Paulo: Boa Companhia, 2015.

   a) Haicais costumam ser associados a elementos da natureza. Isso ocorre nos haicais lidos? Explique.
   b) O livro *Outro silêncio* é dividido em quatro seções, cada uma nomeada por uma estação do ano. Os haicais que você leu estão na seção Primavera. Qual é a possível relação entre esses haicais e a seção em que se encontram?
   c) Uma das características dos haicais é apresentar a justaposição de duas imagens. Identifique as imagens presentes em cada um dos haicais acima.
   d) A viagem mencionada no primeiro haicai é empreendida pela vespa ou pelo eu poético que a observa? Justifique.
   e) Os haicais são poemas essencialmente metafóricos, pois utilizam a semelhança de sentido entre dois termos e usam a imagem para revelar uma reflexão a respeito da vida.
      - No primeiro haicai, o movimento da vespa no vidro se assemelha a qual aspecto da vida humana?
      - E, no segundo haicai, o florescimento das árvores em outra direção tem semelhança com o quê?
   f) Quanto à forma, ambos os haicais apresentam pequenos desvios em relação ao padrão de versos de cinco, sete e cinco sílabas poéticas, nessa ordem. Explique essa afirmação.
   g) Com base nos textos lidos, o que se pode afirmar sobre a linguagem dos haicais? Há emprego de vocabulário erudito ou corriqueiro?
   h) Os haicais estudados têm algum sistema de rimas? Explique.

A TEMÁTICA DOS HAICAIS

A temática abordada nos haicais geralmente se relaciona à natureza ou ao cotidiano e representa cenas fugazes. É uma espécie de foto de um instante, construída por meio da linguagem verbal. Essas imagens podem representar questões mais profundas ou apenas fazer referência à poesia do momento capturado. Os haicais costumam representar duas imagens que, justapostas, formam um sentido. Esses elementos são, em geral, dispostos com sutileza, uma vez que não são necessariamente explicados.

2. Leia estes haicais, também retirados do livro *Outro silêncio*, de Alice Ruiz:

janela aberta
a cama toda coberta
folhas secas

lado a lado
as árvores se olham
e se desfolham

Alice Ruiz. *Outro silêncio*. São Paulo: Boa Companhia, 2015.

a) Quais imagens foram justapostas em cada um dos haicais?
b) Que ambiguidade se observa em cada um dos haicais?
c) A que estação do ano eles provavelmente estão associados? Justifique.

3. Considerando as estações do ano, qual é a diferença entre estes dois haicais?

depois da queimada
as árvores florescem
em outra direção

lado a lado
as árvores se olham
e se desfolham

4. Leia, a seguir, um trecho do texto "Da natureza à crítica social, conheça melhor o haicai brasileiro", do jornalista Matheus Mans.

Acesse o recurso digital e indique as duas principais características do haicai destacadas.

Ao chegar ao Brasil, porém, o haicai segue um rumo completamente diferente ao do oriental. Apesar de ainda haver temática ambiental, o haicai acabou por se diversificar no Brasil, tornando-se sua principal característica. Aqui, esta forma de poema exige não apenas o talento para poucas palavras e um olhar descritivo razoável. É necessário haver sensibilidade para emocionar ou criticar socialmente, senso de humor afiado para os de temática humorística ou até mesmo ter sutileza para perceber pequenos detalhes em acontecimentos cotidianos para transformá-los em algo digno de um haicai que chame a atenção do leitor.

Além disso, vale frisar o rompimento total que é feito com a forma. [...]

Enfim, o haicai é uma belíssima forma de expressão. Tal qual em uma fotografia, busca exprimir em um pequeno espaço algo que seja suficiente para cumprir sua função, seja ela rir, entreter, criticar, observar. Haicai é uma forma completa de escrita, apesar de seu tamanho, que permite que o leitor viaje completamente por suas linhas e palavras.

Matheus Mans. Da natureza à crítica social, conheça melhor o haicai brasileiro. *Esquina da Cultura*. 4 jun. 2017. Disponível em: https://www.esquinadacultura.com.br/post/o-haicai-brasileiro-da-natureza-%C3%A0-cr%C3%ADtica-social#. Acesso em: 9 jan. 2023.

a) A principal característica do haicai brasileiro foi a diversificação. O que isso significa?
b) Com base no texto lido, qual é a contraposição entre os haicais brasileiros e os do oriente?
c) Embora não tenha origem brasileira, o haicai é um gênero poético consolidado em nosso país. Em sua opinião, por que uma forma poética marcada pela concisão é tão conhecida na sociedade contemporânea?
d) Após conhecer alguns haicais e ler o texto, você ficou interessado em ler outros haicais? Justifique sua resposta.

195

LÍNGUA EM ESTUDO

APOSTO

1. Leia a seguir outro poema escrito por João Cabral de Melo Neto.

O engenheiro

A luz, o sol, o ar livre
envolvem o sonho do engenheiro.
O engenheiro sonha coisas claras:
Superfícies, tênis, um copo de água.

O lápis, o esquadro, o papel;
o desenho, o projeto, o número:
o engenheiro pensa o mundo justo,
mundo que nenhum véu encobre.

(Em certas tardes nós subíamos
ao edifício. A cidade diária,
como um jornal que todos liam,
ganhava um pulmão de cimento e vidro.)

A água, o vento, a claridade,
de um lado o rio, no alto as nuvens,
situavam na natureza o edifício
crescendo de suas forças simples.

João Cabral de Melo Neto. O engenheiro. Em: *Obra completa*. Rio de Janeiro: Nova Aguilar, 1994. p. 69-70.

a) Na primeira estrofe, são enumeradas as "coisas claras" sonhadas pelo engenheiro. Quais são os três elementos indicados no poema?
b) Esse poema apresenta uma reflexão sobre o ofício do engenheiro. De acordo com o texto, como esse profissional pensa o mundo?
c) João Cabral é considerado um poeta-engenheiro pela crítica literária. Em sua opinião, o que há em comum entre o trabalho do engenheiro e o ofício do poeta?

No poema "O engenheiro", ao acrescentar o verso "Superfícies, tênis, um copo de água", o poeta amplia o sentido da expressão *coisas claras*.

> **ANOTE AÍ!**
>
> O elemento sintático responsável por introduzir uma especificação, uma explicação ou uma enumeração referente a um termo da oração chama-se **aposto**. O aposto pode ser formado por uma palavra, expressão ou frase e aparecer antes ou depois do termo a que se refere.

2. Leia o texto a seguir, escrito por Mario Quintana.

Verbete

Homem ilustrado: o homem que conhece as ilustrações dos livros.

Mario Quintana. *Da preguiça como método de trabalho*. Rio de Janeiro: Globo, 1987. p. 66.

a) Nesse verbete, Mario Quintana faz uma brincadeira com o sentido das palavras. Que palavra permite essa brincadeira? Explique.
b) Qual é a finalidade do poeta ao criar um verbete?

Em geral, o aposto aparece isolado por vírgulas ou depois de dois-pontos. A relação entre o aposto e o termo a que se refere ocorre de diferentes formas. Veja o exemplo a seguir.

O engenheiro sonha coisas claras:
Superfícies, tênis, um copo de água.

Nesses versos, o aposto **enumera** as coisas claras do sonho do engenheiro. Já no texto de Mario Quintana, o aposto **explica** a expressão "homem ilustrado".

O aposto também pode **especificar** um termo, sem o uso da vírgula. Veja:

> O poeta **João Cabral** é considerado um engenheiro da palavra.

Observe que o nome "João Cabral" especifica a palavra *poeta*.
Leia esta outra frase:

> Imagens, sons e jogos de palavras, **tudo** contribui para a construção do poema.

O pronome indefinido *tudo* **resume** os aspectos que contribuem para a construção do poema.

Há, portanto, quatro tipos de aposto. Confira o esquema.

Em algumas frases, é possível substituir um termo por seu aposto, pois ele tem o mesmo valor semântico. Observe os exemplos a seguir.

> I. **João Cabral**, o poeta-engenheiro, escreveu a obra *Pedra do sono*.
> II. **O poeta-engenheiro** escreveu a obra *Pedra do sono*.

O aposto ("o poeta-engenheiro") é equivalente ao termo a que se relaciona ("João Cabral"). Se retirarmos o sujeito "João Cabral", o termo com função de aposto pode ser usado na função de sujeito. É o que acontece na segunda frase, em que "o poeta-engenheiro" é sujeito.

DIFERENÇA ENTRE ADJUNTO ADNOMINAL E APOSTO

Leia as frases a seguir.

> I. O poeta **Drummond** nasceu em Itabira, Minas Gerais.
> II. O poeta **de Itabira** gostava muito das montanhas.

Na primeira frase, a palavra *poeta* é genérica. O termo destacado que a acompanha **especifica** o poeta, individualizando-o. É, portanto, um **aposto**.

Na segunda frase, o termo destacado equivale a um adjetivo – *itabirano* – que **caracteriza** o poeta. Funciona como um atributo, um **adjunto adnominal**.

ANOTE AÍ!

O **aposto** especifica, individualiza ou desenvolve um termo genérico da oração. Exemplos: "o poeta *Mario Quintana*", "o rio *Amazonas*", "o lago *de Itaipu*", "a cidade *de Aracaju*". Já o **adjunto adnominal** equivale a um adjetivo, atribui uma característica ao substantivo. No caso acima, "de Itabira" não especifica o "poeta", e sim caracteriza sua origem.

Retomar e compreender

1. Leia a tira.

Dik Browne. *Folha de S.Paulo*, 25 maio 2007. Ilustrada, p. E15.

a) Ao apresentar os príncipes, Eddie acrescenta dados sobre essas personagens. Que informações ele dá sobre elas?

b) Essas informações são significativas para caracterizar os príncipes?

c) Por que Eddie Sortudo apresenta os nobres dessa maneira?

d) Identifique o aposto em cada uma das falas e classifique-os.

e) Crie outro aposto explicativo que caracterize o príncipe Harold.

2. Leia o texto a seguir.

> A poesia que se está fazendo, atualmente, no Brasil parece estar voltando, devagarinho, a ser o que a poesia sempre foi, a constituição de objetos claramente estruturados, regidos por uma lei interna de construção e arquitetura, a arte aplicada ao fluxo verbal.

Paulo Leminski. O *boom* da poesia fácil. Em: *Ensaios e anseios crípticos*. Introdução e organização de Alice Ruiz e Aurea Leminski. Campinas: Editora da Unicamp, 2012. p. 65.

a) Encontre no trecho dois apostos que caracterizem *poesia*.

b) Categorize os dois apostos identificados no item *a* de acordo com sua função.

3. Leia a tira a seguir.

Bill Watterson. *O ataque dos transtornados monstros de neve mutantes assassinos*. São Paulo: Best, 1994. v. 2. p. 78.

a) Que característica Calvin acrescentou ao nome dele? Por que ele fez isso?

b) A mãe de Calvin refere-se a ele destacando outra característica. Qual? Por que ela faz isso?

c) Quais são os apostos usados na tira? Qual é a função dos apostos nesse texto?

Aplicar

4. Leia a seguir um trecho de uma coluna de Luis Fernando Verissimo.

> O Mario Quintana disse que estilo é uma dificuldade de expressão. Na época em que a gente não podia escrever tudo o que queria, estilo muitas vezes era disfarce. Apelava-se para metáforas, elipses, entrelinhas, e dê-lhe parábolas sobre déspotas militares — na China, no século XV. Uma impostura maior, a do poder ilegítimo, obrigava à impostura da meia palavra, do truque mais ou menos óbvio. O consolo era que o medo da palavra de certa forma a enaltecia: estava implícito que o regime só sobrevivia porque a palavra não podia exercer todo o seu sortilégio. [...]

Luis Fernando Verissimo. Palavra. *O Globo*, 23 fev. 2017. Disponível em: https://oglobo.globo.com/opiniao/palavra-20966942. Acesso em: 9 jan. 2023.

   a) Qual é a função sintática de "a do poder ilegítimo" no penúltimo período?
   b) Construa uma frase com um aposto recapitulativo aproveitando a ideia presente no seguinte trecho: "Apelava-se para metáforas, elipses, entrelinhas, e dê-lhe parábolas sobre déspotas militares".
   c) Transforme o nome "Mario Quintana" em um aposto especificativo, reescrevendo a frase "O Mario Quintana disse que estilo é uma dificuldade de expressão".

5. Identifique e categorize os apostos das frases a seguir.
   a) A poesia nos traz vários sentimentos: dor, angústia, deslumbramento e amor.
   b) O poeta Carlos Drummond de Andrade, um dos maiores escritores do país, trouxe em seus poemas um lirismo reflexivo.
   c) Comparação, metáfora, aliteração e elipse, todas são figuras de linguagem.
   d) Romance, conto, crônica, tudo o que Clarice Lispector escreveu foi brilhante.
   e) William Shakespeare, o bardo inglês, também escreveu poemas.

6. Leia este trecho de uma crítica a uma exposição do artista León Ferrari:

Exposição no Masp resgata criticismo do argentino León Ferrari

Quase toda vez que se fala do argentino León Ferrari, morto em 2013, aos 92 anos, um aposto segue após seu nome — a informação de que ele foi considerado pelo *New York Times* um dos cinco artistas mais importantes e provocadores do mundo.

[...]

"Quisemos concentrar no período em que León esteve no Brasil, porque ele fugiu de um regime ditatorial para um país que também estava vivendo sob ditadura", explica Julieta, curadora-adjunta no Masp e curadora chefe do Museu Jumex, na Cidade do México.

▲ Obra *Duas ruas*, de León Ferrari. Foto de 1981.

Nina Rahe. *Folha de S.Paulo*, 27 out. 2015.

   a) Crie uma frase a respeito do artista León Ferrari utilizando o aposto recorrente mencionado no primeiro parágrafo.
   b) Agora, classifique o aposto que você criou no item *a*.
   c) Identifique um aposto de *Julieta*, no último parágrafo, e classifique-o.

A LÍNGUA NA REAL

AS DIFERENTES FUNÇÕES DO APOSTO

1. Leia a tira a seguir, em que aparecem o Recruta Zero e o Sargento Tainha.

Mort Walker. Recruta Zero. *O Estado de S. Paulo*, 24 abr. 2008. (Adaptado.)

a) Qual trabalho foi solicitado ao Recruta Zero?
b) Copie o aposto presente no primeiro quadrinho. Qual é a função dele?
c) O que a fala do Sargento Tainha, no segundo quadrinho, revela sobre o modo como Zero realizou seu trabalho?

2. A mesma informação pode ser expressa de muitas maneiras. Veja:

> I. Há duas opiniões sobre limpeza: o "limpo" e o "realmente limpo".

> II. As duas opiniões sobre limpeza são o "limpo" e o "realmente limpo".

a) Qual é a diferença de sentido entre essas frases?
b) Qual delas é mais adequada para o Sargento usar para criticar o trabalho de Zero? Por quê?

3. Leia um texto sobre o lançamento de um livro do Recruta Zero no ano de 2021. Nele, os dois apostos destacados têm a mesma classificação? Explique.

> A editora **Mythos** lançará em julho um compilado de tirinhas do consagrado Recruta Zero. A curadoria é do próprio autor, **Mort Walker**, morto em 2018.

Guilherme Amado. Recruta Zero, a coleção. *Metrópoles*, 29 jun. 2021. Disponível em: https://www.metropoles.com/colunas/guilherme-amado/recruta-zero-a-colecao. Acesso em: 22 jan. 2023.

4. Leia estes textos que apresentam colaboradores da revista *piauí*:

> Fernanda Torres, atriz e escritora, é autora do romance *Fim*, da Companhia das Letras.

Disponível em: http://piaui.folha.uol.com.br/colaborador/fernanda-torres/. Acesso em: 9 jan. 2023.

> Boris Fausto, historiador e ex-professor de ciência política da USP, é membro da Academia Brasileira de Ciências.

Disponível em: http://piaui.folha.uol.com.br/colaborador/boris-fausto/. Acesso em: 9 jan. 2023.

a) Identifique e classifique os apostos nessas notas biográficas.
b) Para os leitores da revista, qual é a importância das informações apresentadas pelos apostos?
c) Escreva sua nota biográfica utilizando aposto.

5. Leia o poema a seguir, de Mario Quintana.

Tia Élida

Sua alma dilacerada pelas renas da madrugada
Enevoa minha vidraça
"Deixaste mais uma vez a lâmpada acesa!" — diz ela.
Essa tia Élida
Tão viva, a coitada,
Que eu ainda me irrito com ela.

Mario Quintana. Tia Élida. Em: *Quintana de bolso*: rua dos Cataventos e outros poemas. Porto Alegre: L&PM, 1997. p. 71 (Coleção L&PM Pocket).

a) Encontre um aposto no poema e transcreva-o. A qual termo ele se relaciona?

b) O eu poético tem sentimentos ambíguos em relação à tia Élida. Como o aposto contribui para explicitar tal condição?

6. Leia o trecho a seguir, retirado de uma carta do escritor Paulo Mendes Campos a Mario Quintana, no qual ele fala sobre o fazer poético do amigo.

> Os objetos que te impressionam são comuns: a caneta com que escreves, os telhados, as tabuletas, a vitrine do bric. Teus animais são os que estão mais próximos do homem: boi, cavalo. As sensações que te fazem pulsar são as mais cotidianas: como a de um gole d'água bebido no escuro. [...] Os mitos que te assombram são os mais familiares: o anjo da guarda, o menino Jesus, Frankenstein, Simbad, Jack, o Estripador, Lili, tia Élida, o major Pitaluga, o retrato do marechal Deodoro proclamando a República. Como fazer desses elementos uma grande poesia? Só há um jeito: deles reproduzindo não o traço descritivo, mas o contorno de uma contraimagem, e isso é a tua poesia.

Disponível em: http://www.correioims.com.br/carta/carta-a-mario-quintana/. Acesso em: 9 jan. 2023.

bric: diminutivo de *bricabraque*, espécie de brechó ou ferro-velho.

a) Identifique os apostos enumerativos e aponte os referentes de cada um.

b) Qual é a função desses apostos no texto?

7. Leia um trecho da resenha sobre o relançamento de um livro de Pablo Neruda.

Poesia e luta

Poemas inéditos de Pablo Neruda, que abarcam um período que vai desde os princípios dos anos 1950 até pouco antes da morte do poeta, em 1973, reafirmam a tese de que a poesia não é só uma experiência estética, mas também um instrumento de luta. Lançados em 2014 no Chile, eles nos chegam agora em *Teus pés toco na sombra/Poemas inéditos*, edição bilíngue organizada e traduzida por Alexei Bueno (José Olympio).

José Castello. Poesia e luta. *O Globo*, 7 ago. 2015. Disponível em: http://blogs.oglobo.globo.com/jose-castello/post/poesia-e-luta.html. Acesso em: 9 jan. 2023.

a) Identifique e classifique o aposto presente no trecho transcrito.

b) A informação inserida por meio do aposto é importante para o texto? Explique.

c) Reescreva a primeira frase do texto, transformando *Pablo Neruda* em um aposto especificativo. Que informações podem ser acrescentadas ao texto?

> **ANOTE AÍ!**
>
> Em um texto, o aposto tem a função de **acrescentar** informações ou **especificá-las**, ampliando sua informatividade e ilustrando seu conteúdo.

AGORA É COM VOCÊ!

ESCRITA DE PARÓDIA DE POEMA

Proposta

No início do capítulo, você leu o poema "Tecendo a manhã", de João Cabral de Melo Neto. Esse poema evoca o provérbio "Uma andorinha só não faz verão", ou seja, baseia-se na ideia de que a manhã é tecida pelo trabalho coletivo dos galos e, com isso, reforça a solidariedade entre os indivíduos para a realização de algo.

Agora você vai criar uma paródia subvertendo, de maneira cômica, essa ideia expressa pelo poema de João Cabral. Ao final, em uma data combinada com o professor, você e os colegas vão organizar um sarau na escola para recitar os poemas. Gravem a apresentação em vídeo para análise posterior.

GÊNERO	PÚBLICO	OBJETIVO	CIRCULAÇÃO
Paródia de poema	Colegas da escola	Criar uma paródia do poema "Tecendo a manhã" para declamar em um sarau	Sarau de poesia na escola

Planejamento e elaboração do texto

1 Antes de elaborar sua paródia, leia os poemas "Canção do exílio", de Gonçalves Dias, e "Uma canção", de Mario Quintana, que foi inspirado no primeiro poema.

Canção do exílio

Minha terra tem palmeiras,
Onde canta o Sabiá;
As aves, que aqui gorjeiam,
Não gorjeiam como lá.
Nosso céu tem mais estrelas,
Nossas várzeas têm mais flores,
Nossos bosques têm mais vida,
Nossa vida mais amores.
[...]
Não permita Deus que eu morra,
Sem que volte para lá;
Sem que desfrute os primores
Que não encontro por cá;
Sem qu'inda aviste as palmeiras,
Onde canta o Sabiá.

Gonçalves Dias. Canção do exílio. Disponível em: http://www.dominiopublico.gov.br/download/texto/bn000100.pdf. Acesso em: 9 jan. 2023.

Uma canção

Minha terra não tem palmeiras...
E em vez de um mero sabiá,
Cantam aves invisíveis
Nas palmeiras que não há.
Minha terra tem relógios,
Cada qual com sua hora
Nos mais diversos instantes...
Mas onde o instante de agora?
Mas onde a palavra "onde"?
Terra ingrata, ingrato filho,
Sob os céus da minha terra
Eu canto a Canção do Exílio!

Mário Quintana. Uma canção. Em: *Mário Quintana*: poesia completa. Rio de Janeiro: Nova Aguilar, 2006. p. 443.

2 Agora, analise a relação entre esses dois poemas por meio destas questões:

a) No poema de Gonçalves Dias, há a valorização da natureza de seu país e um sentimento saudosista. Isso também acontece no poema de Quintana?

b) Quais são as semelhanças entre eles?

c) Nos dois poemas, a noção de exílio é a mesma? Explique.

3 Planeje, agora, a paródia do poema "Tecendo a manhã". Releia-o pensando em quais aspectos podem ser modificados para criar um efeito de humor. Por exemplo, valorizando o egoísmo em contraposição ao trabalho cooperativo dos galos para tecer a manhã.

4 Ao escrever sua paródia, faça as adaptações necessárias para expressar o novo sentido do poema, subvertendo a temática apresentada por João Cabral. Você pode usar uma estrutura de versos e estrofes parecida com a do poema "Tecendo a manhã" e reproduzir sons ou termos presentes nele.

5 Lembre-se de que, para maior expressividade, é importante também que seu poema apresente musicalidade, ritmo e poeticidade. Para isso:

- use rimas e figuras de linguagem;
- utilize palavras com sentidos inusitados ou no sentido figurado;
- explore a polissemia de algumas expressões para criar novos sentidos e sensações no leitor.

6 Dê um título a seu poema. Ele deve remeter ao do texto parodiado. Para se inspirar, observe alguns títulos de paródias da "Canção do exílio": "Canto de regresso à pátria", de Oswald de Andrade; "Nova canção do exílio", de Ferreira Gullar; "Canção do exílio facilitada", de José Paulo Paes.

Avaliação e reescrita do texto

1 Forme dupla com um colega para avaliar os textos. Em seguida, comentem o poema um do outro com base nas questões a seguir.

ELEMENTOS DO POEMA
O texto faz uma paródia do poema "Tecendo a manhã"?
O poema subverte a temática do poema parodiado?
Há expressões ou situações que remetem ao poema que inspirou a paródia?
A musicalidade e o ritmo do poema mantêm uma relação de intertextualidade com o texto-base da paródia?
O poema apresenta um efeito cômico?
O título faz referência ao poema de João Cabral?

2 Com base nos comentários do colega, reescreva os trechos que considerar necessário, revisando a ortografia e a pontuação.

Circulação

1 Organize, com a turma, um sarau para compartilhar as paródias.

2 Em casa, ensaie a declamação do poema, fazendo a leitura em voz alta. Não é preciso memorizar o texto, mas é importante atentar para a entonação, o volume e o ritmo da voz.

3 No dia do sarau, organize e decore o lugar onde acontecerá o evento.

4 Em um sarau, a sequência de leitura é espontânea. No momento em que se sentir à vontade para se apresentar, dirija-se ao local determinado. Evite fazer muitos gestos durante a declamação. A gesticulação deve apoiar o conteúdo expresso no poema, e não chamar mais atenção do que o texto.

5 Registrem o sarau em vídeo. Depois do evento, em um dia combinado, reúnam-se para assistir ao vídeo e avaliar o sarau, discutindo quais foram os pontos de destaque e o que precisa ser melhorado em uma próxima apresentação.

CAPÍTULO 2
OS SENTIDOS DAS IMAGENS

O QUE VEM A SEGUIR

Você vai ler um poema que mostra um pouco do universo de Paulo Leminski, um poeta que diz muito em poucas palavras, e aí reside o poder expressivo de sua escrita. A maneira como Leminski trabalha a linguagem em seus versos flerta com a subversão da forma e do significado, como se construir poemas fosse brincar com palavras. Que brincadeira você imagina que o poeta fará com as palavras neste poema? Quais recursos ele utilizará?

MÚLTIPLO LEMINSKI

Paulo Leminski nasceu em Curitiba, no Paraná, em 1944, e faleceu na mesma cidade, em 1989. Considerado um poeta *pop* e ao mesmo tempo erudito, foi também professor, publicitário, tradutor, crítico literário e compositor. Entre suas influências estão o Concretismo, a poesia japonesa – em especial os haicais –, a linguagem publicitária e a canção popular. O livro *Toda poesia* (2013) reúne sua trajetória poética.

▲ O poeta paranaense Paulo Leminski, em foto de 1983.

TEXTO

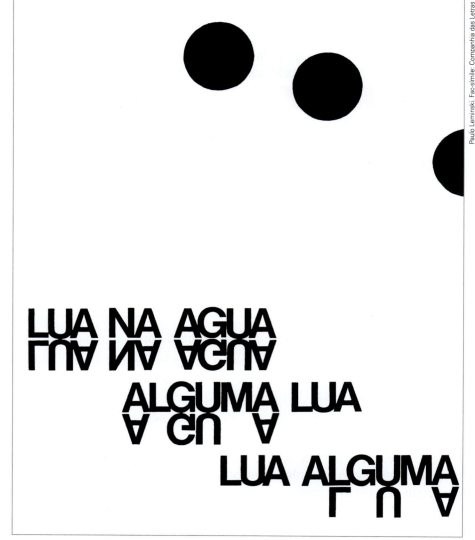

Paulo Leminski. Lua na água. Em: *Toda poesia*. São Paulo: Companhia das Letras, 2013. p. 154.

TEXTO EM ESTUDO

PARA ENTENDER O TEXTO

1. Antes da leitura, você imaginou qual brincadeira o poeta faria com as palavras. Sua hipótese se confirmou após a leitura? O que você achou dos recursos usados por Leminski?

2. O poema "Lua na água" utiliza elementos gráficos para produzir sentido.
   a) Quais elementos gráficos estão presentes nesse poema?
   b) Como esses elementos gráficos contribuem para a relação de sentido entre a imagem visual e o conteúdo?

3. Nesse poema, os versos não estão alinhados, e sim dispostos na diagonal, assim como os dois círculos e o semicírculo acima deles.
   a) Observe os versos, os círculos e o semicírculo. Que movimento a disposição desses elementos no papel parece representar?
   b) Com base no poema de Leminski, o que podemos afirmar sobre o uso de elementos não verbais em poemas visuais?

4. Que outro efeito gráfico você poderia adicionar ao poema "Lua na água"? Descreva-o e justifique seu uso.

5. Leia este outro poema de Paulo Leminski.

Paulo Leminski. Até ela. Em: *Toda poesia*. São Paulo: Companhia das Letras, 2013. p. 138.

   a) Observe os elementos que compõem o texto. Qual é a relação entre o conteúdo e a imagem visual do poema?
   b) Explique o efeito sonoro usado para conferir expressividade ao poema.
   c) Esse poema lembra um haicai, como "Lua na água"?
   d) O que é possível concluir sobre a relação entre forma e conteúdo em poemas visuais com base no poema acima e em "Lua na água"?
   e) Para você, em qual dos poemas a estratégia visual de relacionar conteúdo e forma é mais explícita? Justifique sua resposta.

> **ANOTE AÍ!**
>
> Os **poemas visuais** estabelecem uma relação entre o **conteúdo** do poema e a **forma** como seus versos estão dispostos no papel: as letras formam um desenho e, assim, ampliam os sentidos das palavras. Nesses poemas, os **elementos gráficos** fazem parte da composição de sua expressividade.

A LICENÇA POÉTICA

Licença poética é a liberdade do poeta de, em certas ocasiões, transgredir as normas da poética ou as regras gramaticais. Isso confere maior liberdade ao artista, já que, assim, pode usar as palavras com mais criatividade. Além de ser comum na poesia, a licença poética também é recorrente em músicas e anúncios publicitários.

O CONTEXTO DE PRODUÇÃO

O CONCRETISMO

No Brasil, o Concretismo nasceu em São Paulo, por volta da década de 1950, e teve como principais representantes Décio Pignatari e os irmãos Augusto e Haroldo de Campos. A poesia concreta surgiu como um estilo poético totalmente novo, baseado na poesia visual, que explora os recursos gráficos, o conteúdo sonoro e o aproveitamento do espaço do papel como se fosse uma tela, em detrimento da preocupação com as estruturas literárias tradicionais (estrofes e versos) ou com a temática.

6. Leia o texto a seguir, escrito por Leminski, no qual ele discorre sobre a forma como compreende o poeta.

> Poeta não é só quem faz poesia. É também quem tem sensibilidade para entender e curtir poesia. Mesmo que nunca tenha arriscado um verso. Quem não tem senso de humor, nunca vai entender a piada. Tem que ter tanta poesia no receptor quanto no emissor.

> Paulo Leminski. Poesia no receptor. Em: *Ensaios e anseios crípticos*.
> Campinas: Editora da Unicamp, 2012. p. 131.

a) Escreva com suas palavras o que Leminski quis dizer com o texto acima.

b) De acordo com essa visão, todos os leitores são poetas? Justifique.

7. Os poemas estudados neste capítulo foram publicados originalmente em 1983, no livro *Caprichos & relaxos*, uma compilação de poemas escritos por Leminski até os anos 1980.

a) Nessa época, em razão da dificuldade de publicar livros, muitos escritores faziam publicações independentes, ou seja, sem a intermediação de uma editora. Em sua opinião, o que leva uma pessoa a publicar um livro?

b) O que você imagina sobre o conteúdo do livro *Caprichos & relaxos*?

A LINGUAGEM DO TEXTO

8. Analise os tipos de letra usados nos dois poemas de Leminski. Por que você acha que a letra utilizada em "Lua na água" é mais reta, enquanto a do segundo poema é mais cheia e arredondada? Modificar o tipo de letra significaria alterar o efeito dos poemas?

ANOTE AÍ!

A **tipografia** refere-se à arte e à técnica relacionadas aos **tipos de letra** usados em um texto. Trata-se de um elemento-chave para o poema visual.

9. As palavras da língua são uma combinação entre uma cadeia de sons e sentidos. Quando escritas, elas ganham uma representação gráfica. Com base nos poemas estudados, o que é possível afirmar sobre a sonoridade e a escrita das palavras em poemas visuais?

ANOTE AÍ!

O **poema visual** apresenta algumas características específicas em relação à **linguagem**:
- estabelecimento de uma relação mútua entre significados, aspectos visuais, aspectos sonoros e aspectos tipográficos;
- os sons e as letras podem aparecer decompostos para gerar efeitos de sentido, formando jogos de palavras;
- em muitos poemas, aparecem neologismos e termos estrangeiros;
- existe a possibilidade de múltiplas leituras.

PARA EXPLORAR

Poesia é risco, de **Augusto de Campos e Cid Campos. São Paulo: Selo Sesc, 2011.** Esse CD-livro, originalmente lançado em 1995, apresenta uma mistura de sonoridades, ritmos e narrações de poemas feita com a voz de Augusto de Campos e com a musicalização do filho do poeta, Cid Campos. Acompanha um livreto com os poemas.

10. Considerando o poema "Lua na água", responda:

a) Como você avalia a escolha do vocabulário do poema: é um vocabulário simples ou complexo?

b) De que modo a seleção das palavras se relaciona com os efeitos de sentido provocados pelo texto?

206

11. Releia os versos de "Lua na água".

   a) A que classes gramaticais pertencem as palavras que compõem o poema?

   b) Analise a imagem poética retratada no poema considerando as palavras usadas. Pode-se dizer que se trata de uma imagem estática ou em movimento?

12. A palavra *alguma* tem papel importante nesse poema.

   a) Quais palavras se formam a partir das letras da palavra *alguma*?

   b) Qual é a diferença de sentido que a posição da palavra *alguma* estabelece nos dois últimos versos?

13. O poema apresenta a palavra *água* sem o acento agudo em sua vogal tônica, exigido na ortografia oficial da língua portuguesa. Em sua opinião, por que o poeta optou por não empregar o acento?

COMPARAÇÃO ENTRE OS TEXTOS

14. Com base no que você estudou no capítulo 1, compare o poema "Lua na água" com o gênero haicai, identificando semelhanças e diferenças entre eles.

15. Compare os temas dos poemas "Tecendo a manhã" e "Lua na água". Como eles se aproximam?

16. Em relação à linguagem dos dois poemas, responda:

   a) O poema "Lua na água" apresenta aliterações, assim como "Tecendo a manhã", de João Cabral? Explique.

   b) Qual dos poemas lidos utiliza recursos mais complexos em relação à linguagem verbal?

   c) Qual recurso de linguagem está presente nos dois poemas?

17. Em ambos os poemas, por meio do trabalho com a linguagem, o leitor é levado a formular hipóteses e a completar sentidos. Levando isso em consideração, qual dos poemas, em sua opinião, gera maior quebra de expectativa e surpresa no leitor? Justifique sua resposta.

18. Você considera que o uso de novas linguagens na poesia pode ser um atrativo para o leitor mais jovem? Justifique sua opinião.

19. Para você, qual dos poemas provoca mais reflexões sobre a linguagem? Dê exemplos para justificar sua resposta.

20. Após conhecer dois estilos bem diferentes de poema, converse com os colegas sobre as questões a seguir.

   a) Em sua opinião, qual poema foi mais fácil compreender? Justifique.

   b) Com qual você mais se identificou? Por quê?

21. **SABER SER** Por meio da leitura dos textos desta unidade, contemplamos algumas imagens poéticas. Mas a poesia transcende os versos, as palavras e as imagens: está presente em nossa vida, na forma como sentimos e percebemos as diferentes linguagens e tudo à nossa volta, inclusive as pessoas e as situações.

   a) Conforme visto na atividade **6**, Paulo Leminski afirma que a produção e a compreensão da poesia estão relacionadas à sensibilidade. Qual é a importância desse sentimento para fazer e ler poesia?

   b) Você acha que as pessoas costumam viver a poesia na prática, ou seja, se sensibilizam com os sentimentos do outro nas interações cotidianas? Comente.

   c) De que modo um comportamento sensível às questões do outro pode contribuir para a vida em sociedade?

Acesse o recurso digital para assistir à animação de um poema concreto. Compare-o com os poemas visuais lidos nessa seção. Você acredita que esses poemas foram inspirados em elementos simples do cotidiano ou em coisas complexas? Explique.

LÍNGUA EM ESTUDO

VOCATIVO

1. Leia este poema da escritora mineira Adélia Prado.

Tanta saudade

No coração de irrefletido mau gosto
a alegria palpita.
Montes de borboletas entram
      [janela adentro
provocando coceiras, risos,
      [provocando beijos.
Como nós nos amamos e seremos
      [felizes!
Ah! Minha saia xadrez com minha blusa
      [de listras...
Faço um grande sucesso na janela
fingindo que olho o tempo, ornada
      [de tanajuras.
Papai tomou banho hoje,
quer vestir sua camisa azul de anil,
fio sintético transparente, um
      [bolsinho só.
Quem me dera um só dia
dos que vivi chorando em minha vida,
quando éreis vivos, ó meu pai e
      [minha mãe.

Adélia Prado. Tanta saudade. Em: *Poesia reunida*. São Paulo: Siciliano, 1991. p. 253.

a) Com base no poema, explique o título do texto.
b) A quem o eu poético se dirige no último verso do poema?
c) O modo de o eu poético se dirigir a seus interlocutores revela que tipo de sentimento? Justifique sua resposta.

O termo usado pelo eu poético no poema para se dirigir a seus interlocutores é chamado de **vocativo**.

> **ANOTE AÍ!**
>
> Quando queremos chamar, atrair a atenção, convocar ou evocar alguém, usamos o **vocativo**, termo sintático que nomeia e convoca a pessoa ou a coisa a que nos dirigimos.

2. Leia a tira.

Fernando Gonsales. Níquel Náusea. *Folha de S.Paulo*, 1985.

a) Em que consiste o humor da tira?
b) Qual é a diferença entre Mickey e Níquel Náusea?
c) Identifique os vocativos dessa tira. Como eles aparecem em cada frase?

O vocativo é um termo da oração que não está subordinado sintaticamente a nenhum outro. Ele aparece no início, no final ou no meio da frase, isolado por vírgula(s). Pode ser formado por expressões de diferentes classes gramaticais e vir acompanhado de uma interjeição de chamamento.

> **RELACIONANDO**
>
> Em muitos poemas, o interlocutor do eu poético é expresso por um vocativo, como no caso do poema "Tanta saudade", de Adélia Prado. Identificar quem é o interlocutor do poema nos permite, muitas vezes, entender melhor sua mensagem.

ATIVIDADES
Acompanhamento da aprendizagem

Retomar e compreender

1. Leia a tira a seguir, que mostra um diálogo entre Mafalda e sua amiga Susanita.

Quino. *Toda Mafalda*: da primeira à última tira. São Paulo: Martins Fontes, 2003.

a) Com que intenção a personagem Susanita se dirige a Mafalda?
b) Por que Susanita está com receio de sentir culpa?
c) Em que modo e pessoa está o verbo *escutar* no primeiro quadrinho?
d) Identifique o vocativo presente na tira.
e) Em que posição o vocativo se encontra?

2. Observe e leia esta outra tira:

Bill Watterson. *O ataque dos transtornados monstros de neve mutantes assassinos*. São Paulo: Best, 1994. v. 2. p. 78.

a) Qual é o vocativo que aparece no primeiro quadrinho?
b) Se o vocativo tem a função de chamar a atenção do interlocutor, qual é a justificativa que Calvin apresenta para não responder à professora?
c) Qual é, na realidade, a intenção de Calvin ao apresentar essa justificativa?
d) Que função sintática a expressão "o corajoso" desempenha na tira?
e) Como o diretor poderia se referir a Calvin, considerando a atitude do menino?

Aplicar

3. Crie vocativos para as frases abaixo, de acordo com a especificação indicada.
    a) Traga, por favor, o meu jornal. (nome próprio)
    b) Amei-te muito ao longo dos anos. (interjeição + pronome + substantivo)
    c) A que horas você vai chegar da escola? (substantivo comum)
    d) Vamos ao parque hoje? (nome próprio)
    e) Amanhã não haverá aula. (adjetivo + substantivo)
    f) Você pode me ajudar? (substantivo comum)

A LÍNGUA NA REAL

OS EFEITOS DE SENTIDO DO VOCATIVO

1. Leia a tira a seguir.

Quino. *Toda Mafalda*: da primeira à última tira. São Paulo: Martins Fontes, 2003.

a) Qual é o vocativo utilizado no primeiro quadrinho?
b) Que sinal de pontuação separa o vocativo do restante da frase?
c) Que outro sinal de pontuação poderia ter sido utilizado?
d) O que o último quadrinho revela sobre o que Mafalda havia escrito antes?

2. Leia esta outra tira:

Charles Schulz. *Snoopy*: primeiro de abril. São Paulo: Cosac Naify, 2010. p. 5.

a) O que confere humor à tira?
b) Qual é o vocativo utilizado no primeiro quadrinho?
c) Compare os vocativos das duas tiras. Qual deles é mais formal? Por quê?

PARA EXPLORAR

Snoopy e Charlie Brown: Peanuts, o filme. Direção: Steve Martino. EUA, 2015 (88 min).

Nessa animação, a aventura é garantida com a mistura entre sonho e realidade. Enquanto Charlie Brown está às voltas com a paixão por uma garota recém-chegada à cidade, Snoopy encontra uma máquina de escrever e imagina uma história cheia de surpresas.

ANOTE AÍ!

Em alguns gêneros escritos, o vocativo é parte essencial, como em **cartas** e **e-mails formais**. Em outros, como **mensagens de celular** ou **recados informais**, ele pode ou não aparecer. O vocativo normalmente inicia a comunicação escrita, evidenciando, assim, quem é seu destinatário.

3. Leia a primeira estrofe do soneto "À Carolina", de Machado de Assis.

> Querida! Ao pé do leito derradeiro,
> em que descansas desta longa vida,
> aqui venho e virei, pobre querida,
> trazer-te o coração de companheiro.

Machado de Assis. À Carolina. Em: *Obra completa*. Rio de Janeiro: Aguilar, 1959. v. 3. p. 313.

a) Identifique os dois vocativos presentes no poema.
b) Quais sinais de pontuação foram utilizados para separar o vocativo em cada um dos casos?
c) O que esses vocativos revelam a respeito do sentimento do eu poético em relação a seu interlocutor? Justifique sua resposta.

4. Observe e leia esta outra tira com a personagem Snoopy.

Charles Schulz. *Snoopy nº 8*: no mundo da Lua. Porto Alegre: L&PM, 2012, p. 80.

a) Em que consiste o humor da tira?
b) A quem Snoopy se dirige na fala do primeiro quadrinho?
c) Reescreva essa fala inserindo um vocativo que deixe claro seu interlocutor.
d) Identifique o vocativo na tira. Qual é sua função no contexto?

5. Leia estas frases:

> I. **Senhor Eduardo**, não podemos retroceder.

> II. **Mano**, não fizemos por mal.

> III. **Ilustríssimo senhor**, não devemos deixar de prosseguir.

a) Ordene as frases pelo grau de formalidade de seus vocativos, do mais formal para o menos formal.
b) O vocativo *mano* é bastante informal. Que outros vocativos de grau similar de informalidade você utiliza no seu dia a dia?
c) O vocativo "Ilustríssimo senhor" costuma, normalmente, aparecer em que tipo de situação?
d) Qual seria a diferença em relação ao grau de formalidade se a primeira frase fosse "Eduardo, não podemos retroceder"?

6. Crie, para as frases a seguir, vocativos que expressem os sentimentos e o grau de formalidade indicados entre parênteses.
a) Não se deve ultrapassar a marca indicada no chão. (formal)
b) Não me deixe esperando notícias, por favor! (carinho)
c) Você não merece meu afeto. (raiva)
d) Não devo chegar em casa cedo. (familiar)
e) Telefono assim que chegar em casa. (amor)
f) Passo na sua casa às sete. (informal)
g) Todas as cópias devem ser protocoladas. (formal)
h) Entreguem os trabalhos até sexta-feira. (cordialidade)

ANOTE AÍ!

Os vocativos podem ser usados com **diferentes intenções**: chamar, fazer um convite, requerer a atenção, repreender, etc.

Além disso, podem dar indícios da atitude do produtor do texto em relação ao interlocutor, demonstrando **sentimentos**, **grau de intimidade** e **grau de formalidade**.

ESCRITA EM PAUTA

VÍRGULA ENTRE OS TERMOS DA ORAÇÃO

PARA EXPLORAR

Arnaldo Antunes
No *site* oficial, é possível saber mais sobre esse artista paulistano. Além da biografia de Arnaldo Antunes, você pode ouvir as canções compostas por ele, ler alguns de seus textos literários e apreciar a galeria de imagens com obras plásticas produzidas pelo artista.
Disponível em: https://arnaldoantunes.com.br. Acesso em: 3 abr. 2023.

1. Leia um trecho de uma resenha do disco *Já é*, de Arnaldo Antunes.

> Surge agora uma nova oportunidade para quem ainda resiste à ideia inicial, ou seja, a de que Arnaldo Antunes seja o melhor compositor brasileiro da atualidade. O lançamento de *Já é*, nome do décimo sexto disco da carreira solo, marca um distanciamento do som apresentado nos seus dois últimos trabalhos de estúdio, *Iê, Iê, Iê*, de 2009, e *Disco*, de 2013, nos quais Arnaldo optou por um estilo enraizado no *rock*, especialmente o *rock* dos anos 50 e 60.
>
> André Espínola. Arnaldo Antunes: um dos melhores trabalhos da carreira. Disponível em: http://whiplash.net/materias/cds/231188-arnaldoantunes.html. Acesso em: 3 abr. 2023.

a) Identifique um aposto que se refira a *Já é*. Qual é o tipo desse aposto?
b) Que sinal de pontuação foi utilizado para separá-lo do restante do texto?
c) Esse aposto poderia ser deslocado para outro lugar na frase?

2. Leia o texto a seguir para responder às questões.

> A importância da Semana de Arte Moderna de 1922 pode ser medida pelos movimentos inspirados nos manifestos e textos ficcionais de seus dois principais artífices: Mário e Oswald de Andrade. Exatamente, seis anos após a Semana em 1928, Mário de Andrade criou um personagem que, de certo modo, resume o estereótipo consagrado do brasileiro: sem caráter, incapaz de se identificar com as causas coletivas e que, por isso, termina a vida sozinho até virar não uma estrela, mas uma constelação. Seu *Macunaíma* por outro lado pode ser entendido de outra forma: seria um índio avesso ao colonizador e resistente ao racionalismo branco. [...]
>
> Manifesto e textos de Mário e Oswald inspiram do Cinema Novo à Tropicália. *IstoÉ*. 11 fev. 2022. Disponível em: https://istoe.com.br/manifesto-e-textos-de-mario-e-oswald-inspiram-do-cinema-novo-a-tropicalia/. Acesso em: 3 abr. 2023.

a) Identifique o aposto presente na primeira frase do texto.
b) Classifique o aposto encontrado.
c) Que sinal de pontuação foi usado para separar esse aposto do restante da frase?

3. Compare as frases a seguir.

> I. O aluno Artur Santos passou no vestibular.
> II. O aluno da escola municipal, Artur Santos, passou no vestibular.

a) Identifique e classifique os apostos nas duas frases.
b) Compare a pontuação em I e em II.

ANOTE AÍ!

Os apostos **enumerativos** e **explicativos** vêm separados do restante da oração por sinais de pontuação, que podem ser vírgula(s), travessão(ões), parênteses ou dois-pontos.

Em apostos **recapitulativos**, a vírgula separa a oração dos elementos recapitulados. Exemplo: *Poemas, contos, imagens, tudo é poesia*.

Em apostos **especificativos**, não se utiliza sinal de pontuação para isolá-los na frase.

4. Leia um trecho da novela *Os rios morrem de sede*, de Wander Piroli.

> O trem seguiu em frente, deixando os dois na pequena plataforma: o homem com o embornal e o menino com as varas. A estação havia sido derrubada. O dia estava ficando suficientemente claro para o homem ver que não existia mais a velha cerca, nem o curral nem a fazenda. Toda a mata desaparecera. Restava apenas o rio, lá embaixo, mas com a neblina que se debruçava sobre o seu leito não dava para saber como estava o rio. O homem resmungou qualquer coisa. O menino olhou para a cara do pai e preferiu não perguntar nada.

Wander Piroli. *Os rios morrem de sede*. São Paulo: Cosac Naify, 2015. p. 31.

   a) Identifique o aposto no trecho e classifique-o.
   b) Que sinal de pontuação foi usado para separar o aposto do restante da frase?

5. Leia as frases a seguir e pontue adequadamente os apostos.
   a) Ela não desejava nada além disto férias, descanso, nenhuma preocupação com provas e notas.
   b) Água doce o ouro azul corre o risco de sumir da face da Terra.
   c) A casa, o pasto, a estrebaria tudo vai ficando tão longe...
   d) Aquela rua Luz do Luar era a minha preferida.
   e) Paris a Cidade Luz recebe milhares de turistas todos os anos.

6. Agora, pontue adequadamente os vocativos.
   a) Você meu jovem, está em situação difícil.
   b) Cara eu não consegui lembrar aquela fórmula de Matemática.
   c) Venha rápido Júlia.
   d) Senhor já sabe o que vai pedir?
   e) Vem querida dançar comigo.
   f) Não faça isso meu filho!
   g) Estimados eleitores agradeço os votos de todos.

ANOTE AÍ!

O **vocativo** deve vir separado do restante da oração por alguma pontuação, em geral por **vírgula(s)**, independentemente da posição em que aparece na frase. Quando ele está no início de uma comunicação escrita, também pode vir separado por **dois-pontos**.

ETC. E TAL

Venho por meio desta explicar

Ao escrever uma carta ao presidente da República, você pode iniciá-la com os vocativos "Caro presidente" ou "Prezado senhor"? Com certeza não! Há maneiras corretas e bem específicas de se dirigir a autoridades em qualquer comunicação escrita formal, como uma carta, um *e-mail* ou um documento oficial. Confira as mais usadas:

Excelentíssimo Senhor – para Chefes de Poder (presidente da República, presidente do Supremo Tribunal Federal, presidente do Congresso Nacional).

Senhor – para senadores, governadores, ministros, juízes, etc.

Excelentíssimo Reverendíssimo – para bispos e arcebispos.

Majestade – para reis e imperadores.

AGORA É COM VOCÊ!

PRODUÇÃO DE POEMA VISUAL

Proposta

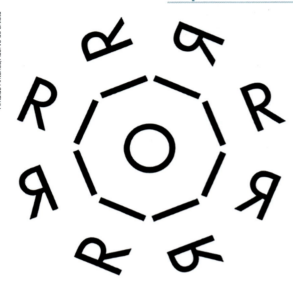

Arnaldo Antunes. Rio: o IR. Em: *2 ou + corpos no mesmo espaço*. São Paulo: Perspectiva, 1997. p. 45.

Você viu que, nos poemas visuais, tanto a linguagem verbal como a não verbal atuam em conjunto na construção de imagens poéticas. Além disso, a disposição das palavras na página e a tipografia nunca são aleatórias. Observe, ao lado, o poema visual do poeta, músico e compositor Arnaldo Antunes.

Nele, a palavra *rio* está inscrita em círculos, como se imitasse o movimento de suas águas. Não se trata de um rio que corre em linha reta, e sim de forma circular. Não parece que todos os rios – a palavra é repetida oito vezes – desembocam na letra *o*, no centro, quase como um redemoinho? Além disso, se você fizer uma leitura de dentro para fora, em vez de *rio*, lê-se "o ir", o que reforça a ideia de deslocamento. Observe ainda como o poeta brinca com a posição do *r*, invertendo-o em certos momentos.

Tendo o poema de Arnaldo Antunes como inspiração, você vai produzir um poema visual cujo tema apresente alguma relação com a natureza. Não precisa necessariamente ser um rio: pode ser um lugar, um animal, uma planta ou qualquer outro elemento. Ao fim da atividade, os trabalhos serão expostos em um painel de poesia na escola.

GÊNERO	PÚBLICO	OBJETIVO	CIRCULAÇÃO
Poema visual	Colegas de classe, estudantes de outras turmas, professores e funcionários da escola	Sensibilizar os leitores para uma construção poética visual sobre a natureza	Painel de poesia na escola

Planejamento e elaboração do texto

1. Selecione o tema que você vai retratar em seu poema. Lembre-se de que a poesia pode estar presente nos pequenos detalhes da natureza: em uma gota de chuva, em uma folha que cai, no sopro do vento, na semente que brota, na árvore que floresce.

2. Com base no tema escolhido, determine a melhor forma de representá-lo: em círculo, em ondas, em forma de caracol, de ponta-cabeça... Essa escolha não pode ser aleatória – ela precisa estar em sintonia com os elementos e o tema de seu poema.

3. Pense no que você pretende com seu poema: fazer uma crítica, emocionar, denunciar certo comportamento, etc.

4. Faça uma lista de palavras relacionadas ao tema para facilitar a composição dos versos. Procure registrar palavras significativas para o poema. Você pode pensar em objetos, pessoas, cores, aromas, sons, lugares, etc.

5. Entre o vocabulário selecionado, procure grupos de palavras que apresentem sonoridade semelhante ou crie neologismos para conseguir tal efeito. Se possível, elabore jogos de palavras que possam enriquecer o texto. Lembre-se de que, nos poemas visuais, muito mais importante do que a estrutura formal de rimas, versos, estrofes e sílabas poéticas é sua composição imagética.

6. Pense em comparações e metáforas para os elementos que você selecionou.

7. Reflita sobre como você vai dispor as palavras visualmente para alcançar a forma desejada e como vai usá-las, a fim de transmitir a ideia definida anteriormente. Pense na grafia das palavras e em como a decomposição de letras ou sílabas pode gerar efeitos de sentido no seu texto.

8. Escreva o poema. Se julgar necessário, dê um título a ele.

9. Se possível, produza seu poema no computador, o que lhe permitirá explorar diferentes tipos, tamanhos e estilos de letras como recurso visual.

10. Não use fotos ou ilustrações para ilustrar seu poema, a menos que elas sejam parte essencial da composição do texto (como a figura da Lua em "Lua na água", de Paulo Leminski). O ideal é que o próprio poema traga em si as imagens necessárias.

Acesse o recurso digital e responda: De que forma os poemas visuais apresentados relacionam palavras e imagens? Qual é a função que essa disposição de palavras e imagens exerce no texto?

Avaliação e reescrita do texto

1. Troque seu poema com um colega. Você vai avaliar o poema dele e ele avaliará sua produção. Para orientar esse trabalho, respondam às questões apresentadas no quadro a seguir.

ELEMENTOS DO POEMA VISUAL
O tema do poema está claro para o leitor?
Os recursos visuais utilizados têm relação de significado com o poema?
O poema utiliza a disposição das letras e a sonoridade como recursos? Se sim, elas estão empregadas de modo a enriquecer o poema?
A finalidade do poema está clara para o leitor (criticar, denunciar, emocionar...)?

2. Com base nos comentários do colega, faça as alterações que julgar necessárias e finalize seu poema.

Circulação

1. Com a ajuda do professor, encontrem na escola ou na sala de aula uma área em que o painel de poesia possa ser montado.

2. Utilizem papel pardo ou cartolinas pregadas uma ao lado da outra para montar o painel. Certifiquem-se de que o espaço seja suficiente para expor todos os poemas visuais produzidos pela turma.

3. Colem os poemas produzidos no painel. Decidam em conjunto a disposição dos poemas, priorizando uma estética agradável, como em uma exposição de museu.

4. Acima dos textos, insiram um título para o painel. Pode ser algo mais objetivo, como "Poemas visuais do 8º ano", ou mais poético, como "A natureza pelos olhos do 8º ano". Escrevam o título em letras grandes e chamativas.

5. Não se esqueçam de assinar seus poemas.

6. Convidem colegas, professores e funcionários para apreciar o painel de poesia.

ATIVIDADES INTEGRADAS

Você vai ler o primeiro soneto da série Via Láctea, do poeta Olavo Bilac (1865-1918). Nele, o eu poético retrata um possível encontro com sua musa. Depois da leitura, responda às questões.

Via Láctea

I

Talvez sonhasse, quando a vi. Mas via
Que, aos raios do luar iluminada,
Entre as estrelas trêmulas subia
Uma infinita e cintilante escada.

Eu olhava-a de baixo, olhava-a... Em cada
Degrau, que o ouro mais límpido vestia,
Mudo e sereno, um anjo a harpa doirada,
Ressoante de súplicas, feria...

Tu, mãe sagrada! vós também, formosas
Ilusões! sonhos meus! íeis por ela
Como um bando de sombras vaporosas.

E, ó meu amor! eu te buscava, quando
Vi que no alto surgias, calma e bela,
O olhar celeste para o meu baixando...
[...]

Olavo Bilac. Via Láctea I. Em: *Antologia poética*. Porto Alegre: L&PM, 2013. (Coleção L&PM Pocket). *E-book*.

celeste: aquilo que está ou aparece no céu, ou algo que o habita e é próprio dele; divino, sublime.

ressoante: aquilo que pode produzir eco ou ressoar, algo que intensifica o som.

vaporoso: aquilo que contém vapores ou que tem aparência gasosa.

O PRÍNCIPE DOS POETAS

Olavo Brás Martins dos Guimarães Bilac nasceu em dezembro de 1865, no Rio de Janeiro. Foi contista, jornalista e, sobretudo, poeta, um dos principais representantes do Parnasianismo brasileiro, movimento que valorizava as rimas ricas e as regras da composição poética. Por sua popularidade, ficou conhecido como "o príncipe dos poetas brasileiros". Grande nacionalista, é de sua autoria a letra do "Hino à bandeira", no qual exalta todo seu amor pela pátria. Faleceu aos 53 anos, em 1918, em sua cidade natal.

Analisar e verificar

1. Explique, com suas palavras, o poema.
2. Releia este trecho, transformado em prosa a partir dos versos do poema:

   Mas via que, aos raios do luar iluminada, entre as estrelas trêmulas, subia uma infinita e cintilante escada.

   a) Qual imagem é vista pelo eu poético?
   b) Reescreva a frase acima na ordem direta.
   c) Na expressão "uma infinita e cintilante escada", podemos considerar "infinita e cintilante" um aposto? Justifique.

Acompanhamento da aprendizagem

3. Releia a segunda estrofe do poema e responda:

   a) O que o eu poético observa?

   b) Os verbos *vestir* e *ferir* são usados com significado diferente do empregado usualmente. Qual é o significado desses verbos segundo o dicionário?

   c) Defina com suas palavras o significado desses verbos na estrofe do poema.

   d) Nessa estrofe, encontre dois apostos e classifique-os, indicando seus referentes.

4. Releia a terceira estrofe e faça o que se pede.

   a) Transcreva os vocativos presentes nessa estrofe.

   b) Identifique a figura de linguagem presente no último verso.

   c) A quem se refere o pronome *ela* nesse trecho?

   d) Quem o eu poético compara a um "bando de sombras vaporosas"?

   e) Transforme os versos em prosa, substituindo a comparação por uma metáfora.

5. Releia a quarta estrofe do poema.

   a) Transcreva do trecho um vocativo e descreva o sentimento expresso por ele, levando em conta a pontuação utilizada.

   b) Transcreva do trecho um aposto, classifique-o e explique sua função no poema.

6. Agora, leia esta estrofe de outro poema de Bilac, também da série Via Láctea.

   XVII

   Por estas noites frias e brumosas
   É que melhor se pode amar, querida!
   Nem uma estrela pálida, perdida
   Entre a névoa, abre as pálpebras medrosas...

   Olavo Bilac. Via Láctea XVII. Em: *Antologia poética*. Porto Alegre: L&PM, 2013. (Coleção L&PM Pocket). *E-book*.

   a) Associe essa estrofe com a parte "Via Láctea I" em relação à temática.

   b) Indique um vocativo na estrofe acima. Ele transmite o mesmo sentimento expresso pelo vocativo identificado na atividade **5**? Considere a pontuação utilizada.

   c) Localize um aposto e classifique-o.

Criar

7. Assim como Olavo Bilac utilizou uma escada como elemento central de seu poema, selecione um objeto do cotidiano e crie cinco apostos que poderiam ser usados para explicá-lo. Procure fazer associações poéticas e inusitadas.

8. Ao longo do estudo do gênero poema, você aprendeu que a poesia envolve sensibilidade tanto para sua produção quanto para sua compreensão. Utilize as associações poéticas da atividade anterior e, a partir delas, crie um poema que tenha entre seis e oito versos e que dê novo sentido a algo de seu cotidiano por meio de um olhar sensível e subjetivo sobre ele.

9. Em grupo, produzam um painel ilustrado em que o tema seja a Via Láctea. Insiram imagens e componham metáforas e comparações no formato de um único verso ou de um poema curto ou visual. Depois, exponham o painel em um local bem visível para que toda a comunidade escolar possa observar o que vocês produziram.

217

CIDADANIA GLOBAL
UNIDADE 6

Retomando o tema

Nesta unidade, você e seus colegas refletiram sobre a importância da união e da cooperação para alcançar objetivos que beneficiem a coletividade.

As organizações não governamentais (ONGs) são um exemplo de mobilização social em prol de um bem comum. Elas representam a união e o engajamento de pessoas da sociedade civil que, voluntariamente, lutam por uma causa de relevância.

Essas organizações desenvolvem atividades complementares às do poder público, de modo a atender a diversas necessidades da sociedade. Sobre isso, discuta:

1. Você conhece ou participa de alguma ONG? Se sim, qual? Comente.
2. Se não participa, teria interesse em colaborar com alguma? Por quê?
3. Como você avalia a importância da participação das ONGs na sociedade?

Geração da mudança

Os problemas sociais e ambientais exigem que as pessoas se unam e transformem o próprio comportamento, com ações responsáveis e coletivas, para que se tornem agentes da mudança. Com os colegas, reflita sobre problemas ocorridos no bairro ou na cidade em que vocês moram e proponham um plano de ação. Para desenvolvê-lo, considerem as orientações a seguir:

- Escolham o foco da campanha, como descarte do lixo, desperdício de água, identificação nas ruas, trânsito desorganizado, iluminação pública, entre outros.
- Façam um levantamento detalhado do problema identificado e definam um plano de ação para resolvê-lo ou minimizá-lo, analisando as propostas apresentadas e verificando a viabilidade delas.
- Estabeleçam um cronograma e coloquem em prática as ações planejadas.

Acompanhem se as ações definidas estão sendo adotadas e se o cronograma está sendo cumprido. Se possível, estendam a campanha para toda a comunidade escolar; afinal, os problemas são enfrentados por todos.

Autoavaliação

LEITURA DA IMAGEM

1. Ao observar a imagem, que elementos mais chamam sua atenção? Que sensações a imagem desperta em você?

2. As pessoas mostradas caminharam por muito tempo entre seus países de origem e a fronteira dos Estados Unidos. Como você imagina que foram as condições de viagem delas?

3. Em sua opinião, o que pode levar tantas pessoas a caminhar por milhares de quilômetros para entrar em outro país?

CIDADANIA GLOBAL

1 ERRADICAÇÃO DA POBREZA

De acordo com o *Guia para acolhimento de migrantes, refugiadas e refugiados*, publicado pela Organização das Nações Unidas (ONU), há aproximadamente 270 milhões de migrantes no mundo, o que corresponde a 3,5% da população. Grande parte dessas pessoas realiza a migração para tentar conquistar melhores condições de vida.

1. O que você acha que os países podem fazer para evitar que seus cidadãos precisem migrar para outros locais? Discuta com os colegas.

2. Suponha que famílias fugindo de condições de vida difíceis chegassem próximo de onde você mora. O que motivaria você a acolhê-las?

 Com base no recurso digital, o que é preciso fazer para a diversidade, proporcionada pelo convívio com pessoas de origens variadas, ser vista como riqueza, e não como ameaça?

Migrantes de países da América Central atravessando o México em direção à fronteira dos Estados Unidos. Foto de 2018.

221

CAPÍTULO 1
EU PENSO QUE...

O QUE VEM A SEGUIR

O texto que você vai ler a seguir é um artigo de opinião. Nele, o autor chama a atenção para um dos graves problemas de ordem econômica, social e política que afetam atualmente países do mundo inteiro.

Sabendo que o artigo de opinião é um gênero que discute temas polêmicos e com base no título, qual problema você acha que será tratado nele? É possível identificar o posicionamento do articulista sobre o assunto?

TEXTO

Dia Mundial dos Refugiados, um ritual necessário

Matthias von Hein
Opinião

20/06/2020

Pela 20ª vez ONU divulga relatório sobre deslocados do mundo, que já são 80 milhões. Crise atual mostrou do que é capaz a vontade política. Por que ela não se aplica também aos refugiados? – questiona Matthias von Hein.

Um entre cada cem habitantes da Terra teve que largar tudo, juntar só o mínimo indispensável e fugir – de perseguição, da guerra e violência, da violação dos direitos humanos mais elementares –, e quase a metade são crianças.

Esse é o amargo balanço do Alto Comissariado das Nações Unidas para os Refugiados (Acnur), divulgado bem a tempo para o Dia Mundial dos Refugiados, neste sábado (20/06). Segundo o relatório, quase 80 milhões de seres humanos estão em fuga por todo o mundo, quase 10 milhões a mais do que apenas um ano atrás, o maior número de todos os tempos.

Nessas áridas cifras estão refletidos não apenas destinos humanos infinitamente lamentáveis, mas também um fracasso político de dimensões globais: sistemas internacionais de ordem e regras são esvaziados; o comércio armamentista mundial cresce e segue acirrando conflitos; uma ordem econômica injusta precipita cidadãos na pobreza, ao mesmo tempo destruindo suas bases de sobrevivência.

Continua

Após uma pausa ditada pelo coronavírus, a mudança climática provavelmente seguirá fazendo as temperaturas subirem desenfreadamente, obrigando outros milhões a renunciarem a seus lares. Sanções vêm ainda piorar o que já são condições miseráveis: apesar de visar as elites, elas afetam a vasta população. Segundo as Nações Unidas, os dois principais países de origem dos refugiados são a Síria e a Venezuela, ambas vítimas de sanções severas.

Contra a Síria, os Estados Unidos endureceram seriamente as medidas punitivas ainda mais, na quarta-feira. Antecipando esse passo, os preços dos gêneros alimentícios dispararam, mesmo no reduto rebelde de Idlib. A fome se alastra onde há muito tempo já não há mais guerra.

Isso talvez explique um detalhe destacado pelo chefe do Acnur, Filippo Grandi: há anos reduz-se o número dos que retornam a seus países de origem. Nos anos 1990, calcula-se que eles eram 1,5 milhão por ano; de lá para cá essa cifra caiu para menos de 400 mil.

Esta é a 20ª vez que o Dia Mundial dos Refugiados é celebrado, e que o Acnur publica seu relatório anual, no que atualmente parece até ser um ritual forçado. E no entanto trata-se de uma chance importante para focar as atenções nos mais fracos e mais necessitados, que carecem de ajuda e engajamento político – urgentemente.

Nestes tempos de coronavírus, temos fortemente voltado o olhar para dentro, acompanhamos dia a dia os números mais recentes sobre o desenrolar da pandemia, discutimos sobre obrigatoriedade de máscaras e regras de distanciamento em nossos países. Também estabelecemos gigantescos programas para reaquecer a economia nos países industriais, provando assim o que se pode alcançar com ação política determinada. Por que não também para os refugiados – que, aliás, são atingidos com especial brutalidade pela pandemia de covid-19?

O relatório da ONU igualmente deixa claro que a Alemanha fez muito pelos refugiados, tendo recebido 1,1 milhão deles, como quinto principal país de acolhimento. Porém o fato de atualmente o maior partido nacional de oposição ser a populista de direita Alternativa para a Alemanha (AfD) mostra que o afluxo migratório marcou os limites da disposição de acolher e trincheiras políticas que os demagogos aprofundam intencionalmente.

No entanto, cada vez menos refugiados procuram a Alemanha, neste momento. Em maio, o número de solicitações de refúgio caiu para exatamente 3 777, de um total de quase 50 mil nos primeiros cinco meses de 2020. Muito se deve ao fechamento das fronteiras internas na União Europeia, porém mais ainda aos muros cada vez mais altos nos limites da Fortaleza Europa, cujo Mar Mediterrâneo se transforma num assassino fosso de castelo, transformando em farsa os repetidos sermões sobre os valores europeus.

Certo está que mais da metade dos deslocados procura refúgio dentro de seus próprios países; dos que os deixam, três quartos permanecem num Estado vizinho. Assim, a Turquia se tornou a principal destinação para os que estão em fuga, com 3,6 milhões de acolhidos, à frente da Colômbia. É preciso reconhecer esse mérito, mesmo que Ancara regularmente utilize os refugiados como meio de pressão perante a UE.

A Europa pode e tem que fazer muito mais para abastecer devidamente os refugiados nas proximidades de seus países de origem. De acordo com o Acnur, 80% desses migrantes vivem em regiões em que há carência de alimentos. E é preciso dar-lhes a coisa mais importante de todas: perspectivas. Isso pode custar bem caro, mas há de ser dinheiro bem aplicado.

Ancara: capital da Turquia.

demagogo: aquele que tenta, por meio do discurso, manipular pessoas de forma interesseira, simulando comprometimento com as demandas.

sanção: punição imposta por órgãos ou autoridades.

Matthias von Hein. Dia Mundial dos Refugiados, um ritual necessário. *Deutsche Welle*, 20 jun. 2020. Disponível em: https://www.dw.com/pt-br/opini%C3%A3o-dia-mundial-dos-refugiados-um-ritual-necess%C3%A1rio/a-53876654. Acesso em: 20 mar. 2023.

TEXTO EM ESTUDO

PARA ENTENDER O TEXTO

1. Retome as hipóteses levantadas no boxe *O que vem a seguir*. A hipótese sobre o problema tratado no texto foi confirmada parcial ou totalmente? O título dado ao texto permitiu a você antecipar a opinião defendida pelo articulista? Comente suas respostas.

2. O Dia Mundial dos Refugiados é celebrado em 20 de junho, de acordo com resolução aprovada pela Assembleia Geral das Nações Unidas, e procura promover a conscientização sobre a situação dos refugiados no mundo.

   - No início do texto, qual é o posicionamento do articulista sobre esse assunto? Você concorda com o ponto de vista apresentado por ele? Justifique.

> **ANOTE AÍ!**
>
> A **introdução** refere-se ao início do artigo de opinião e é uma das partes essenciais da estrutura desse gênero. Ela pode ser apresentada de várias formas: por exemplo, por meio de um **questionamento** dirigido ao leitor; de uma **exemplificação**; ou de uma **tese**, a qual introduz o assunto e expressa o ponto de vista do articulista.

3. No texto, além do termo *refugiado*, o articulista utiliza algumas expressões para se referir a pessoas que estão nessa condição.

   a) Quais são essas expressões? Elas indicam que a condição de refugiado é voluntária? Explique.

   b) Com base no texto, como você define o que é um refugiado? Em sua opinião, por que os refugiados se deslocam de seus países de origem?

4. No início do texto, o articulista menciona "crise atual" e, no decorrer dele, apresenta informações sobre essa crise.

   a) A qual crise o articulista se refere? Fica claro de que modo a "vontade política" foi aplicada para resolvê-la? Explique.

   b) Para você, que ações poderiam minimizar os problemas enfrentados pelos refugiados? Dê exemplos.

5. Para convencer o leitor do seu ponto de vista sobre o assunto tratado, o articulista recorre a várias estratégias argumentativas. Observe exemplos de uma delas.

   > I. Isso talvez explique um detalhe destacado pelo chefe do Acnur, Filippo Grandi: há anos reduz-se o número dos que retornam a seus países de origem. Nos anos 1990, calcula-se que eles eram 1,5 milhão por ano; de lá para cá essa cifra caiu para menos de 400 mil.
   >
   > II. De acordo com o Acnur, 80% desses migrantes vivem em regiões em que há carência de alimentos.

   a) Que tipo de dado foi apresentado nesses argumentos?

   b) Explique a importância do uso desse tipo de dado em argumentos.

   c) É possível identificar as fontes de informação usadas pelo articulista? Justifique.

   d) O que o argumento I busca despertar no leitor?

   e) O argumento II destaca um problema em relação aos locais que recebem os refugiados. Qual é esse problema? De que modo isso prejudica ainda mais a situação dessas pessoas?

6. A fim de expor ao leitor a situação vivida por refugiados que não conseguem retornar a seu país de origem, o articulista apresenta um exemplo, citando a Síria, de modo a reforçar sua argumentação.

- O que ocorre na Síria que agrava a situação das pessoas e impede a volta dos refugiados? O que o articulista procura provocar no leitor com esse exemplo?

ANOTE AÍ!

Em um artigo de opinião, para **persuadir o leitor**, o articulista emprega **argumentos**, os quais têm por objetivo **sustentar e validar sua ideia** e, em alguns casos, propor uma mudança de atitude. Para fortalecer sua tese, o autor seleciona os **tipos de argumento** que o público-alvo pode considerar mais convincentes, como **dados estatísticos e exemplos**.

---

7. Releia este trecho extraído do artigo de opinião.

O relatório da ONU igualmente deixa claro que a Alemanha fez muito pelos refugiados, tendo recebido 1,1 milhão deles, como quinto principal país de acolhimento. Porém o fato de atualmente o maior partido nacional de oposição ser a populista de direita Alternativa para a Alemanha (AfD) mostra que o afluxo migratório marcou os limites da disposição de acolher e trincheiras políticas que os demagogos aprofundam intencionalmente.

a) Como a Alemanha contribuiu para amenizar o problema dos refugiados?

b) Em seguida, o articulista destaca uma diminuição nessa ajuda oferecida pelo país europeu. Por que isso ocorreu?

8. Leia a seguir o significado da palavra *etnocentrismo*.

s.m. visão de mundo característica de quem considera o seu grupo étnico, nação ou nacionalidade socialmente mais importante do que os demais.

Dicionário eletrônico Houaiss da língua portuguesa. Rio de Janeiro: Objetiva, 2009. CD-ROM.

a) Para você, de que modo uma visão de mundo etnocêntrica pode estar relacionada à crescente diminuição de acolhimento mencionada pelo articulista?

b) Você acha que os benefícios do acolhimento de refugiados superam os desafios e problemas enfrentados por quem os acolhe? Debata o assunto com os colegas, considerando estas dicas:

- Expresse seu ponto de vista de maneira objetiva e apresente argumentos consistentes. Se não concordar com um ponto de vista, manifeste-se de maneira educada e aponte seus motivos, usando expressões como: "Entendi seu ponto de vista, mas não concordo com ele porque...", etc.

O CONTEXTO DE PRODUÇÃO

9. O artigo lido foi publicado na seção *Política* de um veículo de comunicação alemão, que circula *on-line* no cenário internacional.

a) Qual é o objetivo dessa seção? Que público ela procura atingir?

b) O artigo de opinião lido é coerente com a proposta dessa seção? Explique.

c) Você acha que o fato de o veículo ser alemão aumenta ou diminui o peso das críticas feitas à Alemanha no texto?

10. O título do texto destaca que celebrar o Dia Mundial dos Refugiados é um ritual necessário. De que forma essa data "comemorativa" serviu de ponto de apoio para a publicação do texto?

PARA EXPLORAR

Bem-vindo. Direção: Philippe Lioret. França, 2009 (110 min).
O filme conta a história de um garoto curdo que quer chegar à Inglaterra para reencontrar a namorada, que vive naquele país. Durante seu percurso, ele é levado a um campo de refugiados na França. Então, para atingir seu objetivo, ele precisa aprender a nadar para conseguir atravessar os 32 km do Canal da Mancha que o separam da Inglaterra.

A LINGUAGEM DO TEXTO

11. Qual é o registro de linguagem empregado no artigo? Justifique com exemplos.

12. Esse tipo de registro utilizado é adequado à situação comunicativa própria do artigo de opinião? Explique.

13. Se esse artigo tivesse sido publicado em uma revista para adolescentes e jovens, o registro empregado poderia ser diferente? Discuta com a turma.

> **ANOTE AÍ!**
>
> O **argumento de competência linguística** refere-se à adequação do texto ao interlocutor. Ao escrever um artigo de opinião, é preciso ter em mente quem é o público-alvo, a fim de usar o **registro de linguagem adequado** a ele, criando uma identidade entre autor e leitor.

14. Releia a seguir alguns trechos do artigo.

> I. **Nessas** áridas cifras estão refletidos não apenas destinos humanos infinitamente lamentáveis, mas também um fracasso político de dimensões globais [...]
>
> II. **Isso** talvez explique um detalhe destacado pelo chefe do Acnur, Filippo Grandi: há anos reduz-se o número dos que retornam a seus países de origem.
>
> III. **Nestes** tempos de coronavírus, temos fortemente voltado o olhar para dentro, acompanhamos dia a dia os números mais recentes sobre o desenrolar da pandemia, discutimos sobre obrigatoriedade de máscaras e regras de distanciamento em nossos países.

a) Como são classificadas as palavras em destaque?

b) Que função elas desempenham no texto?

15. Agora, releia mais alguns trechos do artigo.

> I. Esse é o **amargo** balanço do Alto Comissariado das Nações Unidas para os Refugiados (Acnur), divulgado bem a tempo para o Dia Mundial dos Refugiados, neste sábado (20/06).
>
> II. Sanções vêm ainda piorar o que **já** são condições miseráveis: apesar de visar as elites, elas afetam a vasta população.

a) As palavras destacadas têm a mesma classificação gramatical? Comente.

b) Explique como essas palavras são uma estratégia argumentativa no texto.

CIDADANIA GLOBAL

POBREZA E MIGRAÇÃO

Apesar da mobilização da ONU e de alguns países para buscar soluções para o problema dos deslocamentos humanos, ainda há muitos desafios a serem enfrentados.

1. Nem todo migrante é refugiado, mas todo refugiado é migrante. Qual é diferença entre refugiado e migrante?

2. Qual é a relação entre pobreza e migração?

3. A distribuição da riqueza é desigual tanto no Brasil quanto no mundo. Como essa desigualdade afeta as necessidades e os direitos fundamentais das pessoas?

UMA COISA PUXA OUTRA

A outra margem

Na esperança de uma vida melhor, longe de conflitos, violência, perseguição e pobreza, refugiados se arriscam de diversas formas. A principal delas é a travessia feita pelo mar, em que adultos, crianças e até mesmo bebês partem em pequenos barcos em busca de países que os acolham. Além dos perigos da travessia, os refugiados podem ainda ter de lidar com a difícil situação de não serem bem recebidos ou de precisar passar longos períodos em campos de refugiados mantidos por organizações humanitárias, sem saber para onde serão realocados.

1. A fotografia a seguir, de Aris Messinis, registra uma embarcação que transportava refugiados pelo mar Egeu até a ilha de Lesbos, na Grécia. Observe-a com atenção.

Coletes salva-vidas e um barco pequeno abandonados em uma praia na ilha de Lesbos, na Grécia. Os territórios gregos no mar Egeu tornaram-se um dos principais acessos de refugiados e imigrantes do Oriente Médio rumo à Europa. Foto de Aris Messinis, 2015.

a) Analisando o número de coletes salva-vidas deixados na margem da praia, o tamanho da embarcação e o clima registrado na imagem, como você imagina que tenha sido a travessia dos refugiados?

b) Na fotografia, tanto o mar quanto o céu estão em tons de cinza-escuro, enquanto os coletes salva-vidas laranja e a embarcação são mais claros e brilhantes. Que sentidos esse contraste entre os elementos da cena produz?

c) Há muitas maneiras de chamar a atenção para temas socialmente importantes. Um artigo de opinião costuma apelar para a razão das pessoas; uma imagem, por sua vez, pode apelar para a emoção. Converse com os colegas sobre como a foto mostrada pode sensibilizar as pessoas e fazê-las refletir sobre a causa dos refugiados.

Acesse o recurso digital e responda: Qual é a característica comum a todas as obras artísticas retratadas? Para você, de que forma essa característica se relaciona ao tema dos refugiados?

227

LÍNGUA EM ESTUDO

CONJUNÇÃO

1. Leia o trecho a seguir, extraído do artigo "Dia Mundial dos Refugiados, um ritual necessário".

> A Europa pode **e** tem que fazer muito mais para abastecer devidamente os refugiados nas proximidades de seus países de origem. De acordo com o Acnur, 80% desses migrantes vivem em regiões em que há carência de alimentos. E é preciso dar-lhes a coisa mais importante de todas: perspectivas. Isso pode custar bem caro, **mas** há de ser dinheiro bem aplicado.

a) Que relação a palavra *e* estabelece entre a oração que ela introduz e a oração anterior? Explique.
b) E a palavra *mas*, que relação estabelece entre as orações? Explique.
c) Por que as palavras *e* e *mas* são importantes em um texto?

ANOTE AÍ!

As **conjunções**, também chamadas de **conectivos**, têm por objetivo conectar orações ou termos semelhantes da mesma oração. Quando uma expressão (formada por mais de uma palavra) desempenha a função de uma conjunção, ela é chamada de **locução conjuntiva**.

Ao conectar orações, as conjunções estabelecem **relação de sentido** entre as partes de um texto. Para saber o sentido expresso por uma conjunção, é importante analisar o contexto em que ela é empregada. As conjunções, palavras invariáveis, são classificadas como **coordenativas** ou **subordinativas**.

CONJUNÇÃO COORDENATIVA

2. Leia, a seguir, um trecho de uma notícia.

> Em vez de doar dinheiro para organizações que prestam ajuda, o casal Christopher e Regina Catrambone gastou metade de suas economias (aproximadamente US$ 7 milhões, ou cerca de R$ 27 milhões) para criar sua própria ONG e equipá-la com um barco para resgatar náufragos no mar.
>
> "Já havia instituições ajudando os migrantes na Europa, **mas** as pessoas estavam morrendo no mar **e** ninguém estava fazendo nada. Se os governos não agem é responsabilidade da sociedade civil responder. [...]", conta Regina à BBC Brasil. [...].

Carolina Montenegro. Família italiana usa fortuna para resgatar refugiados no Mediterrâneo. *G1*, 15 set. 2015. Disponível em: http://g1.globo.com/mundo/noticia/2015/09/familia-italiana-usa-fortuna-para-resgatar-refugiados-no-mediterraneo.html. Acesso em: 20 mar. 2023.

a) Explique o emprego da conjunção *mas* em destaque no trecho, relacionando-a à motivação da família em querer ajudar os refugiados náufragos.
b) De que forma o uso da conjunção *e* complementa e enfatiza os motivos pelos quais a família resolveu agir?
c) As orações iniciadas pelas conjunções *e* e *mas* em destaque precisam sintaticamente uma da outra para que seus sentidos estejam completos? Explique.

ANOTE AÍ!

Quando uma conjunção relaciona termos em uma mesma oração ou orações independentes, ela é chamada de **conjunção coordenativa**.

Conheça, a seguir, a classificação de algumas conjunções coordenativas e as relações de sentido expressas por elas.

CLASSIFICAÇÃO	CONJUNÇÕES E LOCUÇÕES CONJUNTIVAS	RELAÇÃO DE SENTIDO
adversativa	mas, porém, contudo, no entanto, entretanto, todavia	ressalva, contraste
aditiva	e, nem, não só... mas também	acréscimo
conclusiva	portanto, logo, pois, por conseguinte, por isso	conclusão
explicativa	pois, porque, que	justificativa, explicação
alternativa	ou, ou... ou, seja... seja, quer... quer, ora... ora	exclusão ou alternância

CONJUNÇÃO SUBORDINATIVA

3. Agora, releia as orações a seguir, extraídas do artigo de opinião lido no início deste capítulo.

> I. Sanções vêm ainda piorar o que já são condições miseráveis: **apesar de** visar as elites, elas afetam a vasta população.
>
> II. A Europa pode e tem que fazer muito mais **para** abastecer devidamente os refugiados [...].

a) Cada uma das conjunções em destaque introduz uma oração. Entre essas orações, há dependência ou independência sintática?
b) Com base na sua resposta anterior, essas conjunções podem ser classificadas como coordenativas? Por quê?
c) Qual é a relação de sentido que cada uma das conjunções expressa?

ANOTE AÍ!

As **conjunções subordinativas** conectam duas orações: uma principal e sua subordinada. Entre elas, existe uma relação de dependência sintática, pois a oração subordinada completa a oração principal. Essas conjunções podem ser classificadas em **subordinativa integrante** (*se* ou *que*) ou **subordinativa adverbial**.

As conjunções subordinativas adverbiais exprimem a circunstância adverbial referente ao que é enunciado na oração principal e são classificadas de acordo com a relação de sentido que exprimem. Confira, no quadro a seguir, algumas conjunções e locuções conjuntivas subordinativas adverbiais.

CLASSIFICAÇÃO	CONJUNÇÕES E LOCUÇÕES CONJUNTIVAS	RELAÇÃO DE SENTIDO
causal	já que, porque, como, visto que	causa, motivo
concessiva	ainda que, se bem que, embora, mesmo que	concessão
conformativa	segundo, como, conforme	conformidade
condicional	caso, se, desde que	condição
consecutiva	de modo que, tanto que	consequência
comparativa	assim como, como, que, mais que, menos que	comparação
final	a fim de que, para que	finalidade
temporal	logo que, quando, antes que	tempo
proporcional	à medida que, à proporção que, quanto mais... mais	proporção

Acesse o recurso digital para verificar alguns exemplos de uso das conjunções. Depois, compartilhe com os colegas outros exemplos do seu dia a dia empregando as mesmas conjunções.

Acompanhamento da aprendizagem

Retomar e compreender

1. Leia a tira a seguir. Nela, a personagem Snoopy está brincando como se fosse um importante aviador da Primeira Guerra Mundial.

 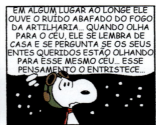  

Charles M. Schulz. *Ninguém mais tem o espírito aventureiro*. Porto Alegre: L&PM, 2014. p. 23.

   a) Snoopy relata, empregando a 3ª pessoa, uma série de ações. Essas ações são praticadas por quem? Que efeito de sentido isso atribui à tira?

   b) No segundo quadrinho, foram empregadas conjunções coordenativas e subordinativas. Identifique-as e classifique-as no caderno.

2. Indique o sentido expresso pelas conjunções e locuções conjuntivas destacadas em cada uma das orações a seguir.

   a) **Se** não almoçarem logo, as crianças ficarão com fome.
   b) Rafael é **tão** estudioso **quanto** Mateus.
   c) **Quando** chegar em casa, vou fazer uma sopa.
   d) Todos ficam mais cansados **à medida que** a noite chega.
   e) Ana Paula está exausta, **pois** nadou dois quilômetros.
   f) Augusta só deve embarcar amanhã, **visto que** perdeu o voo de hoje.
   g) Procedemos **conforme** nos foi orientado pela gerência.
   h) **Caso** não nos encontre em casa, deixe a encomenda no apartamento ao lado.
   i) Cheguei ao cinema cedo **para que** pudesse escolher o melhor lugar.
   j) **Como** poucas pessoas confirmaram presença, Igor cancelou o evento.
   k) **Já que** a maioria não compareceu, a professora adiou a atividade.
   l) **Ainda que** chova, teremos aula de Educação Física.

Aplicar

3. Reescreva no caderno as frases a seguir, completando-as com conjunções coerentes com os sentidos expressos pelos enunciados.

   a) Estamos estudando a situação ★ vamos apresentar propostas para o problema.
   b) Nós vamos ajudar, ★ muita gente também esteja contribuindo.
   c) Você tem bons argumentos, ★ pode escrever um artigo de opinião bem interessante.
   d) Este drama diminuirá, ★ as pessoas se conscientizem de sua gravidade.
   e) Elas conhecem bem o tema, ★ estudaram bastante.
   f) ★ cuidamos do nosso próximo, ★ seremos muito individualistas.
   g) O tema será discutido exaustivamente ★ que se tomem providências.
   h) Eduardo não foi bem no exame ★ não estudou o suficiente.
   i) ★ Amanda tenha feito o possível, não conseguiu chegar a tempo na reunião.
   j) ★ seu irmão, Rodrigo gostaria de se tornar um músico de sucesso.
   k) Nós precisamos ajudar, ★ há muita gente que tem passado fome.

A LÍNGUA NA REAL

USO DE CONJUNÇÃO E PRODUÇÃO DE SENTIDOS

1. Leia um trecho de notícia.

> **Refugiados sírios estão recriando monumentos destruídos em miniatura**
>
> *Arte é uma forma de criar registro e contar histórias*
>
> Há cerca de um ano, um líder de um campo de refugiados sírios, Ahmad Hariri, criou um grupo de artistas para recriarem monumentos e lugares históricos de seu país, que foram destruídos na guerra. **Usando material encontrado no campo**, como pedaços de madeira, pedras e argila, o grupo está trabalhando para manter sua história viva.
>
> O professor de arte e pintor Mahmoud Hariri, um dos membros do grupo, contou a uma agência de notícias das Nações Unidas que registrar o que foi perdido é uma função importante da arte. "Muito do que sabemos sobre civilizações antigas ou povos pré-históricos está preservado por meio da arte, como os hieróglifos egípcios e as pinturas das cavernas", explicou.
>
> Entre as construções já feitas pelo grupo, estão a antiga cidade de Palmira, a Mesquita de Damasco, a cidadela de Aleppo e as Norias de Hama, rodas de água que foram construídas há mais de 750 anos. **Usando fotografias, pinturas e ilustrações**, os artistas produzem modelos ricamente detalhados dos antigos monumentos. Atualmente, as miniaturas estão em exposição no campo de refugiados e na capital da Jordânia, Amã. [...]

▲ Miniatura da Mesquita de Damasco, construída por refugiados sírios.

Cláudia Fusco. Refugiados sírios estão recriando monumentos destruídos em miniatura. *Galileu*, 20 jan. 2016. Disponível em: http://revistagalileu.globo.com/Sociedade/noticia/2016/01/refugiados-sirios-estao-recriando-monumentos-destruidos-em-miniaturaq.html. Acesso em: 20 mar. 2023.

a) Que fato a notícia divulga?
b) Observe as orações em destaque. Elas fazem parte de períodos simples ou de períodos compostos? As construções destacadas têm em comum o uso de qual forma nominal do verbo?
c) Reescrevemos, a seguir, um dos períodos, flexionando o verbo e inserindo conjunções. No caderno, explique: Que relação de sentido é expressa em cada uma das orações desenvolvidas?

   I. **Como usam fotografias, pinturas e ilustrações**, os artistas produzem modelos ricamente detalhados dos antigos monumentos.

   II. **Assim como usam fotografias, pinturas e ilustrações**, os artistas produzem modelos ricamente detalhados dos antigos monumentos.

d) Considerando o contexto da notícia, qual é o período do item *c* que faria sentido na matéria jornalística? Justifique.
e) Imagine que o título da notícia fosse: "Recriando monumentos do país natal, refugiados mantêm viva a própria história". No caderno, reescreva essa oração utilizando uma conjunção, de maneira a indicar claramente uma relação de causa e efeito entre as orações.

> **ANOTE AÍ!**
>
> As **conjunções**, em geral, conectam orações e deixam claro o **sentido entre elas**. Quando não são usadas, a relação entre as orações do período fica menos evidente. Por isso, orações com o verbo no **gerúndio** ou no **particípio**, que não são introduzidas por conjunção, podem ampliar as possibilidades de sentido ao leitor.

AGORA É COM VOCÊ!

ESCRITA DE ARTIGO DE OPINIÃO

Proposta

Embora tratados internacionais afirmem que os refugiados devem ser acolhidos, alguns países impedem a entrada dessas pessoas. Escreva um artigo de opinião para se posicionar: Dificultar a entrada e a permanência de refugiados é uma atitude legítima para garantir os direitos dos cidadãos de um país? Será que os refugiados podem colaborar com a economia local?

GÊNERO	PÚBLICO	OBJETIVO	CIRCULAÇÃO
Artigo de opinião	Comunidade escolar, familiares, amigos, etc.	Posicionar-se sobre o fechamento de fronteiras	Postagem no *blog* da turma

Planejamento e elaboração do texto

1 É fundamental ler textos que polemizam o assunto para formar opinião, argumentar e defender um ponto de vista. Assim, leia os dois textos a seguir.

Texto I

Guerra na Ucrânia expõe racismo, intolerância e xenofobia aos refugiados

A invasão russa à Ucrânia chegou ao seu oitavo dia nesta quinta-feira, 3, com o número assustador de um milhão de refugiados, segundo informações da Agência da ONU para Refugiados (Acnur). O desespero expôs o racismo e a xenofobia na Europa, onde pessoas negras têm enfrentado barreiras impostas tanto pelas instituições governamentais de assistência quanto pela mídia.

Com a urgência e rapidez das notícias veiculadas nas redes sociais, principalmente no Twitter, residentes do país europeu e até mesmo autoridades usam o microblog para se manifestar sobre o conflito. É por lá que muitos refugiados relatam episódios de segregação racial ou xenofobia no momento de tentar deixar o país. [...]

Marcela Leiros. Guerra na Ucrânia expõe racismo, intolerância e xenofobia aos refugiados. *Agência Amazônia*, 3 mar. 2022. Disponível em: https://agenciacenarium.com.br/guerra-na-ucrania-expoe-racismo-intolerancia-e-xenofobia-aos-refugiados/. Acesso em: 20 mar. 2023.

Texto II

Imigrantes fazem bem à economia, conclui estudo

Um dos maiores argumentos dos presidentes e primeiros-ministros que barram a entrada de refugiados nos países que governam é o de que o fluxo de imigrantes pode arruinar a economia de uma nação. No entanto, um estudo publicado hoje (20) na revista *Science Advances* comprovou que abrigar pessoas à procura de asilo está longe de ser um fardo econômico. [...]

Os resultados encontrados foram categóricos: a entrada de pessoas em busca de asilo aumentou significativamente o PIB desses países, reduziu o desemprego e melhorou o equilíbrio das finanças públicas. [...]

Sabrina Brito. Imigrantes fazem bem à economia, conclui estudo. *Veja.com*, 20 jun. 2018. Disponível em: https://veja.abril.com.br/ciencia/imigrantes-fazem-bem-a-economia-conclui-estudo/. Acesso em: 20 mar. 2023.

2 Procure mais informações sobre o assunto em revistas, jornais, *sites* e livros, a fim de se aprofundar no tema.

3. Faça anotações sobre informações que possam ser úteis no desenvolvimento de sua argumentação. Anote os dados das fontes consultadas.

4. Ao elaborar seu artigo de opinião, considere os seguintes aspectos:
   - Apresente a questão discutida e o posicionamento que você assumirá.
   - Defina uma ordem para a apresentação dos argumentos.
   - Na conclusão, retome a questão inicial, dando coerência à defesa do que foi argumentado e de seu ponto de vista.
   - Crie um título coerente com o texto e que instigue o público-alvo a ler o artigo.

5. Organize seu artigo de opinião com base nesta estrutura:

LINGUAGEM DO SEU TEXTO

1. Recorde seus estudos sobre o artigo de opinião lido neste capítulo e responda: Em que pessoa é escrito um artigo de opinião?

2. Reveja estes trechos do texto do início do capítulo.

> I. É preciso reconhecer esse mérito, mesmo que Ancara regularmente utilize os refugiados como meio de pressão perante a UE.
>
> II. Nessas áridas cifras estão refletidos não apenas destinos humanos infinitamente lamentáveis, mas também um fracasso político de dimensões globais [...].

- Em I, que locução conjuntiva é usada? Essa locução é subordinativa ou coordenativa? Justifique. Em II, há uma locução conjuntiva aditiva. Qual é ela e que informações ela relaciona?

Releia o artigo de opinião que você produziu, observando se empregou a pessoa do discurso adequada. Observe também se as conjunções e locuções conjuntivas usadas expressam o sentido desejado e ajudam na progressão do texto.

Avaliação e reescrita do texto

1. Avalie seu texto, considerando os elementos a seguir.

ELEMENTOS DO ARTIGO DE OPINIÃO
O artigo foi introduzido por uma apresentação clara de seu posicionamento sobre o assunto?
Foram empregados argumentos que sensibilizam o leitor para a problemática discutida?
A conclusão está coerente com a introdução e os argumentos usados?
O título está adequado ao texto e é instigante para o leitor?

2. Com base na sua avaliação, reescreva o texto, fazendo os ajustes necessários.

Circulação

1. Depois de escrever a versão definitiva, poste seu artigo de opinião no *blog* da turma e divulgue para a comunidade escolar o *link* de acesso.

CAPÍTULO 2
O POSICIONAMENTO DE UM GRUPO

O QUE VEM A SEGUIR

No capítulo anterior, você leu um artigo de opinião sobre a crise dos refugiados. Agora, você lerá um editorial sobre o mesmo tema, que foi publicado em um jornal *on-line* de grande visibilidade e que teve a escrita motivada por um evento específico. Analise o título do editorial e, com os colegas, levante hipóteses sobre esse evento motivador e as circunstâncias em que ele ocorreu.

TEXTO

Enésima tragédia com migrantes no Mediterrâneo. Até quando?

O que se tem visto – de um lado e do outro do Atlântico – é um falimento da gestão da crise migratória: a contínua adoção de medidas restritivas por parte dos governos em questão respondendo ao fenômeno com a criação de muros e barreiras físicas e legislativas, a negação daquela solidariedade que ao longo dos séculos caracterizou o humanismo da Europa e a política migratória dos EUA, nação formada por cidadãos oriundos de todas as partes do mundo

Mais uma vez encontramo-nos diante da fatídica situação de contar os mortos no enésimo naufrágio nas águas do mar Mediterrâneo. Segundo o Alto Comissariado das Nações Unidas para os Refugiados (Acnur), trata-se do mais trágico de 2019.

[...]

Segundo a organização humanitária internacional "Médicos Sem Fronteiras" (MSF), das cerca de 300 pessoas envolvidas no naufrágio, os sobreviventes seriam 135, salvos por embarcações de pescadores, depois entregues à guarda costeira da Líbia, país em guerra com contínuos combates entre vários grupos beligerantes e, por conseguinte, não seguro.

Diante da contínua deterioração das condições de segurança na Líbia, *Save the Children* ressalta a urgência de a comunidade internacional, em primeiro lugar a Europa, multiplicar os esforços para criar vias de acesso seguras das áreas de crise ou de trânsito.

A organização internacional que há um século luta para salvar as crianças e garantir-lhes um futuro chama a Europa à sua responsabilidade considerando absolutamente inaceitável que o Velho Continente permaneça inerte diante da tragédia que continua se verificando às suas portas e afirma que a morte de centenas de homens, mulheres e crianças é o reflexo da incapacidade de gerir o fenômeno migratório.

Segundo dados disponíveis, no último ano a taxa de mortalidade na rota do Mediterrâneo central triplicou: o risco de morrer ao longo deste trecho da

beligerante: que está permanentemente em guerra, em luta.

⮑ Continua

travessia do norte da África em direção à Europa passou de 2-2,4% do período 2014-maio de 2018 para 6,2% do período junho de 2018-junho de 2019.

Para se ter uma ideia melhor do que isso significa, trazemos aqui esse percentual em números concretos: até maio de 2018 morria uma pessoa entre cada 45 que partiam, de lá para cá neste último ano morre uma pessoa entre cada 14 que se aventuram nessa travessia. Ademais, 60% dos que partem são reconduzidos à Líbia, país do norte da África que por sua posição geográfica constitui território de passagem para migrantes e refugiados de várias partes do continente que, dali, tentam chegar à Europa *via-maris*.

As razões por que se aventuram já nos são conhecidas, homens, mulheres, jovens e adolescentes, por vezes pouco mais que crianças – muitas vezes desacompanhadas, que fogem de situações de conflito, de guerra, de perseguições, da fome e da miséria, em busca de melhores condições de vida.

Trata-se daquela mesma busca de melhores condições de vida e perspectiva de um futuro que leva nossos irmãos latino-americanos, particularmente da América Central – mas não só –, a deixar seus países em direção ao norte do continente.

[...]

Deste lado do Atlântico, o país de passagem para os EUA é o México, que diante do fenômeno migratório dos últimos tempos vive uma realidade sem precedentes. Segundo o Instituto Nacional da Migração (INM) do México, estima-se que nos primeiros seis meses deste ano o fluxo de migrantes já tenha superado em 232% o registrado em 2018, e cerca de 360 mil sem documentos encontram-se espalhados no território nacional mexicano ou já entraram nos EUA.

[...]

A esse propósito, os bispos mexicanos, na mensagem divulgada esta semana intitulada "A dignidade dos migrantes", recordam a <u>exortação</u> do Papa Francisco a acolher, proteger, promover e integrar. Os <u>prelados</u> ressaltam que responder ao fenômeno migratório construindo muros "significa deixar-nos levar pelo temor e pela incerteza".

Um muro "não vai às raízes e às verdadeiras causas do fenômeno migratório. No México e na América Central o combate à pobreza e à desigualdade parece ser substituído pelo medo do outro, que é nosso irmão", afirmam evidenciando que a Igreja e a sociedade civil sempre <u>propugnaram</u> a "não criminalização" dos migrantes e dos defensores dos direitos humanos, que lutam pela dignidade humana, contracorrente e com grandes riscos para a própria segurança e suas vidas.

Recentemente, evidenciaram que a única barreira que poderia deter o fluxo de migrantes é o desenvolvimento econômico, político, cultural e social nos [seus] países de origem [...].

A falta de um desenvolvimento ao alcance de todos, povos e nações, é geradora de desigualdades, de conflitos, da ausência de paz. [...]

Enquanto isso, não teremos paz, e haveremos de deparar-nos como estas horas, a contar os mortos no Mediterrâneo, e não só, histórias tragicamente concluídas de pessoas – nossos irmãos e irmãs – que, *spes contra spem*, esperavam contra toda esperança: vidas ceifadas, sonhos despedaçados, humanidade continuamente humilhada. Até quando?

Vatican News, 27 jul. 2019. Disponível em: https://www.vaticannews.va/pt/mundo/news/2019-07/editorial-enesima-tragedia-com-migrantes-mediterraneo-ate-quando.html. Acesso em: 22 mar. 2023.

---

exortação: ato de incentivar, encorajar alguém a algo.

prelado: título dado a pessoa ligada ao clero.

propugnar: defender algo.

spes contra spem: expressão de origem latina que significa "esperança contra esperança".

TEXTO EM ESTUDO

PARA ENTENDER O TEXTO

1. Retome as hipóteses levantadas no boxe *O que vem a seguir*. Que fato motivou a escrita do editorial? Em que circunstâncias ocorreu esse fato motivador?

2. Releia o título e os parágrafos iniciais, que sintetizam as ideias do editorial.

   a) Quais palavras e expressões revelam que a morte de imigrantes é um evento lamentável e recorrente?

   b) Explique o questionamento proposto no título. Em sua opinião, a quem ele é dirigido? Comente.

   c) Qual é o posicionamento defendido no texto? Como esse posicionamento é sustentado? Explique.

> **ANOTE AÍ!**
>
> Um **editorial** apresenta o ponto de vista do veículo que o publica a respeito de um tema em discussão na sociedade. Em geral, as notícias, as reportagens e as entrevistas sobre um acontecimento servem de **motivo** para a produção do editorial. O editorial não é assinado, pois reflete a **posição ideológica do veículo** em que é publicado.

3. A Líbia é uma rota de fuga para onde se dirigem os migrantes que tentam fugir de seu país de origem, buscando melhores condições de vida. Por que, de acordo com o texto, esse país não é seguro para os migrantes e, nesse sentido, qual seria o papel da Europa?

4. No texto, há argumentos que utilizam dados de pesquisas para indicar a gravidade do problema. Quais são as fontes desses dados? Qual é o efeito de sentido que os dados estatísticos produzem no texto?

5. O editorial apresenta ainda outro tipo de argumento, o de autoridade, que mostra uma postura crítica sobre as políticas de imigração. Qual é esse argumento? Que sinais gráficos indicam que o texto cita a voz de outras pessoas?

> **ANOTE AÍ!**
>
> Para defender uma ideia, o produtor de um texto conta com diversos tipos de argumento. No editorial, destacamos o **argumento de dados de pesquisa**, que revela números e porcentagens, e o **argumento de autoridade**, que cita a **voz de uma autoridade** no tema, em razão de seus estudos ou de suas atividades profissionais.

6. No final do editorial, em geral, apresentam-se informações importantes que podem retomar a argumentação, reafirmar a opinião e/ou fazer uma reflexão que amplie a discussão. O que é destacado no final do texto lido?

7. **SABER SER** São muitos os desafios dos migrantes, imigrantes e refugiados. Ao serem realocados, eles precisam, por exemplo, integrar-se à nova comunidade e encontrar atividades profissionais que possam exercer.

   a) Você já ouviu falar ou presenciou uma situação em que essas pessoas foram desrespeitadas em razão de sua origem? Se sim, como você se sentiu?

   b) Xenofobia é o preconceito ou sentimento de hostilidade contra quem vem de outros lugares. Como você reagiria ao presenciar uma atitude xenofóbica?

Acesse o recurso digital e responda: Quais ações sociais são apresentadas para a inclusão de pessoas refugiadas?

O CONTEXTO DE PRODUÇÃO

8. Você já sabe que o objetivo de um editorial é expressar a opinião de um veículo de comunicação a respeito de um tema em discussão na sociedade.

   a) O texto apresentado neste capítulo foi publicado na coluna Mundo. Que aspecto essencial do texto é coerente com essa coluna?

   b) Considerando o objetivo de um editorial, por que o jornal decidiu declarar seu posicionamento sobre a crise dos refugiados?

9. Por que o título do editorial chama a atenção do leitor e qual é o efeito de sentido produzido pela expressão "enésima"? A tragédia mencionada está relacionada a qual tema mais amplo, no parágrafo abaixo do título?

> **ANOTE AÍ!**
>
> O **tema** do editorial costuma ser introduzido por meio da apresentação de um **fato polêmico recente** que será comentado, analisado e discutido. Aproveita-se o **interesse do leitor** a respeito desse fato para divulgar a opinião do veículo.

A LINGUAGEM DO TEXTO

10. Releia os trechos a seguir.

    I. *Save the Children* ressalta a urgência de a comunidade internacional, **em primeiro lugar** a Europa, multiplicar os esforços para criar vias de acesso seguras das áreas de crise ou de trânsito.

    II. **Para se ter uma ideia melhor do que isso significa**, trazemos aqui esse percentual em números concretos [...].

    - Que funções as expressões destacadas exercem nos dois trechos? Discuta com os colegas.

11. Em um editorial, é comum o uso de palavras e expressões que ajudam a tecer a argumentação no texto. Observe as palavras destacadas a seguir.

    I. **Segundo** o Alto Comissariado das Nações Unidas para os Refugiados (Acnur), trata-se do mais trágico de 2019.

    II. Enquanto isso, não teremos paz, e haveremos de deparar-nos como estas horas, a contar os mortos no Mediterrâneo, e não só, histórias **tragicamente** concluídas de pessoas [...].

    - Qual delas é uma conjunção que introduz a fonte dos dados estatísticos? E qual revela um ponto de vista diante dos fatos apresentados?

COMPARAÇÃO ENTRE OS TEXTOS

12. Nesta unidade, você leu textos de gêneros diferentes sobre um mesmo tema. Qual é a principal diferença entre eles com relação à forma de apresentar opinião?

13. No artigo de opinião lido, argumenta-se que é preciso que a comunidade internacional, principalmente a Europa, ajude os refugiados. No editorial, destaca-se que é necessário priorizar o desenvolvimento econômico, político, cultural e social para conseguir a paz. Com qual dos dois posicionamentos você concorda? Por quê?

PARA EXPLORAR

A crise sob a ótica de um brasileiro

No *link* a seguir, é possível conhecer algumas imagens do fotógrafo brasileiro Mauricio Lima, ganhador do prêmio Pulitzer de 2016 por seu ensaio fotográfico sobre a crise dos refugiados na Europa.

Disponível em: http://www.docfoto.com.br/mauricio-lima-vence-premio-pulitzer-2016/. Acesso em: 22 mar. 2023.

LÍNGUA EM ESTUDO

PERÍODO SIMPLES E PERÍODO COMPOSTO

1. Leia, a seguir, o trecho de uma crítica sobre um livro do escritor peruano Mario Vargas Llosa, publicada no jornal *O Globo*.

▲ Mario Vargas Llosa. Foto de 2022.

Crítica: Vargas Llosa aborda o drama dos refugiados em livro infantil

"O barco das crianças" é baseado em uma história do francês Marcel Schwob

RIO — O peruano Mario Vargas Llosa (1936-) reconta para os pequenos leitores, em *O barco das crianças*, uma história do francês Marcel Schwob (1867-1905), que, no livro *A cruzada das crianças*, narra a desafortunada aventura de viajantes mirins rumo a Jerusalém: "Mar consagrado, o que fizeste com as nossas crianças? [...] Eis por que te acuso, mar devorador, que engoliu minhas criancinhas".

Apesar da menção explícita a Schwob já na primeira página, não há como não relacionar a história de Llosa ao poema "A cruzada das crianças", do alemão Bertolt Brecht (1898-1956). Nesse poema, Brecht descreve os infortúnios de um grupo de crianças polonesas órfãs, que, em plena Segunda Guerra Mundial, vagavam em busca de abrigo: "Escapavam às batalhas/ e deixavam a dor pra trás,/ desejavam só descanso/ num país cheio de paz".

[...]

Dirce Waltrick do Amarante. *O Globo*, 7 jun. 2016. Disponível em: https://oglobo.globo.com/cultura/livros/critica-vargas-llosa-aborda-drama-dos-refugiados-em-livro-infantil-19249008. Acesso em: 22 mar. 2023.

a) Apesar de fazer referência a períodos históricos distintos, o que há em comum entre as três obras citadas no texto?

b) Identifique quantos verbos há no título e na linha fina do texto. Copie-os no caderno, indicando também quantas orações há em cada período.

ANOTE AÍ!

No **período simples**, há apenas uma oração, construída em torno de um **único verbo ou locução verbal**. Por exemplo, em "Ele chegou cedo" e "Ele precisa chegar cedo", há, respectivamente, um verbo e uma locução verbal, e ambos são períodos simples.

2. Releia, a seguir, um trecho extraído do editorial "Enésima tragédia com migrantes no Mediterrâneo. Até quando?".

As razões por que se aventuram já nos são conhecidas, homens, mulheres, jovens e adolescentes, por vezes pouco mais que crianças — muitas vezes desacompanhadas, que fogem de situações de conflito, de guerra, de perseguições, da fome e da miséria, em busca de melhores condições de vida.

a) Identifique os verbos presentes nesse período. Copie-os no caderno.
b) Quantas orações há nesse período? Identifique-as.

ANOTE AÍ!

O **período composto** é formado por duas ou mais orações, construídas em torno de dois ou mais verbos ou locuções verbais. Assim, o número de verbos ou de locuções verbais corresponde ao número exato de orações. Esse tipo de período pode ser classificado como **período composto por coordenação** ou como **período composto por subordinação**.

COORDENAÇÃO E SUBORDINAÇÃO

3. Leia, a seguir, o trecho de uma reportagem sobre outra crise de refugiados.

> Há 16 séculos, a Europa vivia uma séria crise de refugiados. Assim como hoje, um povo usava rotas nos Bálcãs para fugir de atrocidades e buscar esperança em terras estrangeiras. Em 376, não eram os sírios que se deslocavam em massa, mas os godos, um dos povos que os romanos chamavam genericamente de bárbaros. Eles migraram para o sul e pediram abrigo no império mais poderoso do Ocidente. De origem germânica, esse povo habitava o leste europeu e se subdividia em ostrogodos (a turma mais a leste) e visigodos (mais a oeste).
>
> Naquele ano, o historiador e militar romano Amiamo Marcelino registrou que os godos estavam sendo expulsos de suas terras por uma "raça selvagem sem paralelos que desceu feito redemoinhos das montanhas, como se tivesse brotado de um cano escondido na terra, e destruiu tudo o que se encontrasse em seu caminho. Eram os hunos, um povo nômade que se deslocou para a Europa Central em busca de terras e pastagens. À medida que avançavam, expandiam seus domínios por meio de alianças e conquistas.
>
> Os godos entraram na linha de tiro huna e migraram para a Trácia, região que hoje fica nos territórios de Bulgária, Grécia e Turquia e que na época era uma província romana. Caso conseguissem se estabelecer, estariam em uma terra fértil, do outro lado do rio Danúbio e mais protegidos da fúria dos hunos. [...]
>
> Felipe van Deursen. Como uma crise de refugiados destruiu o Império Romano. *Superinteressante*, 24 set. 2019. Disponível em: http://super.abril.com.br/blog/contaoutra/como-uma-crise-de-refugiados-destruiu-o-imperio-romano/. Acesso em: 22 mar. 2023.

- A reportagem compara uma crise ocorrida no século XXI a outra no século IV. O que elas têm em comum e qual é a principal diferença entre elas?

4. Releia estes períodos compostos do trecho da reportagem:

> I. Eles migraram para o sul e pediram abrigo no império mais poderoso do Ocidente.
> II. À medida que avançavam, expandiam seus domínios por meio de alianças e conquistas.

a) Quantas orações há em cada um dos períodos? Explique.
b) Em que período há relação de independência entre as orações? Por quê?
c) Explique a relação de dependência presente no outro período.
d) Indique a conjunção e a locução conjuntiva nos períodos e explique os efeitos de sentido expressos por elas.

Os períodos I e II correspondem, respectivamente, a um período composto por coordenação e a um período composto por subordinação. Neles, foram utilizadas conjunção e locução conjuntiva para estabelecer uma relação de sentido entre as orações. No entanto, o que difere um período do outro é a relação de dependência entre as duas orações de cada um deles.

Acesse o recurso digital sobre período simples e período composto. Em seguida, analise, com os colegas, os sentidos expressos em cada um dos exemplos apresentados.

> **ANOTE AÍ!**
>
> O **período composto por coordenação** é estruturado por orações coordenadas, ou seja, orações independentes sintaticamente, mas que estabelecem entre si uma relação de sentido. Um período em que as orações não têm sentido sozinhas e são sintaticamente dependentes é denominado **período composto por subordinação**.

239

ATIVIDADES — Acompanhamento da aprendizagem

Retomar e compreender

1. Leia a tira e responda às questões.

Dik Browne. *O melhor de Hagar, o Horrível*. Porto Alegre: L&PM, 2014. p. 15.

a) O humor da tira é provocado pelo fato de a imagem surpreender o leitor no segundo quadrinho. Considerando a fala inicial de Hagar, por que a imagem do segundo quadrinho é surpreendente?

b) No primeiro quadrinho da tira, há períodos simples. Explique como é possível identificá-los.

c) Reescreva a fala de Hagar no primeiro quadrinho, de modo a transformá-la em período composto. Faça os ajustes necessários.

d) Na fala de Hagar no primeiro quadrinho, em que há somente períodos simples, o tédio da personagem é destacado ou amenizado? Por quê?

e) Analise qual é o efeito do emprego de períodos simples e a relação estabelecida entre esse emprego e a fala de Hagar no último quadrinho.

Aplicar

2. Leia os períodos a seguir e, no caderno, classifique cada um deles como simples ou composto.

a) Ontem chegamos muito tarde em casa.
b) Luciana almoçou e já saiu.
c) Muitas atitudes estão sendo tomadas para solucionar a crise dos refugiados, mas poucas são eficazes.
d) Aline planejou sua viagem com muita antecedência.
e) Ou Raul viajará nas férias ou ficará na casa de seu avô.
f) Preciso encontrar as chaves de casa.
g) O brasileiro é um povo acolhedor e trata bem a todos.
h) Vanda fará um almoço para os refugiados.
i) Marieta conseguiu arrecadar muitas doações aos refugiados.

3. Os períodos a seguir são compostos por coordenação ou subordinação? Classifique-os no caderno. Identifique o sentido das conjunções, quando houver.

a) Ana estudou, mas não foi muito bem na prova.
b) Rebeca chegou em casa, almoçou e saiu novamente.
c) Corram, pois a casa está pegando fogo!
d) Joaquim foi a Brasília quando voltei do Mato Grosso.
e) Gostamos de comer pastéis de queijo.
f) Roberto terá sucesso nas aulas de confeitaria se acreditar em seu talento.

A LÍNGUA NA REAL

A CONJUNÇÃO COMO ELEMENTO DE COESÃO

1. Leia o texto e conheça um pouco sobre a Hospedaria do Imigrante, atualmente chamada de Memorial do Imigrante, localizada na cidade de São Paulo.

A Hospedaria do Imigrante foi criada para **reunir e preservar a documentação, memória e objetos de imigrantes** que vieram para o Brasil em busca de esperança, aventuras, fortuna ou simplesmente fugindo de uma situação difícil em suas pátrias de origem.

Disponível em: http://www.crmariocovas.sp.gov.br/rcf_l.php?t=003. Acesso em: 7 maio 2023.

▶ Memorial do Imigrante, na cidade de São Paulo. Foto de 2017.

a) De acordo com o texto, com qual objetivo a Hospedaria do Imigrante foi criada? Por que essas pessoas vieram para o Brasil?

b) Releia atentamente a frase em destaque no texto e responda: Esse período é simples ou composto? Que orações a conjunção *e* liga e que relação ela estabelece entre essas orações?

c) No trecho "vieram para o Brasil em busca de esperança [...] ou simplesmente fugindo de uma situação difícil", que elemento linguístico indica que havia mais de uma alternativa como motivo para a viagem? Explique.

2. A seguir, releia trechos do editorial "Enésima tragédia com migrantes no Mediterrâneo. Até quando?".

I. Para se ter uma ideia melhor do que isso significa, trazemos aqui esse percentual em números concretos [...].

II. [...] cerca de 360 mil sem documentos encontram-se espalhados no território nacional mexicano ou já entraram nos EUA.

a) Os trechos anteriores são períodos simples ou compostos? Explique.

b) Em qual período há uma alternância entre as ideias apresentadas e que palavra indica essa relação? Qual é a classificação desse período?

c) Uma das orações é introduzida pela conjunção *para*. Entre quais ideias ela estabelece uma relação? Que tipo de relação é essa?

d) Há duas conjunções nesses trechos. Uma delas estabelece relação entre as orações de um mesmo período e a outra retoma uma ideia apresentada em um período anterior. No caderno, indique esses casos.

> **ANOTE AÍ!**
>
> As **conjunções** são um recurso fundamental de **coesão textual**, pois, além de ligar as orações, estabelecem relação de sentido entre elas. Em alguns casos, relacionam ideias expressas entre os períodos, e não entre as orações do mesmo período.

ESCRITA EM PAUTA

Acompanhamento da aprendizagem

USOS DE *POR QUE, POR QUÊ, PORQUE* E *PORQUÊ*

1. Leia a tira a seguir e faça o que se pede.

Bill Watterson. *Criaturas bizarras de outro planeta!*: as aventuras de Calvin e Haroldo. 2. ed. São Paulo: Conrad, 2011. p. 21.

a) Por que, ao final da tira, Calvin se irrita e desiste de fazer perguntas a Haroldo?

b) Nos dois balões de fala do primeiro quadrinho, aparecem os termos *por que* e *porque*. Qual é a diferença de uso entre eles?

Veja a seguir os usos de *por que*, *por quê*, *porque* e *porquê*.

USO DE *POR QUE*

Por que é a junção da preposição *por* e do pronome interrogativo *que*. O sentido atribuído à expressão é o mesmo que "por que motivo", "por qual razão". Pode também ser a junção da preposição *por* com o pronome relativo *que*, tendo o mesmo sentido de "pelo qual". Veja alguns exemplos.

| **Por que** você ainda não terminou de ler seu livro? | O motivo **por que** não terminei o livro é que ainda não tive tempo. |

USO DE *POR QUÊ*

Por quê é a junção da preposição *por* e do pronome interrogativo *que*, usada apenas em final de frases ou antes de uma pausa sintática marcada, na qual é pronunciada com mais intensidade. Veja alguns exemplos.

| Você não chegou antes **por quê**? | Acordei indisposto, não sei **por quê**. |

USO DE *PORQUE*

Porque é uma conjunção empregada para conectar orações, estabelecendo entre elas relação de causa (sentido de "já que"), explicação (sentido de "pois") ou finalidade (sentido de "para que"). Veja um exemplo.

O tempo está seco **porque** não chove há semanas.

USO DE *PORQUÊ*

Porquê é um substantivo e, por isso, é empregado depois de artigos, pronomes adjetivos e numerais. Veja um exemplo.

> Quero saber o **porquê** de você não ter gostado daquele filme.

2. Observe a seguir as expressões em destaque nos títulos.

   I. **Por que** algumas pessoas não conseguem assoviar?

   Diego Bargas. *Mundo Estranho*, 10 maio 2017. Disponível em: http://mundoestranho.abril.com.br/saude/por-que-algumas-pessoas-nao-conseguem-assoviar/. Acesso em: 22 mar. 2023.

   II. **Por que** não sentimos a Terra girar?

   Saulo Sobanski. *Mundo Estranho*, 4 jul. 2018. Disponível em: http://mundoestranho.abril.com.br/ciencia/por-que-nao-sentimos-a-terra-girar/. Acesso em: 22 mar. 2023.

   a) Justifique o emprego dessas expressões em cada um dos títulos.
   b) Explique por que, nesse tipo de título, costumam aparecer essas expressões.

3. Observe as orações a seguir e reescreva-as no caderno, completando-as com: *porque*, *por que*, *porquê* ou *por quê*.
   a) ★ você vai se atrasar amanhã?
   b) Não sei o motivo ★ você ainda não enviou seu poema para o concurso.
   c) Não consegui ir à aula ontem ★ estava doente.
   d) Sua irmã estava chorando ★?
   e) Todos estavam rindo e eu não sabia o ★.

🟥 ETC. E TAL

O porquê dos porquês

Leia a seguir o trecho de uma reportagem que explica a história do uso dos termos *por que*, *porque*, *por quê* e *porquê*.

> Na maioria dos idiomas, é fácil diferenciar: em inglês, pergunta-se com *why* e responde-se com *because*, enquanto os franceses contrapõem um *pourquoi* com *parce que*. Mas, como os portugueses teimaram em usar o mesmo termo para as duas funções, os gramáticos precisaram usar a imaginação.
>
> No latim clássico, havia duas palavras: *quare* para perguntar e *quia* para responder. Mas em português prevaleceu a expressão do latim vulgar, *pro quid*, que passou a exercer dupla jornada em perguntas e respostas. "Para diferenciar, alguém teve a ideia de escrever um junto e o outro separado", explica Caetano Galindo, linguista da Universidade Federal do Paraná. Os registros mais antigos dessa distinção são do século 13, mas em 1500 Pero Vaz de Caminha ainda se atrapalhava na Carta do Descobrimento.
>
> Para complicar, em 1931 surgiram no Brasil mais duas regras: o "que" ganhou circunflexo quando é tônico (antes de pontuação) e o "porque" substantivo virou "porquê". No dia a dia, porém, simplificamos tudo radicalmente: do bilhete à internet, só existe um "pq". [...]

Rita Loiola. Por que existem vários jeitos de escrever "por quê"? *Superinteressante*, 31 out. 2016. Disponível em: http://super.abril.com.br/comportamento/por-que-existem-varios-jeitos-de-escrever-por-que/. Acesso em: 22 mar. 2023.

AGORA É COM VOCÊ!

ESCRITA DE EDITORIAL

Proposta

Agora é a vez de você e seus colegas escreverem um editorial que expresse o posicionamento da turma sobre um dos problemas enfrentados pelos refugiados: o tráfico de pessoas. O editorial será publicado no *blog* da turma, para que mais pessoas conheçam o posicionamento de vocês.

GÊNERO	PÚBLICO	OBJETIVO	CIRCULAÇÃO
Editorial	Comunidade escolar, familiares, internautas em geral	Posicionar-se coletivamente a respeito do crescimento do tráfico de pessoas diante da crise dos refugiados	Publicação no *blog* da turma

Planejamento e elaboração do texto

1 Leiam o texto a seguir, que aborda o mesmo tema do editorial de vocês.

Pobreza e desemprego: principais fatores que influenciam o tráfico de pessoas no Brasil

Brasília, 16 de setembro de 2021 – Um novo relatório do Escritório das Nações Unidas sobre Drogas e Crime (UNODC) sobre as tendências do tráfico de pessoas no Brasil destaca como a vulnerabilidade socioeconômica e a falta de oportunidades de emprego decente estão deixando as pessoas vulneráveis à ação de redes criminosas que as exploram para obter lucro.

O "Relatório Nacional sobre Tráfico de Pessoas: Dados de 2017 a 2020" reúne conhecimento e *expertise* de mais de 70 especialistas nacionais e internacionais que atuam na área do combate ao tráfico de pessoas e foi produzido em parceria com o Ministério da Justiça e Segurança Pública (MJSP).

Segundo a especialista no combate ao tráfico de pessoas do UNODC, Heloisa Greco, que elaborou o relatório, "mais de 90% dos profissionais que nos forneceram informações concluíram que a pobreza e o desemprego são as principais razões pelas quais as pessoas se tornam vítimas desse crime, sobretudo nos casos de trabalho forçado.

"Condições econômicas precárias e falta de perspectivas de emprego podem levar as pessoas a aceitar ofertas degradantes, que mais tarde acabam por se revelar uma forma de exploração. Muitas vezes, é a única opção de sobrevivência que encontram", acrescenta.

Especialistas dos setores policial e de justiça criminal do Brasil, assim como de organizações governamentais e não governamentais contribuíram para o relatório, que inclui dados quantitativos de 12 instituições públicas dos últimos três anos.

[...]

O relatório também analisa a vulnerabilidade dos migrantes, em particular da Venezuela, ao tráfico humano e examina o impacto da pandemia da covid-19.

"A pandemia da covid-19 tem aumentado as vulnerabilidades socioeconômicas. Estes novos fatores de risco expuseram as vítimas a mais exploração, abuso e violência, enquanto as restrições à circulação impediram atividades que podem resultar na detecção de casos de tráfico de pessoas", acrescenta Greco. [...]

Organização das Nações Unidas, 16 set. 2021. Disponível em: https://www.unodc.org/lpo-brazil/pt/frontpage/2021/09/pobreza-e-desemprego-principais-fatores-que-influenciam-o-trafico-de-pessoas-no-brasil.html. Acesso em: 22 mar. 2023.

244

2 Dividam-se em grupos para pesquisar sobre os seguintes aspectos:

- **Grupo 1**: relação entre a crise dos refugiados e o tráfico de pessoas.
- **Grupo 2**: principais desafios enfrentados no combate ao tráfico de pessoas.
- **Grupo 3**: medidas tomadas para combater esse tráfico.

3 Anotem as informações mais relevantes e discutam-nas com a turma.

4 Ao elaborar o editorial, considerem a estrutura básica de um texto argumentativo: introdução, argumentação, conclusão.

5 Produzam a primeira versão do editorial, seguindo estas orientações:

- Para a introdução: façam referência ao fato que será tratado, contextualizem o leitor sobre o tema e posicionem-se sobre o tráfico de pessoas.
- Para a argumentação: pensem em estratégias argumentativas para defender suas ideias; selecionem argumentos para a defesa do ponto de vista.
- Para a conclusão: retomem o tema, reforçando o posicionamento do grupo.
- Não se esqueçam de que o editorial não deve ser assinado.

LINGUAGEM DO SEU TEXTO

1. Releiam um trecho do texto do capítulo 2 e respondam: O que a conjunção em destaque expressa e o que ela introduz na argumentação?

> **Segundo** a organização humanitária internacional "Médicos Sem Fronteiras" (MSF), das cerca de 300 pessoas envolvidas no naufrágio, os sobreviventes seriam 135, salvos por embarcações de pescadores, depois entregues à guarda costeira da Líbia, país em guerra com contínuos combates entre vários grupos beligerantes e, por conseguinte, não seguro.

2. Vejam outro trecho. Que efeito de sentido a locução conjuntiva destacada expressa?

> Enquanto isso, não teremos paz, e haveremos de deparar-nos como estas horas, a contar os mortos no Mediterrâneo, **e não só**, histórias tragicamente concluídas de pessoas [...]: vidas ceifadas, sonhos despedaçados, humanidade continuamente humilhada. Até quando?

Releiam o editorial de vocês, observando se as conjunções e as locuções conjuntivas relacionam as orações e os termos. Observem se o registro de linguagem usado é formal e verifiquem a grafia e a concordância nominal e a verbal.

Avaliação e reescrita do texto

1 Façam uma leitura coletiva do editorial, avaliando-o segundo estes critérios:

ELEMENTOS DO EDITORIAL
O posicionamento defendido no editorial está claro? Os argumentos são convincentes?
O título está coerente com o assunto do editorial?
O registro de linguagem está adequado ao público-alvo?

2 Com base nessa avaliação, reescrevam o texto, fazendo os ajustes necessários.

Circulação

1 Publiquem o editorial no *blog* da turma e divulguem o *link* de acesso.

INVESTIGAR

Checagem de fatos

Para começar

Até pouco tempo atrás, os jornais, as revistas, o rádio e a televisão eram os responsáveis pela divulgação de informações. Com a internet e as redes sociais, os meios de comunicação se ampliaram e, hoje, é possível propagar informações de diversas maneiras. Por exemplo, uma informação séria e confiável pode ser distorcida para se tornar engraçada e ser reproduzida em uma rede social. No entanto, algumas pessoas podem considerar essa informação verdadeira e ter uma visão desvirtuada da realidade. Por isso, cada vez mais é preciso checar as informações do que se lê. Tendo isso em vista, vocês vão escolher um dado polêmico usado para construir a argumentação em um artigo de opinião ou um fato questionável noticiado recentemente. Por meio de um estudo de caso, vão checar as informações em diferentes fontes para verificar se o que foi divulgado é verdadeiro ou falso. Ao final, vocês apresentarão um seminário.

O PROBLEMA	A INVESTIGAÇÃO	MATERIAL
Como checar informações para saber se um dado é verdadeiro ou falso?	**Procedimento:** estudo de caso **Instrumentos de coleta:** revisão bibliográfica, entrevista, construção de relatório	• caderno para anotações • jornais e revistas • ferramentas para apoiar apresentações orais (como *slides*) • dispositivos com acesso à internet

Procedimentos

Parte I – Planejamento

1. Reúnam-se em grupos de até cinco integrantes para iniciar o trabalho. Cada grupo ficará responsável por checar a veracidade das informações sobre um dado polêmico e de relevância social noticiado recentemente ou utilizado para sustentar um argumento em um artigo de opinião.

2. Para ser checado, um texto precisa apresentar: dados estatísticos e/ou históricos, referência a leis, entre outras informações que possam ser verificadas. Dessa forma, escolham um texto com base nesses critérios.

Parte II – Levantamento de fontes confiáveis

1. Baseando-se no fato escolhido, listem os dados que foram apresentados e que, aparentemente, podem ser falsos ou incorretos. Procurem analisar coincidências, complementaridades e contradições entre as informações. É importante observar criticamente esses dados quando identificar problemas.

2. Depois de listar os dados que deverão ser checados, busquem fontes confiáveis sobre o assunto. Por exemplo, se for um dado ambiental, procurem artigos publicados em revistas acadêmicas especializadas; se o dado for relativo a leis, procurem em *sites* do governo onde foram publicadas as leis relacionadas ao assunto.

246

Parte III – Checagem dos fatos

1. Façam a comparação entre os dados apresentados na notícia ou no artigo de opinião escolhido e os que foram obtidos nas fontes confiáveis.

2. Se por meio dessa checagem não for possível comprovar a veracidade da informação, pode-se recorrer a um especialista para tentar esclarecê-la. Assim, se o assunto estiver relacionado a um dado histórico, vocês poderão entrevistar um professor de História, por exemplo; caso o assunto esteja relacionado à área da saúde, pode-se, com a ajuda do professor, conversar com um médico.

Parte IV – Organização dos dados

1. Agora, vocês vão reunir todas as informações obtidas e checadas ao longo do estudo de caso e elaborar um relatório com elas. Nesse relatório, apresentem todo o caminho percorrido ao longo da checagem, incluindo os *links* de *sites* consultados, as referências bibliográficas e, caso tenham entrevistado um especialista, apresentem o nome, a especialidade e a declaração feita por ele. Inserir informações de terceiros em seu texto é muito importante, seja porque dá mais credibilidade para sua argumentação, seja porque dá mais força ao seu ponto de vista. Em todo caso, é essencial identificar a fonte da informação e saber citá-la. Para isso, lembrem-se de utilizar conectivos, como *segundo*, *conforme*, *de acordo com*.

Questões para discussão

1. O dado escolhido estava de acordo com os critérios necessários para fazer a checagem?

2. Vocês tiveram dificuldade em alguma etapa? Se sim, em qual e por quê?

3. Vocês ficaram satisfeitos com os resultados obtidos ao longo da pesquisa ou acreditam que seria necessário levantar mais fontes para checar os dados?

Comunicação dos resultados

Seminário

Compartilhem com a turma os resultados do estudo de caso do grupo. Para isso, organizem um seminário. Antes, com a ajuda do professor, estabeleçam o tempo de apresentação de cada equipe para que vocês possam se programar com base nele.

Usem o relatório produzido por vocês para organizar a apresentação oral, distribuindo os itens pelos integrantes do grupo. Se possível, organizem o conteúdo em *slides* ou cartolinas para que os colegas visualizem os pontos principais dos resultados obtidos. Ao preparar esse material, lembrem-se de que, em cada um dos *slides* ou em cada cartolina, deve haver um título em destaque, em letras maiores, e pouco texto, indicando apenas os itens essenciais.

Procurem ensaiar a apresentação para que não haja repetição do que será falado e para controlar melhor o tempo. Lembrem-se de que é importante usar um texto escrito de apoio à fala; no entanto, evitem a leitura excessiva durante o seminário. Apresentem-se sem usar gírias, levando em consideração as regras de concordância verbal e nominal da língua e adequando a linguagem ao registro formal. Nas apresentações dos colegas, escutem com respeito.

ATIVIDADES INTEGRADAS

A seguir, você vai ler um artigo de opinião que propõe uma reflexão sobre a falta de empatia com imigrantes e refugiados. Observe, ao ler o texto, as características do gênero artigo de opinião que você estudou na unidade e os recursos linguísticos empregados.

Mais uma viagem na nossa irreal brutalidade cotidiana

Wilson Gomes
4 de fevereiro de 2022

Um jovem refugiado congolês morreu na segunda-feira (24/01) depois de ter sido imobilizado e espancado na orla da Barra da Tijuca, no Rio de Janeiro, por quatro cidadãos brasileiros. Moïse Kabagambe não recebeu menos que 30 pauladas, dadas para matar, enquanto já estava caído e dominado no chão. Uma cena de repugnante brutalidade.

Infelizmente, não é o primeiro refugiado ou imigrante hostilizado, explorado e morto neste país que se gaba, com certa razão, de ser acolhedor. Ainda estão disponíveis nas redes digitais as imagens de brasileiros destruindo e incendiando acampamentos improvisados de centenas de imigrantes venezuelanos, em Pacaraima, Roraima, em agosto de 2018, aos gritos de "bota fogo!". Depois disso, imigrantes denunciavam que haviam sido formados grupos de vigilantes brasileiros caçando venezuelanos na fronteira. Imaginem só!

Alguns anos antes, em 2013, operações policiais haviam resgatado nada menos que 121 migrantes haitianos escravizados no interior de Minas Gerais. Isso mesmo, alguém se apossou de seres humanos em penúria e os usou como força de trabalho escravo.

São só exemplos que me vêm à memória. Na verdade, qualquer ONG de direitos humanos ou instituição que se ocupa de imigrantes ou refugiados tem certamente uma lista imensa de casos de pessoas que fugiram para o Brasil para sobreviver, mas aqui só encontraram miséria, exploração, hostilidade e morte.

[...]

Nesse país sempre mais embrutecido, mata-se cada vez mais, pelas razões mais banais e com quaisquer recursos à disposição: bala, facão, pedras, garrafas, paus e tacos. Ou com as mãos nuas mesmo, na falta de outra coisa. Matar é fácil e cada vez mais trivial, e só vez ou outra um fato é pinçado e trazido à atenção da classe média, por meio [de] uma singularidade qualquer.

[...]

Nesse país de pobres e miseráveis, escandalosamente aceitamos com resignação, como um combinado fundamental, que uns e outros são descartáveis. Afinal, pobres e miseráveis há tantos, não há sequer como distingui-los, como sentir falta daqueles que a violência passa todo dia para levar?

[...] Mas a classe média brasileira é etnocêntrica, sim. Basta ver a lista das "singularidades" que retira uma ou outra dessas mortes violentas da indistinção e a traz, por três ou quatro dias, para o centro da atenção pública. Se morrem muitos de vez, como no Massacre de Jacarezinho, em maio de

penúria: miséria; extrema pobreza.

 Continua

248

Acompanhamento da aprendizagem

2021, notamos; se a vítima está fora do seu *habitat* natural – as favelas, bibocas, buracos e bairros de pobres que receberam uma demão de tinta semântica ao serem renomeadas "comunidades" – e veio morrer nas Barras da Tijuca Brasil afora, notamos; se envolvem crianças, grávidas e outras condições humanas que, eventualmente, nos lembram que, sim, essas pessoas *expendable* também são gente, percebemos; se quem morre é da classe média para cima, que não era para acabar assim, "que a gente não paga tanto imposto para este governo que está aí para morrer de faca, tiro ou porrada como se fosse bicho", percebemos e nos escandalizamos. Fora isso, é morte não notada, um rumor de fundo, uma inquietude difusa, nada mais.

[…] Mas o que queríamos mesmo era viver em um país que não estivesse ao sabor dos eventuais ciclos de atenção à violência e de decorrente indignação, seguidos por nova fase de desatenção e indiferença, pois há tanta morte de pobres que até de se revoltar com pessoas mortas na porrada a gente cansa. O Brasil cansa.

Wilson Gomes é doutor em Filosofia, professor titular da Faculdade de Comunicação da UFBA [Universidade Federal da Bahia] e autor de *A democracia no mundo digital: história, problemas e temas* (Edições Sesc SP). Twitter: @willgomes

> *expendable*: termo de origem inglesa que, em tradução livre, significa "dispensável".

Wilson Gomes. Mais uma viagem na nossa irreal brutalidade cotidiana. *Cult*, 4 fev. 2022. Disponível em: https://revistacult.uol.com.br/home/mais-uma-viagem-na-nossa-irreal-brutalidade-cotidiana/. Acesso em: 22 mar. 2023.

Analisar e verificar

1. No artigo, o articulista procura convencer o leitor sobre a relevância do tema. Que fato motivou a escrita desse texto e por que o autor o chama de "brutalidade"?

2. O articulista procura mostrar que a violência e a morte são aceitas como cotidianas.
   a) Para convencer o leitor, ele emprega diversas estratégias argumentativas, a fim de comprovar seu posicionamento. Cite algumas, exemplificando-as.
   b) Qual é o adjetivo utilizado para qualificar esse estado de espírito do país?

3. O articulista destaca que "aceitamos com resignação, como um combinado fundamental, que uns e outros são descartáveis". Você concorda com esse posicionamento? Comente.

4. O trecho "Mas a classe média brasileira é etnocêntrica, sim." é um período simples ou composto? Justifique sua resposta.

Criar

5. Escreva um texto curto elencando os motivos pelos quais você concorda com Wilson Gomes ou discorda dele.

6. Releia este trecho do final do artigo:

> "Mas o que queríamos mesmo era viver em um país que não estivesse ao sabor dos eventuais ciclos de atenção à violência e de decorrente indignação, seguidos por nova fase de desatenção e indiferença"

- O que poderia ser feito, pelos cidadãos e pelo poder público, para tornar realidade o que é expresso nesse trecho? Escreva um parágrafo apresentando sugestões e ideias.

249

CIDADANIA GLOBAL
UNIDADE 7

Retomando o tema

Nesta unidade, você e seus colegas refletiram sobre a pobreza como uma das razões que levam a deslocamentos humanos em busca de melhores condições de vida. A pobreza evidencia a imensa desigualdade entre países e grupos sociais e étnicos. Segundo relatório da ONU divulgado em 2021, cerca de 1,3 bilhão de pessoas vivem em situação de pobreza. Assim, é importante que tanto políticas públicas quanto projetos da sociedade civil sejam intensificados. Pensando nisso, responda:

1. Para você, a pobreza em nosso país vem aumentando ou diminuindo nos últimos anos? Discuta com os colegas.
2. Que políticas públicas você considera importantes para erradicar a pobreza?
3. Em sua opinião, o que a sociedade civil pode fazer para diminuir ou amenizar a situação das pessoas que vivem em condição de pobreza?

Geração da mudança

Agora, vocês vão se dividir em grupos e pesquisar projetos realizados pela sociedade civil para combater a pobreza na cidade em que moram, como uma campanha de arrecadação de alimentos ou agasalhos a serem doados para pessoas e comunidades carentes da região. Observem as orientações a seguir:

- Após selecionar exemplos de projetos, em uma roda de conversa cada grupo vai expor para o restante da turma os resultados encontrados. Durante as exposições, é importante anotar, em tópicos, o que cada grupo descobriu e selecionou.
- Depois, você e seus colegas deverão avaliar, coletivamente, com quais desses projetos a comunidade escolar poderia contribuir efetivamente e elaborar uma proposta de como auxiliar um deles com arrecadações feitas na própria escola.
- Por fim, promovam a divulgação da ideia para a comunidade escolar, de modo a mostrar a relevância e o impacto do projeto e a orientar as pessoas sobre como participar. Com a orientação do professor, definam um calendário de coleta e de entrega das arrecadações para a organização beneficente selecionada.

Autoavaliação

CARTA DO LEITOR E DEBATE

UNIDADE 8

PRIMEIRAS IDEIAS

1. Você acha importante nos posicionarmos sobre o que lemos na imprensa?
2. Em sua opinião, acompanhar debates ou participar deles pode ser útil para conhecermos posicionamentos diferentes?
3. Uma oração coordenada pode ser classificada como sindética ou assindética. Levante hipóteses sobre a diferença entre essas duas classificações.
4. Qual pode ser o efeito de sentido gerado no texto ao se repetir uma conjunção? Tente explicar com um exemplo.

Conhecimentos prévios

Nesta unidade, eu vou...

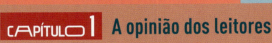 **A opinião dos leitores**

- Ler e interpretar carta do leitor e identificar a estrutura e a linguagem características do gênero, bem como seu caráter argumentativo.
- Discutir o papel do Estado na promoção do bem-estar e da igualdade social, considerando o contexto brasileiro marcado por desigualdades.
- Analisar a letra de *rap* de um grupo indígena e reconhecer a expressão da voz desses povos.
- Identificar e analisar orações coordenadas assindéticas e sindéticas aditivas, adversativas e alternativas.
- Escrever uma carta do leitor com base em um texto informativo.

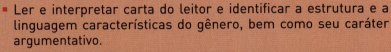 **Discutindo ideias**

- Ler e interpretar um debate e identificar a estrutura e as linguagens verbal e não verbal características do gênero, bem como as principais estratégias argumentativas utilizadas.
- Reconhecer a importância do autocontrole das emoções em situações adversas e relacioná-lo com o exercício da cidadania.
- Identificar e analisar orações coordenadas sindéticas explicativas e conclusivas.
- Aplicar as regras de uso do hífen.
- Participar de um debate com regras e praticar a argumentação.

CIDADANIA GLOBAL

- Discutir a relação entre desigualdade social e ocupação do espaço na cidade.
- Observar e comparar realidades distintas em uma mesma cidade.

LEITURA DA IMAGEM

1. A imagem retrata uma cena em dois planos. Quais são esses planos e que elementos compõem cada um deles?

2. Analise o cenário retratado ao fundo da imagem. Ele representa a desigualdade social que marca a realidade brasileira. Cite e comente um problema social ou uma dificuldade enfrentada por parte da população e que é agravada por essa desigualdade.

3. Em sua opinião, a cena apresentada no primeiro plano promove uma ruptura com o estereótipo negativo relacionado à vida nessa localidade?

CIDADANIA GLOBAL

10 REDUÇÃO DAS DESIGUALDADES

Em muitas sociedades contemporâneas, nota-se uma crescente preocupação com os princípios de justiça social. Esses princípios consideram que todos os indivíduos, para terem uma vida digna, devem ter garantidos direitos básicos como saúde, moradia, segurança, justiça, trabalho, educação, entre outros.

- Considerando a sua realidade e a da cidade onde você vive, responda: Você vê, na prática, a concretização dos princípios de justiça social? Comente.

De acordo com um estudo publicado em 2021 pelo Laboratório das Desigualdades Mundiais, da Escola de Economia de Paris, o Brasil é um dos países com maior desigualdade social e de renda do mundo. Acesse o recurso digital e comente de que forma a desigualdade social e de renda é perceptível na organização espacial das localidades apresentadas.

Ensaio da bailarina Mariana Sousa, estudante de dança do Ballet Paraisópolis, em São Paulo. Foto de agosto de 2020.

253

CAPÍTULO 1
A OPINIÃO DOS LEITORES

O QUE VEM A SEGUIR

Você vai ler um artigo de opinião sobre o modo como a desigualdade social fica ainda mais severa sob condições como as impostas pela pandemia. Depois, lerá cartas do leitor que se referem ao artigo de opinião. Analisando o título, imagine qual foi o posicionamento dos leitores sobre ele.

TEXTO

opinião

Quando a favela fala, é melhor ouvir

Risco de caos social não é ameaça, é alerta

Celso Athayde – Fundador da Cufa (Central Única das Favelas) e presidente da Favela Holding
Preto Zezé – Presidente nacional da Cufa, escritor e membro da Frente Nacional Antirracista
Edu Lyra – Fundador e CEO da ONG Gerando Falcões

A devastação da segunda onda da pandemia levou as duas maiores organizações não governamentais focadas em ações sociais nas favelas a juntar esforços. Se a sensação de horror é geral, a desventura tem no pobre o seu alvo preferencial.

Ele está na rua, trabalhando no sacrifício, no risco de ser infectado, porque não pode abrir mão de tentar garantir seu sustento e o de sua família. E se está em casa, na comunidade, não tem as condições necessárias para observar as regras básicas de proteção contra o coronavírus. Lavar as mãos com sabonete e manter distanciamento social não é só para quem quer — é para quem pode.

Muitos não podem. Nós — os 11,4 milhões de pretos, pobres e pardos espalhados nas 7 000 favelas do Brasil — somos maiores que uma Suíça, com seus 8,5 milhões de habitantes. É uma comparação que seria absurda não fosse o fato de que o contraste abissal entre as nossas quebradas e as estações de esqui poderia sensibilizar a sociedade para a triste desigualdade da qual somos todos vítimas. Todos, sim, porque ninguém estará seguro se vierem, quando vierem, o caos social e suas consequências nefastas. Não é ameaça — é alerta.

Lotamos ônibus e trens, fazemos faxina, armamos barraquinhas nas estações de metrô, catamos papel e garrafas PET, guardamos carros, estamos em todos os lugares públicos — e ainda assim continuamos invisíveis. A dor que não tem rosto dói menos nos que não a sentem na pele. O sofrimento anônimo não comove, pois não oferece elementos a uma narrativa. Uma morte é o fim de um sonho interrompido, o adeus solitário na tela do celular, a saudade de quem fica. Um morto é demais. Mais de um quarto de milhão de mortos é estatística.

A repetição do horror anestesia a sociedade. Narcotizados pela desesperança, transformamos o embotamento da empatia em estratégia de sobrevivência psicológica. Há um custo alto para quem está na base da pirâmide. As manifestações de solidariedade do início da pandemia, envolvendo pessoas e empresas, foram essenciais, mas perderam o ímpeto com o auxílio emergencial, e não voltaram a mobilizar a sociedade quando a transferência do governo foi suspensa.

Continua

Entendemos que o grau de exaustão e o comprometimento geral da renda tenham afetado a disponibilidade. Mas os favelados continuam insistindo em comer todos os dias, querem se higienizar de acordo com os protocolos, desejam máscaras.

A Cufa (Central Única das Favelas) e a Gerando Falcões demandam medidas urgentes. Não queremos politizar ainda mais a pandemia, até porque quem sempre politiza é o outro, o que não pensa como a gente. Diante da <u>hecatombe</u> social, o debate ideológico está fora de lugar. Esse outro vírus, o da politização, se espalha, sem dar espaço para a construção de uma agenda voltada para os moradores de favelas e periferias.

Não podemos continuar fracassando, como país e sociedade, na construção de uma coalizão política, social e empresarial para vencer a Covid-19. Por isso queremos ações que tenham efeito prático.

Queremos uma campanha oficial que explique a importância da vacina para a preservação da vida. Sim, porque a cultura da desinformação está disseminada. Segundo pesquisa do DataFavela, em parceria com o Instituto Locomotiva, mais da metade dos moradores das comunidades (53%) teme que a vacina não faça efeito, enquanto quase um terço (31%) tem medo de se infectar com o imunizante e mais de um quinto (22%) acha que a vacina pode alterar o DNA ou instalar um chip no organismo — enfim, todo o infame repertório de *fake news*.

Queremos critérios de vacinação que levem em conta a condição social. Quem limpa o chão do hospital deveria receber tratamento tão prioritário quanto os médicos. Nas escolas, as merendeiras não estão menos expostas do que os professores.

Queremos uma campanha emergencial de doações e transferências de renda — do governo, de empresas, das pessoas — que estanque a carnificina. Esses quereres não esgotam a pauta. O pronto atendimento a essas demandas é suficiente apenas para nos mantermos com o nariz acima da linha da água.

> **abissal:** referente a abismo; imenso.
>
> **embotamento:** enfraquecimento.
>
> **hecatombe:** catástrofe; massacre.

Celso Athayde; Preto Zezé; Edu Lyra. *Folha de S.Paulo*, 20 mar. 2021. Disponível em: https://www1.folha.uol. com.br/opiniao/2021/03/quando-a-favela-fala-e-melhor-ouvir.shtml. Acesso em: 4 abr. 2023.

painel do leitor

Cidadania

Mais que coalizão política, social e empresarial, favelas precisam de emprego, renda e cidadania ("Quando a favela fala, é melhor ouvir", Tendências / Debates, 21/3). O texto merece elogios, mas não cita as principais causas do Estado de Miséria nas favelas: concentração de riqueza, racismo estrutural, desemprego e carga tributária que pesa sobre os pobres. É preciso frentes de trabalho, congelamento da cesta básica e auxílio emergencial com valor condizente com a dignidade humana.

Raimundo Bonfim, da Central de Movimentos Populares (São Paulo, SP)

Muito oportuno o artigo. É assombroso o impacto da desinformação nas comunidades carentes; urge ser solidário com quem mais precisa. A iniciativa privada tem papel importante em causar impacto positivo na sociedade, e a filantropia pode fazer parte da cultura das companhias. O movimento global pledge1percent.org estimula a doação de tempo de funcionários, de recursos financeiros e de produtos e serviços para causas relevantes.

Fabio Costa (São Paulo, SP)

Folha de S.Paulo, 22 mar. 2021. Disponível em: https://www1.folha.uol.com.br/paineldoleitor/2021/03/leitora-pede-destaque-ao-futebol-feminino-e-ao-titulo-da-ferroviaria.shtml#:~:text=Muito%20oportuno%20o%20 artigo.,parte%20da%20cultura%20das%20companhias. Acesso em: 4 abr. 2023.

TEXTO EM ESTUDO

PARA ENTENDER O TEXTO

1. Retome as hipóteses levantadas por você e pelos colegas no boxe *O que vem a seguir*. Elas se confirmaram após a leitura dos textos? Explique.

2. O artigo de opinião trata dos problemas enfrentados pelas pessoas que moram em favelas, os quais foram intensificados pela pandemia do novo coronavírus. Observe novamente o título do artigo e responda às perguntas.

    a) A personificação é a atribuição de característica ou ação humana a seres não humanos ou inanimados. Qual é a personificação presente no título e que sentido seu uso produz?

    b) Ao se utilizar a expressão "é melhor ouvir", que ideia é transmitida?

3. O artigo de opinião tem uma intencionalidade: conscientizar o leitor sobre as péssimas condições em que vivem os moradores de favelas, sobretudo depois da chegada da pandemia. Releia o texto e responda às perguntas.

    a) Qual é a tese expressa no artigo de opinião?

    b) Quais são os principais argumentos apresentados?

    c) A que conclusão se chega ao final do texto?

4. O terceiro parágrafo do texto apresenta uma série de dados numéricos como argumento na defesa do ponto de vista dos autores, fazendo uma interessante comparação. Levando em consideração essa estratégia argumentativa, responda:

    a) Que efeito de sentido esses tipos de argumento (exposição de dados e comparação) buscam produzir no texto em relação ao leitor?

    b) Por que essa comparação pode chocar o leitor?

5. A partir do nono parágrafo, os autores afirmam que há necessidade de adotar medidas urgentes que minimizem o sofrimento daqueles que vivem em favelas. Identifique no texto que medidas são essas.

6. Você também leu cartas do leitor relativas a esse artigo de opinião. Releia-as e faça o que se pede a seguir.

    a) Transcreva no caderno, de cada carta, um trecho que comprove que foi escrita para elogiar ou criticar o conteúdo do artigo.

    b) Nas cartas, que sugestões são dadas para diminuir o sofrimento dos moradores de favelas?

 Acesse o recurso digital para conhecer histórias de diferentes pessoas ao redor do mundo que precisam de melhores oportunidades de vida. Cite os problemas apresentados e, com base no vídeo, discuta com os colegas o que a sociedade precisa fazer para combatê-los.

> **ANOTE AÍ!**
>
> A **carta do leitor** é um gênero predominantemente argumentativo, por meio do qual o leitor se posiciona sobre um assunto abordado em alguma publicação de jornal ou de revista. Para isso, são empregados argumentos que validam sua posição.
>
> Diferentes objetivos podem motivar o leitor a escrever a um veículo: comentar, criticar ou elogiar uma notícia, uma reportagem ou uma entrevista, posicionando-se sobre o assunto tratado.

7. A primeira carta expressa uma opinião clara acerca da apreciação do texto comentado: "merece elogios". Por sua vez, a segunda faz o seguinte comentário: "é assombroso o impacto da desinformação nas comunidades carentes". Tais posicionamentos evidenciam o caráter opinativo das cartas. Em relação a isso, responda às questões a seguir.

a) Em sua opinião, a desinformação está presente apenas nas comunidades carentes e se refere somente à questão da vacinação (ou da pandemia)? Explique seu ponto de vista.

b) Na primeira carta reproduzida, o leitor não tem uma opinião totalmente favorável ao texto comentado. Releia-a e transcreva o argumento utilizado para fazer uma ressalva à qualidade do artigo de opinião.

c) Como as cartas do leitor são de natureza opinativa, isto é, enfatizam a expressão e a defesa de opinião, é comum os autores apresentarem e desenvolverem argumentos. O autor da primeira carta recorre à argumentação por exemplos. Segundo ele, o que teria faltado no texto comentado? Cite os exemplos apresentados no texto.

ANOTE AÍ!

Na carta do leitor, podem ser empregadas várias **estratégias argumentativas**: argumentos de autoridade, de competência linguística, de exemplificação, por raciocínio lógico e, ainda, contra-argumentos.

O CONTEXTO DE PRODUÇÃO

8. Em que veículo de comunicação o artigo de opinião e as cartas do leitor foram publicados? Esse veículo tem alcance regional ou nacional?

9. Sobre as cartas do leitor estudadas, responda:
   a) A quem elas foram endereçadas?
   b) Para você, cartas como essas podem influenciar a opinião de outros leitores sobre o assunto de que elas tratam? Explique.

10. Nos veículos *on-line*, é comum haver espaço para os leitores comentarem as publicações. A seguir, há a reprodução de um comentário feito por um leitor sobre uma notícia divulgada na versão digital do jornal *Folha de S.Paulo*. Leia o título da notícia e o comentário abaixo dele. Depois, responda às perguntas.

Morador de favela do Rio coloca câmera na sala e flagra PMs invadindo sua casa

Matheus Rocha. *Folha de S.Paulo*, 10 fev. 2022. Disponível em: https://www1.folha.uol.com.br/cotidiano/2022/02/morador-de-favela-do-rio-coloca-camera-na-sala-e-flagra-pms-invadindo-sua-casa.shtml. Acesso em: 4 abr. 2023.

Um morador da favela tem a casa invadida e é vítima de furto por aqueles que deveriam evitar isso? Vestindo farda e tudo? Como fica a imagem da "Polícia Militar" do Estado do Rio de Janeiro, já tão desgastada? É esse o perfil da força de segurança pública do Estado? E quando esses atos são praticados pelos que têm a "presunção de veracidade", ou seja, que o sistema jurídico confia mais nas palavras do policial do que na de um cidadão comum, o crime é muito grave.

Disponível em: https://www.facebook.com/folhadesp/photos/a.115442961831049/7475539189154686/. Acesso em: 4 abr. 2023.

a) Observando o título da notícia, o que ela tem em comum com o artigo de opinião e as cartas do leitor que você estudou?

b) Comparando as cartas do leitor e o comentário dessa notícia, em qual dos dois veículos em que foram publicados é mais provável que o texto do leitor seja reproduzido na íntegra?

c) As cartas do leitor estudadas fazem remissões diretas ao texto que as originou: "O texto merece elogios" e "Muito oportuno o artigo". Releia o comentário do leitor sobre a notícia anterior e informe se ele faz referência ao texto ou ao fato noticiado.

11. Converse com a turma e discuta outras formas que os leitores têm de se manifestar sobre assuntos veiculados em textos digitais.

A LINGUAGEM DO TEXTO

12. Em geral, os leitores iniciam a carta fazendo referência ao texto que pretendem comentar. Veja a seguir um exemplo.

> Muito oportuno o artigo. É assombroso o impacto da desinformação nas comunidades carentes; urge ser solidário com quem mais precisa. [...]

a) Com que objetivo os leitores fazem essa referência?

b) No trecho, foi empregada uma palavra que evidencia, logo no início da carta, a postura adotada pelo autor com relação à temática do artigo. Identifique essa palavra e explique de que forma ela apresenta essa evidência.

13. Nas cartas do leitor, é possível notar a presença de períodos curtos em textos simples e objetivos. Que efeito de sentido isso pode causar durante a leitura?

14. Retome o artigo de opinião e as cartas do leitor lidos e responda:

a) Em qual pessoa do discurso o artigo foi escrito?

b) Qual é o efeito criado por meio do emprego dessa pessoa do discurso?

c) Em qual pessoa do discurso as cartas foram escritas?

d) No artigo e nas cartas, prevalece a linguagem formal ou a informal? Por que isso ocorre?

15. O uso de conjunções é um poderoso recurso argumentativo, porque produz sentidos importantes para a compreensão do texto e para o convencimento do leitor. Perceber o valor semântico das conjunções no texto é essencial. Releia o trecho a seguir.

> Todos, sim, **porque** ninguém estará seguro **se** vierem, **quando** vierem, o caos social e suas consequências nefastas. Não é ameaça — é alerta.

a) Agora, indique o sentido expresso pelas conjunções destacadas no trecho.

b) A presença de uma conjunção fortalece a argumentação, assim como deixá-la subentendida ou apenas sugerida também produz efeito de sentido. Em "Não é ameaça — é alerta.", qual foi a conjunção omitida? Que sentido ela estabelece entre essas duas orações?

16. Observe os termos destacados nos trechos apresentados a seguir e responda às questões.

> I. O texto merece elogios, **mas** não cita as principais causas do Estado de Miséria nas favelas: concentração de riqueza, racismo estrutural, desemprego e carga tributária que pesa sobre os pobres.

> II. A iniciativa privada tem papel importante em causar impacto positivo na sociedade, **e** a filantropia pode fazer parte da cultura das companhias.

a) Qual é o sentido expresso pelas conjunções *mas* e *e*?

b) No primeiro trecho, qual é a função dos dois-pontos colocados depois do termo "favelas"?

17. Artigos de opinião, cartas do leitor e comentários, geralmente, são textos pessoais, nos quais os autores se posicionam de modo explícito, imprimindo-lhes alto grau de subjetividade. Considerando a linguagem do comentário sobre a notícia digital apresentada, responda:

a) Que recurso de linguagem aproxima o texto do leitor, chamando-o para a reflexão proposta?

b) No trecho do comentário "o crime é muito grave", qual é a classe gramatical da palavra *muito*? Explique qual característica essa palavra atribui ao adjetivo *grave*.

ANOTE AÍ!

Textos como os discutidos nessa seção são predominantemente argumentativos, por isso a **linguagem** neles empregada pode contribuir para a realização dos objetivos do autor e para **valorizar o discurso** apresentado.

A carta do leitor, por exemplo, dependendo de seu objetivo, pode trazer **contra-argumentos**, desqualificando o discurso do oponente ou gerando uma grande identificação do leitor com o ponto de vista defendido, devido às estratégias argumentativas usadas.

CIDADANIA GLOBAL

ESTADO DE BEM-ESTAR SOCIAL

O Estado de bem-estar social é uma concepção de governo em que o Estado exerce papel fundamental na promoção e na proteção do bem-estar social e econômico dos cidadãos. Essa concepção baseia-se no princípio de igualdade de oportunidades e distribuição de renda, de modo a garantir às pessoas menos favorecidas condições mínimas de vida.

Desse modo, cabe ao Estado promover políticas públicas eficazes que garantam os direitos básicos dos cidadãos em relação a aspectos como alimentação, moradia, emprego, saúde e educação.

Com base nisso, faça o que se pede:

1. Busque na internet dois exemplos de políticas públicas promovidas pelo Estado que visam ao bem-estar social. Em seguida, em uma roda de conversa, apresente aos colegas os resultados de sua busca. Troquem informações e impressões sobre essas iniciativas governamentais.

2. Em sua opinião, qual é a importância da promoção dessas políticas públicas em um país como o Brasil? Discuta com os colegas e o professor.

Acesse o recurso digital para verificar informações sobre os direitos humanos e sua importância na sociedade. Que relação pode ser estabelecida entre o Estado de bem-estar social e os princípios e valores dos direitos humanos?

UMA COISA PUXA OUTRA

Reivindicações de povos indígenas

O Brô MC's é o primeiro grupo de *rap* indígena brasileiro. O CD lançado pelo grupo foi aclamado pela crítica pela riqueza das letras, da música e do tema, e também pelo valor cultural do encontro inusitado entre o *rap* e a cultura indígena, e entre a língua portuguesa falada no Brasil e a língua guarani. Alvo de estranhamento inicial, o *rap* indígena tornou-se uma forma de expressão e de atuação política.

As letras do Brô MC's pretendem restituir o protagonismo dos povos indígenas. Para conhecer um pouco sobre essa produção musical, veja o clipe da música "Koangagua" e leia um trecho da letra, reproduzida a seguir, e sua tradução.

Koangagua
Hai amoite ndoikua'ai mbaeve
Korap oguarê amoite tenonde
Apuka penderehe, nde ave reikotevê

Che ñe'e avamba'e oi chendive
Añe'e haetegua ndaikosei ndechagua
Aporahei opaichagua ajuahechuka
Ava mombeuha ava koangagua
Rap ochechuka upea ha'e tegua

Koa mombeuha ape orereta
Orejavegua ndo aleike repuka
Ñandejara ochecha upea tuicha
Uperupi aha mombyryma aguata
Jaha ke ndeava ara ohasa
Ndo aleike nderea upeicha javya
Jaikoporã ñande rekoporã
Koanga jahecha ñande hente ovyapa

Ara ohasa upetcha che aha
Ymã ovyapa
[...]

Nos dias de hoje (tradução)
Olha lá, eles não sabem de nada
Esse *rap* chegou lá na frente
Dou risada de vocês, agora que você precisa
Porque minha fala é forte e está comigo

Falo a verdade, não quero ser que nem você
Canto vários temas e isso que venho mostrando
Voz indígena é a voz de agora
O *rap* mostra o que é a verdade

Essa é a verdade e aqui somos uma banca
E a nossa galera está com a gente, só não pode dar risada
Porque Deus está vendo e Ele é grande
E assim sigo em frente, já estou indo longe
Vamos nós, indígenas, porque o tempo está passando
Só não pode cair, pra gente ser feliz
Pra gente viver bem, pra ter uma vida boa
E com isso a gente vê nosso povo feliz

O tempo está passando e assim vou caminhando
Antigamente era muito mais feliz
[...]

Brô MC's. Koangagua. Disponível em: https://www.youtube.com/watch?v=IBafJlZxT6s. Acesso em: 4 abr. 2023.

▼ Cena do clipe da música "Koangagua", do Brô MC's.

1. O título da música de *rap* indígena convoca o tempo presente: "Nos dias de hoje". Ao fazê-lo, o autor dialoga com o passado. Releia a tradução em português e explique a razão desse diálogo entre o passado e o presente.

2. Leia a seguir o trecho de um texto sobre o Brô MC's.

   > Jovens indígenas da Aldeia Jaguapirú Bororó, localizada na área urbana da cidade de Dourados, começam em 2007 a construir outros caminhos para suas vidas por meio da música, em específico pelo *rap*.
   >
   > Nesse ano, o fundador do Brô MC's Bruno Veron começou a escrever suas primeiras canções relatando a realidade da aldeia sob seu ponto de vista. Em 2008 seu irmão Clemerson Batista Veron se junta a Bruno para dar continuidade ao projeto, assim como os também irmãos Kelvin Peixoto e Charles Peixoto.
   >
   > Grito Rock Dourados. *O Progresso Digital*, 5 abr. 2018. Disponível em: https://www.progresso.com.br/variedades/bebes-e-criancas/grito-rock-dourados/342507/. Acesso em: 4 abr. 2023.

   a) Esses jovens indígenas, que construíram outros caminhos por meio do *rap*, buscaram relatar qual realidade?

   b) Reveja, na página ao lado, a foto que registra uma cena do clipe do Brô MC's. O que se pode observar em relação à realidade da aldeia?

3. No trecho I, a seguir, o professor Ataliba T. de Castilho resgata a história dos indígenas e de suas línguas. No trecho II, os versos do *rap* "Nos dias de hoje" evidenciam a voz indígena. Após a leitura dos trechos, responda às questões.

   > I. À chegada dos portugueses, entre 1 e 6 milhões de indígenas povoavam o território, falando cerca de 300 línguas diferentes, de que sobrevivem hoje cerca de 160.
   >
   > Ataliba T. de Castilho. *Nova gramática do português brasileiro*. São Paulo: Contexto, 2016. p. 177.

   > II. Porque minha fala é forte e está comigo
   > Falo a verdade, não quero ser que nem você
   > Canto vários temas e isso que venho mostrando
   > Voz indígena é a voz de agora
   > O rap mostra o que é a verdade

   Acesse o recurso digital para conhecer um pouco mais sobre o Brô MC's. De que forma o grupo percebe a relevância deles para a arte indígena?

   a) Que sentido assume a palavra *voz* no contexto do *rap*? O que há em comum entre a letra cantada pelo Brô MC's e o dado indicado no trecho I?

   b) Qual é a importância de o Brô MC's cantar alguns *raps* em guarani?

4. De modo geral, as gerações atuais, pelo estilo de vida que levam e pela influência das tecnologias digitais, podem desconhecer a cultura indígena e as dificuldades enfrentadas por eles. Em sua opinião, como a sociedade pode contribuir para que os indígenas brasileiros tenham sua cultura e seus costumes respeitados?

261

LÍNGUA EM ESTUDO

ORAÇÕES COORDENADAS ASSINDÉTICAS E SINDÉTICAS ADITIVAS, ADVERSATIVAS E ALTERNATIVAS

1. Releia este trecho, extraído do artigo de opinião apresentado neste capítulo.

   > As manifestações de solidariedade do início da pandemia, envolvendo pessoas e empresas, foram essenciais, **mas** perderam o ímpeto com o auxílio emergencial, **e** não voltaram a mobilizar a sociedade quando a transferência do governo foi suspensa.

   a) Explique de que forma as conjunções destacadas relacionam semanticamente as orações por elas unidas.
   b) Caso a conjunção *e*, em destaque no trecho, fosse substituída pela conjunção *ou*, qual seria a nova relação de sentido produzida?

2. Leia a tira a seguir.

Bill Watterson. *Criaturas bizarras de outro planeta!*: as aventuras de Calvin e Haroldo. 2. ed. São Paulo: Conrad, 2011. p. 32.

   a) Observe a expressão facial de Calvin no primeiro e no último quadrinhos. Explique, no caderno, o que cada uma das expressões revela e por que houve essa mudança.
   b) Na fala de Calvin apresentada no primeiro quadrinho, há o seguinte período composto: "Nada encaixou direito, as instruções estavam incompreensíveis, os decalques rasgaram, a tinta derramou e tem cola pra todo lado.". Quantas orações há nesse período? Como você as identificou?
   c) Apenas uma dessas orações se conecta à anterior por meio de conjunção. Que oração é essa?
   d) Qual é a relação de sentido que as orações do primeiro quadrinho da tira estabelecem entre si? Explique.
   e) De que modo são separadas as orações que não apresentam conjunção?

> **ANOTE AÍ!**
>
> As **orações coordenadas assindéticas** são orações coordenadas que não apresentam conjunção, mas são delimitadas pela pontuação. Já as **orações coordenadas sindéticas** são orações coordenadas que se conectam por meio de conjunções.

3. Leia o texto a seguir, que aborda o protagonismo dos jovens na sociedade.

Conheça cinco iniciativas criadas pelos jovens do Chama na Solução Rio de Janeiro

[...]

• **Conecta Jovem/Conexão Juventude**: Atuando na Zona Oeste, o projeto pretende unir jovens e voluntários para auxiliar com diferentes demandas que estão relacionadas ao ingresso no mercado de trabalho formal. Buscando promover o desenvolvimento de diferentes habilidades, sociais e acadêmicas, e também a troca entre pares.

• **Jovens Podem**: Planeja a produção e publicação de uma cartilha sobre temas importantes para empregabilidade, atuando em massa nas mídias sociais e disseminando informações sobre o mundo do trabalho.

• **Pontes para a Mudança**: Criação de um aplicativo para elaboração de um plano de vida *gamificado* (utilizando recursos de jogos) de <u>jovens, capazes de elencar, registrar e organizar seus objetivos com relação ao mundo do trabalho</u>. Além da divulgação de oportunidades de qualificação e desenvolvimento que estejam próximas ao jovem.

[...]

Unicef, 9 mar. 2020. Disponível em: https://www.unicef.org/brazil/comunicados-de-imprensa/conheca-cinco-iniciativas-criadas-pelos-jovens-do-chama-na-solucao-rio-de-janeiro. Acesso em: 4 abr. 2023.

a) O que as propostas selecionadas têm em comum?

b) A terceira proposta apresenta um trecho sublinhado no qual há a adição de ideias. Fazendo as alterações necessárias, reescreva-o no caderno utilizando os conectivos aditivos *não só... mas também*.

ANOTE AÍ!

As **orações coordenadas sindéticas aditivas** exprimem uma relação de adição, soma. Exemplos de conjunções coordenativas aditivas: *e*, *nem*, *não só... mas também*.

As **orações coordenadas sindéticas adversativas** se ligam a outras, às quais se contrapõem, estabelecendo com elas uma relação de oposição. Exemplos de conjunções coordenativas adversativas: *mas*, *contudo*, *porém*, *entretanto*, *todavia*, *no entanto*.

4. Leia a tira a seguir.

Jim Davis. Garfield. *Folha de S.Paulo*, 31 jan. 2016.

- Quais são os desejos do novelo de lã? Entre eles, há uma relação de alternância ou de soma de ideias? Que conjunção sinaliza essa relação?

ANOTE AÍ!

As **orações coordenadas sindéticas alternativas** exprimem ideia de alternância, opção ou exclusão. Exemplos de conjunções coordenativas alternativas: *ou*, *ou... ou*, *ora... ora*.

Retomar e compreender

1. Leia a sinopse do filme *Sete minutos depois da meia-noite* (2016), que foi adaptado da obra homônima do escritor Patrick Ness.

   > O longa conta a história de Connor O'Malley, um garoto que se sente invisível e leva uma vida cheia de problemas: a mãe enfrenta um câncer, a avó não gosta muito do neto, o pai está sempre ausente e os colegas de escola não o deixam em paz. Seu único amigo é um monstro-árvore com quem se encontra todas as noites para contar e ouvir histórias.

   Folha de S.Paulo. Guia Folha. Disponível em: http://guia.folha.uol.com.br/cinema/drama/sete-minutos-depois-da-meia-noite-spcine-cine-olido-centro-336734154.shtml. Acesso em: 4 abr. 2023.

   a) O título de um livro ou de um filme pode destacar alguns dos elementos da narrativa, como o espaço, o tempo, a personagem. Qual desses elementos está em destaque no título desse filme?

   b) Com base na sinopse, é possível concluir de que forma esse título se relaciona com a história do filme? Explique.

   c) No texto, há um trecho período construído por uma sequência de orações coordenadas. Identifique e classifique-as.

   d) Com que intenção essa sequência de orações coordenadas foi empregada?

2. Leia a tira a seguir.

Fernando Gonsales. Níquel Náusea. *Folha de S.Paulo*, 27 maio 2016.

   a) Na tira, o garçom diz à cliente que só pode haver dois motivos pelos quais a salada dela está se mexendo. Que motivos são esses?

   b) Que orações sinalizam essas duas possíveis causas de a salada estar se mexendo? (Observação: em uma dessas orações, o verbo está subentendido.)

   c) Que conjunção introduz essas orações coordenadas e que relação de sentido ela expressa?

Aplicar

3. Leia os períodos a seguir e copie-os no caderno, substituindo o símbolo ★ por conjunções coordenativas adequadas aos contextos.

   a) Os programas sociais contribuíram para minimizar as situações de extrema pobreza no Brasil, ★ muitos brasileiros não os recebem.

   b) Na próxima semana, nadaremos cedo todos os dias ★ caminharemos.

   c) Renato ★ sorria, ★ chorava.

   d) Maria Clara acorda cedo ★ faz atividades físicas.

   e) Amanhã, podemos fazer o jantar ★ podemos pedir *pizza* por telefone.

264

A LÍNGUA NA REAL

O USO DA CONJUNÇÃO E OS EFEITOS DE SENTIDO

1. Leia a tira a seguir.

Charles M. Schulz. *Snoopy 10*: sempre alerta! Porto Alegre: L&PM, 2013. p. 75.

a) Na tira, Charlie Brown assiste a um noticiário. As notícias são introduzidas por uma afirmação positiva e seguidas de uma ressalva. De acordo com o jornalista, quem indica essas ressalvas?

b) Como essas ressalvas contribuem para o acontecimento na última cena?

c) Explique de que forma o emprego de *mas*, nos dois primeiros quadrinhos, contribui para os sentimentos de Charlie Brown sobre o noticiário.

2. Agora, leia o poema a seguir.

Via Láctea

Uma lua é muito pouco,
precisava de três ou mais
e da Via Láctea inteira
e de cardumes imensos
e de imensos temporais,
precisava de mil árvores,
de segredos pré-históricos,
de abismos descomunais,
para enganar essa fome
de infinito.

Roseana Murray. Via Láctea. Em: *Recados do corpo e da alma*. São Paulo: FTD, 2003. p. 13.

a) Que sensações esse poema desperta em você? Comente com os colegas.

b) No poema, para expressar um desejo, foi utilizada uma sequência de elementos caracterizada pelo exagero. O que esses elementos indicam em relação ao desejo do eu poético?

c) Identifique uma conjunção recorrente no poema. Qual é a relação entre o uso repetitivo dessa conjunção e o sentimento expresso no texto?

d) Para você, qual é o sentido da expressão "fome de infinito"? Comente.

ANOTE AÍ!

Para criar um **efeito de sentido expressivo** em um texto, pode-se empregar a repetição intencional das **conjunções**, gerando, assim, um efeito intensificador por meio do encadeamento de orações.

AGORA É COM VOCÊ!

ESCRITA DE CARTA DO LEITOR

Proposta

Nas cartas do leitor que você leu nesta unidade, foram apresentados comentários sobre um artigo de opinião que trata da necessidade de resolução rápida de problemas enfrentados por quem é morador de favela. Agora é sua vez de produzir uma carta do leitor motivada por um texto informativo acerca de alguns projetos sociais que podem fazer diferença positiva na vida das pessoas.

Depois de escrita, sua carta será enviada ao *site* em que o texto foi publicado, e a turma fará uma roda de conversa sobre o assunto.

GÊNERO	PÚBLICO	OBJETIVO	CIRCULAÇÃO
Carta do leitor	Editor e leitores do *site*, colegas e professor	Escrever uma carta sobre um texto informativo e enviá-la ao *site* que o publicou	Enviar a carta ao *site* responsável pelo texto e, na sala de aula, conversar sobre os posicionamentos

Planejamento e elaboração do texto

1 Leia atentamente o texto a seguir, que traz informações para quem percebe que há situações de injustiça em que é possível interferir. Muitos gostariam de promover o bem-estar para todos, principalmente para os menos favorecidos. Na leitura, você vai encontrar várias formas de fazer isso.

> **Conheça 6 exemplos de projetos sociais que transformam vidas**
>
> [...]
>
> **1. Prevenção ao trabalho infantil**
>
> [...] ainda existem muitas crianças que deixam a escola para contribuírem com o sustento das suas famílias.
>
> Para se ter uma ideia, de acordo com os dados da Rede Peteca de combate ao trabalho infantil, o Brasil possui mais de 2,6 milhões de crianças e adolescentes (entre 5 e 17 anos) trabalhando. Em todo o mundo são 152 milhões de crianças nessa situação.
>
> Por isso, contribuir com projetos sociais que ajudam a reduzir o trabalho infantil é tão importante, dando a essas crianças e jovens a possibilidade de estudarem e de desfrutarem de um futuro mais digno e com mais oportunidades.
>
> Um desses exemplos é o projeto Melhor de Mim [...].
>
> **2. Água pura e saúde para inúmeras famílias**
>
> [...]
>
> De acordo com os dados da ONG Trata Brasil, mais de 35 milhões de brasileiros não têm acesso ao serviço básico de abastecimento de água tratada. Além disso, mais de 100 milhões de brasileiros não têm acesso à coleta de esgoto.
>
> Um exemplo de projeto social que está ajudando a modificar essa realidade é o "Água Pura para crianças", desenvolvido em parceria entre o ChildFund Brasil e a P&G, no Vale do Jequitinhonha.
>
> Nessa região, a P&G distribuiu sachês que auxiliam na purificação de água para as crianças e as suas famílias, sendo que cada um desses sachês de apenas 4 g é capaz de purificar até 10 litros de água.

Continua

3. Paz para os jovens

Você sabia que, de acordo com os dados da Organização Mundial de Saúde (OMS), a violência interpessoal é uma das principais razões pelas quais jovens entre 10 e 19 anos morrem de maneira precoce no Brasil?

[...]

Justamente para evitar essas mortes prematuras é que apoiar programas sociais que trabalhem com esses jovens em situação de risco social é tão importante. O ChildFund Brasil entende a necessidade de modificar essa realidade e desenvolve programas de educação, esporte e desenvolvimento pessoal; [...] mostrando a esses jovens outras possibilidades de desenvolvimento e a retirada dessas pessoas dessa situação de vulnerabilidade.

4. Jovens atuantes

Para conseguirem modificar suas realidades é muito importante que os jovens entendam a situação em que vivem, consigam analisar a sua sociedade, sentir-se parte desse coletivo e, assim, poderem refletir sobre formas de empoderamento.

Uma maneira de proporcionar essa mudança de atitude é por meio das fotografias. O projeto "Olhares em Foco" tem auxiliado inúmeros jovens a refletirem sobre os problemas das suas comunidades, desenvolvendo nesses adolescentes uma cultura mais participativa e autônoma que favoreça o bem-estar coletivo.

[...]

5. Sustentabilidade do lar e competências familiares

A família é uma das principais bases para que consigamos nos desenvolver como pessoas saudáveis (física e psiquicamente), criando laços de amor e de afeto e ainda aprendendo valores importantes para nossas vidas.

[...]

Nesse sentido, programas que visem à sustentabilidade do lar e também ao desenvolvimento de competências familiares são tão importantes. Esses projetos, como os desenvolvidos pelo ChildFund Brasil, buscam assegurar às crianças e suas famílias acesso a meios de vida sustentáveis, garantindo condições dignas de sobrevivência e de desenvolvimento.

6. Integração com as escolas

[...] existem inúmeros motivos que contribuem para o abandono escolar, como o trabalho infantil, a falta de comprometimento entre a família, a escola e o jovem e a falta de entendimento da importância sobre a educação.

Por isso, apoiar projetos que visem integrar famílias, jovens e escolas é uma maneira de auxiliar com que mais crianças e jovens em situação de vulnerabilidade consigam desfrutar de um futuro mais digno e com mais oportunidades.

Assim, esses projetos têm como objetivo transformar a escola em um espaço de integração com a comunidade, que passa a vê-la como um agente de transformação e um patrimônio de todos os envolvidos, como crianças, adolescentes, pais, mães e outros atores da comunidade escolar.

[...]

ChildFund Brasil. Disponível em: https://www.childfundbrasil.org.br/blog/conheca-6-exemplos-de-projetos-sociais-que-transformam-vidas/. Acesso em: 4 abr. 2023.

2 Para verificar a compreensão do texto lido, copie o quadro a seguir no caderno e complete-o.

Assunto da reportagem	
Finalidade com que foi escrita	
Público-alvo	

267

3 Defina seu posicionamento sobre o fato retratado no texto. Para isso, reflita sobre as perguntas a seguir e anote, no caderno, suas respostas.

- Em sua visão, o texto foi bem estruturado, possibilitando o acesso do leitor a informações relevantes sobre o assunto? Em caso positivo, o que facilitou a compreensão do assunto? Em caso negativo, o que faltou?

- Você considera que o texto apresenta aos leitores formas interessantes e possíveis de interferir positivamente na vida de outras pessoas?

- Você acha que publicar um texto informativo sobre ações positivas no país é relevante para o leitor brasileiro? Por quê?

- Você gostaria de sugerir ao *site* que publicasse outros textos dessa temática?

- Você acredita que os jovens da sua idade ficam se perguntando sobre como auxiliar pessoas menos favorecidas? Por quê?

4 O processo de levantamento de informações é essencial para quem deseja expressar uma opinião embasada em dados verídicos e relevantes. Portanto, se possível, acesse a reportagem no *link* indicado na fonte do texto. Você perceberá que ela apresenta *hiperlinks*, cujo objetivo é encaminhar o leitor para outras páginas, nas quais há informações relacionadas ao tema.

5 Defina seu posicionamento na carta: elogiar ou criticar o texto apresentado e/ou o assunto a que ele se refere.

6 Elabore a carta considerando esta estrutura:

- No início da carta, dirija-se ao *site* em que o texto foi publicado e indique o texto que você vai comentar e o conteúdo dele.

- Apresente seu ponto de vista e, planejando sua estratégia argumentativa, defina alguns tipos de argumento para defendê-lo (argumento por raciocínio lógico, por exemplificação, por competência linguística, por citação de autoridade, contra-argumentos).

- Antes de finalizar sua carta, verifique, no *site* em que o texto foi publicado, quais são os critérios para enviá-la com sucesso.

- Encerre a carta agradecendo a oportunidade de manifestar sua opinião.

- Lembre-se: seja qual for o seu posicionamento em relação ao conteúdo do texto, é importante que você seja educado e respeitoso.

- Por fim, verifique se seguiu todos os passos anteriores.

LINGUAGEM DO SEU TEXTO

1. Nas cartas sobre o artigo de opinião "Quando a favela fala, é melhor escutar", você observou que foram utilizadas expressões que evidenciam o posicionamento de seus autores. Que importância essas expressões exercem no texto?

2. Releia as cartas e observe: Que conjunções coordenativas são empregadas para relacionar orações? Que sentidos essas conjunções expressam?

Ao escrever seu texto, escolha conscientemente as palavras e as expressões que você vai utilizar para indicar seu posicionamento. Verifique também o uso de conjunções na construção de períodos compostos, observando se foram empregadas aquelas que expressam o sentido adequado ao que você pretende exprimir.

Além disso, ciente de que, em uma carta do leitor, é essencial utilizar o registro mais formal da linguagem, fique atento à concordância verbal, à concordância nominal, à regência verbal, à pontuação, etc.

Avaliação e reescrita do texto

1 Agora é o momento de descobrir a opinião de outra pessoa sobre seu texto e de conhecer outro texto do mesmo gênero, escrito por um colega. Assim, troque sua carta com a de um colega e avalie-a segundo os critérios a seguir.

ELEMENTOS DA CARTA DO LEITOR
No início da carta, há referência ao texto motivador?
Os objetivos da carta foram apresentados claramente?
Sua estratégia argumentativa considerou diferentes tipos de argumento para defender o ponto de vista apresentado na carta?
Por meio do texto da carta, é possível afirmar que a opinião apresentada é embasada em dados verdadeiros e informações confiáveis?
O registro está apropriado à situação comunicativa?
Foram utilizados conectivos adequados para garantir a coesão do texto?
O posicionamento defendido na carta é apresentado de maneira respeitosa?

2 Em uma folha avulsa, anote sua avaliação sobre o texto do colega.

3 Após receber a avaliação do colega, leia os comentários e converse com ele para esclarecimentos e troca de ideias.

4 Reescreva seu texto fazendo as modificações que considerar pertinentes e necessárias à sua carta do leitor.

Circulação

1 Busque, no *site* em que o texto foi publicado, qual é o *e-mail* para o envio das cartas do leitor (ou se há alguma outra forma por meio da qual as cartas podem ser enviadas).

2 Combine com o professor e os colegas a data para enviar as cartas ao *site*.

3 Lembre-se de que, mesmo que as cartas não sejam selecionadas para publicação, é sempre importante o leitor manifestar sua opinião sobre o que lê e sobre os assuntos de interesse da população.

4 Sob a orientação do professor, haverá uma roda de conversa da turma para que todos possam ler as cartas e compartilhar as opiniões sobre o fato noticiado e os textos lidos. Nessa ocasião:

- ouça os colegas e exponha seu posicionamento de modo educado;
- apresente seus argumentos para defender e sustentar seu ponto de vista sem ofender ninguém — procure sempre defender uma ideia e não atacar pessoalmente um colega;
- antes de tomar a palavra, espere o colega terminar de falar;
- enquanto um colega fala, você pode tomar nota das ideias dele para, com respeito e diálogo, defender seu ponto de vista;
- para indicar que ouviu o colega com atenção, utilize expressões como "Concordo parcialmente com sua opinião, porque...", "Entendo o seu ponto de vista, mas...", "Embora seus argumentos sejam consistentes, gostaria de lembrar que...".

CAPÍTULO 2

DISCUTINDO IDEIAS

O QUE VEM A SEGUIR

Neste capítulo, você estudará um gênero textual predominantemente oral, isto é, principalmente falado: o debate. É importante que você assista ao debate na forma como ele ocorreu e, enquanto isso, tome nota de seus aspectos estruturais, linguísticos, intencionais e funcionais. Tente captar o tema principal, as ideias discutidas e a maneira como as pessoas se comportam linguisticamente durante o desenvolvimento do debate.

Antes de assistir ao debate, discuta com os colegas as seguintes questões: Entre você e eles, os interesses são comuns? Você acha que é possível responder com simplicidade à pergunta: O que querem os jovens?

TEXTO

O que querem os jovens

Thiago Gomide: Olá! Tudo bem? Seja muito bem-vindo, seja muito bem-vinda. O terceiro Sala Debate especial sobre juventude e educação começa a partir de agora. E sabe onde eu vim parar? Vim para a escola Jaderlândia, que fica no município de Ananindeua, região metropolitana de Belém, capital do estado do Pará. Eu quero começar esse terceiro programa especial sobre juventude e educação provocando, fazendo uma provocação em cima de uma pergunta: afinal, o que querem os jovens? Muitas das vezes, os mais de 50 milhões de jovens brasileiros são tratados de forma igual, ou seja: têm de 15 a 17 anos? Ah, eles gostam disso, gostam daquilo, desejam aquilo outro. E a gente sabe que isso não é verdade: os jovens indígenas, por exemplo, pensam radicalmente diferente dos jovens quilombolas, que podem, também, pensar diferente dos jovens que vivem nas periferias – seja periferias do Rio de Janeiro, de São Paulo ou aqui de Belém. Então, a gente faz essa pergunta pra que você em casa possa refletir sobre. E eu fiz essa pergunta pra um de nossos entrevistados. Sabe o que que ele me respondeu? Ele me respondeu o seguinte: os jovens querem, Thiago, é sobreviver. E sabe por que que ele respondeu isso? Porque nós estamos em um dos estados mais violentos do Brasil. Aqui, 5 mil mortos são jovens; isso anualmente. No Brasil, nós temos 55 mil jovens vítimas de homicídios. Então, eu repito essa pergunta, baseando-se também nesse dado: afinal, o que querem os jovens? Nós trouxemos para este debate, começando com ele, o Orlando Abraão Junior, que é professor de Geografia aqui na escola Jaderlândia. Obrigado, Orlando, pela sua vinda.

Orlando Abraão Junior: Obrigado, Thiago. Seja bem-vindo. Seja bem-vindo, Paulo. Seja bem-vindo, Diego. Sejam bem-vindos todos. Vamos lá, vamos discutir essa temática bastante importante.

Thiago Gomide: E ali na pontinha temos o Diego Souza Teófilo, que é historiador e é educador popular. Diego, tudo bem?

Diego Souza Teófilo: Tudo. Obrigado ao Thiago e ao Canal Futura. Esse momento é muito importante pra gente discutir o que querem as juventudes do Brasil e do Pará hoje. Acho que a gente vai fazer um grande debate aqui...

Thiago Gomide: E também trouxemos o Paulo Roberto Corbucci, que é coordenador da área de educação da Diretoria de Estudos e Políticas Sociais do Ipea [Instituto de Pesquisa Econômica Aplicada]. Tudo bem?

Paulo Roberto Corbucci: Tudo bem. Também agradeço muito a oportunidade de estar aqui com todos vocês.

Continua

Thiago Gomide: E quero agradecer vocês que estão nos acompanhando aqui. Obrigado pela vinda de todos vocês. Não quero ninguém caladinho, caladinha não, hein! Participação ativa! Eu sei que vocês discutiram os temas do programa de hoje com o professor Orlando e com outros professores aqui da escola. E agora chegou o momento de botar pra fora, falar mesmo! Lembrando que esse Sala Debate especial e todos os outros três que vão discutir educação e juventude é fruto de uma parceria, são frutos de uma parceria entre o Instituto Unibanco e o Canal Futura, contando com a ajuda das secretarias de educação dos estados de Goiás, Ceará, Pará e Rio de Janeiro. Vamos lá, vamos pro programa! Começar com você, Diego. Você me falou que o que o jovem quer é sobreviver. Por que que cê me disse isso?

Diego Souza Teófilo: É a partir, inclusive, do que tu, desses elementos que tu traz pra gente, dos dados, em relação aos homicídios em torno desse segmento juvenil que a gente costuma chamar não de juventude no singular, mas de juventudes no plural, porque dá conta do tamanho e da diversidade da juventude brasileira. A gente vive um bônus demográfico hoje. Nós temos hoje no Brasil 50, mais de 50 milhões de jovens. Então a gente pensa: 50 milhões de jovens. Então são 50 milhões que o Estado brasileiro tem que pensar e pensar em ação de políticas públicas. E quando eu digo, e não só eu, mas um conjunto de movimentos, de dados oficiais, traz esses elementos pra gente da... do extermínio da juventude, e aí o extermínio da juventude que ele tem endereço, ele tem cor e tem classe. E quem morre mais no Brasil hoje são jovens negros, são os jovens que moram nas periferias das grandes cidades e são os jovens pobres. Então, o principal desafio hoje, no campo das políticas públicas, no campo educacional, no campo dos movimentos sociais, é enfrentar esse extermínio de jovens, é enfrentar o extermínio da juventude negra, principalmente. E aí o retorno que a gente tem pra isso é enfrentando isso, dialogando inclusive nesse espaço que a gente está aqui hoje, que esse espaço também reflete a diversidade da juventude brasileira, que é discutir o racismo, que é discutir o... as formas de preconceito que aconte... que existem na escola, na comunidade, na periferia.

Thiago Gomide: Orlando, você vê: é importante o que ele tá falando. De acordo com a Secretaria Nacional de Juventude, o racismo está entre um dos três principais problemas enfrentados pelos jovens. Isso é presente na sala de aula? Você enxerga? Os alunos têm essa preocupação?

Orlando Abraão Junior: Olha, atualmente, o jovem, também respondendo tua pergunta inicial, eu acredito que ele busca o reconhecimento. Essa... esse é o grande objetivo do jovem hoje: ser reconhecido. E pra ele ser reconhecido, ele também tem que enfrentar essas lutas contra o preconceito, contra o racismo, contra o homossexualismo [*sic*]... e por aí vai. Então, faz parte da bandeira do reconhecimento que o jovem busca hoje brigar contra esses elementos: contra o preconceito, contra o racismo, contra a homofobia, e por aí vai. Então, é necessário que o jovem tenha voz. Ele precisa buscar a sua voz pra poder combater esses elementos que permeiam na nossa sociedade.

Thiago Gomide: Paulo, a gente olha pesquisas, que você está acostumado com elas; domina todas as pesquisas. Mas a gente sempre vê uma diferença de uma pra outra em relação ao que os jovens querem. Eu quero saber a sua observação sobre essa pergunta, sobre essa provocação: afinal, o que que os jovens querem?

Paulo Roberto Corbucci: Bom, uma pergunta tão ampla assim, num primeiro momento cê vai ter uma resposta muito ampla. Eu diria que os jovens querem realizar seus sonhos. Agora, quais são os sonhos desses jovens? São diversos. Aí nós temos que definir os recortes, as categorias existentes entre os jovens. Por exemplo, a mais simples: a faixa etária. A faixa da juventude é considerada dos 15 aos 29 anos. Dos 15 aos 17, as expectativas, os anseios, os objetivos são uns; dos 25 aos 29, outros. Provavelmente supõe-se que esse jovem já tenha concluído a sua escolarização, então ele está em busca, ele tem anseios diferentes daqueles que estavam na faixa de 15 a 17. E, obviamente, dos 18 aos 24 anos também. Isso é só um simples exemplo de que existem, como foi falado, diferentes juventudes. Se nós estratificarmos, por exemplo, pela questão socioeconômica, nós vamos ver que os jovens dos estratos de renda mais baixos hoje querem concluir a educação básica. Para os jovens de estratos de renda mais elevados, a conclusão da educação básica é uma condição praticamente obrigatória, então a expectativa é o ingresso na universidade e principalmente na universidade pública. Então existem diferenças de expectativas entre os jovens.

[...]

Sala Debate, Canal Futura. O que querem os jovens – parte 1. *Observatório de Educação*. Disponível em: https://observatoriodeeducacao.institutounibanco.org.br/cedoc/detalhe/sala-debate-o-que-querem-os-jovens-parte-1,f5a41592-f914-40a4-8d79-734fd9e2ae81. Acesso em: 4 abr. 2023.

TEXTO EM ESTUDO

PARA ENTENDER O TEXTO

1. As hipóteses que você levantou antes de fazer a leitura da transcrição do vídeo e de assistir ao debate foram confirmadas?

2. Com relação ao debate "O que querem os jovens", responda às perguntas a seguir.
   a) Com que objetivo ele foi realizado?
   b) Quem foram os debatedores?
   c) Quem é o mediador desse debate?
   d) Ao reler a transcrição do debate, observe a introdução que o mediador fez. De que ações ele se valeu para introduzir o debate?
   e) Além de conduzir o debate, quais são as outras funções do mediador?

3. Observe a fala do apresentador a respeito de cada debatedor e responda:
   a) Em sua opinião, tais debatedores têm autoridade no assunto tratado? Justifique sua resposta.
   b) Em que momento cada debatedor pode falar?
   c) Quais foram os pontos de vista defendidos pelos debatedores acerca da questão proposta?

4. Releia as falas dos debatedores ao responderem à pergunta do mediador. Verifique que, em um debate, para convencer seus oponentes, o debatedor pode apresentar diversos tipos de argumento. Em relação a isso, responda:
   a) Que argumento é utilizado por Diego?
   b) Que argumento é utilizado por Orlando?
   c) Que argumento é utilizado por Paulo Roberto?
   d) Você concorda com os argumentos utilizados pelos debatedores? Explique.

5. O debate tem como questão principal a discussão sobre o que o jovem quer. Cada debatedor defendeu seu ponto de vista utilizando um tipo de argumentação predominante. Responda às perguntas a seguir, apresentando justificativas.
   a) Qual deles teve um apelo mais emocional?
   b) Qual deles teve uma abordagem mais sociológica?
   c) Qual deles teve uma visão mais analítica?

ANOTE AÍ!

O **debate**, gênero do discurso oral, é predominantemente argumentativo. Nele, duas ou mais pessoas buscam apresentar seu ponto de vista sobre determinado assunto. Para isso, elas empregam **argumentos** para convencer o público e, consequentemente, validar suas ideias.

Quando um debate apresenta regras específicas a serem seguidas pelos participantes, recebe o nome de **debate regrado**. Nessa modalidade, os debatedores devem respeitar o tempo determinado para suas falas, a sequência de participação de cada um, entre outras regras. Os debates regrados são habituais, por exemplo, em fase pré-eleitoral, quando os candidatos procuram conquistar eleitores por meio da apresentação de suas propostas de governo.

O CONTEXTO DE PRODUÇÃO

6. Antes de iniciar o debate propriamente dito, o mediador, Thiago Gomide, contextualiza o assunto para o público. Em relação a essa introdução, responda:

   a) Por que é importante discutir a respeito do que os jovens querem?

   b) Qual é o engano em que a maioria das pessoas cai ao pensar sobre o que os jovens querem?

   c) Na própria introdução, o mediador parece interagir diretamente com o ouvinte. Transcreva um trecho do texto em que essa interação é evidente.

7. Considerando o público-alvo do debate, responda:

   a) Quem assistiu ao debate presencialmente?

   b) Quem assistiu ao debate a distância?

8. No caderno, transcreva do texto o modo como o mediador se refere ao público que assiste ao programa em casa, além do modo como se refere aos jovens que assistiam presencialmente ao debate.

9. Em sua opinião, o tema do debate era conhecido pelos debatedores? Justifique sua resposta.

ANOTE AÍ!

Alguns fatores podem determinar o **público** de um debate. Entre eles, podemos destacar: o **tema** que vai ser discutido, a **formação dos debatedores** e o **envolvimento** que eles têm com o assunto.

10. A ilustração a seguir reproduz o cenário em que ocorreu o debate "O que querem os jovens" e mostra a disposição dos debatedores, do mediador e do público. Observe-a e faça o que se pede.

   a) Descreva o cenário do debate, procurando ater-se à quantidade de elementos apresentados, ao visual/estilo escolhido, às informações nele destacadas e à disposição dos debatedores, do mediador e do público.

   b) Em sua opinião, o cenário cumpre uma função nesse debate? Ele foi planejado com o objetivo de passar uma mensagem ao telespectador? Justifique.

   c) Ao observar a ilustração, pode-se perceber que o público está bastante próximo do mediador e dos debatedores. Por que é possível afirmar que a posição do público no cenário foi planejada de acordo com o objetivo fundamental do debate?

PARA EXPLORAR

O grande desafio. Direção de Denzel Washington. EUA, 2007 (126 min).

O filme é baseado na história verídica do professor Melvin B. Tolson, que, por meio de métodos não convencionais, convenceu estudantes a se tornar debatedores e a participar de um campeonato de debates na Universidade de Harvard.

A LINGUAGEM DO TEXTO

11. Durante o debate, todos os participantes referem-se uns aos outros pelos pronomes *você* e *tu*. O uso desses pronomes (em vez de *o senhor*) produz qual efeito de sentido na interação?

12. O uso dos pronomes *você* e *tu* e, muitas vezes, da locução pronominal *a gente* é adequado ao contexto de produção do debate?

13. Compare a fala do primeiro (Diego) e do último (Paulo Roberto) debatedores. A primeira, mais próxima de uma conversa, apresenta pausas, hesitações e reelaborações. A segunda, mais formal, lembra um texto escrito. Qual delas é mais clara na expressão da ideia que se quer passar?

14. Como se dá a passagem da fala do mediador para cada debatedor?

15. De que modo os debatedores devolvem a palavra ao apresentador?

16. Geralmente, a passagem da fala de um debatedor para outro ou deste para o mediador é feita por meio de um "gancho" linguístico, como uma pergunta do tipo: "Você não concorda, fulano?", ou como o próprio mediador faz ao dizer: "Por que que cê me disse isso?". Mas, em muitos momentos, no debate, essa passagem é feita sem palavras. Assista ao trecho do vídeo entre 6 min 25 s e 6 min 30 s e indique por meio de que gestos o debatedor devolve a palavra para o apresentador.

> **ANOTE AÍ!**
>
> O **debate** ocorre na oralidade. A expressão do **posicionamento** dos participantes configura-se na relação entre a **linguagem não verbal** (postura corporal, gestos, sinais da face, direção do olhar, cor da vestimenta) e a **linguagem verbal** (o conteúdo da fala). A escolhas das palavras, dos modos e tempos verbais ou, ainda, da pessoa empregada (em geral, primeira do singular ou do plural) compõem um conjunto de traços formadores das **estratégias argumentativas**, a fim de persuadir o público em relação às ideias defendidas.

17. Releia o trecho a seguir e responda às questões propostas.

> **Orlando Abraão Junior**: Olha, atualmente, o jovem, também respondendo tua pergunta inicial, eu acredito que ele busca o reconhecimento. Essa... esse é o grande objetivo do jovem hoje: ser reconhecido. E pra ele ser reconhecido, ele também tem que enfrentar essas lutas contra o preconceito, contra o racismo, contra o homossexualismo [*sic*] ... e por aí vai. Então, faz parte da bandeira do reconhecimento que o jovem busca hoje brigar contra esses elementos: contra o preconceito, contra o racismo, contra a homofobia, e por aí vai. Então, é necessário que o jovem tenha voz. Ele precisa buscar a sua voz pra poder combater esses elementos que permeiam na nossa sociedade.

a) Indique momentos em que Orlando faz referência às falas de outros debatedores ou do mediador.

b) Ao dizer que, para ser reconhecido, o jovem "tem que enfrentar essas lutas", o debatedor percebe o que diz como uma possibilidade ou como uma obrigatoriedade?

c) Copie no caderno outras duas orações do trecho em que o debatedor usa termos com o mesmo sentido que você identificou no item *b*.

d) Orlando utiliza, no trecho, a expressão "eu acredito". O uso dessa expressão indica que o debatedor percebe o que diz como uma certeza ou como uma possibilidade? Justifique sua resposta.

e) Nessa fala, Orlando utiliza duas vezes a palavra *também*, que geralmente expressa concordância. Com quem ele está concordando ou a quem está fazendo referência em cada uma das ocorrências?

f) A expressão *sic* indica que a palavra que a antecede foi reproduzida de forma fiel ao original, mesmo que esteja equivocada ou pareça estranha. Por que essa indicação foi feita no trecho?

18. E para você, que é adolescente: Afinal, o que o jovem quer? Você concorda com os debatedores? Acrescentaria algo? Reflita individualmente e, na sequência, compartilhe sua opinião com seus colegas em uma roda de conversa.

> **ANOTE AÍ!**
>
> Algumas palavras ou expressões direcionam o modo como o produtor do texto avalia o que diz. Trata-se dos **modalizadores**. O público pode notar, por exemplo, se um debatedor diz algo como uma certeza ou como uma possibilidade, como uma obrigação ou uma livre escolha.
>
> Além disso, o autor da fala evidencia se ele lamenta o que diz ou se considera agradável o que afirmou. Os modalizadores revelam maior ou menor grau de **proximidade do produtor do texto** com **a ideia** que ele defende.

COMPARAÇÃO ENTRE OS TEXTOS

19. Nesta unidade, você estudou cartas do leitor e debate, gêneros predominantemente argumentativos. No entanto, há diferenças entre eles. Comente-as no caderno, considerando os itens a seguir.

a) Forma original do texto (oral ou escrito).

b) Finalidade.

c) Contexto de produção.

d) Público-alvo.

e) Veículo de comunicação.

20. Do ponto de vista do tema apresentado, as cartas do leitor têm algo em comum com a fala do primeiro debatedor. Reflita e explique, no caderno, o que há em comum entre eles.

21. Com os colegas, busque informações sobre os dois temas tratados: as condições desfavoráveis daqueles que moram em comunidades na periferia das grandes cidades e os objetivos dos jovens nos dias atuais.

- Com esses dados em mãos, quais medidas, ainda que simples, podem ser traçadas para intervir positivamente na vida das pessoas?

22. **SABER SER** A busca por uma sociedade justa e igualitária, livre de preconceitos, é uma das ações mais importantes de todo cidadão. Isso porque as práticas preconceituosas violam direitos fundamentais das pessoas nos mais diversos contextos, como na escola, no trabalho ou na vida social em geral.

a) Como você se sente e reage diante de situações em que se revela algum tipo de preconceito contra uma pessoa ou um grupo de pessoas?

b) Em sua opinião, posicionar-se com calma e com autocontrole das emoções diante de situações em que se constatam diferenças ou discordâncias pode ser considerada uma forma de exercer a cidadania? Comente.

LÍNGUA EM ESTUDO

ORAÇÕES COORDENADAS SINDÉTICAS EXPLICATIVAS E CONCLUSIVAS

1. Releia o trecho extraído do debate apresentado no início do capítulo 2.

> E eu fiz essa pergunta pra um de nossos entrevistados. Sabe o que que ele me respondeu? Ele me respondeu o seguinte: os jovens querem, Thiago, é sobreviver. E sabe por que que ele respondeu isso? Porque nós estamos em um dos estados mais violentos do Brasil.

- Qual é o efeito de sentido produzido pela conjunção *porque*?

2. Leia a seguir o trecho de uma resenha sobre uma exposição do artista espanhol Pablo Picasso.

▲ Picasso em sua residência, chamada Villa La Californie, em Cannes, França. Foto de 1956.

Mostra com "Picassos de Picasso" traz visão mais ampla do artista

Poucos artistas visuais tiveram uma produção tão vasta, tão diversificada e tão visível como o espanhol Pablo Picasso (1881-1973). Certamente, suas duas facetas mais reconhecidas dividem-se entre sua fase cubista e seu ativismo político.

A primeira, no início do século 20, é considerada essencial na história da arte por acabar de vez com o uso da perspectiva na representação, permitindo toda liberdade que se segue a partir de então. Já a fase militante alcança, com *Guernica*, um dos mais importantes manifestos do século 20 contra os horrores da guerra.

Contudo, o espanhol é muito mais do que essas duas facetas e é justamente isso que se pode comprovar na mostra "Picasso – Mão Erudita, Olho Selvagem", com curadoria de Emilia Philippot, em cartaz no Instituto Tomie Ohtake. A exposição reúne nada menos que 116 trabalhos do artista, todos do Museu Nacional Picasso-Paris.

Isso é, aliás, um dos principais trunfos da seleção, **já que** todas as obras de lá podem ser chamadas de "Picassos de Picasso", pois pertenciam ao artista até sua morte e entraram para uma coleção pública em troca de isenção de impostos para seus herdeiros. Com isso, o museu abarca todas as fases de Picasso, escolhidas por ele mesmo, o que significa um importante apreço avalizado por seu criador. [...]

Fabio Cypriano. Mostra com "Picassos de Picasso" traz visão mais ampla do artista. *Folha de S.Paulo*, 25 jun. 2016. Disponível em: https://www1.folha.uol.com.br/ilustrada/2016/06/1785303-mostra-com-picassos-de-picasso-traz-visao-mais-ampla-do-artista.shtml. Acesso em: 5 abr. 2023.

a) Na resenha, indicam-se duas facetas de Picasso. Por que uma delas é considerada essencial na história da arte? Explique.

b) Como a locução conjuntiva em destaque na resenha se relaciona com a oração anterior?

c) Identifique no trecho outra oração que tenha a mesma função da oração introduzida pela locução conjuntiva *já que*.

ANOTE AÍ!

As orações que exprimem uma explicação, uma justificativa para o que se declara na outra oração, são chamadas de **orações coordenadas sindéticas explicativas**. Essas orações são introduzidas por conjunções coordenativas explicativas, como *pois*, *que*, *porque*, *porquanto*.

3. Agora, leia o trecho de um artigo a seguir.

Curto, logo existo

Como o ato de "curtir" no Facebook alterou nossa forma de encarar o mundo, os outros e nós mesmos

Com a evolução e o aumento de usuários e da importância das redes sociais, o nome e a fotografia de cada pessoa passaram a funcionar como o substituto do sujeito. O "eu" real se esvaziou para dar lugar ao "perfil". O filósofo francês René Descartes estabeleceu um novo modelo de pensamento no século XVII, ao formular em latim a seguinte proposição: "**Penso, logo existo**" (*Cogito, ergo sum*). Era uma forma de demonstrar que aquele que existe raciocina e, por conseguinte, põe em xeque o mundo que o cerca. A dúvida científica substituía a certeza religiosa. Hoje, Descartes se reviraria no seu túmulo em Estocolmo, caso pudesse observar o que se passa na cabeça dos seres humanos. "**Curto, logo existo**" (*Amo, ergo sum*) parece ser a nova atitude lógica popularizada pelo Facebook. A dúvida científica cedeu espaço à presunção tecnológica.

Melhor ainda é a formulação da jornalista americana Nancy Jo Sales no livro *Bling Ring – a gangue de Hollywood*, a dúvida sobre a existência do ego deu lugar, na cultura do ultraconsumismo e das celebridades, a um outro tipo de pergunta: "Se postei algo no Facebook e ninguém 'curtiu', eu existo?".

A resposta é: provavelmente não. Eu existo se meus tuítes não são comentados nem retuitados? Claro que não. E se são curtidos ou retuitados, tampouco! Ninguém existe nas redes sociais senão como representações, que estão ali no lugar dos indivíduos. Não há uma transparência ou uma continuidade natural entre o que somos de fato e o que queremos ser nas redes sociais. Isso parece óbvio, mas não o é para muita gente [...].

[...]

Luís Antônio Giron. Curto, logo existo. Revista *Época*, Editora Globo, 1º ago. 2013. Disponível em: https://epoca.oglobo.globo.com/colunas-e-blogs/luis-antonio-giron/noticia/2013/08/bcurtob-logo-existo.html#:~:text=Como%20o%20ato%20de%20%E2%80%9Ccurtir,os%20outros%20 e%20n%C3%B3s%20mesmos&text=Com%20a%20evolu%C3%A7%C3%A3o%20e%20o,dar%20 lugar%20ao%20%E2%80%9Cperfil%E2%80%9D. Acesso em: 10 abr. 2023.

a) O autor compara a afirmação de René Descartes à forma como agimos nas redes sociais. Explique em que consiste essa comparação.

b) Como o autor argumenta em favor da resposta dada a Nancy Jo Sales?

c) Você concorda com o autor sobre a atuação das pessoas nas redes sociais?

d) Observe a conjunção em destaque nos períodos a seguir e explique o sentido que ela estabelece entre as orações.

Penso, **logo** existo.	Curto, **logo** existo.

e) Substitua a conjunção em destaque nos períodos indicados por outra conjunção ou locução conjuntiva, sem que haja alteração de sentido.

ANOTE AÍ!

Quando uma oração exprime sentido de conclusão em relação à ideia presente na oração anterior, ela é chamada de **oração coordenada sindética conclusiva**. Essas orações são introduzidas por conjunções ou locuções conjuntivas coordenativas, como: *portanto*, *por isso*, *logo*, *por conseguinte*, *então*. É importante destacar que a conjunção *pois* também pode ser conclusiva. Nesse caso, ela aparece após o verbo e/ou isolada por vírgulas. Exemplo: "Ela estudou bastante; passou, *pois*, no vestibular".

ATIVIDADES

Acompanhamento da aprendizagem

Retomar e compreender

1. Leia o texto a seguir e faça o que se pede.

> **Incentivos impulsionam empreendedorismo entre jovens da periferia**
>
> O potencial econômico das periferias tem incentivado o empreendedorismo entre os moradores das comunidades e ampliado o sonho de ter um negócio próprio. Segundo dados da pesquisa "Um país chamado favela", do Data Favela, dos 17 milhões de brasileiros que vivem em comunidades, cerca de 35% (ou 6 milhões) sonham em ter o negócio próprio. [...]
>
> Para o morador da periferia, empreender surge como oportunidade de mudar de vida e crescer socialmente. <u>Para isso, não é preciso sair do bairro em que nasceu. A capacidade produtiva das favelas é superior à de muitas cidades do interior do País</u>. A pesquisa do Data Favela apontou que moradores de comunidade movimentam cerca de R$180,9 bilhões em renda própria por ano.
>
> <u>No entanto</u>, o caminho que esses empreendedores percorrem é diferente do habitual. Eles têm de enfrentar mais barreiras que atrasam o desenvolvimento do negócio, como a falta de acesso a crédito e limitação de conhecimento para expandir o negócio. [...]
>
> Ana Clara Praxedes. *Estadão*, 27 nov. 2022. Disponível em: https://www.estadao.com.br/pme/incentivos-empreendedorismo-jovens-periferia/. Acesso em: 3 jan. 2023.

a) De acordo com o texto, por que o empreendedorismo está atraindo os jovens da periferia?

b) Reescreva no caderno os períodos sublinhados no segundo parágrafo, utilizando uma conjunção coordenativa explicativa para unir os dois períodos em um único período composto.

c) No terceiro parágrafo, há uma locução conjuntiva sublinhada. Que valor semântico ela expressa? Substitua-a por outra de sentido equivalente.

Aplicar

2. Quais conjunções ou locuções conjuntivas podem ser empregadas para preencher as lacunas a seguir? Copie a alternativa correta no caderno.

> I. Estou sem dinheiro, ★ não sairei hoje.
> II. A situação política no país está caótica, exigiremos, ★, mudanças radicais.
> III. Preciso chegar logo em casa, ★ tenho muito trabalho a fazer.

a) já que, pois, porque
b) portanto, pois, pois
c) pois, portanto, já que

3. Classifique, no caderno, as orações em destaque.

a) O meio ambiente precisa de cuidados; **faça, pois, a sua parte**.
b) Estude bastante, **pois aquela vaga do concurso será sua**.
c) Não se desespere com sua nota, **pois o semestre ainda não terminou**.
d) Partiremos amanhã bem cedo; **durma, pois, antes da meia-noite**.
e) A avaliação será na quinta-feira, **pois na sexta-feira será feriado**.

A LÍNGUA NA REAL

EFEITOS EXPRESSIVOS DAS ORAÇÕES COORDENADAS SINDÉTICAS ALTERNATIVAS

1. Leia a seguir o trecho de um poema de Fernando Pessoa.

> Não tenho razão
> Pra dizer que não
> Nem tenho fim
> Pra dizer que sim.
> Se acordo enganado
> E não vejo nada
> Ou se digo assim:
>
> Talvez, ou por uma vez,
> Ou então ao invés
> Ou então a fingir,
> Eu quero crer...
> Mas não vou dizer...
> Se já vou saber
> Quero decidir.

Fernando Pessoa. *Obra poética de Fernando Pessoa*. Rio de Janeiro: Nova Fronteira, 2015. p. 321-322.

a) Identifique, nesse trecho do poema, dois exemplos de orações coordenadas sindéticas alternativas.

b) Qual é o sentido expresso por essas orações?

2. Agora, leia um poema da escritora paulistana Flora Figueiredo.

Caos

> Não sei se rasgo de vez
> ou se costuro;
> se desmancho tudo
> ou se decoro;
> se aumento o espaço
> ou se levanto o muro.
> Desajuste.
> Se eu tirar a goma,
> a folha entorta
> mas se eu a deixar,
> é folha morta;
> se eu limpar o trilho,
> fica liso
> mas se deixar ficar, perde-se o brilho.
> Um pouco de emoção, um pouco de loucura.
> A roda passa, a vida dura
> até o dia em que a poesia se desmanche
> e de uma vez pra sempre a música se canse.
> A pedra do chão então se abre ao meio
> e vira-se recheio de uma terra em transe.

Flora Figueiredo. Caos. Em: *Chão de vento*: poesia. São Paulo: Geração Editorial, 2011. p. 54.

a) Sobre qual assunto a voz em primeira pessoa trata nesse poema? De que modo isso se relaciona ao título? Explique.

b) O poema é introduzido pela expressão "Não sei". Que efeito de sentido essa expressão adquire no texto, considerando o assunto apresentado?

c) Nos primeiros versos do poema, uma conjunção coordenada foi empregada repetidamente. Que conjunção é essa?

d) Que efeito expressivo a repetição dessa conjunção imprime ao texto?

ANOTE AÍ!

A repetição intencional das **conjunções coordenativas alternativas** cria **efeitos expressivos**: além de indicar alternância ou exclusão, também pode sugerir incerteza ou indecisão diante de algo.

ESCRITA EM PAUTA

Acompanhamento da aprendizagem

USOS DO HÍFEN

1. Leia a tira a seguir.

Bill Watterson. *Calvin e Haroldo*: e foi assim que tudo começou. 2. ed. São Paulo: Conrad, 2010. p. 89.

a) Na tira, duas palavras foram grafadas com hífen. Identifique-as.

b) Essas palavras são formadas por outras palavras e/ou elementos da língua. Quais são eles? Indique a que classe de palavras pertencem.

c) As palavras grafadas com hífen mantiveram a ortografia original? E o significado original? Justifique.

d) Reescreva no caderno a fala de Calvin no último quadrinho, substituindo *este micro-ondas* por um pronome oblíquo. Que sinal gráfico você usou para ligar o verbo *carregar* ao pronome oblíquo?

ANOTE AÍ!

O **hífen** é usado nas seguintes situações:
- Para unir elementos que formam palavras compostas ou derivadas.
- Para conectar pronomes oblíquos a verbos.
- Para indicar a separação silábica de uma palavra no final da linha e no início da seguinte.

CASOS EM QUE SE EMPREGA O HÍFEN

- Nos substantivos e nos adjetivos compostos por justaposição em que se preserva a ideia de composição. Exemplos: *tatu-bola*, *arco-íris* (substantivos); calça *azul-marinho*, línguas *indo-europeias* (adjetivos).

- Nas palavras com os prefixos **circum-** e **pan-**, quando o segundo elemento é iniciado por uma vogal ou pelas letras **h**, **m** ou **n**. Exemplos: *circum-escolar*; *circum-navegação*; *pan-marítimo*.

- Nas palavras que têm o segundo elemento iniciado pela letra **h**. Exemplos: *anti-herói*; *pré-histórico*.

- Nas palavras cujo prefixo termina com a mesma vogal que inicia o segundo elemento. Exemplos: *semi-intensivo*; *micro-ônibus*.

- Nas palavras formadas com os prefixos tônicos **pós**, **pré**, **pró**. Exemplos: *pós-escrito*; *pré-aviso*; *pró-ativo*.

- Nas palavras formadas com os prefixos **hiper-**, **inter-** e **super-**, quando seguidos de elementos iniciados por **r** ou **h**. Exemplos: *hiper-robusto*; *inter-racial*; *super-realizar*; *super-homem*.

CASOS EM QUE NÃO SE EMPREGA O HÍFEN

- Nas formações com os prefixos **co-** e **re-**. Exemplos: *coocupar*; *cooperar*; *reeducar*; *reeleger*.
- Nas formações em que o prefixo termina em **vogal** e o segundo elemento começa com **r** ou **s**. Nessas situações, a consoante deve ser duplicada. Exemplos: *antirreflexo*; *contrarreforma*; *microssegundo*.
- Nas formações em que o prefixo termina em **vogal** e o segundo elemento começa com uma **vogal diferente**. Exemplos: *antiaéreo*; *autoescola*; *infraestrutura*.

ANOTE AÍ!

No processo de formação de palavras, há dois modos de **composição**: por justaposição e por aglutinação. Se os elementos que formam a nova palavra forem mantidos, trata-se de **justaposição** (*beija-flor*, *segunda-feira*, *passatempo*); se sofrerem alguma perda, trata-se de **aglutinação** (*embora* = em + boa + hora; *pernalta* = perna + alta).

Há casos em que novas palavras se formam por meio de acréscimos de **prefixos** à palavra primitiva (de origem). Esse processo recebe o nome de **derivação prefixal**. Exemplos: *antiaéreo* = anti (prefixo) + aéreo; *pré-histórico* = pré (prefixo) + histórico. Assim, pode haver ou não hífen, a depender da letra que finaliza o prefixo e da que inicia a palavra primitiva.

2. Reescreva as frases no caderno, aplicando a grafia correta das palavras.

bem/humorado	contra/regra	pré/natal	super/heróis

a) Ana foi fazer o exame ★.
b) O trabalho do ★ é essencial na montagem de um espetáculo teatral.
c) Gosto de encontrar o José, pois ele está sempre ★.
d) Isabela adora filmes de ★.

ETC. E TAL

Cão-guia ou *cão de cego*?

Você sabia que a presença de pessoas cegas acompanhadas de cão-guia é assegurada por lei federal (n. 11.126/2005) em qualquer local público, incluindo os meios de transporte? A seguir, leia o texto com curiosidades sobre os termos usados para se referir a esses animais.

Há duas curiosidades sobre a palavra ["cão-guia"], escrita sempre com hífen. A primeira é que não é registrada pela maioria dos dicionários. É estranho, porque esse tipo de cão existe há um bom tempo. O "Houaiss" faz uma rápida menção ao termo, diluída na explicação do verbete "cão".

É do "Houaiss" que extraio a segunda curiosidade. O dicionário registra um sinônimo, "cão de cego", sem hífen. A expressão sintetiza melhor a função do cachorro: está lá para auxiliar uma pessoa cega. Talvez o uso dessa forma crie nas pessoas a impressão — errada, diga-se — de que seja uma expressão pejorativa. Isso poderia justificar a preferência pela outra construção.

Cão-guia se escreve com hífen. Mas é bom saber que há um sinônimo para a palavra, **cão de cego**, tão correto quanto.

Paulo Ramos. Uol. Disponível em: http://www3.uol.com.br/qualidadeconteudo/portugues/cao-guia.jhtm. Acesso em: 5 abr. 2023.

AGORA É COM VOCÊ!

DEBATE

Proposta

Neste capítulo, você acompanhou o trecho de um debate no qual os participantes expuseram sua opinião sobre os anseios dos jovens. Agora, é sua vez de participar de um debate e expressar seu ponto de vista sobre esse tema.

GÊNERO	PÚBLICO	OBJETIVO	CIRCULAÇÃO
Debate	Colegas da turma e professor	Posicionar-se oralmente em relação aos anseios dos jovens	Debate em sala de aula

Planejamento e elaboração

1 Ao planejar e elaborar um debate, é preciso definir a função dos participantes: mediador, debatedores e público.

2 Um estudante será escolhido para ser o **mediador** e terá, portanto, de definir as regras do debate:

- a quantidade de blocos do debate;
- a quantidade de debatedores participantes;
- a ordem de fala dos debatedores;
- o tempo de fala de cada um dos debatedores;
- as regras de comportamento do público.

3 Caberá também ao mediador e à sua equipe (mais dois colegas) elaborar uma introdução que será comunicada aos participantes e ao público, devendo apresentar:

- os participantes do debate (nome completo e ano em que estudam);
- o objetivo do debate (discutir os anseios dos jovens na atualidade);
- as regras de organização do debate e do comportamento do público, definidas previamente, para garantir o bom andamento da atividade.

4 Sob a orientação do professor, definam a organização do espaço em que o debate ocorrerá, de modo a garantir ao público boa escuta e boa visualização.

5 Os estudantes que forem os **debatedores** devem se preparar para a discussão sobre o assunto. Para isso, podem se basear nas orientações a seguir.

- Informem-se em *sites*, revistas e jornais sobre o que os jovens anseiam na atualidade. Levem em conta a própria realidade (por meio de entrevistas, por exemplo), mas também informações que encontrarem sobre jovens de diferentes realidades.
- Com a ajuda do professor, identifiquem os possíveis posicionamentos (semelhantes ou contrastantes) relativos ao tema. Isso ajudará vocês a desenvolver sua posição crítica.
- Definam, então, com base nos passos anteriores, o posicionamento que será adotado por vocês em relação ao tema.
- Selecionem, em textos diversos, informações que possam ser utilizadas em argumentos que fundamentem o posicionamento defendido. Para isso, lembrem-se dos tipos de argumento (dados numéricos, exemplos, opinião de especialistas, etc.).

- Em uma folha avulsa, listem os argumentos que poderão ser usados durante o debate, a fim de organizar as ideias.

- Prevejam alguns questionamentos que poderão ser feitos a outros participantes do debate, para incentivá-los a expor melhor suas ideias ou evidenciar a falta de fundamento delas.

- Levantem os argumentos que poderão ser apresentados por um debatedor que defenda outro ponto de vista e planejem contra-argumentos para mostrar a pouca força de tais argumentos.

- Assistam a debates relacionados ao assunto para analisar outros posicionamentos e argumentos.

6 Os debatedores devem estar conscientes de que tanto a linguagem verbal quanto a não verbal colaboram para a argumentação, pois transmitem informações ao público sobre o posicionamento de quem participa do debate. Portanto, ao se prepararem para a atividade, devem:

- selecionar, para usar no debate, palavras que ajudem a comunicar as informações conforme suas intenções, empregando a linguagem verbal para fundamentar e defender os argumentos que estruturam suas ideias. Por essa razão, a fim de demonstrar e fazer valer suas intenções, é fundamental usar recursos como o ritmo da fala, a pausa, para deixar alguns assuntos estrategicamente suspensos, e a entonação, para destacar os pontos mais importantes de sua argumentação;

- lembrar-se de que um debate na escola é uma situação de oralidade que exige o registro mais formal da língua, ou seja, será preciso estar atento às concordâncias verbal e nominal, bem como à escolha das expressões mais adequadas que se ajustem a esse tipo de registro;

- estar ciente de que, ao comentar a fala de outro participante do debate e iniciar sua argumentação, é preciso demonstrar a atenção a essa fala e deixar claro seu posicionamento em relação ao que o colega disse. Para isso, será necessário planejar sua fala (mesmo enquanto o oponente tiver a palavra) e, também, adequá-la à fala do colega; além disso, será preciso reelaborar a própria fala para deixá-la mais convincente e promover correções na fala do oponente, se necessário. Nesse sentido, podem ser usadas construções como "Compreendo sua opinião e concordo com ela em parte, já que...", "Entendi seu ponto de vista, mas discordo, porque...", "Concordo inteiramente com essa ideia, portanto, defendo que...", etc. É importante lembrar que é preciso respeitar o ponto de vista dos colegas;

- planejar a postura corporal e os gestos diante do público, a fim de que contribuam para uma transmissão adequada de seu posicionamento.

7 Os debatedores não podem ler no momento do debate, mas podem levar notas para consultar rapidamente durante a atividade. Portanto, vale a pena anotar argumentos como dados estatísticos e citações diretas, e as respectivas fontes de referência, para apresentar essas informações de modo correto, fundamentado e preciso.

8 Outro recurso útil aos debatedores é ensaiar a apresentação dos argumentos fundamentais selecionados. O ensaio vai colaborar para o ajuste do registro, mais formal, utilizado em debates.

9 Os estudantes que farão parte do **público**, ou seja, que vão assistir ao debate, também devem se informar sobre o assunto; desse modo, poderão acompanhar adequadamente o desenvolvimento do evento, avaliar os argumentos apresentados e fazer perguntas pertinentes aos debatedores.

DESCONFIE DO QUE LÊ NA INTERNET

Buscar informações nos dias de hoje é um jogo de contradições, no qual o papel daquele que deseja se informar é encontrar o equilíbrio: se, por um lado, a internet facilita o acesso a informações, por outro, ela também possibilita a disseminação das chamadas *fake news* ou informações falsas.

Embora tenham a formatação de texto jornalístico e, por isso, pareçam notícias, as *fake news* alteram os fatos que apresentam. Assim, é preciso desconfiar das informações que circulam na internet, nas redes sociais e nos canais de mensagens instantâneas.

Durante a busca para o debate, portanto, observe se os textos lidos são assinados e se foram publicados em fontes confiáveis; além disso, procure outros textos sobre o assunto para verificar se eles confirmam ou não as informações.

10 Caso o público também possa fazer perguntas aos debatedores, devem ser estipuladas regras para o tempo das respostas.

11 Espera-se que o público tome nota das opiniões que considerar mais relevantes, de maneira a documentar o evento. Essas notas vão ajudar também a apresentar as impressões dos estudantes na roda de conversa que será organizada depois do debate, pois, nesse momento, a turma vai:

- retomar argumentos utilizados no debate para defender os posicionamentos, avaliando a força de cada um. Será de fundamental importância revisar criticamente esses argumentos, a fim de editá-los e fazer eventuais correções, reelaborando-os para que estejam mais adequados ao contexto da argumentação;
- comparar posicionamentos e informações apresentados, avaliando: a adequação aos contextos de produção, a forma composicional e o estilo utilizados, a clareza, a progressão temática e a variedade linguística empregada;
- identificar coincidências e contradições;
- elaborar uma conclusão própria sobre o assunto e apresentá-la aos colegas;
- avaliar se sua opinião inicial sobre o tema se manteve depois do debate ou se foi modificada durante a discussão.

12 Quando todos estiverem preparados para a discussão do tema, definam com o professor a data para a realização do debate.

13 Decidam, ainda com o professor, se vão criar um cenário para o debate ou se usarão apenas os elementos presentes na sala de aula.

MÚLTIPLAS LINGUAGENS

Sob a orientação do professor, escolham um vídeo com trechos de um debate sobre um tema relevante para a turma. Analisem as linguagens verbal e não verbal usadas nessa situação, levando em conta estas perguntas:

1. De que modo o mediador apresenta o debate a seus participantes?

2. De que maneira o mediador indica as regras definidas para o debate?

3. Prestem atenção ao ritmo e à entonação da fala dos debatedores. Eles procuram falar de modo pausado, pronunciando bem as palavras, para que suas opiniões sejam compreendidas com clareza?

4. Os debatedores usam um registro formal ou informal de linguagem? Eles se dirigem uns aos outros de maneira educada?

5. É possível identificar palavras que sinalizam o modo como os debatedores avaliam o que expressam, indicando se consideram o que dizem uma certeza, uma obrigação ou uma possibilidade, por exemplo?

6. Observem também a linguagem corporal dos debatedores. Eles gesticulam de maneira enérgica ou mostram expressões faciais marcantes? Procuram se mostrar flexíveis e gentis? O que dizem é coerente com sua linguagem não verbal? Conversem sobre essas questões.

No momento de apresentar sua opinião no debate, procurem manter um ritmo e uma entonação que tornem a fala mais compreensível. Escolham as palavras que melhor expressem seu ponto de vista e adotem uma postura formal, evitando gesticular muito. Ao mesmo tempo, escolham momentos propícios para oscilar a entonação, evitando que a fala fique monótona; se bem dosados, os gestos podem ajudar nessa tarefa.

Circulação

1. No dia do debate, organizem a sala de aula: os debatedores deverão ficar sentados em cadeiras em frente ao público; o público deverá ser disposto em semicírculo voltado para os debatedores; o mediador deverá ficar na lateral da sala, próximo aos debatedores; se estiver previsto, o público poderá se manifestar de onde estiver sentado e com a permissão do mediador.

2. Para iniciar o debate, o mediador deverá apresentar as regras. Na sequência, deverá dar voz aos debatedores, conforme o sorteio.

3. É importante que, na primeira fala, o debatedor agradeça os organizadores do debate e a presença dos participantes.

4. O debatedor deve se dirigir de forma direta a quem lhe fez a pergunta.

5. Todos os participantes devem empregar um tom de voz adequado, já que a voz é um dos elementos que podem ser utilizados para produzir sentido. Assim, é necessário selecionar a entonação, o volume, a pausa e o ritmo.

6. Os participantes devem usar o registro formal como modo de comunicação durante o debate. Além do cuidado com a fala, é importante estarem atentos à gestualidade, à expressão facial e à movimentação pelo espaço do debate.

7. É fundamental que os debatedores respeitem o turno de fala dos colegas e o tempo estabelecido para suas falas.

8. Ao apresentar seu ponto de vista e ao tomar a palavra, os debatedores deverão respeitar os demais participantes e o público, sem ofensas.

9. Mesmo nos momentos de discordância, será essencial manter a calma e a educação, respeitando sempre o ponto de vista dos colegas.

Avaliação

1. No caderno, avalie a atividade conforme as questões a seguir.

ELEMENTOS DO DEBATE
O debate foi fiel ao tema proposto?
O mediador conseguiu organizar o debate, aplicando as regras definidas?
Cada debatedor apresentou claramente seu posicionamento?
Os argumentos apresentados pelos debatedores foram embasados em dados confiáveis?
Os argumentos foram convincentes?
Os contra-argumentos empregados foram coerentes e relevantes?
Os debatedores e o público respeitaram as regras estipuladas pelo mediador?
Todos usaram o registro formal da língua em suas falas?
Os debatedores conseguiram manter um discurso respeitoso?
O público contribuiu para o debate com sua participação?

2. Elabore um relatório sobre as etapas realizadas, contendo: introdução que contextualize o trabalho; comentários sobre o desenvolvimento dele com dados e indicação dos pontos positivos e negativos – para que, em uma próxima vez, o debate possa ser melhorado –; conclusão mostrando os resultados.

3. Ao final, promovam uma roda de conversa para compartilhar a avaliação do debate e apresentar uma opinião sobre o tema discutido. Os estudantes que atuaram como público deverão iniciar a conversa com suas considerações.

NA RODA DE CONVERSA

Ao rever uma atividade produzida com toda a turma, é fundamental apresentar seu ponto de vista sobre a experiência para que, nessa troca de impressões, todos possam conhecer como os demais colegas perceberam a atividade. Nesse momento, possivelmente vão surgir sugestões para que, em uma oportunidade futura, um novo debate possa ser encaminhado de modo mais dinâmico e eficiente. Portanto, procure refletir sobre o ocorrido e expressar suas impressões de modo claro e educado.

ATIVIDADES INTEGRADAS

Nesta seção, você vai ler quatro cartas do leitor publicadas na imprensa. Elas expressam a opinião de leitores a respeito do artigo "Quando o refugiado é branco europeu", publicado no jornal *Folha de S.Paulo*.

No artigo, a autora Cida Bento e o coautor Mário Theodoro Lisboa apresentam uma visão crítica sobre os diferentes tratamentos recebidos por refugiados brancos em comparação a indianos e africanos.

Confira, a seguir, como os leitores se posicionaram em resposta ao artigo.

Carta 1

Refugiados

"Quando o refugiado é branco europeu (https://www1.folha.uol.com.br/colunas/cida-bento/2022/03/quando-o-refugiado-e-branco-europeu.shtml)" (Cida Bento, Mercado, 3/3). A autora e o coautor [Mário Theodoro Lisboa] tocaram num ponto nevrálgico para muitos burgueses de terceiro mundo com "alma europeia". A verdade inconveniente exposta pelo artigo dói e incomoda. A filosofia, os valores e as atitudes do chamado ocidente são baseadas numa pretensa superioridade eurocentrista.

Eladio Gomes (Itabira, MG)

Carta 2

Parabenizo a doutora Cida Bento pela coragem em abordar o tema em sua coluna. Um professor escreveu: "A empatia e o reconhecimento da dor e do sofrimento são codificados por cores, e a raça [e eu acrescento a etnia] ainda importa em 2022".

Marina Gutierrez (Sertãozinho, SP)

Carta 3

Irretocável. Uma infeliz realidade ficando bem clara para o mundo todo. Escancarada.

Dimitria Orlov (São Paulo, SP)

Carta 4

Eu só fico pensando o quanto é dolorido ser negro nesse mundo. E imagino agora a dor de um pai com seu filho negro.

Sandra Losa (Brasília, DF)

Folha de S.Paulo, 22 mar. 2021. Disponível em: https://www1.folha.uol.com.br/paineldoleitor/2022/03/com-paises-armados-a-paz-esta-garantida-diz-leitor.shtml. Acesso em: 6 abr. 2023.

Acompanhamento da aprendizagem

Analisar e verificar

1. Você aprendeu que a carta do leitor é um texto em que o autor expressa sua opinião acerca de um texto publicado em determinado veículo de informação. Considerando as cartas lidas anteriormente, responda às perguntas.

   a) Em que meio de comunicação essas cartas foram veiculadas?

   b) Qual das cartas apresenta o texto jornalístico que era o objeto de apreciação dos leitores?

   c) Como os autores das outras cartas se referem ao assunto?

2. As cartas do leitor apresentadas contêm as principais características desse gênero.

   a) Releia-as e aponte no caderno essas características.

   b) Sabendo que todo texto, como gênero, é escrito com uma função, qual é a principal função das cartas do leitor e como isso aparece nelas?

3. Por ser um texto em que o autor se coloca de modo pessoal, isto é, um texto altamente subjetivo, a carta do leitor apresenta recursos que permitem perceber o posicionamento defendido. Uma das formas de marcar a subjetividade no texto é utilizar adjetivos e advérbios.

   a) Transcreva no caderno dois adjetivos da carta 1 e um advérbio da carta 2. Indique também o termo que é alterado tanto pelos adjetivos quanto pelo advérbio.

   b) A ausência desses adjetivos e do advérbio alteraria o sentido das expressões em que eles foram utilizados? Comente.

   c) Qual é o efeito de sentido produzido pelos termos *pretensa* e *infeliz* nos trechos a seguir?

   > I. "pretensa superioridade eurocentrista"
   > II. "Uma infeliz realidade ficando bem clara para o mundo todo."

4. Observe, na primeira carta, a forma como o autor caracteriza algumas pessoas.

   > A autora e o coautor [do artigo] tocaram num ponto nevrálgico para muitos burgueses de terceiro mundo com **"alma europeia"**.

   a) A ausência das aspas e da expressão adjetiva "com alma europeia" produziria alteração no posicionamento crítico do autor da carta? Explique.

   b) Em sua opinião, nesse contexto, quais comportamentos caracterizam pessoas com "alma europeia"?

5. A argumentação, às vezes, assume um tom mais racional e emprega pensamentos logicamente organizados; outras, apoia-se em afirmações de tom mais emotivo. Das quatro cartas, quais se mostram mais racionais e quais se mostram mais emotivas? Em seu modo de ver, qual das duas formas de argumentar é mais convincente?

Criar

6. Nesta unidade, você compreendeu a importância da função social do gênero carta do leitor e observou de que modo ele circula socialmente na imprensa. Agora, utilizando uma argumentação – mais racional ou mais emotiva – e respeitando os direitos humanos, inspire-se nas cartas lidas nessa seção e, com o auxílio do professor, elabore uma carta do leitor em resposta a um artigo selecionado pela turma.

CIDADANIA GLOBAL
UNIDADE 8

10 REDUÇÃO DAS DESIGUALDADES

Retomando o tema

Nesta unidade, você e seus colegas refletiram sobre a desigualdade social no Brasil, o modo com que ela se relaciona com problemas enfrentados pela população e o papel do Estado na promoção de uma sociedade mais igualitária. Agora, discutam esse assunto no âmbito da cidade em que vivem com base nesta pergunta:

- Vocês acham que a ocupação do espaço na sua cidade reflete a desigualdade social? Se sim, de que forma isso é perceptível?

Geração da mudança

Para observar como a desigualdade social se manifesta na paisagem de sua cidade, vocês vão realizar uma pesquisa de campo com o acompanhamento de um adulto responsável. Organizem-se em grupos para visitar dois bairros: um com boa infraestrutura e moradias de alto custo; outro com pouca infraestrutura e moradias de baixo custo. Definam um dia e visitem esses bairros para observá-los de perto.

- Observem aspectos como: moradias (materiais usados, tamanho e estado de conservação delas); ruas e calçadas (pavimentadas ou de terra); rede de esgoto (subterrânea ou a céu aberto); oferta de transporte público (estações de metrô e trem ou pontos de ônibus); áreas verdes e de lazer (se há praças e parques e o estado deles); regiões sujeitas a enchentes ou deslizamentos.
- Se possível, tirem fotos dos locais para servir de registro.
- Depois da visita, reúnam-se para organizar as anotações, selecionar imagens e compartilhar impressões sobre essa experiência.

No dia combinado com o professor, façam uma roda de conversa para apresentar os resultados da pesquisa de campo e as conclusões a que chegaram sobre a existência da desigualdade social no espaço urbano e o que pode ser feito para diminuir essa desigualdade. Comentem se as observações e reflexões feitas trouxeram uma nova percepção da realidade para vocês.

Autoavaliação

Estela Carregalo/ID/BR

INTERAÇÃO

SIMULAÇÃO ONU

A Organização das Nações Unidas (ONU) é uma entidade internacional, com 193 Estados-membros, cujo objetivo é harmonizar a ação desses países com a intenção de construir metas comuns, entre elas: manter a paz e a segurança internacionais, desenvolver relações amistosas entre as nações e incentivar a cooperação internacional. Essa organização nasceu em 1945, após a devastação causada pela Segunda Guerra Mundial. A primeira reunião da Assembleia Geral da ONU ocorreu em Londres, no ano seguinte. A simulação da qual você vai participar com os colegas tem o objetivo de encenar essa reunião, que ocorre até hoje e promove debates muito importantes para o desenvolvimento mundial.

▼ Palácio das Nações Unidas, em Genebra, Suíça. Foto de 2016.

Na época de sua criação, a ONU contava com a participação de 51 países comprometidos com a manutenção da paz – entre eles, o Brasil. Desde seus primeiros anos, o debate foi essencial para que a ampla cooperação internacional fosse alcançada. Atualmente, grande parte dos países do mundo compõe essa organização e está disposta a aceitar as propostas feitas por ela.

De acordo com a carta de sua fundação, a ONU é composta de seis órgãos principais: a Assembleia Geral, o Conselho de Segurança, o Conselho Econômico e Social, o Conselho de Tutela, a Corte Internacional de Justiça e o Secretariado.

Nesse projeto, vocês vão encenar um debate na reunião da Assembleia Geral, evento que acontece todos os anos, desde 1946, e reflete as relações entre os países que compõem as Nações Unidas.

Objetivos

- Pesquisar as funções da Assembleia Geral da ONU.
- Definir uma questão de relevância social para a discussão na assembleia.
- Investigar os diversos países-membros da ONU e definir quais deles farão parte da simulação da Assembleia Geral.
- Desenvolver a capacidade argumentativa, embasada na pesquisa de dados confiáveis, e, com o professor e os colegas, refletir sobre a melhor maneira de construir um discurso argumentativo convincente.
- Redigir um documento que apresente o posicionamento oficial do país representado diante da questão levantada pela assembleia. Na Assembleia Geral da ONU, o nome desse texto é Documento de Posição Oficial.
- Participar da assembleia de maneira ética e responsável, respeitando o turno de fala dos colegas, bem como exercitando a empatia e a troca de ideias sobre um assunto de importância internacional.
- Redigir um documento coletivo que apresente posicionamentos em comum em relação à questão discutida.
- Avaliar o processo de pesquisa, organização e realização do projeto.

Planejamento

Organização da turma

- Na Parte I, vocês serão organizados em grupos para pesquisar sobre a ONU e as funções da Assembleia Geral. Em seguida, uma roda de conversa será promovida para definir o assunto que será abordado no debate da assembleia.

- Na Parte II, vocês definirão quem ocupará os cargos de secretário-geral, presidente da assembleia e chefes de Estado. O secretário-geral e o presidente vão fazer um levantamento de informações sobre o tema proposto, e os chefes de Estado deverão aprofundar seus conhecimentos sobre o país que escolheram representar.
- Na Parte III, um documento oficial de cada país, com uma proposta para o assunto, será apresentado oralmente na simulação. A abertura do evento ficará por conta do presidente e do secretário-geral.
- Na etapa de *Compartilhamento*, serão encaminhados os discursos e a votação. Então, vocês vão elaborar um documento oficial coletivo, com o objetivo de reafirmar as propostas escolhidas.

Procedimentos

Parte I – Definição do assunto

1. Para iniciar a atividade, organizem-se em grupos de até cinco integrantes para buscar informações sobre a ONU, sua importância no contexto mundial e de que forma ela costuma atuar por meio das reuniões da Assembleia Geral.

2. Durante essa atividade, anotem as informações mais importantes e selecionem aquelas que merecem ser compartilhadas com os colegas.

3. Em um dia marcado pelo professor, organizem uma roda de conversa para compartilhar as informações encontradas pelos grupos durante a busca.

4. Reservem um momento, ao final da roda de conversa, para escolher qual assunto será debatido na simulação da Assembleia Geral. Para auxiliar a decisão, é importante que vocês reconheçam as funções da assembleia:

- discutir questões ligadas a conflitos militares – com exceção daqueles presentes na pauta do Conselho de Segurança;
- discutir formas e meios para melhorar as condições de vida das crianças, dos jovens e das mulheres;
- discutir assuntos ligados ao desenvolvimento sustentável, ao meio ambiente e aos direitos humanos.

Na Assembleia Geral da ONU, todos os países têm direito a um voto e todos os votos têm o mesmo peso na decisão. Ou seja, as resoluções são tomadas com total igualdade. Já que vocês estão em uma simulação, que tal fazer a escolha do assunto utilizando o mesmo critério?

Parte II – Preparação dos participantes

1. Durante as assembleias da ONU, reúnem-se os chefes de Estado de 193 países. Além deles, participam o presidente da assembleia e o secretário-geral da ONU, que organizam a reunião e asseguram que as regras sejam cumpridas.

2. É a Assembleia Geral que escolhe e nomeia as duas pessoas que ocupam esses cargos. Façam o mesmo e elejam o presidente e o secretário-geral. Eles ficarão responsáveis por levantar informações sobre o assunto escolhido e sobre a organização da Assembleia Geral da ONU, bem como por preparar o evento.

3. Cada estudante deverá escolher um país para representar. Caso mais de um escolha o mesmo país, façam um sorteio para definir a distribuição. Como 193 países fazem parte da Assembleia Geral, nem todos serão contemplados na simulação. Lembrem-se de que o sistema de votação da assembleia, segundo o qual todo voto tem o mesmo peso, a torna um espaço de debate igualitário, muito importante para o posicionamento dos países menos influentes.

Kasugue/ID/BR

4 Após a definição dos chefes de Estado, cada estudante deverá fazer um levantamento de informações sobre o país que representará, a fim de decidir qual será sua posição oficial a respeito da questão em pauta. Para isso, busquem:

- o histórico das ações de política externa do país, em linhas gerais;
- o posicionamento do país perante o problema a ser discutido na assembleia;
- os principais acordos – inclusive a participação em blocos econômicos e geopolíticos – que eventualmente o país possui com outras nações.

Parte III – Produção do Documento de Posição Oficial de cada país

1 Cada chefe de Estado deverá elaborar um documento oficial, que pode ser escrito em uma única página e conter: o nome do país e do estudante que o representa e o posicionamento (política externa) do país em relação ao problema apontado. Além disso, o documento pode apresentar exemplos de medidas realizadas internamente e que estejam relacionadas com a problemática em questão. Assim, algumas soluções podem ser propostas. O texto deve ser objetivo, sem longas considerações ou dados geográficos e históricos meramente ilustrativos. As informações precisam ser pontuais e elucidativas.

2 O posicionamento apresentado no documento oficial precisa ser coerente com a postura adotada pelo país nos mais variados assuntos. Logo, para formular o documento, utilize os dados coletados no levantamento proposto na Parte II.

3 Após terminar e revisar o documento, faça cópias para serem entregues a todos os presentes no dia da simulação. Na data proposta, você não lerá o documento, mas fará um discurso baseado em seu conteúdo antes de declarar seu voto. A entrega do documento para todos os membros é uma prática das reuniões da ONU e auxilia os outros chefes de Estado a compreender o posicionamento de cada país.

4 Faça anotações para preparar o que você vai pronunciar no momento do debate, durante a simulação. A qualidade de seu discurso será determinante para uma boa participação no evento e, também, para angariar votos a favor de sua proposta. Por isso, é importante apresentar seu ponto de vista de maneira clara e convincente, empregando o registro formal. Para que sua oratória não fique monótona e longa, organize seu discurso e ensaie sua fala antes do evento.

5 De acordo com a Carta das Nações, para a melhor comunicação entre os membros, vindos de todos os cantos do planeta, seis idiomas foram escolhidos como oficiais: inglês, francês, espanhol, árabe, chinês e russo. Nesse projeto de simulação, entretanto, a comunicação ocorrerá apenas em português.

6 Notem que, tanto no documento quanto no decorrer da simulação, vocês deverão argumentar e agir de acordo com a política externa do país que estão representando, mesmo que isso contrarie o posicionamento pessoal de vocês.

7 Os estudantes que representarão o presidente e o secretário-geral também deverão produzir um documento, que será utilizado para abrir o evento. Ao presidente caberá redigir um texto que explique o objetivo da reunião e apresente as regras que devem ser seguidas pelos participantes. O secretário-geral vai apresentar informações adicionais sobre o problema que será discutido e a razão do destaque dado a ele na assembleia.

Compartilhamento

1. No dia do evento, organizem o local em que acontecerá a atividade. Disponham as carteiras em semicírculo para que todos possam se ver durante a apresentação.

2. O presidente abrirá a simulação da Assembleia Geral da ONU com um discurso de boas-vindas e a informação sobre a sequência das falas, que deverá obedecer à ordem alfabética dos nomes dos países.

3. O secretário-geral solicitará aos chefes de Estado que entreguem as cópias do Documento de Posição Oficial do país, para que sejam distribuídas. Na sequência, fará uma breve exposição sobre a questão que será discutida e, enfim, cederá a palavra ao primeiro chefe de Estado.

4. Os chefes de Estado farão um breve discurso baseado no documento entregue.

5. Durante a exposição dos chefes de Estado, o presidente e o secretário-geral se dividirão para produzir uma ata da reunião, anotando as propostas apresentadas. As informações anotadas serão retomadas na votação das propostas, no final do evento.

6. Após a apresentação de cada chefe de Estado, pode ser reservado um tempo para questionamentos direcionados. Na sequência, o chefe de Estado que for questionado terá o direito de responder ao que foi solicitado.

7. Durante a atividade, vocês deverão agir com cortesia e, quando houver discordâncias, elas deverão ser debatidas com respeito; afinal, o objetivo é chegar a uma proposta de intervenção benéfica para todos os países.

8. Após todos os chefes de Estado se pronunciarem, o presidente da Assembleia Geral dará início à votação. Para isso, o secretário deverá relembrar, resumidamente, as propostas apresentadas para que os participantes possam fazer suas escolhas.

9. Cada chefe de Estado deverá votar oralmente, podendo escolher duas propostas. O presidente deverá anotar os votos. No final, as três propostas mais votadas serão consideradas vitoriosas.

UMA DISCUSSÃO RELEVANTE

Um sentimento recorrente, presente inclusive entre os próprios chefes de Estado, é o de preocupação com a falta de efetividade das decisões tomadas na Assembleia Geral. A pergunta que fica é: até que ponto essa instância consegue, de fato, tratar de problemas que afetam diretamente as sociedades ao redor do mundo? Tal apreensão ocorre porque, mesmo votando as decisões na assembleia, os países não são obrigados a adotá-las em suas legislações internas.

Kosugue/ID/BR

10. Definidas as propostas, o secretário-geral deverá redigir, com todos os participantes, um documento oficial que explique as medidas adotadas em relação aos tópicos discutidos (o que deverá ser feito, de que forma e em quanto tempo). Esse documento oficial coletivo é chamado de Proposta de Resolução na ONU e segue um padrão específico:
    - cabeçalho, composto do nome da assembleia, título do tópico discutido, data e idioma em que a Assembleia Geral foi realizada;
    - cláusulas preambulares: descrevem o problema discutido, retomam ações passadas e explicam o propósito da resolução, oferecendo assim suporte para as cláusulas operacionais. As cláusulas preambulares se iniciam com verbos no gerúndio e em itálico (*buscando*, *relembrando*, etc.);
    - cláusulas operacionais: expõem as ações que serão tomadas pelo comitê. Todas as cláusulas operacionais deverão ser numeradas e começar com verbos conjugados no indicativo (*proclama*, *autoriza*, *recomenda*, etc.);
    - signatários (assinaturas dos participantes no documento).
11. Feito isso, o secretário-geral lê a Proposta de Resolução e o presidente encerra a assembleia agradecendo a participação de todos os envolvidos.

Avaliação

O projeto de Simulação ONU contou com a contribuição e o trabalho da turma em todas as suas etapas. Portanto, é natural que a avaliação da experiência seja realizada da mesma maneira. Em uma roda de conversa, discutam sobre as questões a seguir.

1. No início da atividade, foi discutida a importância da ONU para a sociedade mundial?
2. A busca de informações inicial em grupos, proposta na Parte I, foi realizada de maneira produtiva?
3. Foram sugeridos diversos assuntos de importância mundial e, em seguida, um deles foi definido?
4. A votação do assunto ocorreu de maneira compartilhada e participativa?
5. Foram levantadas informações importantes sobre o assunto escolhido?
6. Após a definição dos países representados, cada estudante buscou informações relevantes sobre cada país?
7. O Documento de Posição Oficial de cada país foi produzido de maneira objetiva, clara e coerente com as características solicitadas?
8. O discurso de todos os envolvidos foi coerente com o contexto e convincente?
9. Durante a simulação, a definição das tarefas de cada estudante aconteceu em comum acordo e de maneira organizada?
10. O debate da assembleia e a consecutiva votação realizada ocorreram de maneira respeitosa?
11. A Proposta de Resolução foi desenvolvida com a participação efetiva de todos?
12. Quais foram os pontos positivos e os pontos negativos dessa experiência?

INTERAÇÃO

APRESENTAÇÃO
TEATRAL

A representação teatral nos proporciona a experiência singular de dar voz e corpo às mais diversas personagens. No entanto, entre o texto do gênero dramático e a performance do ator na peça, em cima do palco do teatro, há muitos outros processos e profissionais envolvidos. É o que vocês vão descobrir, nesse projeto, ao produzir uma apresentação teatral.

Assistir a um espetáculo teatral pode ser uma experiência intensa e emocionante. No palco, o texto dramático ganha vida nas falas e nas ações das personagens. O texto é o ponto de partida no encontro entre atores e espectadores; porém, muitos outros elementos colaboram para dar sentido à história encenada: palavras, gestos, movimentos, expressões faciais, modulações de voz, som, silêncio, jogos de luz, etc. Há diversos profissionais envolvidos na elaboração do espetáculo, que requer uma preparação minuciosamente organizada até a estreia.

Nesse projeto, vocês vão planejar e executar a montagem de uma apresentação teatral. Para isso, conhecerão mais a fundo as diferentes funções desempenhadas pelos profissionais do teatro, além de investigar as etapas, os recursos e os materiais necessários para a montagem do espetáculo. Por fim, vão convidar a comunidade escolar para assistir à apresentação.

Objetivos

- Conhecer, por meio de busca de informações e de conversa com um grupo de teatro, as atividades e as etapas envolvidas na montagem de uma peça teatral.
- Refletir sobre as próprias capacidades na escolha de uma atividade a ser exercida na montagem da peça teatral.
- Pesquisar, ler e compartilhar textos do gênero dramático.
- Escolher um texto desse gênero para ser encenado.
- Produzir e apresentar um espetáculo teatral para a comunidade escolar.
- Divulgar a apresentação.
- Avaliar todo o processo de montagem da peça, bem como o envolvimento dos participantes durante a atividade.

Planejamento

Organização da turma

- Na primeira parte do projeto, vocês vão fazer um levantamento das funções e etapas que envolvem a montagem de uma peça de teatro, assistir a um espetáculo teatral e conversar com um grupo de teatro. Essa proposta tem como finalidades aprofundar o conhecimento sobre teatro e proporcionar a cada um a identificação com determinada etapa ou função específica.

- Na segunda parte, vocês farão uma busca de textos dramáticos para escolher aquele que será encenado na montagem teatral. Nessa etapa, será feita a primeira leitura do texto escolhido, a qual deve ser acompanhada por todos os estudantes. Cada estudante lerá o texto de acordo com sua função.

- Na terceira parte, o planejamento das equipes finalmente começará a se concretizar. O texto dramático já estará devidamente adaptado pelo dramaturgo, as diretrizes gerais para o estilo e a interpretação desse texto serão decididas pela direção e pelos atores, e os outros recursos que compõem a peça também serão colocados em prática. Por fim, os ensaios gerais poderão começar.

Procedimentos

Parte I – Discussão sobre funções e etapas de uma montagem teatral

1. Em grupos de quatro a seis integrantes, façam um levantamento das funções e responsabilidades envolvidas na produção de um espetáculo teatral e discutam cada uma delas. Como ponto de partida, considerem os seguintes profissionais:

- **Ator:** interpreta personagens.
- **Cenógrafo:** cria os cenários da história.
- **Contrarregra:** acompanha o desenrolar de uma encenação: organiza e

comanda o trabalho do sonoplasta, do cenógrafo, do figurinista, do maquiador, entre outros.

- **Diretor:** dirige os atores e outros profissionais envolvidos no espetáculo.
- **Dramaturgo:** escreve ou adapta o texto do gênero dramático.
- **Figurinista:** cria e/ou desenha os figurinos que serão usados.
- **Iluminador:** é responsável por planejar a colocação das luzes no palco e cuidar de seu funcionamento.
- **Maquiador:** cria a maquiagem adequada à peça e às personagens e a executa nos atores.
- **Produtor:** é responsável pela produção, ou seja, por toda a organização de que a peça depende para acontecer, dentro e fora dos palcos.
- **Sonoplasta:** é responsável por criar e aplicar os recursos sonoros para a montagem teatral: trilha sonora, ruídos, efeitos acústicos, etc.

2 Concluída a busca de informações, cada grupo apresentará à turma o resultado de seu estudo, para que todos possam conhecer um pouco mais sobre esses profissionais. Vocês pensaram em quais habilidades são exigidas de cada um?

3 Combinem com o professor uma ida ao teatro. Verifiquem a programação cultural de sua região ou cidade e escolham uma peça de teatro amador que tenha chamado a atenção de vocês. Com antecedência, entrem em contato com a companhia responsável e expliquem que gostariam de assistir à apresentação e depois conversar com o grupo para conhecer o trabalho de montagem e produção da peça. Outra possibilidade é ver se alguma escola de teatro está com peça em cartaz. Muitas escolas promovem apresentações gratuitas encenadas por seus estudantes como forma de eles vivenciarem a experiência de se apresentar para o público.

4 Para se preparar para a conversa com o grupo de teatro, formulem algumas questões que possam ajudá-los a saber o que acontece em cada uma das etapas de montagem de uma peça, tais como:

- De que forma é escolhido o texto a ser encenado?
- Como é feita a distribuição dos papéis?
- Quais são as etapas de preparação que antecedem os ensaios gerais?
- Como os atores costumam construir suas personagens?
- De que maneira são montados os cenários?
- Como é feita a escolha de figurinos e adereços?
- Quais habilidades e conhecimentos os profissionais envolvidos na montagem precisam ter?

5 No dia combinado para ir à apresentação, cheguem com antecedência ao teatro. As peças costumam começar no horário marcado. Fiquem atentos quanto às regras definidas pela companhia em relação ao consumo de alimentos e bebidas, às filmagens e fotografias durante a apresentação. Ao final da peça, permaneçam em seus lugares e aproveitem o momento de troca e interação com o elenco e a equipe técnica.

6 Após a ida ao teatro, formem na sala de aula uma roda de conversa para compartilhar a experiência de assistir a uma peça teatral, contar o que acharam da apresentação, falar do que mais gostaram, retomar a conversa com o elenco, comentar as respostas dadas às perguntas que fizeram, etc. Verifiquem como as informações obtidas podem ajudá-los na montagem da peça de vocês. Discutam: Que funções vocês consideram importantes para a montagem do espetáculo da turma? Que etapas precisam ser percorridas para essa produção teatral?

7 Após a discussão, façam um levantamento inicial para identificar quem gostaria de atuar em cada uma das funções definidas para o espetáculo. Pensem na diversidade de capacidades da turma e em como elas podem se encaixar nas funções que esse projeto de montagem teatral exige.

Parte II – Escolha do texto do gênero dramático

1. O próximo passo é escolher um texto para ser adaptado ao contexto do espetáculo que vocês vão montar. Para iniciar a atividade, organizem-se em grupos de até quatro estudantes e busquem, na biblioteca ou na sala de leitura da escola, em bibliotecas do bairro ou na internet, textos dramáticos que vocês gostariam de encenar.

2. Ao buscar um texto, levem em consideração temas de que vocês gostam para definir se vai ser uma peça de comédia, terror, suspense, fantasia, aventura, ficção científica, romance, etc. Respeitem a indicação de idade, pensando inclusive no público que vai assistir à peça, que contará com muitos estudantes da escola.

3. Cada grupo deverá selecionar apenas um texto para compartilhar com a turma.

4. Combinem uma data com o professor para que os textos escolhidos sejam apresentados. Nesse dia, levem para a sala de aula anotações incluindo um breve resumo do texto determinado pelo grupo e, também, informações sobre o autor do texto.

5. Após a apresentação de todos os textos, avaliem coletivamente qual é o mais adequado à montagem que será feita pela turma. Levem em conta, além do enredo, o número de personagens, a extensão do texto, a infraestrutura requisitada e a adequação ao público-alvo.

6. Caso seja necessário, realizem uma votação para escolher o texto.

7. Feita a escolha, é hora de o dramaturgo entrar em ação. Ele precisará adaptar o texto, verificando os ajustes a serem feitos em decorrência das restrições do contexto e do público da peça. A ajuda do professor será valiosa no acompanhamento desse trabalho.

8. Quando o texto estiver pronto, vocês deverão iniciar a primeira leitura dele para que todos possam conhecer os detalhes da obra. Nesse momento, é preciso que todos já tenham escolhido a função que vão exercer, de forma que, na leitura do texto, cada um pense na contribuição que vai dar à montagem da peça. É importante observar que, mesmo em produções profissionais, muitas funções são exercidas por uma equipe, e não apenas por um profissional.

9. Embora alguns estudantes já saibam que serão os atores da peça, ainda não é o momento de distribuir os papéis.

UMA CORRIDA DE REVEZAMENTO

O trabalho da montagem de uma peça pode ser comparado a uma corrida de revezamento: cada profissional tem o seu momento de trabalhar, de se esforçar, e isso nem sempre acontece no mesmo período – é preciso passar o bastão. A função do dramaturgo, por exemplo, é imprescindível no começo da montagem e, embora ainda seja requisitada para algumas modificações durante o ensaio, diminui com o tempo.

O produtor faz o caminho contrário, pois está presente em toda a produção, mas precisa assumir maior fôlego no final para que a peça aconteça. O importante é sempre se lembrar de que a montagem de uma peça teatral é um trabalho em equipe.

Parte III – Montagem do espetáculo

1. A etapa de montagem deve começar já na leitura do texto revisto pelo dramaturgo.

2. Conversem sobre os pontos levantados e definam diretrizes gerais para o estilo de interpretação e direção, a concepção dos cenários, da luz e do som e a criação dos figurinos e da maquiagem. Durante essa conversa, é importante que o contrarregra e os produtores se organizem e comecem a produção da peça.

3. As equipes de cenografia, figurino, iluminação, maquiagem e sonoplastia também precisam pensar nos materiais necessários para a confecção do espetáculo, definindo estratégias para obtê-los. Lembrem-se de que, nesse momento, a criatividade é de grande ajuda: objetos de casa, empréstimos de familiares e de amigos e o talento de cada um vão fazer a diferença. O importante é que os recursos utilizados estejam de acordo com o texto.

4. O contrarregra e os produtores ficarão responsáveis por escolher o espaço mais adequado à apresentação teatral. Com a ajuda do professor, reservem, com antecedência, o lugar para os ensaios gerais e a apresentação.

5. Enquanto isso, os atores e o diretor devem estar empenhados em conhecer melhor o texto que será encenado.

6. Quando a equipe estiver mais familiarizada com o texto, os atores vão realizar uma leitura dramática. Em seguida, o diretor e sua equipe deverão iniciar a marcação de cena, investigando os movimentos, as expressões faciais e as modulações de voz mais expressivas para cada trecho do texto.

7. Assim que possível, marquem uma data para que todos conheçam o espaço de apresentação e façam experimentações com o cenário, a luz, o som, a maquiagem e o figurino. Aproveitem para já incluir nos ensaios os momentos de entrada do som e de mudança da luz.

8. É importante que todos participem desse processo de montagem da peça no espaço em que será encenada. Olhares diferentes para uma mesma situação contribuem muito para o desenvolvimento e a realização do espetáculo.

9. Façam ensaios individuais e em grupo para ganhar fluência no texto e montem partes cada vez mais extensas da peça, até que todo o texto esteja decorado e as cenas estejam marcadas. Contem com o professor e, se possível, com a comunidade escolar como primeiros críticos e espectadores desses ensaios.

10. Façam, pelo menos, três ensaios gerais, com todas as equipes participando.

Compartilhamento

1. Com duas a três semanas de antecedência, iniciem a divulgação da apresentação. Esse é o momento em que os produtores intensificam seu trabalho.

2. Eles devem montar um programa da apresentação para ser distribuído antes do espetáculo. No programa, é preciso constar uma ficha técnica com informações sobre o texto, os papéis e as funções desempenhadas pelos estudantes. É interessante apresentar imagens dos ensaios e dos integrantes do grupo teatral.

3. Para divulgar o espetáculo, os produtores também podem criar cartazes com o dia, o local, o horário e o nome do evento, passar pelas salas de aula dando recado sobre a peça e divulgá-la nas redes sociais.

4. Caberá também à produção a distribuição de convites para os interessados em assistir à peça. A quantidade de ingressos distribuídos deve ser exatamente a que o local comporta. Caso os ingressos acabem e existam ainda muitos interessados, não há por que se preocupar com o sucesso. Uma sessão extra pode ser aberta para o mesmo dia ou o dia seguinte. Converse com o professor sobre essa possibilidade.

5. Enquanto os produtores ficam responsáveis pela organização externa da peça, espera-se que o contrarregra e o diretor estejam focados em tornar coeso o trabalho dos demais integrantes. Caso seja necessário fazer alguma alteração no texto, esse é o momento; por isso, o dramaturgo deve estar presente.

6. Em seguida, na data definida, acontecerá a estreia do espetáculo, momento de experimentar um intenso trabalho de colaboração e a sensação de receber uma salva de palmas.

7. Em outra data, será necessária uma reunião de avaliação com toda a equipe para que os pontos positivos e os pontos negativos possam ser levantados. Essa reunião é comum em grupos teatrais profissionais e, muitas vezes, tem como objetivo averiguar se as apresentações terão continuidade. Caso vocês se animem, o grupo de vocês também pode prosseguir com as apresentações!

Avaliação

1. Durante o levantamento de informações sobre as funções e as etapas de uma montagem teatral, que novos conhecimentos vocês construíram a respeito do teatro?
2. A experiência de ir ao teatro e conversar com o profissionais contribuiu para ampliar o conhecimento de vocês?
3. A pesquisa de textos dramáticos ocorreu de forma colaborativa e produtiva, possibilitando que vocês conhecessem novos textos sobre os mais variados assuntos?
4. A divisão de tarefas para a montagem do espetáculo funcionou bem?
5. Todos os estudantes participaram efetivamente da produção do espetáculo?
6. Vocês conseguiram articular os diferentes elementos da montagem teatral para construir uma apresentação coesa, expressiva e fluente?
7. Os cartazes divulgando a peça foram distribuídos para toda a comunidade escolar, como famílias, professores, estudantes de outras turmas, etc.?
8. Os convites foram produzidos e distribuídos adequadamente?
9. Na semana que antecedeu a apresentação, todos os detalhes foram conferidos?
10. Como foi a apresentação da peça? Que sensações vocês experimentaram durante a encenação?
11. As emoções do texto foram passadas para o público? Como a plateia reagiu durante a peça?
12. Após a montagem da peça, vocês desenvolveram maior interesse pelo gênero texto dramático?
13. Alguma etapa do trabalho não funcionou bem? O que poderia ser revisto?
14. Apontem o aspecto do projeto que vocês acharam mais interessante e por quê.

PREPARE-SE!

PARTE 1

Questão 1

Não se matam os pobres-diabos

[...]

— Conte o que aconteceu da forma mais simples possível.

— Como posso fazer isso se não vi nada? É como se nada tivesse acontecido... Ele voltou às seis e meia como nos outros dias... Sempre chega na hora... Até preciso apressar as crianças, porque ele faz questão de jantar logo que chega...

Ela falava do marido, cuja fotografia ampliada se via na parede, ao lado da foto da mulher. E não era devido à tragédia que a mulher tinha aquele ar triste. Já no retrato tinha a fisionomia ao mesmo tempo abatida e resignada de alguém que leva nos ombros o peso do mundo.

[...]

Georges Simenon. *Todos os contos de Maigret*.
Porto Alegre: L&PM, 2009. p. 299. v. 2.

Em um conto de enigma, a atenção aos detalhes é fundamental para desvendar um crime. No trecho acima, o comissário Maigret, ao mesmo tempo que conversa com a viúva de um homem assassinado, observa o retrato dela na parede. Essa observação permite inferir que o assassinato

a) alterou consideravelmente a fisionomia da viúva.

b) fez a viúva levar nos ombros o peso do mundo.

c) pouco alterou o semblante da mulher.

d) foi responsável pelo ar triste da viúva.

e) causou a fisionomia abatida da mulher.

Questão 2

Assassinatos na rua Morgue

[...]

A edição vespertina do jornal declarava que a maior excitação ainda perdurava no *Quartier St.-Roch*, que os aposentos do prédio tinham sido novamente examinados e novos exames das testemunhas realizados, tudo sem o menor resultado. [...]

Eu somente podia concordar com toda Paris ao considerá-los um mistério insolúvel. Não via maneira através da qual fosse possível identificar o assassino.

— Não podemos julgar os meios — disse Dupin — a partir de um exame tão superficial. A polícia parisiense, que é tão exaltada por sua argúcia, é esperta, mas nada mais do que isto. Não existe método em seus procedimentos, além do método sugerido pela inspiração do momento. [...]

Edgar Allan Poe. *Assassinatos na rua Morgue e outras histórias*.
Porto Alegre: L&PM, 2002. p. 49.

Esse trecho do conto "Assassinatos na rua Morgue", do escritor Edgar Allan Poe, revela uma característica do conto de enigma, que é

a) a reflexão do narrador sobre as motivações do autor de um crime.

b) a competência da polícia durante as investigações do crime.

c) a presença de depoimentos das testemunhas de um crime.

d) o mistério a ser desvendado em uma investigação.

e) a ausência de pistas em uma cena criminal.

Questão 3

Bertram

[...]

Era alta noite: eu esperava ver passar nas cortinas brancas a sombra do anjo. Quando passei uma voz chamou-me. Entrei. Ângela com os pés nus, o vestido solto, o cabelo desgrenhado e os olhos ardentes tomou-me pela mão... Senti-lhe a mão úmida... Era escura a escada que subimos: passei minha mão molhada pela dela, por meus lábios. Tinha saibo de sangue.

— Sangue, Ângela! De quem é esse sangue?

A Espanhola sacudiu seus longos cabelos negros e riu-se.

Entramos numa sala. Ela foi buscar uma luz e deixou-me no escuro.

Procurei, tateando, um lugar para assentar-me, toquei numa mesa. Mas ao passar-lhe a mão senti-a banhada de umidade: além senti uma cabeça fria como a neve e molhada de um líquido espesso e meio coagulado. Era sangue...

[...]

Álvares de Azevedo. *Noite na taverna*. Rio de Janeiro: Ediouro, 1995. p. 26.

saibo: gosto desagradável.

Nesse trecho de um conto de terror de Álvares de Azevedo, tempo e espaço contribuem para
a) a manutenção da calma de Ângela.
b) o conflito psicológico do narrador.
c) o efeito de suspense da cena.
d) o abrandamento da tensão.
e) a objetividade da narração.

Texto para as questões **4** e **5**.

Folha Vitória. Disponível em: http://www.folhavitoria.com.br/geral/blogs/midiaemercado/2013/04/30/viver-com-menos-pressao/. Acesso em: 14 abr. 2023.

Questão 4

Alguns verbos precisam de complementos para ter sentido completo, outros não. No anúncio, os complementos dos verbos *economizar* e *ter* foram omitidos. Considerando os elementos verbais e não verbais, é possível afirmar que esses verbos
a) apresentam o mesmo complemento, que está implícito (*água*).
b) não têm sentido completo, por isso, não é possível compreender a mensagem.
c) geram sentidos opostos ao do conteúdo visual.
d) não têm sentido completo e possuem complementos diferentes (*água* e *o bem*).
e) apresentam o mesmo complemento do verbo *fazer* (*o bem*).

Questão 5

O sujeito é o ser sobre o qual se faz uma declaração. Ele pode ter um ou mais núcleos, estar oculto (quando não está expresso, mas pode ser identificado pela desinência do verbo) ou indeterminado (quando se desconhece o sujeito). Há casos, também, em que ele não está presente, como quando os verbos são impessoais ou representam fenômenos da natureza. Na primeira oração desse anúncio, é possível afirmar que
a) o sujeito está indeterminado.
b) o sujeito está oculto.
c) o sujeito é composto.
d) o sujeito é simples.
e) não há sujeito.

Questão 6

1984

[...] A teletela recebia e transmitia simultaneamente. Todo som produzido por Winston que ultrapassasse o nível de um sussurro muito discreto seria captado por ela; mais: enquanto Winston permanecesse no campo de visão enquadrado pela placa de metal, além de ouvido também poderia ser visto. Claro, não havia como saber se você estava sendo observado num momento específico. Tentar adivinhar o sistema utilizado pela Polícia das Ideias para conectar-se a cada aparelho individual ou a frequência com que o fazia não passava de especulação. Era possível inclusive que ela controlasse todo mundo o tempo todo. Fosse como fosse, uma coisa era certa: tinha meios de conectar-se a seu aparelho sempre que quisesse. Você era obrigado a viver — e vivia, em decorrência do hábito transformado em instinto — acreditando que todo som que fizesse seria ouvido e, se a escuridão não fosse completa, todo movimento examinado meticulosamente.

George Orwell. *1984*. São Paulo: Companhia das Letras, 2009. p. 13.

Uma das características dos textos de ficção científica é a temática do impacto das novas tecnologias e das inovações científicas na humanidade. Nesse trecho do romance *1984*, um dos clássicos do gênero, o impacto do equipamento tecnológico "teletela" está relacionado

a) à leitura de pensamentos.

b) ao controle da vida social.

c) à repressão e à violência.

d) ao combate à corrupção.

e) ao vício em informação.

Questão 7

Eu, robô

[...]

— Menino mau! Vou bater em você!

E Robbie se encolheu, colocando as mãos sobre o rosto, de modo que ela teve de acrescentar:

— Não vou não, Robbie. Não vou bater em você. Mas, de qualquer forma, é minha vez de me esconder agora, porque você tem pernas mais compridas e prometeu não correr até que eu o encontrasse.

Robbie concordou com a cabeça (um pequeno paralelepípedo com bordas arredondadas cujos cantos eram ligados por meio de um tubo pequeno e flexível a outro paralelepípedo semelhante, porém muito maior, que servia de torso) e virou-se para a árvore de maneira obediente. Uma película fina e metálica cobriu seus olhos brilhantes e de dentro do seu corpo surgiu um constante e sonoro tique-taque.

— Não espie, e não pule nenhum número — advertiu Gloria, e correu para se esconder.

[...]

Isaac Asimov. *Eu, robô*. Tradução: Aline Storto Pereira. São Paulo: Aleph, 2014. p. 22-23.

O trecho apresentado é parte de uma obra clássica da ficção científica de Isaac Asimov, publicada originalmente em 1950. A característica que permite associar esse texto ao gênero novela de ficção científica é o fato de ele

a) introduzir termos e conceitos matemáticos.

b) apresentar foco narrativo em terceira pessoa.

c) caracterizar um robô como um ser pensante e complexo.

d) descrever o tempo e o espaço da narrativa de modo futurista.

e) retratar uma brincadeira infantil entre uma criança e seu brinquedo.

Questão 8

Incêndio florestal na Califórnia queima mais de 5 mil hectares e força evacuação

Segundo autoridades nos EUA, milhares de pessoas tiveram que deixar comunidades rurais próximas ao local

Um incêndio florestal que ocorre pelo terceiro dia neste domingo (24) no condado de Mariposa, no centro da Califórnia, nos Estados Unidos, fora do Parque Nacional de Yosemite, queimou mais de 14 mil acres (cerca de 5 665 hectares) e forçou milhares a evacuarem comunidades rurais, disseram autoridades.

[...]

Nick Smith disse à CNN que a casa de seus pais foi incendiada como resultado do incêndio. [...]

"Eles moraram em sua casa por mais de 37 anos e agora perderam tudo", escreveu Smith no GoFundMe. "37 anos de memórias, gerações de tesouros familiares e inúmeras outras coisas sentimentais. Embora sejam materiais, é devastador perder tudo literalmente em um piscar de olhos sem aviso prévio." [...]

Incêndio florestal na Califórnia queima mais de 5 mil hectares e força evacuação. *CNN*, 24 jul. 2022. Disponível em: https://www.cnnbrasil.com.br/internacional/incendio-florestal-na-californiaqueima-mais-de-5-mil-hectares-e-forca-evacuacao/#:~:text=Um%20inc%C3%AAndio%20florestal%20que%20ocorre,evacuarem%20comunidades%20rurais%2C%20disseram%20autoridades. Acesso em: 14 abr. 2023.

Nesse trecho de notícia, o advérbio *literalmente*

a) salienta o fato de que os pais de Smith perderam apenas bens materiais.

b) expressa a indignação do jornalista ao se referir às perdas da família Smith.

c) enfatiza as consequências das perdas materiais para as vítimas do incêndio florestal.

d) destaca o problema das residências do condado de Mariposa atingidas pelos incêndios florestais.

e) reforça a rapidez com que se deu a perda dos bens materiais e sentimentais dos pais de Smith.

Questão 9

Tiranossauro Rex caminhava surpreendentemente devagar, descobre estudo

Novos cálculos apontam que T. Rex percorria pouco menos de 4,8 quilômetros por hora, ritmo mais lento do que estimativas anteriores

O Tiranossauro Rex era um predador temível, mas com certeza não era um motor particularmente rápido. Na verdade, a maioria dos humanos poderia facilmente acompanhá-lo sem suar a camisa.

Segundo um estudo publicado na última terça-feira (20) pela revista Royal Society Open Science, os novos cálculos de paleontólogos holandeses descobriram que o T. rex teria percorria pouco menos de 3 milhas em uma hora (cerca de 4,8 quilômetros por hora) – semelhante aos humanos e muitos outros animais – em sua velocidade de caminhada preferida. No entanto, esse ritmo é mais lento do que outras estimativas da velocidade de caminhada do "lagarto tirano rei".

Katie Hunt. *CNN*, 21 abr. 2021. Disponível em: https://www.cnnbrasil.com.br/tecnologia/tiranossauro-rex-caminhava-surpreendentemente-devagar-descobre-estudo/. Acesso em: 10 mai. 2023.

Apesar de a notícia ser um gênero que visa à objetividade, nela o jornalista pode usar palavras que revelam as próprias impressões. No trecho, as duas palavras que revelam uma impressão pessoal da autora são

a) *devagar* e *lento*.

b) *surpreendentemente* e *felizmente*.

c) *predador* e *humanos*.

d) *preferida* e *tirano*.

e) *caminhada* e *velocidade*.

Questão 10

Uma escritora decidida a defender as profundezas da alma. Essa é a Clarice Lispector, que escolheu a literatura como bússola em sua busca pela essência humana. Sua tentativa de transcender o cotidiano revela-se em personagens na iminência de um milagre, uma explosão ou uma singela descoberta. Vidas que se perdem e se encontram em labirintos formados por uma linguagem única, meticulosamente estruturada. E é por essa linguagem que Clarice Lispector constrói uma obra de caráter tão profundo quanto universal.

Quarta capa. Em: Clarice Lispector. *A paixão segundo G. H.* Rio de Janeiro: Rocco, 2009.

Nesse texto, que faz parte da quarta capa da obra *A paixão segundo G. H.*, de Clarice Lispector, os adjetivos cumprem a função sintática de adjuntos adnominais e contribuem para

a) nomear os elementos descritos.
b) determinar nomes aos quais se refere.
c) descrever cenas, personagens e lugares.
d) incluir informações dispensáveis sobre a obra.
e) expressar opiniões sobre a escritora e sua obra.

Questão 11

Mauricio de Sousa. *Turma da Mônica*. Acervo do autor.

Com base nos elementos verbais e não verbais dessa tira, verifica-se que o efeito de humor decorre da

a) homonímia, pois a pronúncia de *acento* pode remeter a duas palavras de sentidos diferentes.
b) paronímia, pois a palavra *acento* é parecida foneticamente com outra de sentido oposto.
c) comparação, pois Cascão compara a calçada em que estão a um assento de ônibus.
d) ironia, pois Mônica deu à palavra *acento* um sentido diferente do que desejava.
e) antonímia, pois Cascão demonstra entender o sentido contrário ao esperado.

Texto para as questões **12** e **13**.

O diário de Anne Frank

"O papel tem mais paciência do que as pessoas". Pensei nesse ditado num daqueles dias em que me sentia meio deprimida e estava em casa, sentada, com o queixo apoiado nas mãos, chateada e inquieta, pensando se deveria ficar ou sair. No fim, fiquei onde estava, matutando. É, o papel tem mais paciência, e como não estou planejando deixar ninguém mais ler este caderno de capa dura que costumamos chamar de diário, a menos que algum dia encontre um verdadeiro amigo, isso provavelmente não vai fazer a menor diferença.

Agora voltei ao ponto que me levou a escrever um diário: não tenho um amigo.

Vou ser mais clara, já que ninguém acreditará que uma garota de 13 anos seja completamente sozinha no mundo. E não sou. Tenho pais amorosos e uma irmã de 16 anos, e há umas trinta pessoas que posso considerar amigas. Tenho um monte de admiradores que não conseguem tirar os olhos de cima de mim, e que algumas vezes precisam usar um espelho de bolso, quebrado, para conseguir me ver na sala de aula. Tenho uma família, tias amorosas e uma casa boa. Não; aparentemente parece que tenho tudo, exceto um único amigo de verdade. Quando estou com amigas só penso em me divertir. Não consigo me obrigar a falar nada que não sejam bobagens do cotidiano. Parece que não conseguimos nos aproximar mais, e esse é o problema. Talvez seja minha culpa não confiarmos umas nas outras. De qualquer modo, é assim que as coisas são, e não devem mudar, o que é uma pena. Foi por isso que comecei o diário.

Anne Frank. O *diário de Anne Frank*. Tradução: Alves Calado. Rio de Janeiro: Record, 2016. p. 25-26.

Questão 12

Analisando o trecho extraído do diário escrito por Anne Frank na adolescência, verifica-se que, para ela, seu convívio com os amigos é

a) atribulado, pois ninguém se entende.
b) tedioso, na medida em que a rotina é a mesma.
c) superficial, pois não se fala algo além da rotina.
d) frustrante, pois não é compreendida por elas.
e) desgastante, pois não há diversão.

Questão 13

No texto, a afirmação "É, o papel *tem* mais paciência" apresenta o recurso expressivo

a) aliteração, porque há repetição da letra *p*.
b) comparação, pois compara o papel e a paciência.
c) personificação, pois atribui características humanas ao papel.
d) ironia, pois afirma o contrário do que, de fato, pensa sobre o papel.
e) metáfora, pois *papel* e *paciência* têm sentido equivalente no poema.

Texto para as questões **14** e **15**.

Artigo 26

1. Toda a pessoa tem direito à educação. A educação deve ser gratuita, pelo menos a correspondente ao ensino elementar fundamental. O ensino elementar é obrigatório. O ensino técnico e profissional deve ser generalizado; o acesso aos estudos superiores deve estar aberto a todos em plena igualdade, em função do seu mérito.

2. A educação deve visar à plena expansão da personalidade humana e ao reforço dos direitos do Homem e das liberdades fundamentais e deve favorecer a compreensão, a tolerância e a amizade entre todas as nações e todos os grupos raciais ou religiosos, bem como o desenvolvimento das atividades das Nações Unidas para a manutenção da paz.

3. Aos pais pertence a prioridade do direito de escolher o gênero de educação a dar aos filhos.

Declaração Universal dos Direitos Humanos. Disponível em: https://www.ohchr.org/en/human-rights/universal-declaration/translations/portuguese. Acesso em: 14 abr. 2023.

Questão 14

Esse texto foi retirado da *Declaração Universal dos Direitos Humanos*, documento proclamado pela Assembleia Geral da Organização das Nações Unidas (ONU) em 1948. Esse artigo afirma que

a) a educação deve favorecer o livre pensamento, a compreensão e a tolerância entre os povos.

b) a manutenção da paz pressupõe um compromisso entre a ONU e grupos raciais e religiosos.

c) a obrigatoriedade do ensino elementar e superior promove a igualdade entre os povos.

d) as liberdades fundamentais devem preponderar em relação ao acesso à educação.

e) os direitos dos seres humanos admitem tensões entre grupos raciais e religiosos.

Questão 15

A *Declaração Universal dos Direitos Humanos* é um texto normativo, por isso esse documento apresenta um conjunto de preceitos, com o intuito de reger os direitos de todos os seres humanos. Sobre esse texto é possível afirmar que

a) a linguagem formal revela polidez.

b) o uso do imperativo marca o tom autoritário.

c) a fonte do texto reforça seu caráter pessoal.

d) o título expressivo atrai a atenção dos leitores.

e) os artigos numerados facilitam a organização.

Questão 16

Manifesto de abertura da Biblioteca Pública Câmara Cascudo

Para: Vossa Excelência Governador(a) do estado do Rio Grande do Norte

[...]

O estado de belas praias e paisagens naturais precisa urgentemente considerar como prioridade de governo a abertura efetiva da Biblioteca Pública criada pela Lei no. 2.885 de 08/04/1963, e fechada, para reforma, desde 2012. Durante todos esses longos anos de portas cerradas, a comunidade foi privada de acessar o espaço cultural, informacional, educacional e de memória [...].

[...]

Desejamos ver em o mais breve possível a Biblioteca Pública, de fato, aberta; repleta de vida, fazendo jus ao estado democrático e a democratização do acesso aos bens culturais do povo potiguar, brasileiro, para toda a comunidade do estado do Rio Grande do Norte.

Petição pública. Disponível em: https://peticaopublica.com.br/pview. aspx?pi=BR111019. Acesso em: 14 abr. 2023.

O trecho acima foi retirado de uma petição *on-line*, texto argumentativo que busca convencer o leitor, por meio de argumentos, a tomar uma atitude. Considerando o conteúdo desse trecho e o veículo em que foi publicado, o objetivo dele é

a) elogiar o representante do estado por promover o acesso a espaços culturais.

b) reivindicar a democratização do acesso a bens culturais para todos os brasileiros.

c) divulgar o manifesto de abertura de uma biblioteca e instigar a assinatura da petição.

d) informar sobre o acervo da Biblioteca Pública Câmara Cascudo para os leitores do *site*.

e) denunciar o fechamento da Biblioteca Pública Câmara Cascudo e cobrar ações da mídia.

Textos para as questões **17** e **18**.

Texto I

Aleijadinho – Antônio Francisco Lisboa

Escultor, entalhador e arquiteto. [...] Sua produção é composta por um vasto conjunto de obras de arquitetura, ornamentação sacra e imagens para retábulos e capelas, destacam-se as esculturas das capelas dos Passos e dos doze profetas bíblicos, na cidade de Congonhas do Campo. Para Myriam Ribeiro de Oliveira, ele bebeu de fontes e temas portugueses, mas fez um agenciamento original desse conjunto, desenvolvendo uma verdadeira escola regional por meio da adaptação dos modelos estrangeiros, apreendidos a partir de gravuras. Segundo a autora, muitas esculturas do Aleijadinho exibem uma "transcendência do rococó em prol de estilos anteriores, como o barroco e o gótico, mais adequados à expressão de sentimentos místicos".

Museu Afro Brasil. Disponível em: http://www.museuafrobrasil.org.br/pesquisa/indice-biografico/lista-de-biografias/biografia/2017/06/26/aleijadinho---ant%C3%B4nio-francisco-lisboa. Acesso em: 14 abr. 2023.

Texto II

Nos últimos três anos ocorreram significativas exposições nas quais se pode observar o caráter pragmático do colecionismo em torno do Aleijadinho e a falta de critérios de curadores na seleção de peças. Nas exposições *Universo Mágico do Barroco Brasileiro* [...] e na mostra *Brésil Baroque: entre ciel el terre* realizada em Paris [...] havia tantas peças de atribuição duvidosa ao escultor. Não é raro que peças sejam expostas como de autoria comprovada do Aleijadinho – a maioria proveniente de coleções particulares –, quando é conveniente aos donos para lhes conferir mais prestígio e valor. O problema da investigação de autoria revela que "há no espírito humano uma instintiva tendência a acreditar em qualquer sinal aparente de autoria. Um nome numa página de título, uma atribuição num catálogo, induzem fortemente a aceitar a autoria ou a atribuição, sem maior discussão."[3]

[3] Andre Monze, *Problems and Methods of Litterary History*. Boston: Guinov & Co., 1923. p. 189. Apud Afonso Pena Junior, Crítica de Atribuição de um Manuscrito da Biblioteca da Ajuda. Rio de Janeiro: Imprensa Oficial, 1943.

Sônia Maria Fonseca. *A invenção do Aleijadinho: historiografia e colecionismo em torno de Antônio Francisco Lisboa*. 2001. Dissertação (Mestrado em História) – Instituto de Filosofia e Ciências Humanas, Universidade Estadual de Campinas, Campinas. Disponível em: https://repositorio.unicamp.br/Busca/Download?codigoArquivo=495148. Acesso em: 5 mai. 2023.

Questão 17

Os textos I e II, trechos de um verbete de enciclopédia digital e de uma dissertação acadêmica, referem-se a Aleijadinho. Ao compará-los, percebe-se que ambos

a) reavaliam a autoria de obras atribuídas a Aleijadinho.

b) são textos expositivos direcionados a leitores especialistas.

c) apresentam informações técnicas e históricas sobre as mesmas obras.

d) tratam dos critérios estabelecidos para catalogação de obras de Aleijadinho.

e) fazem referência a obras de Aleijadinho a partir de diferentes vieses.

Questão 18

O texto II faz referência à autoria duvidosa de algumas obras de Aleijadinho que fizeram parte de duas exposições. Infere-se que esse problema poderia ser evitado se houvesse

a) comercialização das obras do artista barroco.

b) critérios formais e técnicos de catalogação mais específicos.

c) incentivo à construção de acervos públicos da obra do artista.

d) identificação de características do Barroco em obras de Aleijadinho.

e) análise comparativa de obras de Aleijadinho com obras de outros artistas.

Questão 19

Campanha de conscientização quanto ao desperdício de alimentos, promovida pela Associação dos Profissionais de Propaganda (APP) de Uberlândia.

Nesse anúncio de propaganda, verifica-se uma estratégia argumentativa para afirmar que o desperdício de alimentos, além de implicar um problema financeiro, impede o combate de outro problema, de ordem
a) paisagística.
b) ambiental.
c) política.
d) urbana.
e) social.

Questão 20

Uma rosa só

A japonesa levara-a até seu quarto. Na sala adjacente, o vapor de um banho subia de uma grande bacia de madeira lisa. Rose enfiara-se na água escaldante, impressionada com o despojamento daquela cripta úmida e silenciosa, com sua decoração de madeira, com suas linhas puras. Ao sair do banho, vestira o quimono de algodão leve como quem penetra num santuário. Da mesma maneira, entrara debaixo dos lençóis com uma inexplicável sensação de fervor. Depois, tudo passara.

Muriel Barbery. *Uma rosa só*. Tradução: Rosa Freire d'Aguiar. São Paulo: Companhia das Letras, 2022. p. 12.

O complemento nominal pode completar o sentido de um nome, retomar ou resumir uma informação e expressar julgamento de valor em um texto. Nesse trecho, os complementos nominais do adjetivo *impressionada*
a) emitem um julgamento de valor.
b) acrescentam uma informação.
c) reproduzem um argumento.
d) resumem uma informação.
e) reforçam uma opinião.

PARTE 2

Questão 1

Tarsila

JULHO DE 1922. TARSILA, DE <u>COMBINA-ÇÃO</u>, AJEITA AS MEIAS E AS LIGAS. DEPOIS, DIANTE DO ESPELHO, PINTA OS OLHOS, OS LÁBIOS EM FORTE TOM VERMELHO, COLOCA OS BRINCOS E FINALMENTE ENFIA UM LINDO VESTIDO <u>POIRET</u>. ELA EXAMINA-SE VAIDOSA E APROVA O QUE VÊ.

ENQUANTO ELA SE ARRUMA EM OFF, SUA PRÓPRIA VOZ, CINQUENTA ANOS DEPOIS.

TARSILA — Eu cresci numa fazenda de café entre rochas e cactos... era muito livre, corria muito, brincava, subia em muros, em árvores e fazia bonecas de mato. Fora isso, tudo respirava França. Nossos sabonetes, nossas leituras, até os vestidos e os laços de fita eram franceses.

Maria Adelaide Amaral. *Tarsila*. São Paulo: Globo, 2004. p. 13.

<u>combinação</u>: roupa íntima feminina.

Poiret: referente ao estilista francês Paul Poiret, que, nos anos 1920, inovou a silhueta dos vestidos femininos, dispensando o uso de espartilho devido ao corte mais solto de suas peças.

A voz em *off* é um recurso comum em textos dramáticos. Trata-se de uma voz exterior à ação, que pode tanto narrar a cena quanto trazer informações que, de alguma maneira, se relacionem com ela. Nesse excerto do texto dramático sobre a pintora Tarsila do Amaral, a voz em *off* contribui para

a) apresentar histórias da infância de Tarsila.

b) introduzir o narrador, que apresenta Tarsila.

c) revelar preocupações de Tarsila ao se arrumar.

d) unir dois planos temporais da vida de Tarsila.

e) partilhar segredos da infância de Tarsila.

Questão 2

O auto da compadecida

CHICÓ
Que foi isso, João?

JOÃO GRILO
O cabra estava vivo ainda e atirou em mim.

CHICÓ
Ai, minha Nossa Senhora, será que você vai morrer, João?

JOÃO GRILO
Acho que vou, Chicó, estou ficando com a vista escura.

CHICÓ
Ai, meu Deus, pobre de João Grilo vai morrer!

JOÃO GRILO
Deixe de <u>latomia</u>, Chicó, parece que nunca viu um homem morrer! Nisso tudo eu só lamento é perder o testamento do cachorro.

Ariano Suassuna. *O auto da compadecida*.
Rio de Janeiro: Agir, 2004. p. 133.

<u>latomia</u>: lamentação, choradeira.

Nesse texto dramático, o uso da palavra *cabra* e da expressão *deixe de latomia* contribui para

a) enfatizar a amizade entre as duas personagens.

b) caracterizar uma variedade linguística regional.

c) representar a agonia das personagens.

d) descrever o tom melancólico da cena.

e) demarcar a classe social de Chicó.

311

Questão 3

Onça-pintada é resgatada do Pantanal e transferida de helicóptero ao hospital veterinário

Animal foi encontrado por equipes do Corpo de Bombeiros Militar e por veterinários voluntários que atuam no resgate de animais na região.

Onça-pintada é resgatada do Pantanal e transferida de helicóptero ao hospital veterinário. *G1*, 12 set. 2020. Disponível em: https://g1.globo.com/mt/mato-grosso/noticia/2020/09/12/onca-pintada-e-resgatada-do-pantanal-com-queimaduras-e-transferida-de-helicoptero-ao-hospital-veterinario.ghtml. Acesso em: 14 abr. 2023.

Uma notícia apresenta informações em ordem de relevância. Nessa notícia, o recurso linguístico utilizado no título para destacar a informação principal foi

a) o uso de verbos no presente, que traz atualidade à informação.
b) o sujeito oculto, que dá destaque à ação e não ao agente.
c) a omissão do advérbio, que minimiza o tempo da ação.
d) a voz passiva, que enfatiza o resultado da ação.
e) a voz ativa, que focaliza o sujeito da ação.

Textos para as questões 4 e 5.

Texto I

Pablo Picasso. *Autorretrato*, 1955. Tinta sobre papelão, 39,7 cm × 31,8 cm.

Texto II

A hora da estrela

Depois de receber o aviso foi ao banheiro para ficar sozinha porque estava toda atordoada. Olhou-se maquinalmente ao espelho que encimava a pia imunda e rachada, cheia de cabelos, o que tanto combinava com sua vida. Pareceu-lhe que o espelho baço e escurecido não refletia imagem alguma. Sumira por acaso a sua existência física? Logo depois passou a ilusão e enxergou a cara toda deformada pelo espelho ordinário, o nariz tornado enorme como o de um palhaço de nariz de papelão. Olhou-se e levemente pensou: tão jovem e já com ferrugem.

Clarice Lispector. *A hora da estrela*. Rio de Janeiro: Rocco, 1998. p. 25.

Questão 4

O texto I e o texto II apresentam, respectivamente, um autorretrato de Pablo Picasso e um retrato da personagem principal do romance *A hora da estrela*, de Clarice Lispector. Em comum, a forma como Picasso se retratou e a maneira como a personagem é descrita revelam a

a) recusa à realidade e aos padrões estéticos.
b) instabilidade psíquica e emocional de ambos.
c) representação realista da imagem de cada um.
d) influência da subjetividade nas formas de representação.
e) crítica às formas de representação dos indivíduos na arte.

Questão 5

No excerto do romance, um dos elementos que mais contribuem para a representação do exame que a personagem faz de si mesma é

a) o narrador-personagem.
b) a narração não linear.
c) o discurso direto.
d) a voz reflexiva.
e) o diálogo.

Questão 6

Despalavra

Hoje eu atingi o reino das imagens, o reino da
[despalavra.
Daqui vem que todas as coisas podem ter
[qualidades humanas.
Daqui vem que todas as coisas podem ter
[qualidades de pássaros.
Daqui vem que todas as pedras podem ter
[qualidade de sapo.
Daqui vem que todos os poetas podem ter
[qualidades de árvore.
Daqui vem que os poetas podem arborizar os
[pássaros.
Daqui vem que todos os poetas podem
[humanizar as águas.
Daqui vem que os poetas devem aumentar o
[mundo com suas metáforas.
Que os poetas podem ser pré-coisas, pré-vermes,
[podem ser pré-musgos.
Daqui vem que os poetas podem compreender
[o mundo sem conceitos.
Que os poetas podem refazer o mundo por
[imagens, por eflúvios, por afeto.

Manoel de Barros. *Poesia completa*. São Paulo: Leya, 2010. p. 383.

Nesse poema de Manoel de Barros, a expressão "reino da despalavra" sintetiza uma ideia de poesia baseada

a) em sensações incontroláveis.

b) na recusa às regras gramaticais.

c) na crítica aos pensamentos infiéis.

d) na liberdade de criação de sentidos.

e) na multiplicidade de pontos de vista.

Questão 7

Último poema

Agora deixa o livro
volta os olhos
para a janela
a cidade
a rua
o chão
o corpo mais próximo
tuas próprias mãos:
aí também
se lê

Ana Martins Marques. *O livro das semelhanças*.
São Paulo: Companhia das Letras, 2015. p. 29.

Ao pedir ao leitor que deixe o livro e volte os olhos para a janela e outros elementos, o eu poético convida o leitor a

a) dar sentido ao livro observando a paisagem.

b) reconhecer a poesia em coisas do cotidiano.

c) relacionar as palavras com a paisagem urbana.

d) distrair-se com a paisagem após a leitura do livro.

e) interpretar o poema observando as próprias mãos.

Questão 8

O avesso da pele

Vitinho era o único filho de dona Maria e do seu Armindo, um dos moradores mais antigos do Morro das Pedras. Eram pais idosos. E Vítor, ou Vitinho, completara dezessete anos no mês anterior. O rapaz não gostava de estudar, mas era trabalhador, diziam. Acordava cedo e ajudava no armazém do pai. Quando minha mãe e Flora começaram a frequentar sozinhas a praça nas tardes de domingo, pois essa era a principal atração do local, talvez a única diversão, Vitinho e minha mãe se olharam. Sempre que o via passar, minha mãe fingia que não o conhecia; na verdade eles se conheciam, mas não se falavam. Era um tipo de pessoa que vemos por aí, a respeito da qual sabemos algo, mas com quem, por algum motivo, não falamos. [...]

Jeferson Tenório. O avesso da pele. São Paulo:
Companhia das Letras, 2020. p. 62.

O aposto é um termo acessório da oração que se relaciona obrigatoriamente com o termo que o antecede. Ele pode ser utilizado para diferentes finalidades, como explicar, especificar, enumerar ou recapitular informações. Nesse trecho, há apostos explicativos em:

a) "o único filho de dona Maria" e "ou Vitinho".

b) "o único filho de dona Maria" e "pais idosos".

c) "pais idosos" e "talvez a única diversão".

d) "um dos moradores mais antigos do Morro das Pedras" e "ou Vitinho".

e) "um dos moradores mais antigos do Morro das Pedras" e "pais idosos".

Questão 9

Faça do vocativo uma das suas marcas na oratória política

O vocativo faz parte da introdução da fala, que é o momento em que devemos nos dedicar para conquistar os ouvintes. [...] Por isso, ao cumprimentar, faça-o como se estivesse diante de um amigo muito querido, com o mesmo carinho, a mesma atenção e o mesmo entusiasmo. Não cumprimente como se fosse apenas uma formalidade, como se fosse uma obrigação. Assim estará transformando sua plateia num grupo de amigos e as pessoas terão mais interesse em ouvi-lo. Verifique também como é que os adversários estão cumprimentando as pessoas para não repetir a fórmula e não cair no lugar-comum.

Escolha bem o vocativo. Ele é o primeiro passo no seu discurso e pode ser um dos primeiros na sua campanha, que espero seja vitoriosa.

[...]

Reinaldo Polito. Faça do vocativo uma das suas marcas na oratória
política. Disponível em: https://reinaldopolito.com.br/faca-do-vocativo-
uma-das-suas-marcas-na-oratoria-politica/.
Acesso em: 14 abr. 2023.

O vocativo é um termo linguístico usado para interpelar ou chamar o interlocutor. Nesse texto, ele é pensado como uma estratégia para

a) agir com formalidade.

b) conquistar eleitores.

c) criticar adversários.

d) preservar amizades.

e) iludir ouvintes.

Texto para as questões **10** e **11**.

O Brasil hipócrita: a questão do racismo

Que o Brasil é um país racista não necessitamos de muito esforço para comprová-lo: basta olharmos à nossa volta para constatar a ausência quase completa de negros inseridos no âmbito da classe média. Embora representem, segundo dados do Instituto Brasileiro de Geografia e Estatística (IBGE), metade do total da população, dificilmente nos deparamos com médicos, engenheiros, professores, advogados, jornalistas, escritores, oficiais militares ou políticos negros. A renda média mensal dos negros, mesmo registrando um significativo crescimento ao longo das últimas décadas, ainda equivale a apenas 57,4% da dos brancos.

Mas, antes de tudo, os brasileiros somos hipócritas. Aqui, o racista é sempre o outro. Pesquisas apontam que 97% dos entrevistados afirmam não ter qualquer preconceito de cor, ao mesmo tempo em que admitem conhecer, na mesma proporção, alguém próximo (parente, namorado, amigo, colega de trabalho) que demonstra atitudes discriminatórias. [...]

Luiz Ruffato. O Brasil hipócrita: a questão do racismo. *El País*, 16 set. 2014. Disponível em: http://brasil.elpais.com/brasil/2014/09/16/opinion/1410894019_400615.html. Acesso em: 14 abr. 2023.

Questão 10

No primeiro parágrafo, o autor faz uma constatação sobre o racismo no Brasil baseada

a) no alto índice de desemprego entre negros.

b) no descaso em combater a desigualdade social.

c) na dificuldade de acesso da população negra a serviços públicos.

d) na resistência da classe média com negros.

e) no contraste entre dados demográficos e indicadores socioeconômicos.

Questão 11

No segundo parágrafo, ao usar a construção "os brasileiros somos hipócritas", o autor

a) insere-se como parte do problema do racismo.

b) acusa o povo brasileiro de falsidade e racismo.

c) duvida da seriedade de pesquisas sobre racismo.

d) condena a falta de ações de combate ao racismo.

e) critica a desinformação a respeito do racismo.

Questão 12

Mensagens por celular banalizam o ato de desmarcar compromissos

[...]

A artista plástica Rachel Libeskind, 23, de Nova York, está constantemente navegando por seus círculos sociais no *iPhone*.

Ela marca três ou até quatro compromissos para as noites dos fins de semana, sabendo que há só 60% de chance de comparecer a algum deles.

"As pessoas me mandam uma mensagem: 'Vamos fazer alguma coisa no fim de semana?', e eu fico com três ou quatro planos à vista para a semana. Em média, mais de metade deles fura", disse Libeskind. "Os planos sociais que eu faço estão sempre mudando."

Caroline Tell. Mensagens por celular banalizam o ato de desmarcar compromissos. *Folha de S.Paulo*, 19 nov. 2012. Disponível em: https://f5.folha.uol.com.br/humanos/1188024-mensagens-por-celular-banalizam-o-ato-de-desmarcar-compromissos.shtml. Acesso em: 14 abr. 2023.

As conjunções contribuem para a coesão textual, pois conectam orações e estabelecem relações de sentido entre elas. No segundo parágrafo, no trecho "sabendo que há só 60% de chance de comparecer a algum deles", a forma verbal *sabendo* poderia ser substituída, sem prejuízo de sentido, por

a) *se souber*.

b) *porque sabe*.

c) *quando sabe*.

d) *embora saiba*.

e) *à medida que sabe*.

Texto para as questões **13** e **14**.

De novo as queimadas

O calendário de problemas insolúveis espalhados ao longo do ano marca para este período uma das questões mais preocupantes e ao mesmo tempo mais negligenciadas: as queimadas. Reportagem nesta edição mostra que aumentou em 85% o número de focos de fogo no Estado nos cinco primeiros meses de 2022. É o ser humano se superando na capacidade de fazer o mal ao planeta.

A situação é ainda mais angustiante por ser início de junho, ou seja, o pior está por vir, pois o período maior de estiagem deve atingir o ápice por volta de setembro e outubro. Temos, portanto, quatro ou cinco meses de penúria climática pela frente. Imagine o mal que isso causa à saúde de homens e animais e à vegetação.

Assim como essa situação se repete anualmente, as soluções paliativas e as lamentações também são as mesmas, sem que providência maior seja tomada. São louváveis iniciativas como aceiros, queimas controladas e monitoramento por satélite, mas é fundamental atacar algo maior, como por exemplo o desmatamento principalmente por já ser provado que é possível manter áreas de pastagens e de plantações sem causar danos ao meio ambiente.

Mas para isso é preciso trabalho permanente de educação e fiscalização e não só quando o calendário chega ao meio do ano.

De novo as queimadas. *O Popular*, 5 jun. 2022. Disponível em: https://opopular.com.br/noticias/opiniao/editorial-1.145048/de-novo-as-queimadas-1.2468180. Acesso em: 14 abr. 2023.

Questão 13

Com base na leitura do texto, é possível depreender características do editorial, gênero textual da esfera jornalística. Entre elas, é **incorreto** afirmar que esse editorial

a) analisa um fato socialmente relevante.

b) apresenta registro de linguagem formal.

c) não evidencia a opinião de quem o escreveu.

d) estabelece relações com textos jornalísticos.

e) reflete a opinião do veículo em que é publicado.

Questão 14

No texto, é defendida a ideia de que as queimadas são causadas pelos seres humanos e que o assunto não é tratado com a devida seriedade. Para comprovar essa tese, são apresentadas(os)

a) informações sobre a relação entre o clima e o aumento das queimadas.

b) sugestões de ações que possibilitam amenizar os efeitos das queimadas.

c) políticas sociais que devem ser consideradas para controlar o desmatamento.

d) propostas de fiscalização durante todo o ano e de conscientização de toda a população.

e) dados que comprovam o aumento das queimadas e a falta de providências mais efetivas.

Questão 15

Os ratos

Como se desse um pulo, todo o seu interesse é agora, explosivamente, para esses cinquenta e três mil réis do leiteiro!

O bonde ainda não parou, e ele já está maltratando a porta da saída com pequenos pontapés impacientes. Atravessa a praça; não olha para os lados. Uma "decisão" anterior mal definida e mal aceita o conduz todavia para o mercado, para o café da esquina. [...]

Dyonelio Machado. *Os ratos*. 19. ed. São Paulo: Ática, 1996. p. 20.

O trecho lido apresenta diversas orações, formando períodos compostos. Cada parágrafo é constituído, respectivamente, por

a) duas e quatro orações.

b) duas e cinco orações.

c) duas e seis orações.

d) três e quatro orações.

e) três e cinco orações.

Texto para as questões **16** e **17**.

Maioridade penal

Não acho que reduzir a maioridade penal com Judiciário falho como o nosso seja a solução ("Após acordo, redução da idade penal deve avançar", Cotidiano, 17/6). Nossas cadeias mal suportam os presos que já estão lá. Levar um adolescente para uma penitenciária, sem a mínima estrutura para a reintegração do jovem, irá apenas agravar o problema. A prioridade deve ser maior acesso à educação para que a violência não seja um caminho decorrente da falta de opções. O que o presidente da Câmara e grande parte da população procuram é uma solução para o efeito, não para a causa.

Samuel Jonathan da Silva Pereira. *Folha de S.Paulo*, 18 jun. 2015. Disponível em: http://www1.folha.uol.com.br/fsp/opiniao/223031-painel-do-leitor.shtml. Acesso em: 14 abr. 2023.

Questão 16

O principal elemento que caracteriza esse texto como uma carta do leitor é

a) a defesa de um ponto de vista.

b) o diálogo com uma publicação.

c) a crítica de cunho pessoal.

d) a identificação da autoria.

e) o posicionamento político.

Questão 17

Sobre a redução da maioridade penal, o autor do texto se posiciona contrariamente, pois acredita que a solução para diminuir a criminalidade seja

a) construir cadeias adequadas.

b) garantir o acesso à educação.

c) ampliar as vagas nos presídios.

d) tratar os efeitos e não as causas.

e) reintegrar os jovens na sociedade.

Texto para as questões **18** e **19**.

USP Talks debate saúde mental

Mediador: [...] eu entendo que existe um exagero no número de diagnósticos e um exagero na prescrição de medicamentos para transtornos mentais que talvez não sejam transtornos, sejam só uma situação de sofrimento que poderia ser resolvida de outra forma. [...]

Christian Dunker: É preciso fazer uma distinção clara entre narrativas de sofrimento, experiência de sofrimento e transtornos. [...] Isso permite que a gente aja sobre isso de... Olha, não vai sair de graça se você ver uma situação de sofrimento e deixar isso se perpetuar e, às vezes, a gente olha para isso só como uma questão social, como uma questão econômica. Eu tô dizendo é que é também uma questão de saúde mental. É preciso a reforma, a mudança de reintroduzir gramáticas de reconhecimento de tratamento, de atenção ao sofrimento ligadas à saúde mental. Isso tanto do ponto de vista do diagnóstico quanto do ponto de vista do tratamento.

Vanessa Favaro: Existem vários tipos de estudos para você ver qual é essa prevalência de transtornos. O Brasil tem um número de homicídios gigantesco, né? A gente vive muitas violências, a gente tem uma sociedade que também tem muito sofrimento. Talvez sejam fatores que afetam as pessoas, afetam a saúde mental. Cada vez mais esses estudos estatísticos epidemiológicos vão juntar com fatores sociais, fatores psicológicos até da infância, né? Eles estão ficando muito sofisticados mesmo. Eu acho que o que a gente vê é o seguinte: uma em cada cinco pessoas tem um transtorno mental leve que daí a gente até pode incluir ansiedade e depressão [...].

USP Talks debate saúde mental. *Jornal da USP*, 5 out. 2022. Disponível em: https://jornal.usp.br/universidade/usp-talks-debate-saude-mental-veja-os-videos-do-evento/. Acesso em: 14 abr. 2023.

Questão 18

Esse trecho é a transcrição de um debate sobre saúde mental entre o psicanalista Christian Dunker e a psiquiatra Vanessa Favaro, mediado pelo jornalista Herton Escobar. Nele, ambos os debatedores concordam com o fato de que

a) fatores sociais influenciam na saúde mental.

b) diagnósticos de transtornos mentais são exagerados.

c) transtornos mentais afetam uma em cada cinco pessoas.

d) medicamentos devem ser utilizados para garantir a saúde mental.

e) inúmeros estudos comprovam o problema da perpetuação de sofrimento.

Questão 19

A característica que permite associar o texto lido ao gênero debate é

a) a presença de opiniões controversas sobre um assunto.

b) a predominância do registro formal e de termos científicos.

c) a apresentação de dados estatísticos para a defesa de pontos de vista.

d) a discussão de um tema pouco interessante para a sociedade brasileira.

e) a apresentação do ponto de vista dos debatedores sobre um tema relevante.

Questão 20

Hibisco roxo

Continuei a ser considerada uma riquinha metida pela maioria das minhas colegas de turma até o final do semestre. Mas não me preocupei com isso, pois carregava nas costas um peso maior — a preocupação de ficar em primeiro lugar. Era como tentar equilibrar um saco de cimento na cabeça todos os dias, sem poder usar a mão para firmá-lo. Eu ainda via as letras dos meus livros virando uma névoa vermelha, ainda via a alma do meu irmão caçula entremeada de filetes de sangue. Decorei o que minhas professoras diziam, pois sabia que meus livros não iam fazer sentido se eu tentasse estudar mais tarde. Após cada prova, uma bola dura como fufu malfeito se formava em minha garganta e permanecia lá até que os resultados chegassem.

Chimamanda Ngozi Adichie. *Hibisco roxo*. São Paulo: Companhia das Letras, 2011. p. 59.

Em um texto escrito, as conjunções desempenham importante papel na relação das ideias e orações. No parágrafo lido, as duas orações introduzidas por *pois* estabelecem com as orações anteriores uma ideia de

a) adição.

b) conclusão.

c) alternância.

d) explicação.

e) adversidade.

BIBLIOGRAFIA COMENTADA

Abreu, A. S. *Curso de redação*. São Paulo: Ática, 2004.

A obra oferece amplo material direcionado para o aprimoramento da escrita. Com base em textos literários e jornalísticos, apresentam-se conceitos linguísticos e discursivos acompanhados de atividades.

Abreu, A. S. *Gramática mínima*: para o domínio da língua padrão. 2. ed. Cotia: Ateliê, 2006.

Nessa gramática, são abordados aspectos que influenciam a escrita. Segue-se o modelo funcionalista-cognitivista e tomam-se como referência escritores modernos e a mídia de prestígio do país.

Araújo, J. C. (org.). *Internet & ensino*: novos gêneros, outros desafios. Rio de Janeiro: Lucerna, 2007.

O tema dessa coletânea de textos é o impacto da internet no ensino e na aprendizagem. Há capítulos sobre "gêneros digitais" de texto, como o *chat*, o uso de *emoticons* e os efeitos do uso de tecnologias digitais na ortografia. A obra destaca estratégias de ensino e aprendizagem que dialogam com possibilidades e desafios característicos da internet.

Bagno, M. *Nada na língua é por acaso*: por uma pedagogia da variação linguística. São Paulo: Parábola, 2007.

A obra aborda a noção de "erro" nos estudos da língua. O autor contextualiza historicamente o tema e, depois, insere-o na educação escolar, refletindo sobre a norma-padrão e os usos linguísticos.

Bakhtin, M. *Os gêneros do discurso*. Organização, tradução, posfácio e notas: Paulo Bezerra. Notas da edição russa: Serguei Botcharov. São Paulo: Editora 34, 2016.

O livro reúne dois textos escritos por Bakhtin entre 1950 e 1960, em que são abordados conceitos como gêneros do discurso, enunciado, texto e cadeia comunicativa. Além desses, há outros textos inéditos do teórico que tratam do aspecto dialógico da língua.

Barbosa, M. (org.). *Pós-verdade e* fake news: reflexões sobre a guerra de narrativas. Rio de Janeiro: Cobogó, 2019.

Os textos que compõem o livro discorrem sobre as mudanças ocasionadas pela internet nas formas como se produz e se consome informação. Além disso, abordam recursos que surgiram com essa tecnologia e os efeitos deles sobre a democracia.

Bazerman, C. *Escrita, gênero e interação social*. Organização: Judith Chambliss Hoffnagel e Angela Paiva Dionisio. São Paulo: Cortez, 2007.

A obra favorece a reflexão sobre a linguagem como elemento de mediação entre interlocutores, apontando a necessidade de estudar o contexto em que um autor está inserido para que sua produção seja efetivamente compreendida.

Bechara, E. *Moderna gramática portuguesa*. 37. ed. Rio de Janeiro: Nova Fronteira, 2009.

Essa é uma obra de referência na gramaticografia, em que o autor acrescenta reflexões sobre questões linguísticas e discursivas à abordagem normativa que faz da língua.

Benveniste, E. *Problemas de linguística geral I*. 5. ed. Tradução: Maria da Glória Novak e Maria Luisa Salum. Campinas: Pontes, 2005.

A partir da publicação dessa obra, ganham força a teoria da enunciação e, com isso, as formas de expressão de subjetividade no texto, os dêiticos e outros conceitos que se solidificaram no século XX. O autor estabelece uma visão objetiva das relações entre língua e sociedade, linguagem e história, forma e sentido.

Brandão, H. N. (coord.). *Gêneros do discurso na escola*: mito, conto, cordel, discurso político, divulgação científica. 4. ed. São Paulo: Cortez, 2003 (Coleção Aprender e Ensinar com Textos, v. 5).

O livro apresenta exemplos de trabalho com o texto em sala de aula. Os gêneros selecionados foram explorados à luz da teoria dialógica interacionista, como divulgação de instrumental para esse trabalho.

Brasil. Ministério da Educação. Secretaria de Educação Básica. *Base Nacional Comum Curricular*: educação é a base. Brasília: MEC/SEB, 2018. Disponível em: http://basenacionalcomum.mec.gov.br/images/BNCC_EI_EF_110518_versaofinal_site.pdf. Acesso em: 11 abr. 2023.

Documento oficial e de caráter normativo no qual são definidas as aprendizagens essenciais nas diferentes etapas de ensino da Educação Básica. Tem como principal objetivo balizar a qualidade da educação no Brasil, guiando os currículos e as propostas pedagógicas das escolas públicas e privadas.

Bronckart, J. P. *Atividades de linguagem, textos e discursos*: por um interacionismo sociodiscursivo. 2. ed. Tradução: Anna Rachel Machado e Péricles Cunha. São Paulo: Educ, 2008.

O livro apresenta aspectos teóricos e práticos do ensino da linguagem. É uma referência para professores e estudantes, pois explicita diferentes etapas da produção textual em contextos diversos.

Citelli, A. *O texto argumentativo*. São Paulo: Ática, 1994 (Série Ponto de Apoio).

Na obra, aborda-se a argumentação considerando aspectos como formação e expressão de ponto de vista e mecanismos argumentativos, além de questões ligadas à coesão e à coerência.

Citelli, A. *Outras linguagens na escola*: publicidade, cinema e TV, rádio, jogos, informática. 4. ed. São Paulo: Cortez, 2004 (Coleção Aprender e Ensinar com Textos, v. 6).

Livro de caráter prático que apresenta atividades para o ensino de produção de textos em diferentes linguagens e suportes.

Costa, S. R. *Dicionário de gêneros textuais*. 3. ed. Belo Horizonte: Autêntica, 2008.

Além de definir conceitos relacionados à classificação dos gêneros textuais, o dicionário apresenta cerca de quatrocentos verbetes sobre gêneros escritos e orais de várias esferas.

Cunha, C.; Cintra, L. *Nova gramática do português contemporâneo*. Rio de Janeiro: Lexikon, 2009.

A descrição do sistema linguístico é exemplificada com o uso de textos de autores brasileiros, portugueses e africanos, oferecendo uma compreensão morfossintática de fenômenos linguísticos.

Gebara, A. E. L. *A poesia na escola*: leitura e análise de poesia para crianças. São Paulo: Cortez, 2002 (Coleção Aprender e Ensinar com Textos, v. 10).

O livro faz uma reflexão sobre o ensino de poesia do ponto de vista acadêmico e do planejamento de atividades.

Ilari, R. (org.) *Gramática do português falado*: níveis de análise linguística. 4. ed. Campinas: Editora da Unicamp, 2002.

A coletânea é decorrente dos Seminários Plenos do Projeto de Gramática do Português Falado, que ocorreram entre 1980 e 1990. Esse volume inclui textos de especialistas em fonética, fonologia, sintaxe, morfologia e análise textual.

CRÉDITOS OBRIGATÓRIOS

ILARI, R.; BASSO, R. *O português da gente*: a língua que estudamos, a língua que falamos. São Paulo: Contexto, 2006.

Os autores iniciam o estudo a partir da origem latina da nossa língua, passando pela consolidação dela na Europa e pela sua especificidade em nosso continente.

KOCH, I. G. V. *A coesão textual*. São Paulo: Contexto, 2007.

O livro aborda a coesão e seus mecanismos, trabalhando a produção e a compreensão de sentidos por meio de enunciados reais.

KOCH, I. G. V.; BENTES, A. C.; CAVALCANTE, M. M. *Intertextualidade*: diálogos possíveis. São Paulo: Cortez, 2007.

O livro discorre sobre o conceito de intertextualidade, isto é, a ideia de que o sentido de um texto é modelado por outros textos. As autoras exploram os diferentes níveis de intertextualidade e sua relação com os conceitos de transtextualidade e polifonia.

KOCH, I. G. V.; TRAVAGLIA, L. C. *A coerência textual*. São Paulo: Contexto 2006.

A obra, além de abordar a coerência e sua aplicação, discute as relações entre esse conceito e o ensino.

LEITE, L. C. M. *O foco narrativo*. São Paulo: Ática, 2007 (Coleção Princípios).

A obra apresenta a narração na ficção e na historiografia. Expõe e exemplifica os tipos de narrador segundo Friedman e detalha a onisciência seletiva, o monólogo interior e o fluxo de consciência.

MARCUSCHI, L. A. *Da fala para a escrita*: atividades de retextualização. São Paulo: Cortez, 2010.

O livro discorre sobre as relações entre fala e escrita, apontando diferenças e continuidades entre essas modalidades. Assim, problematiza tradicionais dicotomias e propõe atividades de análise de tipos e gêneros textuais, além de exercícios de retextualização que exploram a passagem de uma modalidade para outra.

NEVES, M. H. M. N. *Que gramática estudar na escola?* Norma e uso na língua portuguesa. São Paulo: Contexto, 2003.

A obra propõe um tratamento científico e contextualizado do ensino de gramática, apresenta a importância da taxonomia de formas e funções e valoriza o uso da língua materna e o convívio entre variantes linguísticas.

SAUSSURE, F. *Curso de linguística geral*. 28. ed. São Paulo: Cultrix, 2012.

Livro fundamental para a edificação da linguística moderna, lançado postumamente (1916) por estudantes de Saussure com base em três cursos ministrados por ele na Universidade de Genebra. Na obra, estão presentes os pressupostos teórico-metodológicos relacionados ao estruturalismo.

VIEIRA, F. E.; FARACO, C. A. *Gramática do período e da coordenação*. São Paulo: Parábola, 2020 (Coleção Escrever na Universidade, v. 3).

O livro promove o desenvolvimento de uma consciência sintática que pode ser aplicada à escrita. Embora o título da coleção sugira a produção textual na universidade, o conteúdo é passível de ser aplicado no Ensino Fundamental, e a descrição gramatical é voltada às práticas de leitura e escrita.

p. 43 *Um estudo em vermelho* (trecho). Conan Doyle. Tradução: Maria Luiza X. de A. Borges. Rio de Janeiro: Zahar, 2013, p. 17-20.

p. 59 Pedro Carrilho/FOLHAPRESS.

p. 66 Beatriz Santomauro/Caroline Ferreira/NOVA ESCOLA. Disponível em: https://novaescola.org.br/conteudo/2155/o-que-foi-o-fordismo-e-o-que-ele-representou-para-o-brasil. Acesso em: 2 abr. 2023.

p. 105 Clauber Santana. Alemão julga resultado injusto e reclama de gols perdidos. *LeiaJá*, Recife, 8 set. 2015.

p. 163 Dirceu Alves Jr./Abril Comunicações S/A.

p. 166 *Mundo Estranho*/Abril Comunicações S/A.

p. 179 *Superinteressante*/Abril Comunicações S/A.

p. 190 Tecendo a manhã. *In*: *Educação Pela Pedra*, de João Cabral de Melo Neto, Alfaguara, Rio de Janeiro. © by herdeiros de João Cabral de Melo Neto.

p. 196 O engenheiro. *In*: *O Cão sem Plumas*, de João Cabral de Melo Neto, Alfaguara, Rio de Janeiro. © by herdeiros de João Cabral de Melo Neto.

Verbete. *In*: *Da Preguiça Como Método de Trabalho*, de Mario Quintana, Alfaguara, Rio de Janeiro. © by Elena Quintana.

p. 198 Paulo Leminski. Unicamp: Editora da Unicamp, 2012. p. 59.

p. 199 Palavra, de Luis Fernando Verissimo, publicado no jornal *O Globo*, em 23 de fevereiro de 2017. © by Luis Fernando Verissimo.

p. 201 Tia Élida. *In*: *Apontamentos de História Sobrenatural*, de Mario Quintana, Alfaguara, Rio de Janeiro. © by Elena Quintana.

p. 202 Uma canção. *In*: *Apontamentos de História Sobrenatural*, de Mario Quintana, Alfaguara, Rio de Janeiro. © by Elena Quintana.

p. 206 *Paulo Leminski*. Unicamp: Editora da Unicamp, 2012. p. 131.

p. 208 Tanta saudade. *In*: *Terra de Santa Cruz*, de Adélia Prado, Editora Record, Rio de Janeiro. © by Adélia Prado.

p. 214 Rio – Arnaldo Antunes – "2 ou + Corpos no mesmo espaço". São Paulo, Editora Perspectiva.

p. 231 Cláudia Fusco/Revista *Galileu*.

p. 243 Rita Loiola/Abril Comunicações S/A.

p. 276 Fabio Cypriano/FOLHAPRESS.

p. 277 Luís Antônio Giron/Editora Globo.

p. 279 Flora Figueiredo. *Chão de vento*: poesia. São Paulo: Geração Editorial.